ROWOHLT
BERLIN

Ursula Roland

Wie eine Feder im Wind

Meine Zeit in Stalins Lagern

Rowohlt · Berlin

Umschlag- und Einbandgestaltung: Walter Hellmann
(Foto: Süddeutscher Verlag Bilderdienst)

1. Auflage September 1991

Satz Sabon und Frutiger (Linotronic 500)
Gesamtherstellung Clausen & Bosse, Leck
Printed in Germany
ISBN 3 87134 031 6

Für meine Freunde Marianne und Klaus

Inhalt

Die Verhaftung

Mit großem Abstand registriert sie, was geschieht, als sei sie Zuschauer einer Szene, die sie nichts angeht. Freundlich, bereitwillig beantwortet sie die Fragen nach ihrem Namen und ihrer Adresse und kommt der nachdrücklichen Aufforderung, ihnen zu folgen, mit merkwürdigem Erstaunen nach. Flankiert von den Männern, die sie an Aussprache und den tief in die Stirn gezogenen schwarzen Hüten unschwer als Angehörige des sowjetischen Geheimdienstes erkennt, läßt sie sich zu dem Auto führen, ohne auch nur eine Frage zu stellen. Es ist ein Irrtum, denkt sie während der ganzen Fahrt. Doch sie weiß: das Ziel ihrer Fahrt ist die Luisenstraße, der Sitz des sowjetischen Geheimdienstes. Dort wird sie unverzüglich in ein Zimmer geführt. Ein kurzer Wortwechsel der Schwarzhütigen mit dem Offizier, der wichtig hinter einem riesigen Schreibtisch sitzt, und ihre Begleiter verlassen den Raum.

Auf eine knappe, eindeutige Bewegung hin nimmt sie auf dem Stuhl, der weit vom Schreibtisch entfernt fast in der Mitte des Raumes steht, Platz. Immer noch glaubt sie, daß sich gleich alles aufklären wird, und lächelt den Offizier mit dem strengen Gesicht freundlich und vertrauensvoll an. Selbst seine sie finster musternden Augen lassen kein Gefühl der Unruhe in ihr aufkommen. Die knapp gestellten Fragen zu ihrer Person beantwortet sie fast ein wenig amüsiert.

«Seit wann haben Sie Verbindung zu westlichen Agenten?» Die Frage trifft sie unvorbereitet, aber augenblicklich erinnert sie sich wieder an ihre Begegnung mit den westdeutschen Geschäftsleuten.

Jetzt erfaßt sie Angst. Ihre Schultern verkrampfen sich. Vor Erregung vermag sie kein Wort hervorzubringen. Sie schüttelt nur den Kopf.

«Haben Sie mich nicht verstanden?»

«Doch, aber ich verstehe nicht, was Sie meinen.» Er lächelt breit, überlegen. «Zum Beispiel Heimbach und Wagner? Sagen Ihnen diese Namen etwas?»

Woher kennt er diese Namen? Woher weiß er, daß sie die Namen kennt? Ihre Hände werden feucht. Mühsam sucht sie nach Worten.

«Ich habe diese Männer zufällig kennengelernt. Es sind Geschäftsleute, Inhaber einer Speditionsfirma.»

«Gut, aber worüber haben sie mit Ihnen gesprochen?»

«Eigentlich ging es nur um einen an der Grenze beschlagnahmten Lastzug.»

«Das müssen Sie mir genauer erklären. Was hatten Sie mit diesem Lastwagen zu tun? Wo haben Sie Heimbach und Wagner kennengelernt, und vor allem wie?»

Eine Frage folgt der anderen. Sie hat das Gefühl, daß er gar keine Antwort erwartet. Was soll das Ganze? Was steckt dahinter? Sie kann nur immer wieder den Kopf schütteln und ein gequältes «Ich weiß nicht!» hervorstoßen. Sie ist müde. Wie spät mag es sein? Sie wagt nicht, auf ihre Armbanduhr zu sehen.

Plötzlich springt er auf, geht mit raschen, ungeduldigen Schritten zur Tür und ruft in den Flur hinaus. Ein Soldat erscheint, sagt ganz einfach «Komm!» Sie sieht den Offizier fragend an. Er lächelt, zeigt eine Reihe blendendweißer Zähne. «Wir haben viel Zeit. Du kannst nachdenken. Vielleicht erinnerst du dich dann.»

Er macht eine Bewegung, die ihr bedeutet, dem Soldaten zu folgen. Sie gehen durch einen langen Korridor, über eine kurze Treppe in den Keller. Vor einer Holztür macht er halt, schließt sie auf und schiebt Stefanie in einen schmalen Raum, der gerade Platz für eine Holzpritsche hat. Sorgfältig und geräuschvoll schließt er hinter ihr die Tür.

Sie geht die wenigen Schritte bis zur Pritsche, setzt sich, faltet mechanisch die am Fußende liegende Decke auseinander. Dann streckt sie sich auf dem Holz aus, zieht sich die Decke bis über die Augen. Sie versucht nachzudenken, nachzuhören, aber das Bedürfnis nach Schlaf ist mächtiger.

Stefanie schreckt erst wieder auf, als sie den Schlüssel hört. Sie springt auf, sieht erwartungsvoll zur Tür. Ein Soldat winkt sie aus der Zelle. «Mitkommen», sagt er. Stefanie folgt ihm die Treppe hinauf durch die Eingangstür nach draußen. Einen winzigen Augenblick glaubt sie, nun sei alles vorüber, der Irrtum aufgeklärt. Dann aber sieht sie die offene Wagentür, den Soldaten, der davor wartet. Es ist ein heller Morgen, ein leuchtender Apriltag. Auf der Uhr des Amaturenbretts ist es 9 Uhr 30. Jetzt müßte sie längst in der Schule sein. Und die Tante? Sorgen wird sie sich machen. Ob man sie wohl benachrichtigt hat? Als der Wagen vor dem großen grauen Tor hält, weiß sie, noch ehe sie im Innenhof die mit Sichtblenden versehenen Fenster sieht, daß sie im Gefängnis ist.

Benommen folgt sie ihren Begleitern. Immer wieder werden Gittertüren geöffnet und hinter ihr geschlossen. Sie wird weitergereicht, ständig wechseln die Soldaten. Irgendwo muß sie sich ausziehen. Frauen in Uniform tasten sie ab, durchsuchen ihre Kleidung, entfernen alles, was an Gürteln und Bändern vorhanden ist. Erstaunt sieht Stefanie, daß man selbst von ihren Schuhen die Schnürbänder entfernt hat.

Sie nimmt ein Bündel entgegen, zwei Decken, zwei Handtücher, eine Schüssel, einen Becher und einen Löffel. Das Geschirr aus verbeultem Aluminium, die Decken grau, hart, leicht muffig und nach Desinfektionsmittel riechend. Sie preßt ihr Bündel an sich, gehorcht dem Wink zum Weitergehen. Die Stiefel ihrer Begleiter knallen auf den Eisenstufen. Vier Stockwerke, Tür neben Tür, ringsum eine Galerie, ein Eisengeländer. Wachposten rufen sich gegenseitig etwas zu. Einer lacht. Seltsam klingt es in dieser Stille. «Postoi», der Soldat berührt sie leicht am Arm. Eine Zellentür, zwei große Eisenriegel, einer oben, einer unten, in der Mitte ein riesiges Schloß. Hart wird der Schlüssel ins Schloß gestoßen, die Riegel knallend zurückgeschoben.

Sie macht einen Schritt in die Zelle. Je zwei Betten übereinander, unter dem Fenster ein kleiner, hochbeiniger Tisch. Drei Frauengesichter, die sie neugierig anschauen. Die Tür schließt sich. Wieder knallende Riegel, das Geräusch der Schlüssel und sich entfernende Schritte. Gegen die Tür gelehnt steht sie da, versucht sich zu orientieren. Die kühle Eisentür in ihrem Rücken läßt sie erzittern, und ein Gefühl von etwas Endgültigem, Unentrinnbarem steigt in ihr auf. Die Frauen stürzen auf sie zu.

«Woher kommst du?» – «Kommst du direkt von draußen?» – «Sag, weiß man etwas von uns?» – «Wann hat man dich verhaftet?»

«Laßt sie doch erst einmal zu sich kommen, sie ist ja noch völlig verstört.»

Eine der Frauen legt beruhigend ihre Hand auf Stefanies Schulter.

«Komm, leg erst mal dein Bündel ab. Das Bett unter mir ist noch frei. Wie heißt du?» Stefanie sieht der Fragenden ins Gesicht, nennt leise ihren Namen, ergreift eine dargebotene Hand.

«Ich bin Renate. Dies sind Hilde und Friedel.» Stefanie sieht von einer zur anderen, sieht verwirrt in lächelnde Gesichter.

«Wie lange sind Sie schon hier?» fragt sie zaghaft. «Ich bin seit sechs Wochen hier», sagt Hilde, «aber Friedel ist schon drei Monate in dieser Zelle. Renate ist seit eineinhalb Jahren hier.» Stefanie sieht von einer zur anderen, tritt an das Fenster, das nur einen schmalen Streifen Himmel freigibt. Sie starrt in das Blau. Ihr Herz beginnt zu hämmern. Wochen, Monate, Jahre – nein, das kann nicht sein, ich habe doch nichts getan, es ist doch nur ein Irrtum. Sie kämpft gegen aufsteigende Tränen an. Abrupt wendet sie sich vom Fenster ab. Vor ihren Augen tanzen Kreise. Die Zelle erscheint ihr dunkel, kaum daß sie die Gesichter der Frauen erkennt. Friedel tritt neben sie, berührt ihren Arm. «Die ersten Tage sind die schlimmsten, aber glaube mir, irgendwie gewöhnt man sich daran, hofft auf ein Wunder.» Renate lacht bitter: «Ach, du mit deiner Hoffnung. Solange ich hier bin, habe ich von keinem gehört, der dieses Haus als freier Mensch wieder verlassen hat.»

«Aber wieso, was habt ihr denn getan? Was geschieht mit den Menschen, die hier sind?» Stefanie sieht verstört um sich.

«Nun», erwidert Renate, «es gibt Verhöre, und irgendwann wird man uns verurteilen und abtransportieren. Irgendwohin, niemand weiß es, es gibt nur Gerüchte.»

«Woher wißt ihr das? Könnt ihr mit den anderen Gefangenen sprechen? Seht ihr euch manchmal?»

«Nein, wir dürfen andere weder sehen noch sprechen. Aber wir geben Nachrichten per Klopfzeichen weiter. So halten wir Verbindung zu den anderen Zellen.»

Stefanie schweigt. Ihr Blick durchwandert die Zelle, verweilt an der schmutziggrauen Wand, an den riesigen dicken Heizungsrohren, an den verschrammten Eisengestellen der Betten. Eingehend mustert sie die Frauen, mißtrauisch. Warum waren sie hier? Was hatten sie getan? Hilde, die bieder und einfältig wirkt, mit Händen, in denen sich ein Leben voller Arbeit spiegelt. Friedel, dieses gutmütige Dutzendgesicht, mit dem gelblich gefärbten Haar. Was können die beiden wohl getan haben? Und Renate? Ja, diese schöne, offensichtlich auch kluge Frau, die sich schon in ihrer Sprache von den anderen unterscheidet, sie könnte man sich als Agentin vorstellen.

Plötzlich sind Klopfzeichen zu hören. Hilde stellt sich an die Tür, verdeckt den «Spion». Renate setzt sich mit dem Rücken zur Wand, klopft Antwort, schnell und mühelos.

«Sie fragen, wer bei uns als Zugang gekommen ist, und woher.»

«Das geht niemanden etwas an», erwidert Stefanie heftig. «Es ist bei mir ohnehin ein Irrtum, und so braucht auch niemand meinen Namen zu wissen. Ich möchte auch keinen Ärger haben.»

«Irrtum? Ha, hier gibt es keine Irrtümer. Du bist naiv. Ich habe hier noch von keinem Irrtum gehört. Irgendwas wird schon sein. Vielleicht hast du Kontakt mit Verwandten oder Freunden in Westdeutschland», sagt Friedel.

Stefanie schüttelt den Kopf. «Nein, habe ich nicht. Ich glaube auch nicht, daß man aus diesem Grund verhaftet wird.» Doch im gleichen Moment erinnert sie sich an Heimbach und Wagner. Hatte man ihr nicht gerade das zum Vorwurf gemacht? «Irgendeinen Grund müssen sie aber gehabt haben, sonst wärst du nicht hier», stimmt Hilde Friedel zu. «Ohne einen Grund ist niemand von uns hier. Auch wenn es nur Lappalien sind. Wie alt bist du?»

«Ich bin fünfzehn.» Stefanie sieht Friedels Lächeln und den Blickwechsel zwischen ihr und Hilde. Sie preßt die Lippen zusammen, legt sich auf ihr Bett und verschränkt die Arme hinter dem Kopf. Sie halten sie wohl für ein dummes Kind.

Auf dem Flur wird es laut. Schritte, kurze Zurufe, ein Klappen. «Du mußt aufstehen, es gibt Mittagessen.» Die Frauen stellen sich mit ihren Schüsseln an die Tür. Eine Klappe wird geöffnet. Eine große Männerhand ergreift die Schüsseln. Es riecht nach Kohl. Einen Augenblick erscheint in der Klappe ein Gesicht, zieht sich aber blitzschnell bei einem Fluch des Postens wieder zurück. Verloren steht Stefanie mit ihrer Schüssel neben der Tür, dann setzt sie sich wie die anderen auf die Bettkante und beginnt zu essen. Es schmeckt scheußlich, aber sie ißt.

Wie alle reinigt auch sie ihre Schüssel über dem Kübel und trocknet mit einem Zipfel des Handtuchs die Schüssel aus. Heimlich riecht sie an dem Handtuch. Der Gedanke, sich damit wieder abtrocknen zu müssen, ekelt sie.

Inzwischen ist Hilde hinter dem Tisch verschwunden. Nur ihr Kopf ist zu sehen, der Körper wird durch ein am Tisch befestigtes Tuch verdeckt. Und während Hilde ihre Notdurft verrichtet, unterhält sie sich unbefangen mit Friedel. Mit einem kleinen Läppchen reinigt sie sich und wäscht dann dieses in einer Schüssel aus, die unter ihrem Bett steht. «Mach doch erst den Kübel zu, du kannst es doch danach auswaschen. Der Gestank ist grauenhaft.»

«Stell dich nicht so an, Renate, bei dir riecht es auch nicht gerade nach Veilchen.» Hilde wirft Renate einen bösen Blick zu.

Stefanie fühlt sich von alldem nicht sonderlich berührt. Innerlich wartet sie, und sobald sich ihrer Zellentür Schritte nähern, zieht sich alles in ihr vor Erregung zusammen. Irgendwann muß man sie doch holen. «Ich habe fünf Tage bis zum ersten Verhör gewartet», sagt Friedel. «Ich habe gedacht, ich werde verrückt.» «Fünf Tage?» Stefanie sieht sie an. «Aber das können sie doch nicht machen.» «Hast du eine Ahnung, was die alles können, die legen dich wochenlang auf Eis, wenn es ihnen paßt», versichert Hilde. «Nach uns kräht ja eh kein Hahn.»

Renate beugt sich vom oberen Bett herab. «Hab keine Angst, Stefanie. Es gibt keine Norm hier. Bei dir kann möglicherweise alles ganz anders sein. Wir durchschauen es nicht.» Sie spricht ruhig und freundlich. Stefanie lächelt ihr zu. «Komm zu mir aufs Bett!» Mit einem Schwung landet Stefanie auf der oberen Etage. «Sie haben ja Bettwäsche! Warum bekommen wir nicht alle welche?»

«Das kann ich dir leicht beantworten. Aber sag einfach du, denn hier sind wir alle gleich, und es ist einfacher und kameradschaftlicher. Also, die Bettwäsche. Ich bekomme von den rauhen Decken eine scheußliche Allergie, und aus diesem Grund hat mir der Sanitäter Bettwäsche verordnet.» Sie zwinkert Stefanie zu. «Weißt du, wenn man so lange hier ist wie ich, dann erreicht man schon so ein paar Kleinigkeiten, die das Leben hier zumindest erträglicher machen.»

Stefanie fühlt sich wohl auf Renates Bett. Das Heruntersehen macht die Nähe der anderen erträglicher, läßt sie sympathischer werden.

«Renate, bitte erzähl uns was. Einen Film, oder einen Roman», bittet Friedel, von Hilde eifrig unterstützt. «O ja, Renate, erzähl.» «Gut», erwidert Renate. Sie setzt sich zurecht, überlegt kurz und beginnt. «Die Straße der Elefanten.» Mit weicher Stimme führt sie die Lauschenden in die Ferne, läßt Personen und Landschaften erstehen, und die Frauen sind gebannt, vergessen die Zelle und die Zeit, und ein Schreck durchfährt sie, als sich die Klappe öffnet und ein unwirsches «Dawai, dawai!» sie in die Wirklichkeit zurückholt. Sie greifen nach ihren Schüsseln und laufen zur Tür. Zeit zum Abendessen. Unmerklich ist der Nachmittag vergangen. Sie sind erfüllt von dem Gehörten, dankbar für gewonnene Stunden.

Stefanie starrt in ihre Schüssel. Dick aufgequollene, bläulich schimmernde Graupen, hier und da ein Stück gebratenen Specks. «O nein! Das kann ich nicht essen!» Sie schüttelt sich. Erwartungsvoll sieht Hilde sie an. «Magst du das wirklich nicht?» Und mit einem Seitenblick auf Friedel setzt sie hinzu: «Ich meine, wenn du es wirklich nicht magst, dann würde ich es mir mit Friedel teilen.» Stefanie schiebt ihr die Schüssel zu. Argwöhnisch von Friedel beobachtet, teilt Hilde den Inhalt. Sie essen gierig, während Renate gemessen Löffel um Löffel zum Mund führt. «Du mußt es lernen. Es gibt ihn jeden Abend, diesen Brei, und glaub mir, es ist das einzig Nahrhafte, was uns hier angeboten wird.» Noch voller Widerwillen erwidert Stefanie: «Nein, Renate, ich glaube nicht, daß ich mich daran gewöhnen muß. In zwei, drei Tagen werde ich wieder zu Hause sein. Ich habe nichts Unrechtes getan. Es kann nur ein Irrtum sein. Ich bin Mitglied der Freien Deutschen Jugend. Ich bin kein Feind der Russen. Ich habe nichts getan, was gegen das neue System gerichtet wäre. Sie werden mich nicht im Stich lassen.» «Ach, weißt du, Stefanie, ich würde nicht so sehr auf Menschen zählen. Manchmal tut man etwas, das einem im Moment richtig erscheint, und erst viel später merkt man, daß man einen Fehler gemacht hat.» Stefanie ist bei diesen Worten nicht ganz wohl. Hatte sie einen Fehler gemacht? Was war mit Heimbach und Wagner? Hatte man sie betrogen und für illegale Dienste mißbraucht? Aber hätten sich Heimbach und Wagner dann an die Behörden gewandt? So viele Fragen. Aber nichts, was sie getan hatte, konnte so schlimm sein, daß man sie wochenlang im Gefängnis festhalten durfte. «Nein, Renate, soviel ich auch nachdenke, ich finde nichts, was ich mir vorzuwerfen hätte.» «Ich will dich nicht ängstigen, Stefanie, aber ich weiß, daß Menschen um eines Verdachtes willen monatelang hier waren und auch verurteilt worden sind.»

«Das glaube ich einfach nicht. Ich glaube nicht, daß die Russen einfach jemanden ins Gefängnis werfen und verurteilen.»

«Nein, das natürlich nicht», erwidert Renate. «Aber bedenke, wir drei hier in der Zelle haben etwas getan, was uns schuldig werden ließ. Auch wenn es nur eine lächerliche Kleinigkeit war.»

«Und das wißt ihr genau? Ihr habt keine Hoffnung, ohne Verurteilung entlassen zu werden?» «Nein», erwidert Renate, «nein, wir haben keine Hoffnung. Keine von uns hier. Hilde zum Beispiel hat auch noch ihre drei erwachsenen Kinder hier. Zwei Mädchen, einen Jungen, alle kaum älter als du.»

Stefanie schweigt, sieht auf ihre Hände, ihr Hals ist wie zugeschnürt. «Was habt ihr denn getan?» fragt sie Hilde. «Und deine Kinder? Ich kann mir das einfach nicht vorstellen.»

Verlegen sieht Hilde von einem zum anderen, streicht sich das von grauen Strähnen durchzogene Haar aus dem Gesicht, faltet die Hände über dem schweren Leib zusammen, so fest, daß die Knöchel weiß hervortreten. «Ach, Stefanie, ich habe es schon so oft erzählt. Friedel und Renate möchten es bestimmt nicht noch einmal hören.»

«Ach, ist egal», sagt Friedel, «erzähl schon. Die Zeit vergeht dabei.» Auch Renate nickt. «Erzähl nur, Hilde.» Hilde schneuzt sich, streicht sich umständlich den Rock glatt. In ihr gutmütiges Gesicht kommt ein weinerlicher Ausdruck. Sie sucht nach Worten. Umständlich erzählt sie die Vorgeschichte. Stefanie hört ungeduldig zu. Oft sucht sie Renates Blick, aber Renate sitzt mit halbgeschlossenen Augen und unbewegtem Gesicht in ihrer Ecke. Als Hilde eine Pause macht, um einen Schluck Wasser zu trinken, kann Stefanie, die mit wachsendem Staunen zugehört hat, sich nicht mehr beherrschen.

«Aber, Hilde, so naiv ist doch kein Mensch. Du hättest dir doch denken können, daß das kein Freund des amerikanischen Offiziers war, der bei euch wohnen sollte. Du warst doch nur interessant, weil du in unmittelbarer Nähe eines sowjetischen Truppenübungsplatzes wohntest.»

«Ja, ja, heute weiß ich das, aber damals hab ich nicht lang nachgedacht. Ich wollte unbedingt zur Hochzeit meiner Ältesten, und dazu mußte ich über die grüne Grenze.» «Und deine Kinder? Wieso haben sie so ohne weiteres einen Fremden aufgenommen?»

«Ich bin länger im Westen geblieben als geplant. Den Kindern hatte ich geschrieben. Sie wußten Bescheid. Und außerdem, es war ein so sympathischer Junge. Sie haben sich gleich mit ihm angefreundet, und er hat eine Menge mit ihnen unternommen.»

«Ja, und dabei hat er deine Kinder fotografiert, und im Hintergrund den Truppenübungsplatz.»

«Ja, du, gerade du mußt so schlau reden. Wenn du wirklich so schlau wärst, wie du tust, dann wärst du nicht hier.»

Auf den Gängen sind wieder die Posten zu hören. Von Zelle zu

Zelle gehen sie, schlagen mit dem Schlüsselbund gegen die Tür. «Otboi, otboi, jetzt Ruhe.» «Also, marsch ins Bett», kommandiert Renate. Sie ist die einzige, die sich über dem Kübel die Zähne putzt, wie Stefanie auffällt. «Kriegen wir denn keine Zahnbürsten?» Friedel lacht: «Ach, Stefanie, du wirst schon noch merken, was es hier alles nicht gibt.» Stefanie schweigt, legt ihre Kleidung sorgfältig über das Bettende, schlüpft widerstrebend unter die harte Decke. Die Decke kratzt. Ich werde nicht schlafen können, denkt sie.

Leise schlurfende Schritte auf dem Gang. Ein Auge wird kurz im «Spion» sichtbar, dann schließt sich die Klappe wieder. «So, das war's.» Hilde stützt sich auf dem Ellenbogen auf. «Wird das Licht nicht ausgemacht?» «Nein, Stefanie, sie überwachen uns, besonders nachts.» «Warte noch einen Augenblick, Hilde, du weißt, manchmal kommen sie wieder.» Geduldig liegen sie auf ihren Betten, bis Hilde leise in ihrer Erzählung fortfährt.

Stefanie hört nur mit halbem Ohr hin. Hatte sie sich in eine Situation begeben, die sie nicht übersehen konnte? Waren Heimbach und Wagner wirklich Ehrenmänner gewesen? Hatte sie ihnen zu sehr vertraut? Aus Hildes Stimme ist unterdrücktes Weinen zu hören, das Stefanie wieder aufhorchen läßt.

«Meine Kinder konnten nicht wissen, daß dieser junge Mann ein Agent war. In Thüringen haben sie ihn verhaftet, und er hat gestanden, daß er drei Tage und drei Nächte bei uns gewesen ist. Als man uns, die Kinder und mich, verhaftete, wußten sie schon alles. Sogar das Filmmaterial hatten sie. Mein Sohn ist siebzehn, die Mädchen zwanzig und zweiundzwanzig. Nun sitzen wir alle im Gefängnis.» Sie schluchzt: «Ich habe ihr Leben zerstört. Alles, alles meine Schuld.»

Es ist still in der Zelle. Stefanie findet kein Wort, keine Geste, die zu trösten vermag. Sie starrt gegen die Matratze über sich. Renate scheint zu schlafen. Von Friedels Bett herüber klingen leise Schnarchtöne. Hildes leises Weinen ist verstummt. Tiefe Atemzüge aus allen Betten. Sie schlafen. Stefanie stiehlt sich aus dem Bett, sitzt lauschend auf dem Bettrand, ehe sie, vorsichtig die Füße aufsetzend, zum Kübel huscht. Geräuschlos hebt sie den Deckel hoch, legt ihn behutsam auf den Boden. Nur niemanden aufwecken. Noch ist es nicht selbstverständlich, vor aller Augen die Notdurft zu verrichten. Ein leises, schurrendes Geräusch läßt sie zur Tür blikken. Ein bewimpertes Auge ist auf sie gerichtet, dann verschwindet es wieder. Sorgsam schließt sie den Kübel und gleitet in ihr Bett zurück. Sie ist müde, aber sie kann nicht schlafen. Das Licht, die Atemzüge der anderen, alles ist fremd. Sie blickt auf die zerkratzte Zellentür, auf der viele Hände Namen und Worte eingeritzt haben. Der eiserne Waschständer mit der ramponierten Emailleschüssel, der Wasserkrug aus gleichem Material, darüber ein einfaches Holzregal für Schüsseln und Löffel. Daneben, Bett an Bett hintereinander, Hilde und Friedel, die Gesichter der Wand zugekehrt. Die Dekken über den Kopf gezogen, um dem Licht zu entgehen. Das Fenster ist weit geöffnet. Die unregelmäßigen Holzdielen schimmern seidig im Lampenlicht. Während sie die Linien des Dielenbodens verfolgt, fallen ihr die Augen zu.

«Stefanie! Stefanie!»

Verwirrt, benommen erwacht sie. Als sie die Augen aufschlägt, erkennt sie Renate über sich gebeugt. Dahinter eine Uniform.

«Du mußt aufstehen. Du mußt zum Verhör.» «Aber wieso? Ist es denn schon Tag?»

«Nein. Man wird auch nachts zum Verhör geholt. Komm, der Dezhurny wartet nicht gern.»

Stefanie sieht den Soldaten an, flüstert: «Geht der nicht raus, wenn ich mich anziehe?» Renate schüttelt den Kopf. Stefanie steigt aus dem Bett und zieht sich so schnell wie möglich an. Der Posten geht voraus. Auf dem Gang ist es still, dämmrig, am Ende sitzen mehrere Soldaten und spielen Karten. Stefanie folgt dem Dezhurny über Gänge und Eisentreppen. Ein kleiner Hof. Klarer Sternenhimmel. Stefanie bleibt stehen, sieht nach oben. Der Dezhurny läßt sie einen Moment gewähren, mahnt dann leise. Sie folgt ihm in ein anderes Gebäude. Wieder Flure, Treppen, bis er an eine Tür klopft. Von drinnen ein Brummen. Der Dezhurny öffnet, schiebt sie in den Raum, zieht sich zurück, schließt die Tür.

Eine Schreibtischlampe mit grünem Schirm, hinter dem Schreibtisch ein beleibter Uniformträger, Schulterstücke glänzen im Licht der Lampe. Ein gutmütiges, rosiges Gesicht, spärliches, dünnes blondes Haar. Seine Hände auf der Schreibtischplatte sind schlank, sehnig. Er liest ihre Personalien vor, fragt: «Ist das richtig?»

«Ja.»

«Du bist noch zur Schule gegangen, warst Gymnasialschülerin, lese ich hier. Eine gute Schülerin, die beste der Klasse. Also eine ‹Umniza›, so sagt man bei uns. Du kannst also denken.»

Er sieht sie an. «Du bist fünfzehn Jahre alt, Mitglied der Freien Deutschen Jugend, hast aktiv mitgearbeitet. Du bist politisch interessiert. Wie also konnte das geschehen?»

Stefanie sieht auf ihre Hände. «Ich weiß überhaupt nicht, was geschehen ist.» Nur nicht weinen, denkt sie, nur nicht weinen.

«Kakoi rebjonok. Was für ein Kind», sagt er mehr zu sich selbst. Stefanie hat es verstanden. Schließlich war Russisch Hauptfach in der Schule. Ich muß ihm alles erzählen, alles. Er wird feststellen, daß ich nicht schuldig bin. Seine Augen sind ernst, nicht unfreundlich auf sie gerichtet.

«Die Namen Heimbach und Wagner sind dir bekannt?»

«Ja.»

«Nun gut, also erzähl mir. Wie hast du sie kennengelernt? Was hattest du mit ihnen zu tun?»

Stefanie wischt sich die feuchten Hände am Rock ab, legt sie in den Schoß. Die Wahrheit sagen. Es muß sich alles aufklären. Auf ihrer Oberlippe schmeckt sie Schweißtröpfchen.

«Eigentlich war alles ganz einfach. Mehr ein Zufall. Ich wollte Theaterkarten haben. Deshalb ging ich in das Haus der Gewerkschaft. Dort gab es sie verbilligt. Im Zimmer des Sachbearbeiters saßen drei Herren aus Westdeutschland, die ihn mit einem dringenden Anliegen aufgesucht hatten. Der Sachbearbeiter war ziemlich ratlos, wußte nicht, wie er ihnen in ihrer Angelegenheit helfen konnte. Ein Lastzug mit Fracht war an der Grenze nach Westdeutschland von der Volkspolizei beschlagnahmt worden. Zu Unrecht, beteuerten die Herren. Was mich daran interessierte, war, dieser Lastzug fuhr nur im Auftrag der Speditionsfirma. Die eigentliche Besitzerin war ein ‹Opfer des Faschismus›. Von ihrer Haftentschädigung hatte sie sich mit diesem Lastwagen eine Existenz aufgebaut. Die entsprechenden Papiere hatten die Herren vorgelegt.»

Die sehnigen Hände spielen mit dem Kugelschreiber, stoßen ihn mit der Spitze auf, lassen ihn vor- und zurückschnappen. Das Geräusch irritiert sie, bringt sie aus dem Konzept. Hört er überhaupt zu? Seine Augen unter den fast weißen Wimpern blicken ausdruckslos. Der Kugelschreiber kommt zur Ruhe. Stille im Zimmer. Auf dem Flur klappt eine Tür. Sie schrickt zusammen. «Na, na.» Seine Stimme klingt warm. «Wir sind natürlich nicht die einzigen hier. Also, fassen wir zusammen: Der Lastzug gehörte einer Verfolgten des Naziregimes.»

«Ja, so war es.»

«Und, was hatten Wagner und Heimbach damit zu tun?»

«Sie waren die Inhaber der Speditionsfirma. Der Lastzug fuhr in ihrem Auftrag.»

«Wie heißt die Besitzerin des Lastwagens?»

«Simon, Esther Simon.»

«Hast du diese Frau kennengelernt?»

«Nein, sie war nie dabei. Nur der Prokurist der Firma. Den Namen habe ich vergessen. Er war nur beim erstenmal dabei.»

«Ist dir bekannt, warum die Volkspolizei den Lastzug beschlagnahmt hat?»

«Ja, auf den Frachtbriefen fehlte der Ausreisestempel aus Berlin. Da ist ein Fehler gemacht worden. Erst an der Grenze nach Westdeutschland wurde es von der Volkspolizei festgestellt.»

Er lächelt: «Das hat man dir gesagt.»

«Ja, darum ging doch das Ganze. Es war ein Umzug von Westberlin nach Westdeutschland, völlig legal.»

«Davon bist du überzeugt?»

«Ja, natürlich. Hätten sie sonst Hilfe bei unseren Behörden gesucht?»

«Gut, und was geschah weiter?»

«Wie ich schon sagte, der Sachbearbeiter beim FDGB war ziemlich hilflos und meinte, das sei doch wohl eher Sache für den VVN, den ‹Verein für die Verfolgten des Naziregimes›. Er bat mich, die Herren dorthin zu begleiten. Beim VVN erklärten sie sich nach langem Hin und Her ebenfalls für nicht kompetent, und sie verwiesen uns an die Landespolizeibehörde.»

«Und dorthin bist du auch noch mitgefahren. Warum?»

«Weil mir die ganze Angelegenheit inzwischen zu einem ernsten Anliegen geworden war. Es ging immerhin um die Existenz einer ehemaligen KZ-Insassin.»

«Nur aus diesem Grund?»

«Ja, nur deshalb. Welchen Grund sollte ich sonst gehabt haben?»

«Mozhno, mozhno. Möglich, möglich. Aber dort hattet ihr auch keinen Erfolg?»

«Nein, das war es ja! Wir stießen auf wenig Entgegenkommen. Sie ließen uns stundenlang warten, nur um uns dann zu sagen, daß der Vorgang bearbeitet, abgeschlossen, bereits weitergeleitet worden war und nicht mehr rückgängig zu machen sei. Deprimiert fuhren wir davon. Die Herren luden mich zum Essen ein. Warum hätte ich nicht annehmen sollen? Ich war doch ebenso hungrig und durstig wie sie. Beim Essen hatte ich eine tolle Idee. Bei einem Berlin-Aufenthalt im Rahmen einer FDJ-Veranstaltung hatte ich die Sekretärin Wilhelm Piecks kennengelernt. Wir waren seitdem in schriftlicher Verbindung geblieben und hatten auch einige Male miteinander telefoniert. Ich schlug vor, sie umgehend anzurufen, um eventuell einen Gesprächstermin bei Wilhelm Pieck zu bekommen. Von ihm erhoffte ich Verständnis und Hilfe.»

«Warum hast du dich so engagiert?»

«Ich war so enttäuscht von unseren Behörden, maßlos enttäuscht. Frau Simon, ein Opfer des Naziregimes. So viele große Worte wurden um diese Menschen gemacht. Hier aber, in diesem Fall, wo es um konkrete Hilfe ging, war niemand zuständig. Ich wollte helfen, einfach nur helfen.»

«Weiter, erzähl weiter.»

«Es regelte sich alles leichter, als ich gedacht hatte. Ich rief in Berlin an, und nach einer Stunde kam schon der Rückruf, und wir hatten einen Termin für den nächsten Vormittag. Für mich war es selbstverständlich, daß ich mitfuhr. Wann hätte ich je wieder Gelegenheit gehabt, in so unmittelbare Nähe Wilhelm Piecks zu kommen.»

Stefanie sieht verlegen zu Boden. «So ein bißchen Wichtigtuerei war wohl auch dabei. Am nächsten Morgen fuhren wir sehr früh los, um pünktlich da zu sein. Ich war wahnsinnig aufgeregt. Wir wurden sofort in Piecks Arbeitszimmer geführt. Herr Wagner schilderte sein Anliegen und legte die Papiere vor. Pieck las sie sehr gründlich, stellte einige Fragen, die Herr Heimbach offensichtlich zu seiner Zufriedenheit beantwortete. Dann ließ er eine Sekretärin kommen und diktierte einen Brief an die Landespolizeibehörde, in dem die sofortige Freigabe des Lastzuges verfügt wurde. Er reichte jedem von uns die Hand. Ich muß zugeben, ich war wahnsinnig stolz. Eigentlich wäre meine Aufgabe damit beendet gewesen. Aber Herr Wagner war der Ansicht, daß wir diesen Erfolg feiern müßten. Er lud mich noch zu seinen Freunden ein, einer Familie Gruber.»

«Woher kannte Herr Wagner diese Familie Gruber?»

«Aus Westdeutschland, Frau Gruber stammte aus Holzminden, Herr Wagner auch. Sie waren Schulfreunde. Familie Gruber war sehr nett zu mir. Wir waren uns sofort sympathisch. Es wurde ein unterhaltsamer Abend und recht spät. Anschließend brachten mich die Herren nach Hause. Am nächsten Morgen wollten sie zurück nach Westdeutschland.»

Schweigen breitet sich aus, unangenehmes, drückendes Schweigen. Glaubt er ihr nicht? Endlich sieht er sie an.

«Und du hast Heimbach und Wagner nicht wiedergesehen? Und Geld? Hat man dir kein Geld angeboten?»

Ihr Herz beginnt wild zu klopfen. Woher weiß er das? Die tausend Mark waren doch eine Anerkennung. Warum hatte sie bloß das Geld verschwiegen? Jetzt mußte er doch annehmen, daß sie noch mehr verschwieg.

«Aber das war doch nicht so wichtig. Ich habe das Geld in einem Umschlag erhalten. Herr Wagner sagte, dies sei ein Dank der Firma.»

«So war das also! Wann hat er dir das Geld gegeben?»

«Am nächsten Morgen.»

«Du hast Herrn Wagner also doch noch einmal getroffen?»

«Ja, habe ich.»

«Und warum? Hast du dir etwas davon versprochen?»

«Ja, habe ich. Herr Wagner hatte am Abend zuvor eine Bemerkung gemacht, daß ich mir eine Anerkennung verdient hätte. Ja, ich habe sogar fest damit gerechnet und auch nichts Schlimmes darin gesehen. Ich hatte schließlich eine Menge für sie getan.»

Er lächelt wieder. Dieses ständige Lächeln macht Stefanie nervös. Anfangs hatte es ihr Mut gemacht, aber im Verlauf des Verhörs vermutet sie etwas anderes dahinter.

«Hast du diese Männer noch einmal gesehen? Und die Familie Gruber, warst du noch einmal bei ihnen?»

«Die Herren aus Westdeutschland habe ich nicht wiedergesehen. Bei Familie Gruber war ich danach oft zu Gast. Herr Gruber war auch ein Opfer des Faschismus, vier Jahre war er im Konzentrationslager gewesen.»

«Warum hast du die Verbindung zu den Grubers aufrechterhalten? Standen sie mit Wagner und Heimbach noch in Verbindung?»

«Warum? Sie fragen immer wieder, warum. Es gibt eben Sympathien und Freundschaften, da gibt es kein Warum.»

«Aber es ist doch seltsam, sie waren doch viel älter als du.»

«Na und, ist das ein Grund, sich nicht zu mögen? Ich habe immer ältere Freunde gehabt.»

Er grunzt, erhebt sich trotz seiner Leibesfülle behende, geht zur Tür, unterdrückt ein Gähnen. «Ich bin müde. Du bist es auch. Wir machen Schluß für heute. Wir haben noch viel Zeit.»

Mein Gott, keine Hoffnung auf ein baldiges Nachhausekommen. Man würde sie hier festhalten. Immer wieder Fragen stellen. Immer wieder die gleichen Fragen, und am Ende würde sie nicht mehr wissen, was die Wahrheit war. Sein ständiges Lächeln war Taktik, nichts als Taktik.

Mit gesenktem Kopf verläßt sie das Zimmer. Müde taumelt sie hinter dem Dezhurny her. Wie spät mochte es sein? Ihr ist zumute, als habe sie eine Ewigkeit auf diesem Holzstuhl gesessen. Als sie über den Hof gehen, fröstelt sie in der kühlen Nacht. Nicht einen Blick hat sie für den Sternenhimmel. Nur zurück in die Zelle, sich hinlegen, schlafen können.

Schlaftrunken richtet Renate sich auf. «Na, du warst lange fort. War es schlimm?» Stefanie schüttelt den Kopf, winkt ab. Nur nicht reden müssen. Keine Fragen mehr. Nur noch schlafen. Ohne sich auszuziehen, steigt sie vorsichtig, um die Matratze nicht knarren zu lassen, in ihr Bett. Sie schließt die Augen, versucht einzuschlafen. Aber sie ist hellwach. Lauscht den ihr gestellten Fragen nach, und jetzt, in der Stille der Zelle, erkennt sie, was dahintergestanden hat. Woher war ihm dies alles bekannt? Sie hatte doch zu niemandem darüber gesprochen. Sogar von dem Geld wußten sie. Oder hatte er geblufft? Hatte man ihre Hilfsbereitschaft mißbraucht? Hatten Heimbach und Wagner sie belogen, sie für eine illegale Sache mißbraucht? Aber sie hatten sich doch ganz offiziell an die Behörden gewandt.

Sie versucht, die vielen Fragen zu verdrängen, wirft sich von einer Seite auf die andere, um Schlaf zu finden. Hilflose Verzweiflung stellt sich ein, die sich endlich in Tränen löst. Irgendwann muß sie eingeschlafen sein. Sie verschläft das Klopfen an der Zellentür, den Ruf zum Aufstehen. Als Renate sie wach rüttelt, sind Friedel und Hilde schon gewaschen und angezogen.

«Wach auf, Stefanie, wach auf. Es gibt gleich Frühstück.»

Auf dem Flur ist schon das Öffnen und Schließen der Klappen zu hören. Mit ihrer Schüssel stellt sie sich neben die Frauen. Es gibt Kaffee und zweihundert Gramm schweres, feuchtes, dunkles Brot. Sie sitzen auf den Betten, brechen ein Stück von dem Brot, kauen es langsam, nehmen hin und wieder einen Schluck von dem bitter schmeckenden Kaffee.

«Du warst heute nacht zum Verhör?» Friedel fragt es mit vollem Mund.

«War ich.»

«Na, und wie war es? Bist du immer noch der Meinung, daß es sich bei dir um einen Irrtum handelt?»

Stefanie sieht zum Fenster, zu dem Streifen blauen Himmel. «Es wird wohl Sommer oder gar Herbst werden», sagt sie nachdenklich. «Ich glaube, da gibt es einige Probleme, mit denen ich nicht gerechnet habe. Das Schlimme ist, daß ich mir das absolut nicht erklären kann.»

«Bei welchem Vernehmungsoffizier warst du?»

«Woher soll ich das wissen? Er hat keinen Namen genannt.»

«Du brauchst ihn nur zu beschreiben, wir kennen alle.»

«Na ja, er hatte ein rundes, rosiges Gesicht, war nicht gerade schlank, aber was mir besonders auffiel, waren seine Hände.»

«Den kenn ich», sagt Hilde, «das ist der mit der freundlichen, sanften Tour. Der ist gefährlich, der wickelt die Leute ganz schön ein.»

«Bei mir gibt es nichts einzuwickeln. Ich habe die Wahrheit gesagt.»

«Habe ich auch, es hat mir nur nicht viel genützt, sie fragen und fragen immer noch.»

«Es wird wohl nicht bei jedem das gleiche sein.»

«Hört schon auf mit dieser sinnlosen Rederei», sagt Renate. «Gleich bringen sie uns die Reinigungsgeräte, um die Zelle zu säubern. Schiebt den Kübel an die Tür und stellt die Hocker auf die Betten.»

Stefanie ist froh über die nun einsetzende Geschäftigkeit. Die Gespräche machen ihr angst. So wenig wie möglich werde ich erzählen, nimmt sie sich vor.

Die Arbeit wird genau eingeteilt. Stefanie muß Staub wischen. «Aber nichts vergessen», sagt Friedel, «unser Sani ist ein Reinlichkeitsfanatiker. Er sieht überall nach, und wehe, er findet ein Stäubchen. Vergiß die Leisten der Betten nicht.»

«Meinst du, ich habe noch nie Staub gewischt?» mault Stefanie. Hilde schwingt den Bohnerbesen, bis die Holzdielen matten Glanz zeigen. Der Kübel, von Kalfaktoren gereinigt, kommt mit frischem Chlor versehen zurück. Es riecht streng, beißend. Renate darf raus, um frisches Wasser zu holen. «Wir werden mehr Wasser brauchen, wir sind jetzt vier», erklärt sie dem Posten. «Gut, gut, posmotrim, wir werden sehen.» Er steht in der offenen Tür, blickt in die Zelle.

«Gibst du uns Machorka?» bittet Hilde. Er greift in seine Hosentasche, holt eine Handvoll Machorka heraus, schüttet die harten, holzigen Krümel in Hildes Hand. Aus der Brusttasche seines Uniformkittels zieht er sorgfältig auf Zigarettenlänge gefaltetes Zeitungspapier, reißt einen Teil davon ab, gibt ihn Hilde. Hilde bedankt sich: «Der ist in Ordnung, Stefanie, der gibt immer.» Sie setzt sich aufs Bett, dreht mit geschickten Händen vier Zigaretten. Mit den Zähnen fasert sie das Papier aus, netzt den Rand mit Speichel ein. Stefanie wendet sich ab. Warum dreht nicht jeder seine Zigarette selbst? So ist es unappetitlich, einfach eklig. Sie behält ihre Gedanken für sich, will sich nicht unbeliebt machen, denn Renate und Friedel scheint es nichts auszumachen. Selbstverständlich greifen sie nach den Zigaretten. «Danke, ich nicht. Ich rauche nicht», wehrt Stefanie ab. «Na prima, dann können wir uns die nachher noch teilen», freut sich Hilde. Der Posten schließt die Tür noch einmal auf und gibt ihnen Feuer. Nun sitzen sie, rauchen genußvoll, schweigend.

«Pfui Teufel, das Zeug stinkt ja gräßlich», stellt Stefanie bei den ersten Rauchwolken fest.

«Gewohnheitssache. Schmeckt aber nicht schlecht», Renate lacht. «Du wirst dich daran gewöhnen. Irgendwann rauchst du das Kraut auch.» Stefanie schüttelt den Kopf.

Später dann steht Friedel an der kleinen Waschschüssel, wäscht Schlüpfer und Strümpfe, die sie am Fensterrahmen zum Trocknen aufhängt. «Eigentlich müßte meine Bluse auch gewaschen werden. Doch ich habe so das Gefühl, daß ich heute zum Verhör geholt werde.»

«Können wir uns denn überhaupt keine Kleidung bringen lassen?»

«Nein, Stefanie, nein, das können wir eben nicht. Du mußt nicht glauben, daß unsere Angehörigen wissen, wo wir sind. Wir müssen sehen, wie wir allein zurechtkommen.»

«Aber man hat uns doch gewiß als vermißt gemeldet.»

«Kann schon sein, aber du kannst sicher sein, die Polizei weiß nicht, wo wir uns aufhalten. Und wenn sie es weiß, dann darf sie keine Auskunft geben.»

«Aber du, Renate, du hast doch Kleidung zum Wechseln hier.»

«Das verdanke ich nur dem glücklichen Zufall, daß mein Koffer schon gepackt war. Ich wollte gerade verreisen, als ich verhaftet wurde.»

Stefanie schweigt. Alles erscheint ihr so undurchschaubar. Hilde und Friedel wurden doch auch zu Hause verhaftet, warum durften sie nichts mitnehmen? Überhaupt Renate, warum ist sie schon so lange hier? Diese schöne, elegant wirkende Frau, die so viel Überlegenheit ausstrahlt. Stefanie muß sie immer wieder ansehen. Bei aller Herzlichkeit geht doch etwas Unnahbares von ihr aus. Sie wird von Hilde und Friedel mit mehr Respekt behandelt, als die beiden sich untereinander entgegenbringen.

Die Zelle ist sauber, Friedels Wäsche gewaschen. Es gibt nichts mehr zu tun. Vor ihnen liegen noch Stunden bis zum Mittagessen. Die Stille ist bedrückend. Ab und zu ein Satz, belanglos, nur eben so dahergesagt.

«Friedel, magst du heute nicht von dir erzählen?» fragt Renate. Friedel macht kein sehr glückliches Gesicht. «Och, ich dachte, du würdest etwas erzählen. Einen Roman, oder vielleicht einen Film.»

«Nein, jetzt nicht. Vielleicht am Nachmittag. Fang an, Friedel!»

«Eigentlich war alles furchtbar dumm. Und irgendwie habe ich immer befürchtet, daß es eines Tages schiefgehen würde. Meine einzige Entschuldigung ist Bernd, mein Sohn. Der Bernd war von Anfang an ein zartes, zurückgebliebenes Kind. Er saß später als andere Kinder, lief später, und mit dem Sprechen ging es nur langsam voran. Er machte mir Sorgen. Immer wieder war ich mit ihm bei Ärzten, aber sie konnten nichts feststellen. Eines Tages erzählte ein Kollege meines Mannes von einem Medikament, das es in Westdeutschland gebe. Damit hätten sie in ähnlichen Fällen große Erfolge erzielt. Von da an dachten wir nur noch an dieses Wundermittel und wie wir es beschaffen könnten. Mein Mann bedrängte seinen Kollegen. Wir waren bereit, jede Summe zu zahlen. Es ging uns nicht schlecht. Aber der Kollege druckste herum und hielt uns hin, bis er eines Tages mit der Sprache herausrückte. Ja, mit Geld sei da überhaupt nichts zu machen, sondern wir müßten jemandem eine Gefälligkeit erweisen. Er würde den Mann nächstes Mal mitbringen, wir könnten dann selbst mit ihm sprechen. Wir waren voller Erwartung, und an dem Tag, als dieser Mann kommen sollte, hatte ich Abendbrot gemacht, Bier und Wodka bereitgestellt. Die Männer ergingen sich bei Tisch in langen Reden über die politische Situation bei uns und waren sich dabei recht einig. Ich wurde immer nervöser, versuchte das Thema immer wieder auf das Medikament zu lenken. Doch alle hatten dem Alkohol schon munter zugesprochen. Mein Mann wurde immer mutiger und erklärte zu guter Letzt, am liebsten würde er seine Sachen zusammenpacken und in den Westen übersiedeln, da man hier ja nicht einmal ein Medikament für ein krankes Kind bekäme. Der Herr Schulz, wie er sich nannte, kam nun endlich zur Sache. Das Medikament könne er besorgen. Er sei auch durchaus in der Lage, bei einer Übersiedlung in den Westen bei den Anfangsschwierigkeiten zu helfen. Was er brauche, sei eine absolut sichere Adresse, bei der Briefe abgegeben und abgeholt werden könnten. Überbringer und Abholer würden ein Kennwort benutzen, ihre Namen brauchten wir also nicht zu wissen.

Mir war bei diesem Gespräch nicht wohl. Ich hatte von solchen Sachen schon gehört und wußte, daß wir damit zu einem sogenannten Briefkasten wurden. Ich hatte Angst, daß diese Sache gefährlich werden könnte. Aber als Herr Schulz dann das Medikament aus der Aktentasche holte, schob ich alle Bedenken beiseite. Die Männer besprachen noch Einzelheiten, aber ich hörte gar nicht mehr richtig zu.

Am liebsten hätte ich meinen Jungen aus dem Schlaf geholt, um ihm von dem Medikament zu geben. Wieder und wieder las ich den beiliegenden Zettel über die Wirkung des Medikamentes durch. Irgendwann in der Nacht verabschiedeten sich unsere Besucher. Mein Mann und ich saßen noch eine Weile zusammen und redeten über unseren Sohn.

Es war wirklich keine so große Sache. So drei-, viermal in der Woche wurde ein Brief bei uns abgegeben, der manchmal schon am gleichen Tag, spätestens aber nach zwei Tagen abgeholt wurde. Ich wurde vorher immer telefonisch verständigt. Es waren nicht immer die gleichen Leute, aber einige kamen doch recht häufig, so daß ich ihre Gesichter allmählich kannte. Namen wurden nie genannt, ich wußte auch nicht, woher sie kamen. Nur von einem der jungen Männer wußte ich, daß er hier in der Stadt lebt. Zufällig hatte ich in einem Fotogeschäft sein Hochzeitsbild gesehen.

Wir bekamen regelmäßig das Medikament, hin und wieder auch Geld. Aber das Geld war mir nicht wichtig. Ich freute mich über die Fortschritte, die Bernd offensichtlich machte.

Dann kam alles ganz plötzlich. Am Vormittag hatte man einen Brief abgegeben. Als es am Nachmittag klingelte und drei Männer vor der Tür standen, wußte ich Bescheid. ‹Wo ist der Brief?› Ich stellte mich dumm. ‹Welcher Brief?› ‹Leugnen Sie nicht, wir beobachten Sie seit langem.› Ich gab nichts zu. Sie durchwühlten die ganze Wohnung. Es war furchtbar. Zum Glück kam meine Mutter und konnte mir das Kind abnehmen. Bernd schrie wie am Spieß. Die Männer ängstigten ihn. Meine Mutter lamentierte, aber ich konnte ihr nichts erklären. Als ich sah, daß sie nicht aufhörten zu suchen, gab ich auf. Ich zeigte ihnen das Versteck.

Dann ging alles ganz schnell. Einer führte mich ab, die anderen warteten in der Wohnung auf meinen Mann. Einige Tage verbrachten wir im Kommandanturgefängnis, dann brachten sie uns hierher. Meinen Mann habe ich nicht mehr wiedergesehen, aber ich weiß, daß er hier ist.

Das ist alles. Ich habe gleich am ersten Tag die Wahrheit erzählt, aber man glaubt mir nicht. Immer wieder fragen sie nach Namen, aber ich kenne nicht einen einzigen. Jetzt weiß ich nicht, wie es meiner Mutter geht. Was ist mit meinem Sohn? Auf Fragen bekommt man hier keine Antwort.»

«Die Sache mit dem Foto hast du uns aber noch nicht erzählt», sagt Hilde.

«Kann sein, ich habe es wohl nicht für so wichtig gehalten.»

Sie schweigen, sinnen dem eigenem Erleben nach. Die Stille ist bedrückend, voller Hoffnungslosigkeit. Sie sind froh, als auf dem Flur die Geräusche des Essenausgebens zu hören sind. Klappe auf, mit Kohl gefüllte Schüsseln auf den Knien. Sie essen wie jeden Tag, nur um den Magen zu füllen. Danach abwaschen, kurze Geschäftigkeit, und vor ihnen der endlose Nachmittag. Renate erklärt sich bereit, einen Roman zu erzählen. Aber sie ist nicht recht bei der Sache, macht lange Pausen. Trotzdem, der Nachmittag vergeht darüber.

Der nächste Morgen ist wie jeder andere. Nur Renate bleibt beim Wasserholen ungewöhnlich lange. Dann aber kommt sie mit Machorka und Papier in der Hand zurück.

«Im zweiten Stock gab es einen Zugang. Ich mußte warten. Ihr kennt das ja. Stehenbleiben, Gesicht zur Wand. Nicht einen Blick konnte ich nach unten werfen. Aber wir erfahren es ja doch.»

Hilde dreht Zigaretten. Sie rauchen. Längst hat Stefanie sich das Rauchen angewöhnt. Es stört sie auch nicht mehr, daß Hilde die Zigaretten dreht. Einmal hat sie es selbst versucht und schallendes Gelächter ausgelöst. Es ist nicht einfach. Hilde kann es eben am besten.

Renate ist angespannt und nervös. Als die Riegel an der Tür knallen, wird sie blaß. Sprungbereit wie eine Katze sitzt sie, starrt auf die Tür. Und noch ehe der Dezhurny etwas sagt, steigt sie von ihrem Bett. «Seifert zum Verhör!» Er hätte es gar nicht zu sagen brauchen, Renate stand schon bereit. Mit Befremden hat Stefanie die Szene beobachtet. Woher wußte Renate, daß man sie zum Verhör holen würde? Warum war sie so blaß? War es Angst? Der Vormittag scheint nicht vorübergehen zu wollen. Mühsam versucht Hilde, die Klopfzeichen zu übersetzen. Es klopft von mehreren Seiten.

«Ich kann das nicht so schnell verstehen. Das hat sonst immer Renate gemacht», entschuldigt sich Hilde, klopft das Warnsignal. Die Klopferei hört auf.

Dann sitzen sie wieder, reden, warten. Warten auf Renate. Es ist, als sei mit ihr das Leben aus der Zelle gegangen. Stefanies Sinne sind nach draußen gerichtet. Sie lauscht den Geräuschen im Flur nach. Und so ist sie die erste, die Renates Schritte hört. «Sie kommt!»

Renate wirkt erschöpft und bedrückt.

«War es schlimm?» fragt Stefanie.

«Später, später, erst einmal Ruhe.»

Auch nach dem Mittagessen ändert sich nichts. Renate liegt auf ihrem Bett, das Gesicht der Wand zugekehrt. Die Zeit tropft zäh dahin. Stefanie ist bedrückt: Nach so langer Zeit muß Renate noch immer zum Verhör. Nie erzählt sie etwas von sich. Renate konnte man nichts fragen. Es verbot sich von selbst, obwohl sie so vertraut mit ihr war.

Die Spitzelin

Tage, Wochen und Monate vergehen. Stefanie hat das Gefühl, schon unendlich lange in dieser Gemeinschaft zu leben. Auch Stepha genannt zu werden ist zur Gewohnheit geworden. Eng schließt sie sich an Renate an. Der Platz oben auf Renates Bett ist zu ihrem Platz geworden. Draußen ist Hochsommer. Oft dringen am frühen Abend heitere, sorglose Stimmen von der Straße herauf. Menschen, die den flieder- und jasminbewachsenen Weg zur Saale gehen. Wie oft bin ich ihn gegangen, denkt Stepha, ohne auch nur einen Blick für die roten Backsteinmauern zu haben oder gar zu diesen Fenstern emporzusehen. In solchen Momenten wird sie von irrsinniger Sehnsucht ergriffen, Sehnsucht, da draußen in der warmen, weichen Luft, die als schwacher Hauch in ihre Zelle dringt, spazierenzugehen, frei und unbeschwert zu sein.

In den Nächten kann sie oft nicht schlafen. Stunde um Stunde grübelt sie. Zweifel nisten sich ätzend in ihre Gedanken ein. Wo sind sie geblieben, die Freunde, mit denen sie sich die Köpfe heiß geredet hat? Hat sie denn nirgendwo eine Lücke hinterlassen? Gibt es denn niemanden, der nach ihr fragt? Sicher, sie hätte sich Rat beim Jugendverband holen müssen. Sie hat einen Fehler gemacht; doch darf man sie dafür einfach fallenlassen, als habe es sie und ihre ehrliche Überzeugung nie gegeben? Hatten sie nicht gesagt, es käme auf jeden Menschen an, nichts sei wichtiger als der Mensch? Und plötzlich erkennt sie, daß sie keine Chance hat, hier herauszukommen. Sie hier herauszulassen hieße ja, die armseligen Schicksale aller Friedels und Hildes der Öffentlichkeit preiszugeben.

Früh am Morgen wird Friedel zum Verhör geholt. Stunden bleibt sie fort. Als sie zurückkommt, ist sie völlig erschöpft, aber die Erregung zwingt sie, sich mitzuteilen.

«Kaum daß ich mich gesetzt hatte, sagte er: ‹Heute wollen wir das Katz-und-Maus-Spielen aufgeben. Sie werden mir die Wahrheit sagen.› ‹Das habe ich getan.› ‹Nein, das haben Sie nicht.› Er sprach in einem Ton mit mir, wie er es noch nie getan hatte. Ich beteuerte, nichts verschwiegen zu haben. Er sah mich ganz merkwürdig an und fragte: ‹Und was ist mit dem Foto?› Da erst begriff ich. Aber woher wußte er von dem Foto? Ich weiß nicht einmal, ob ich je mit meinem Mann über dieses Hochzeitsbild gesprochen habe. Wir haben immer vermieden, über die Sache zu sprechen. Er ließ mir eine Weile Zeit zum Nachdenken, dann sagte er unvermittelt: ‹Ihr Mann saß gestern auf diesem Stuhl hier.› Ich erschrak und dachte: Sie haben es aus ihm herausgepreßt.

Dann wurde er wieder sehr freundlich und sagte: ‹Warum wollen Sie diese Menschen schonen, die Sie in eine solche Situation gebracht haben? Sie erfreuen sich ihrer Freiheit, tun weiter Übles und reißen noch andere Menschen ins Verderben. Und Sie›, dabei wies er mit ausgestrecktem Zeigefinger auf mich, ‹Sie werden an diesen Menschen schuldig.› Ich weinte. Sie hatten ja tatsächlich meine Not ausgenutzt, um uns für ihre Zwecke zu mißbrauchen. Wir hatten es doch nur unseres Kindes wegen getan.

Aber dieses Hochzeitsbild. Es waren doch junge Menschen. Ich konnte sie nicht verraten. Spontan sagte ich: ‹Ich weiß nichts von einem Foto.› Mit zusammengebissenen Zähnen saß ich da. Wußte, es war falsch. Er würde sich von dieser Spur nicht abbringen lassen. Er sagte nichts mehr, drückte nur noch auf den Klingelknopf. Der Dezhurny kam und brachte mich in die Dunkelzelle. Stundenlang stand ich gegen die Wand gelehnt, saß zuletzt auf dem Fußboden und glaubte, verrückt zu werden. Warum ließ ich mich so quälen? Das gleiche würden sie mit meinem Mann machen. Das konnte man nicht durchhalten. Schließlich schlug ich gegen die Zellentür und schrie. Ich schrie, ohne aufzuhören. Endlich kam der Dezhurny, dann saß ich wieder auf dem Stuhl. Der Untersuchungsrichter sah mich nicht an. Er blätterte und las in einer Akte, sah beiläufig hoch und fragte nur: ‹Nun?›

Ich nannte ihm das Fotogeschäft, beschrieb den Mann, wie ich ihn in der Erinnerung hatte. Er schrieb. Dann reichte er mir eine Zigarette. Ich rauchte, dachte dabei, eigentlich dürfte sie mir nicht schmecken, ich müßte Gewissensbisse haben, mich schämen. Er fragte nach der Straße, in der sich das Fotogeschäft befand, und wollte den Zeitpunkt wissen, wann ich das Foto gesehen hatte. Ich war über mich selbst erstaunt, wie gut ich das alles noch wußte. Danach war ich erleichtert. Und ich bin es noch.» Schnell und erregt hat sie erzählt. Dann weint sie still vor sich hin, sagt leise: «Nein, es tut mir nicht leid. Sie wissen es ja ohnehin. Wie müssen sie erst meinem Mann zugesetzt haben? Jetzt ist Ruhe, mehr wissen wir wirklich nicht.»

Irritiert sieht Stepha, mit welch kühler und gleichzeitig gespannter Aufmerksamkeit Renate zuhört. Eine Fliege summt durch die Zelle. Setzt sich, putzt sich mit den Vorderbeinchen.

«Bist du sicher, deinem Mann von dem Hochzeitsfoto erzählt zu haben?» Renates kühle Worte unterbrechen die Stille. Friedel sieht auf. «Ich weiß es nicht. Ich weiß es wirklich nicht mehr. Aber es muß ja wohl so sein, denn woher sollten sie es sonst wissen?» Renates Gesicht wird weicher, zugewandter. «Ja, Friedel, wir alle wissen, wie das ist. Man grübelt und grübelt, ob es nicht noch etwas gibt, was man vergessen hat. Die Verhöre zermürben. Jeder will ein Ende machen, Ruhe haben.» Friedel nickt dankbar. Mit ihren großen Händen wischt sie sich die letzten Tränen aus dem Gesicht. «Ja, Renate, du hast recht. Nur Ruhe haben. Endlich Ruhe.»

Sie nimmt ihre Schüssel von der Fensterbank, leert sie in den Kübel. «Essen kann ich jetzt nicht.» Sie steht eine Weile unschlüssig herum, läßt sich schließlich seufzend auf ihrem Bett nieder. Dort sitzt sie und blickt mit leeren Augen vor sich hin. Die Fliege summt wieder, läßt sich nieder, fliegt wieder auf. Stepha sieht ihr zu. Niemand mag reden. Renate sitzt, das Gesicht dem Fenster zugewandt. Stepha wagt nicht zu stören, aber ihre Gedanken beschäftigen sich unablässig mit ihr. So viele Fragen möchte sie ihr stellen.

Das Abendessen empfinden alle als Erlösung. Sie reden wieder, sprechen miteinander, sind heiter und freundlich zueinander. Stepha sitzt neben Renate. Und an diesem Abend, als sich die Unruhe in der Zelle gelegt hat, beginnt Renate von sich zu erzählen. Sie sitzen, an die Wand gelehnt, dicht nebeneinander, während das Licht in der Zelle grau vom hereinbrechenden Abend wird. Noch ist die Lampe nicht eingeschaltet, und es ist fast behaglich, so aneinandergedrängt zu sitzen, den anderen zu spüren.

Renate spricht leise. Ihre Worte sind nur für Stepha bestimmt, und Stepha ist darüber unendlich glücklich. «Ich kann Friedel verstehen», beginnt sie nachdenklich. «Sie ist ein einfacher, anständiger Mensch. Nicht sehr klug, aber eine gute Mutter, die bereit war, alles für ihr Kind zu wagen. Man hat sie schamlos ausgenutzt. Ich habe auch zwei Kinder, Stepha, und auch ich war zu allem bereit, um meiner Kinder willen. Wir hatten eine Maschinenfabrik und wußten, daß es nur eine Frage der Zeit war, bis wir enteignet werden würden. So haben wir Verbindung zu Freunden in Westdeutschland aufgenommen, mit deren Hilfe es uns gelang, einen großen Anteil des beweglichen Inventars unserer Firma nach Westdeutschland zu schaffen. Vier Lastwagen gelangten ohne Komplikationen nach drüben, beim fünften wurde an der Grenze Verdacht geschöpft. Der Fahrer verriet uns, um seine eigene Haut zu retten. Wenige Tage vor unserer Flucht nach Westdeutschland wurde mein Mann verhaftet.

Meine Ehe war nicht gut. Schon seit Jahren nicht mehr. Was uns zusammenhielt, waren die Kinder. Sobald wir uns im Westen einigermaßen etabliert hätten, wollten mein Mann und ich uns trennen. Dann wurden wir verhaftet. Mein Mann sagte – wie vorher verabredet –, daß ich von seinen Aktivitäten nichts gewußt hätte. Sie schienen uns zu glauben, und ich wurde nach drei Tagen wieder entlassen.

Aber drei Monate später verhafteten sie mich erneut und führten mich dem Untersuchungsrichter vor. Ich blieb dabei, von den Aktivitäten meines Mannes nichts gewußt zu haben. Der Untersuchungsrichter schwieg zu meinen Aussagen. Dann telefonierte er.

Nach kurzer Zeit öffnete sich hinter mir die Tür, und ich hörte zögernde Schritte.

‹Kommen Sie näher, ja, so nah, daß Sie Ihre Frau ansehen können.› Vor mir stand mein Mann, die Hose mit beiden Händen haltend, mit gesenktem Blick. Entsetzt sah ich auf diese Elendsgestalt, den gesenkten Kopf, die hängenden Schultern. Mir kam es vor wie eine Ewigkeit, daß er mir so gegenüberstand.

Der Untersuchungsrichter holte einen zweiten Stuhl, stellte ihn neben meinen. Dann las er uns das Protokoll vor.

Ich traute meinen Ohren nicht. Alles, was wir auf der Kommandantur ausgesagt hatten, war widerrufen. Als der Untersuchungsrichter zu lesen aufhörte, erwachte ich wie aus einem Alptraum. Ich fragte ganz ruhig: ‹Warum hast du das ausgesagt?› Mein Mann hob den Blick und sah mich zum erstenmal an. In seinen Augen sah ich Trotz und Verzweiflung. ‹Ich konnte nicht anders. Ich bin ein Schwächling, ein Versager, ich habe es nicht ausgehalten. Tag um Tag oder Nacht für Nacht Verhöre. Sie haben es mir nie geglaubt, daß du nichts davon gewußt hast. Nie, hörst du, nie!›

Seine Stimme erstickte bei den letzten Worten, und ich fühlte, wie alles in mir erstarrte. Es gelang mir, ganz ruhig die Frage zu stellen: ‹Davon soll ich gewußt haben?› Er starrte mich an, minutenlang, lachte dann plötzlich wie ein Irrer und schrie: ‹Du scheinst nicht zu wissen, wo du dich befindest. Glaubst du, diese Untersuchungsrichter hier sind Schwachköpfe, Idioten, die sich belügen lassen? Nein, Renate, ich sage dir, sie heben mit ihren Methoden das ganze Nest aus.›

Ich blieb trotz seiner Worte hart und dachte nur an meine Kinder. Ich kämpfte, Stefanie, kämpfte mit eisernen Nerven, stellte mir vor, er sei ein Fremder, stellte alles als einen Racheakt dar. Ich sagte, daß er mich hasse und mich nur deshalb zu seiner Mitwisserin machen wollte. Kalter Schweiß bedeckte meinen Körper, aber ich wollte nicht aufgeben.

Als er die Hände vor das Gesicht schlug und zu weinen begann, wußte ich, daß ich verloren hatte. Ich stand auf und strich ihm über das Haar. Er klammerte sich an mich wie ein Kind, und ich nickte dem Untersuchungsrichter zu und sagte: ‹Ich bin bereit, die Aussage meines Mannes zu bestätigen.› Der Untersuchungsrichter ließ ihm Zeit, sich zu beruhigen. Dann wurde er abgeführt. Ich verzieh ihm.

Je länger ich hier bin, um so besser kann ich ihn verstehen. Zu viele wußten davon. Wir hatten uns alles zu einfach vorgestellt. Warum hätten mich die anderen schonen sollen?»

Abends liegt Stepha auf dem Bett und denkt nach über das, was Renate erzählt hat. Irgend etwas daran beunruhigt sie. Halle ist nicht sehr groß, und sie kennt die Stadt sehr genau. Seifert, eine Maschinenfabrik Seifert, kennt sie nicht. Aber vielleicht stimmt nur der Name der Firma nicht mit dem des Inhabers überein. Und Renates Sachen? Die Kleidung? Wie kommen die hierher? Renate hatte unlängst von einer Reise gesprochen, von einem schon gepackten Koffer. Warum aber hatten Hilde und Friedel nichts von zu Hause mitnehmen dürfen?

Mitten in der Nacht wacht sie von wispernden Stimmen auf. Hilde und Friedel flüstern miteinander. Einige Sätze kann sie verstehen. «Es gibt in manchen Zellen auch Spitzel.» Deutlich ist Hildes Stimme zu erkennen. «Von dem Foto hast du uns zum erstenmal erzählt. Vielleicht war es gar nicht dein Mann, der ihnen davon erzählt hat.» «Meinst du? Ich kann mir das nicht vorstellen», flüstert Friedel zurück.

«Gebt endlich Ruhe da unten! Als ob ihr nicht den ganzen Tag zum Quatschen Zeit habt.»

«Ist ja schon gut, Renate, wir können nur noch nicht schlafen.»

Stepha stellt sich schlafend. Doch sie ist plötzlich hellwach. Hilde hat von Spitzeln gesprochen, hat sie damit Renate gemeint? Es stimmt, erst vor ein paar Tagen hat Friedel die Sache mit dem Foto erwähnt. Danach war Renate zum Verhör, und danach Friedel. Aber wie sollte Renate das weitergegeben haben? Die Wasserkanne, natürlich. Immer holte Renate das Wasser, dabei konnte sie leicht mit dem Dezhurny reden. Nein, das würde Renate nicht tun, diese eine, die sie mag und bewundert. Hilde redet dummes Zeug. Dennoch, Stepha ist verstört. Es sind traurige, belastende Gedanken, mit denen sie einschläft und die sie am Morgen sofort wieder anspringen.

Es gelingt ihr nicht, sich so zu verstellen, daß Renate nichts spürt.

«Was ist mit dir, Stepha?»

«Oh, eigentlich nichts Besonderes, Renate. Ich habe an zu Hause, an meine Schule gedacht. Während die anderen lernen, sitze ich hier herum. Was soll später aus mir werden?» «Du darfst die Hoffnung nicht aufgeben, Stepha. Irgendwann bekommen auch wir wieder eine Chance. Du bist noch jung. Denk an die, die ihre Kinder zurücklassen mußten. Für sie ist es doch viel schwerer. Da ist nichts mehr nachzuerleben. Die Kinder wachsen heran, werden fremd.»

Traurigkeit überschattet diesen Morgen. Auch Hilde und Friedel sind nicht sehr gesprächig. Renate geht Wasser holen. Sie braucht lange, aber sie kommt mit Machorka und Papier zurück.

«Der ‹Abgebrochene› hat heute Dienst. Er war gut gelaunt. Seht, wieviel er mir gegeben hat.»

«Mensch, das ist ja Machorka für zwei Tage.»

«Warum nennt ihr ihn den ‹Abgebrochenen›?»

Friedel lacht: «Er ist so klein, daß er ein Fußbänkchen braucht, um durch den Spion sehen zu können. Hilde hat ihn daraufhin ‹der Abgebrochene› getauft.»

Als kurz darauf an ihrer Tür der Riegel zurückgeschoben wird, sieht Stepha zufällig, daß sich Renate das Haar kämmt und an die Bettkante rutscht. «Seifert zum Verhör!» Renate streicht sich den Rock glatt, schlüpft in ihre Schuhe. Die Frauen schweigen, während die Geräusche des Türenschließens und Riegelknallens in sie hineinfallen. «Ob man sich je daran gewöhnen wird, ohne sofort Herzklopfen zu bekommen?» «Ich glaube nicht, Stepha, für mich ist es immer wieder ein furchtbares Geräusch, das ich mein Leben lang nicht vergessen werde. Es wird immer mit Angst und Schrecken verbunden sein.» Danach schweigen sie. Es ist ein lauerndes Schweigen. Stepha denkt an die Flüsterei in der Nacht. Jetzt reden sie nicht mehr darüber, sie trauen auch mir nicht. Sie legt sich auf ihr Bett, gähnt laut und mault: «Was seid ihr beide heute nur langweilig, das ist ja zum Einschlafen. Ohne Renate ist es trist hier.» «Na ja, was hat unsereins denn auch schon zu erzählen? Wir sind nicht so klug und belesen wie Renate.» Stepha überhört den gehässigen Ton in Hildes Stimme. «Ach was, Hilde, erzählen kann jeder. Es muß ja nicht immer...» Sie hält mitten im Satz inne, denn an der Zellentür sind die typischen Geräusche des Öffnens zu hören. Man kommt nicht dagegen an, denkt Stepha, immer die Angst bei diesen Geräuschen. Es ist eigentlich dumm. Was kann uns denn noch Schlimmeres passieren als bisher?

Diesmal sind es gleich zwei Posten. «Wer ist Elfriede Schneider?» Friedel tritt einen Schritt nach vorn. «Sachen packen, mitkommen.» Friedel wird kalkweiß im Gesicht, ihre Hände fliegen, während sie ihre Sachen zusammenpackt.

«Aber warum denn? Wohin denn?» Sie bekommt keine Antwort.

Hilde hilft beim Zusammenlegen der Decken. «Sie hat unser Gespräch gehört. Du kommst bestimmt in eine andere Zelle.» Friedel kann vor Erregung nicht antworten. Sie steht, ihr Bündel fest an sich gepreßt, in der Zellentür und sieht Stepha mit einem seltsamen Blick an. «Sei vorsichtig, Stepha.» Der Posten drängt sie aus der Tür, und Friedel geht, ohne sich noch einmal umzusehen. Stepha sitzt und sieht auf ihre Hände, während sie aufmerksam von Hilde beobachtet wird. Schließlich treffen sich ihre Blicke.

«Was denkst du, Hilde, was hat Friedel damit gemeint, daß ich vorsichtig sein soll?» «Ich weiß nicht, Stepha.» Stepha sieht zum Fenster. «Ich glaube, sie hat etwas Bestimmtes gemeint.» «Nein, nein, Stepha, was soll schon sein? Wir sind hier gut aufgehoben. Du siehst ja, nicht einmal aus dem Fenster können wir fallen.» «Du weichst mir aus, Hilde, aber gut. Vielleicht mach ich mir auch zuviel Gedanken. Du hast recht, was soll mir schon passieren. Komm, laß uns Dame und Mühle spielen, dann vergeht wenigstens die Zeit.»

Eifrig holt Hilde das Spiel aus seinem Versteck. Das Spiel ist auf einen Lappen aufgemalt, die Steine aus Brot geformt. Sie setzen sich so auf das Bett, daß eine mit dem Rücken das Spiel verdeckt. Spielen ist verboten, wie jede Beschäftigung. Aber immer wieder werden solche Spiele hergestellt, sooft man sie auch bei Zellendurchsuchungen wegnimmt.

Als Renate mittags noch nicht zurück ist, greift Stepha nach Renates Schüssel, aber Hilde winkt ab. «Das laß man, Renate ißt nie, wenn sie vom Verhör kommt. Das Zeug stinkt uns bloß die Bude voll.» Stepha stellt Renates Schüssel in das Regal zurück.

Renate kommt erst kurz vor dem Abendessen zurück. «Na, habt ihr euch die Zeit auch ohne mich vertreiben können?» Dann erst scheint sie Friedels leeres Bett zu bemerken.

«Wo ist Friedel?»

«Das fragst du uns?» erwidert Hilde und knotet sorgsam die Spielsteine in das Tuch. «Uns hat Friedel ihre neue Adresse nicht hinterlassen können.»

Renate tut so, als würde sie den Spott in Hildes Stimme nicht hören.

«Vielleicht hat sie bald Termin, das könnte doch möglich sein.» Aber Hilde läßt sich damit nicht abspeisen. «Das glaubst du doch selbst nicht, Renate. Nun, wo die Sache mit dem Foto aufgekommen ist. Nein, nein, da steckt etwas anderes dahinter», betont sie nachdrücklich. «Ach geh, Hilde, du tust heute wirklich sehr schlau.» «Du bist natürlich wesentlich klüger und gebildeter als ich, Renate. Ich bin nur ein einfacher Mensch. Aber glaube mir, auch Menschen meiner Art können hinter die Dinge sehen. Manchmal hilft uns auch unser Instinkt.»

Stepha verfolgt aufmerksam diesen Dialog. Sie spürt die Spannung zwischen den beiden. Es imponiert ihr, wie Hilde sich wehrt. Da macht Renate einen Schritt auf Hilde zu, legt mit versöhnlicher Geste den Arm um ihre Schulter, drückt sie ein wenig an sich. «Komm, laß uns nicht über Dinge streiten, die keiner von uns versteht und durchschaut. Unser Leben ist auch ohne dies schon schwer genug.»

Hilde entzieht sich Renates Arm. «Ist schon gut, Renate, wir wissen tatsächlich nicht, was morgen mit uns geschehen kann.»

In den nun folgenden Tagen kümmert sich Renate rührend um Hilde. Vorbei sind die leisen Gespräche mit Stepha, die Vertrautheit, und Stepha reagiert jetzt oft unbeherrscht und unwirsch. Oft verzichtet sie auf den Platz auf Renates Bett, nimmt am Gespräch gar nicht erst teil und bleibt auf ihrem Bett liegen. «Dein Verhalten ist kindisch und dumm», sagt Renate ihr eines Tages, während Hilde zum Verhör ist. «Wir können doch Hilde nicht sich selbst überlassen.» «Aber mir geht das auf die Nerven», begehrt Stepha auf. «Jeden Tag die gleichen Gespräche, immer nur ihre Sorgen und Nöte, als hätten wir nicht auch welche.»

Renate ergreift ihre Hand, hält sie fest, auch als Stepha sie ihr wieder entziehen will. «Komm, sei kein Närrchen, vielleicht ist Hilde nicht mehr lange bei uns. Ihr Fall dürfte langsam abgeschlossen sein.»

«Woher willst du das wissen, Renate?» Stepha denkt an die Flüstergespräche in der Nacht. Renate hält Stephas prüfendem Blick stand. Ihre Stimme ist klar und ruhig wie sonst auch: «Aus Erfahrung, Stepha. So viele Menschen sind schon durch diese Zelle gegangen, während ich immer noch hier bin. Manche bleiben nur ein paar Monate, dann ist ihr Fall geklärt, sie werden verurteilt und kommen nicht hierher zurück. Vielleicht hört man noch einmal von ihnen durch Klopfzeichen, aber irgendwann gehen sie auf ‹Transport›. Auch du wirst eines Tages aus meiner Zelle gehen, und ich werde dich sehr vermissen, da ich dich sehr liebgewonnen habe.»

Stepha umarmt Renate betroffen, verbirgt das Gesicht an ihrer Schulter. «Ach, das kann ich mir nicht vorstellen, daß ich aus dieser Zelle muß. Ich möchte so gern bei dir bleiben.»

«Vielleicht, Stepha, vielleicht wird mein Fall auch eines Tages abgeschlossen, und wir werden uns wiedersehen.»

Als Hilde vom Verhör kommt, ist Stepha besonders nett zu ihr. Hilde hat Trost und Zuspruch nötig. Sie hat vom Untersuchungsrichter erfahren, daß ihre jüngste Tochter schwanger ist, schwanger von dem Agenten, der die Familie ins Unglück gestürzt hat.

Es ist die Stunde nach dem Abendbrot. Das Licht ist noch nicht eingeschaltet. Es ist die Zeit, in der Renate ihre schönsten Geschichten erzählt, die Stunden, die Stepha am meisten liebt, weil sie dann dicht an Renate gekuschelt sitzen kann und das Gefühl hat, nichts, aber auch gar nichts zu vermissen. Sie liebt diese dunkel tönende Stimme, der es gelingt, Bilder hervorzuzaubern, sie mit Menschen und Leben anzufüllen. Sie erfährt durch Renate von Büchern, die sie nie gelesen, von denen sie nie gehört hat. Sie sitzt und träumt sich in diese Bilder hinein, und oft klingen sie im Schlaf in ihr nach.

Heute wird ihre Behaglichkeit von einem unangenehmen Kopfjucken gestört. Immer wieder fährt sie sich mit der Hand ins Haar, um sich zu kratzen, und mit einemmal spürt sie etwas unter ihrem Fingernagel. Sie legt es auf ihre Handfläche und stößt einen Schrei des Entsetzens aus. «Pfui Teufel, Renate, sieh doch, eine Laus!» Renate starrt wie gebannt auf das kleine braune Tier. «Eine Laus? Woher sollen hier Läuse kommen?» «Es ist aber eine. Ich kenne diese Viecher aus meiner Schulzeit. Immer wenn wir Flüchtlinge bekamen, hatten wir Läuse. Ich habe auch welche gehabt.» Renate bewahrt die Ruhe. «Los, Stepha, steig runter vom Bett, setz dich auf den Hocker. Ich werde deinen Kopf durchsuchen. Wo eine ist, finden sich noch mehr.»

Renate sucht Stephas Haar ab, Strähne für Strähne. «Du hast nur hinter dem rechten Ohr ein paar Nissen, Stepha, und eine Laus habe ich auch noch gefunden. Komm, jetzt mußt du bei mir nachsehen.» Sie wechseln die Plätze, und Stepha sieht Renates Haar durch. Sie findet ein paar Tierchen. Stepha kann schon wieder lachen. «Na prima, da können wir ja Läuse züchten. Komm, Hilde, jetzt wird bei dir nachgesehen.»

«Bei mir braucht ihr nicht zu suchen. Ich habe meine Haare immer zu einem Knoten aufgesteckt. Ich fang mir so leicht keine Laus ein.»

Renate akzeptiert Hildes Worte nicht. «Hilde, du lebst hier in einer Gemeinschaft. Wenn wir uns gegenseitig die Köpfe nachsehen, dann auch bei dir.»

Murrend erhebt sich Hilde, das Schuldbewußtsein in Person. «Nun komm schon, Hilde, wir müssen sofort etwas gegen die Läuse tun, sonst können wir uns eine Glatze schneiden lassen.» «Also, meine Haare lasse ich auf keinen Fall abschneiden», erwidert Hilde störrisch und steht steif neben dem Hocker. «Nun los, mach schon!» Renate wird ungeduldig und schiebt Hilde den Hocker in die Kniekehlen. Schützend hält sie die Hände über dem Knoten. «Den braucht ihr doch nicht aufzumachen», jammert sie. «Ich wasche mir genau wie ihr jeden Mittwoch die Haare unter der Dusche.»

«Natürlich, Hilde, wir auch, aber trotzdem haben wir Läuse.»

Mit hochrotem Kopf nimmt Hilde die Bänder aus ihrem Knoten, Renate scheitelt das Haar mit den Händen. Entsetzt sieht sie Stepha an. Da ist kaum ein Haar, das nicht von oben bis unten mit Nissen besetzt ist. «Menschenskind, das mußt du doch gemerkt haben!» brüllt Stepha sie wütend an. Hilde schlägt die Hände vors Gesicht und heult. «Heulen nützt nun auch nichts mehr», sagt Renate bitter. «Hoffentlich kommt der Sanitäter nicht auf die Idee, uns allen die Köpfe zu scheren. Wir werden uns eine Schere geben lassen und uns selbst die Haare schneiden.»

«Mein Haar wird nicht abgeschnitten», wehrt sich Hilde, «wie sehe ich denn dann aus?» Wütend knotet sie ihr Haar wieder zusammen. «Das werden wir ja sehen», keift sie, setzt sich auf ihr Bett und wendet den beiden den Rücken zu.

Gelassen und ruhig sagt Renate: «Gut, wie du willst. Dann werde ich dafür sorgen, daß du aus unserer Zelle verschwindest, und du kannst sicher sein, daß sie dich in eine Einzelzelle stecken werden.»

Hilde dreht sich um. Ihr Gesicht ist wutverzerrt, und ihre Worte überschlagen sich, als sie schreit: «Ja, du, mach du man. Ich weiß, daß du das kannst. Du hast ja auch dafür gesorgt, daß Friedel aus der Zelle kam. Du, du halt man zu deinen Russen.»

Renate sieht sie verächtlich an. Stepha ist so wütend über Hilde, daß sie nicht einmal das Schließen der Tür wahrnimmt. Plötzlich steht ein Posten in der Zelle. «W tschom delo?» fragt er, mit großen Augen auf die streitenden Frauen sehend. «Was ist los?» wiederholt er seine Frage auf deutsch. Renate erklärt ihm die Situation.

Eine Viertelstunde später steht der Sanitäter von ihnen. «Wer hat hier Läuse?» Renate zeigt auf Stepha, sich selbst und anschließend auf Hilde. «Wir alle drei.» Er sieht sie indigniert an, winkt dann mit der Hand. «Mitkommen!» Er macht auf dem Absatz kehrt, und sie folgen ihm im Gänsemarsch den Gang entlang, über die Treppe zum Sanitätsraum.

Als erste wird Stepha auf einem Drehhocker plaziert. Scheitel um Scheitel ziehend, sucht er ihren Kopf ab. An der rechten Seite hinter dem Ohr hebt er ein paar Strähnen mit spitzen Fingern hoch. «Die muß ich herausschneiden, es ist die einzige Stelle, wo Eier abgelegt sind.» Stepha nickt zustimmend. «Dann genügt eine Packung, und das Haar dürfte wieder in Ordnung sein.» Mit schnellen, festen Bewegungen reibt er ihr eine schrecklich stinkende Flüssigkeit ins Haar, umwickelt das Ganze mit Kreppbinden. Die gleiche Prozedur bei Renate. Hilde sitzt mit mürrischem Gesicht auf ihrem Stuhl. Unbewußt hat sie die Hände an ihren Knoten gelegt.

«Nun zu Ihnen.» Sie setzt sich widerstrebend auf den Drehstuhl. Er sieht auf ihren Kopf, hebt ein paar Haarsträhnen an, läßt sie angewidert wieder fallen. «Nun, es ist keine Frage, woher die Läuse kommen. Ihr Haar muß abgeschnitten werden, radikal. Da hilft keine Packung mehr. Sie haben ja ganze Armeen auf dem Kopf.»

Hilde preßt die Hände an den Kopf. «Nein, nein, ich lasse mir meine Haare nicht abschneiden. Sie haben kein Recht dazu. Das dürfen Sie nicht. Ich will meinen Untersuchungsrichter sprechen.» Sie schlägt mit den Händen wild um sich, obwohl ihr niemand zu nahe kommt. Der Sanitäter sieht sie angewidert an. «Gut, gut, ich werde Sie bestimmt nicht mit Gewalt anfassen. Aber Sie werden umgehend ihre Sachen zusammenpacken und mit Matratze und Decken in eine andere Zelle ziehen. Mittel und Kreppbinden gebe ich Ihnen mit, dann können Sie sich Ihre Packungen selbst machen.» Renate und Stefanie sehen sich sprachlos an. Damit hatten sie nicht gerechnet. Nun tut ihnen Hilde fast leid. Aber sie ist nicht ansprechbar, sie schluchzt vor sich hin und sieht niemanden an.

Sie gehen wieder nach oben, und in weniger als einer Viertelstunde ist Hildes Umzug bewerkstelligt. Renate und Stepha sind allein in der Zelle. Das leere Eisenbett ohne Matratze sieht häßlich aus.

Wochen sind vergangen. Stepha und Renate sind noch immer zu zweit in der Zelle. Stephas Bewunderung für Renate ist noch größer geworden. Noch nie hat sie einen Menschen getroffen, der auf alle ihre Fragen so überzeugende Antworten zu geben weiß wie Renate. Aber es wächst auch das lauernde Mißtrauen. Sie beobachtet Renate argwöhnisch, sobald sie vom Untersuchungsrichter kommt. Es ist nicht allein der Duft von guten Zigaretten, der von ihr ausgeht. Auch Stepha bekommt hin und wieder vom Untersuchungsrichter eine angeboten. Manchmal ist es auch der Geruch von gutem Essen, den Stepha feinnasig aufnimmt, ein peinlicher Fleck auf der noch am Morgen frischen Bluse oder ein leichter Alkoholgeruch, den Renate mit seitlich abgewandtem Sprechen zu verbergen sucht.

Manchmal ist sie nahe dran, Renate einfach zu fragen. Nur die Angst und die sichere Gewißheit, daß es das Ende ihres Zusammenseins bedeuten würde, halten sie davon ab. Sie hat Angst vor neuen Menschen, die ihr dieses Vertrautsein mit Renate nicht ersetzen könnten.

Es ist Hochsommer geworden. Durch ein großes Astloch in dem Kasten vor dem Fenster kommt täglich ein Sonnenstrahl herein. Vom frühen Mittag bis zum Nachmittag durchwandert er die Zelle. Stepha legt sich so auf ihr Bett, daß er sie zwischen die geschlossenen Augen trifft. Sie träumt sich hinaus unter einen Baum, in dessen Blättern der Wind raschelt, denkt an saftiges Gras, an summende Insekten. Zentimeter um Zentimeter rutscht Stepha mit dem Sonnenstrahl auf ihrem Bett entlang, bis er auf dem Zellenfußboden weiterwandert und sie ihm nur noch sehnsüchtig nachschauen kann. Die Luft trägt die Stimmen weit, und so dringt das Leben auch in ihre Zelle ein und läßt sie ihre Gefangenschaft so hart empfinden wie nie zuvor.

Es sind lachende, jubelnde Kinderstimmen, die Renates Beherrschung durchbrechen. Sie weint und schluchzt stundenlang, bis Stepha, die sie im Arm hält, es nicht mehr erträgt. Sie wirft die Fahne und wartet mit angespannten Nerven, daß jemand an die Tür kommt.

«Den Arzt, bitte, oder den Sanitäter!» Sie zeigt auf die von Schluchzen geschüttelte Renate. Der Posten nickt, und Stefanie atmet auf, als der junge Sanitäter die Zelle betritt. «Schon lange?» «Den ganzen Nachmittag schon, sie kann sich nicht beruhigen.» Der Sanitäter zieht einige Tabletten aus seiner Kitteltasche. «So, das wird helfen. Wenn nicht, dann werfen Sie in einer Stunde die Fahne.»

Stepha sitzt auf Renates Bettrand, hält ihre Hand und spürt erleichtert, wie Renate ruhiger wird, die Augen aufschlägt und sie anlächelt. «Verzeih, Stepha, wenn ich dir angst gemacht habe. Die Kinderstimmen erinnerten mich an die vielen Stunden, in denen ich meine lachenden, tobenden Kinder als lästig empfand und sie weggeschoben habe. Was gäbe ich jetzt darum, diese Stunden nachholen zu können. Und dabei weiß ich doch, daß das vorbei, unwiederbringlich vorbei ist. Wenn ich zurückkehre, werden sie vielleicht schon erwachsen sein. Ich werde nichts mehr von ihnen wissen und habe nur die Erinnerung an ihre frühen Kinderjahre. Ich habe um das Versäumte geweint.»

Stepha streichelt wortlos ihre Hände. Sie denkt an all die Mütter, die in diesen Zellen sitzen. Wie armselig kommt ihr ihre eigene Sehnsucht nach Freiheit vor. Sie denkt an Hilde und Friedel, denen die Kinderstimmen auf der Straße die gleiche Pein verursachen müssen wie Renate.

In diesen Stunden wird ihr bewußt, wie hart und ungerecht das Leben in diesen Zellen hier ist, wie unempfindlich es macht und einen abstumpfen läßt gegenüber dem Leiden anderer. Wie grausam ist es, von Familie und Freunden abgeschnitten zu sein, nicht zu wissen, wie es den anderen draußen geht, hilflos dem eigenen Schicksal gegenüberzustehen, sich nicht wehren zu können.

In dieser Nacht denkt sie lange an jene Menschen draußen, deren Ideale sie geteilt hat, die ihr Verschwinden aber offensichtlich hinnehmen, ohne nach ihr zu fragen. Sie gehört jetzt zu der Gruppe der Ausgestoßenen, und niemand ist da, sie zu verteidigen.

Wenige Tage später kommt ein Neuzugang. Die Neue steht, wie einst Stepha, mit an die Brust gepreßtem Bündel gegen die Zellentür gelehnt und sieht sie beide mit geweiteten, angstvollen Augen an. Und wie damals um Stepha kümmert sich Renate jetzt um die Neue, weist ihr ein Bett zu, macht sich mit ihr bekannt. Stepha ist nicht erfreut über diesen Zugang, der das innige Beisammensein mit Renate stören wird. Andererseits ist sie neugierig, wer dieser neue Mensch wohl ist.

Die Neue ist sympathisch, sieht nett und gepflegt aus. Sie steht am Fenster, sieht durch den Spalt zum Himmel hinauf. Stepha und Renate sprechen im Flüsterton miteinander. Es ist eine eigenartige Stimmung in der Zelle, ausgelöst durch die innere Erstarrung der Neuen.

Sie atmen auf, als das Mittagessen ausgeteilt wird. Es ist ein willkommener Anlaß, die Hinzugekommene anzusprechen. Aber sie reagiert nur mit «Nein, danke» und sieht Stepha und Renate mit fremden, leeren Augen an. Die beiden löffeln beklommen ihre Suppe. Die Fremde liegt apathisch auf dem Bett und starrt zur Decke. Als sich auch am Abend ihr Zustand noch nicht ändert, flüstert Renate: «Wir müssen sie zum Reden bringen. Sie bricht uns sonst zusammen.» Vor dem Bett der Neuen bleibt sie stehen. Sie berührt sie leicht am Arm. «Möchten Sie nicht mit uns reden? Es wird Sie erleichtern, Ihnen helfen.»

Renate bekommt keine Antwort. Nicht ein Zucken der Augenlider zeigt an, daß die Neue verstanden hat. Renate gibt auf: «Wir müssen heute nacht Wache halten. Wer weiß, was sie anstellt, wenn sie zu sich kommt.»

Das Klirren der Fensterscheibe läßt sie hochschrecken. Die Neue hat beide Hände in die Scheibe geschlagen. Hände und Arme sind zerschnitten, Blut tropft auf den Fußboden.

«Wirf die Fahne, Stepha! Ich kümmer mich um sie.»

Renate dirigiert die Verletzte zu ihrem Bett. «Was für ein Unsinn! Das einzige, was uns hier nicht gelingt, ist das Sterben. Wir werden gut überwacht. Stündlich schaut der Posten durch den Spion. Außerdem: Es ist feige, so einfach aufzugeben.»

«Es gibt ja doch keinen Ausweg.»

«Doch, es gibt ihn, nämlich durchzuhalten. Sie sind nicht die einzige hier, die ein Schicksal hat.»

Schon wenige Minuten später erscheint der Sanitäter. Mit sicheren Bewegungen zieht er die Splitter heraus, reinigt und verbindet die Wunden. Dann faßt er die Verletzte unters Kinn, zwingt sie, ihn anzusehen. «Muß ich Sie in eine Zelle mit Sonderbewachung legen, oder werden Sie vernünftig sein?» Sie sieht ihn angstvoll an: «Nein, ich möchte hier bei den Frauen bleiben.»

«Gut, die Frauen werden auf Sie achten. Merken Sie sich, bei uns wird nicht gestorben.»

Stepha sitzt neben der Neuen auf dem Bettrand. Die Neue lächelt zaghaft, sieht Stepha traurig an. «Ich heiße Martina. Ich habe Ihnen Umstände gemacht. Es tut mir leid, ich schäme mich dafür.»

«Sie brauchen sich nicht zu entschuldigen. Wir hatten das schon erwartet und eigentlich die ganze Nacht wachen wollen, müssen dann aber doch eingeschlafen sein.» Endlich kommen die erlösenden Tränen bei Martina. Stepha zieht sich auf ihr Bett zurück, läßt sie weinen.

Martina wird schon am nächsten Morgen zum Verhör geholt. Als sie zurückkommt, scheint sie eine andere geworden zu sein. Ihre Augen leuchten kampflustig. «Die glauben wohl, sie könnten mich mit ihren Methoden weichmachen. Tun so, als wüßten sie schon alles, und es bedürfe nur noch meiner Bestätigung, um den Fall abzuschließen. Der Untersuchungsrichter war sanft wie ein Prediger, erzählte mir etwas von meinem jungen Leben, das ich doch nicht einfach so wegwerfen dürfe und so weiter und so weiter. Dann kam er zur Sache, fragte nach meinem Mann und ob ich von seiner Agententätigkeit etwas gewußt hätte. Warum sollte mein Mann ein Agent sein? Er hatte eine gute Anstellung. Es ging uns gut. Ich bin froh, daß sie ihn nicht erwischt haben.»

«Hat das dein Untersuchungsrichter erzählt?» fragt Renate freundlich.

«Nein, natürlich nicht. Aber er hat mich gefragt, ob ich wüßte, wo sich mein Mann aufhält. Das ist doch wohl deutlich genug.»

«Das kann auch eine Fangfrage gewesen sein.»

«Nein, Renate, das war keine Fangfrage. Mein Mann und ich hatten ein Zeichen ausgemacht. Ich habe das Tuch vom Fensterriegel genommen, das immer dort hing. Sein erster Blick galt immer dem Fenster. Er hat sich in Sicherheit bringen können. Und mich können sie nicht hierbehalten, ich bin schwanger. Ach, Kinder, ich bin ja so froh. Gestern war ich so verzweifelt, ich dachte, es wäre alles aus, aber heute, heute könnte ich euch umarmen. Selbst wenn das alles ein paar Tage dauert, das halte ich schon aus. Sie haben keine Beweise gegen meinen Mann und mich. Mir hat man etwas von einem Hochzeitsbild und einer Gegenüberstellung gesagt. Ich bin sicher, daß sie geblufft haben.»

Renate und Stepha halten den Atem an. Friedel, denken sie zu gleicher Zeit, Friedel und ihr Hochzeitsbild. Stepha sieht Renate mit einem langen Blick an, dem diese standzuhalten versucht, um sich schließlich dann doch abzuwenden. Martina ist eines ihrer Opfer, denkt Stepha, und sie fröstelt, obwohl in der Zelle brütende Hitze steht. Und wie viele wird es durch diese Verhaftung noch geben?

Renates Stimme klingt kühl und beherrscht: «Nun, Martina, das muß ich dir wohl sagen: Die Gegenüberstellung wird stattfinden, denn wir haben die Frau, die euch auf dem Foto erkannt hat, in unserer Zelle gehabt. Sie hat den Mann, der ihr Briefe brachte, auf diesem Foto wiedererkannt.»

«Was muß das für eine Frau sein, die andere Menschen verrät, sie denunziert. Oh, ich möchte ihr gegenüberstehen, um ihr ins Gesicht zu schlagen!»

«Du solltest nicht so vorschnell urteilen. Friedel, so heißt die Frau, von der du sprichst, hat niemanden denunziert, sondern das Geständnis wurde ihr mit List entrissen. Warte ab, ob du nicht mal in eine ähnliche Situation kommst. Eine Mutter ist immer zu erpressen.»

Martina starrt sie an: «Du kannst wirklich klug reden, Stepha, aber mir scheint, du bist noch ein bißchen zu jung, um solche Dinge beurteilen zu können. Oder sprichst du etwa für dich selbst? Hast du auch jemanden denunziert?»

In Stephas Stimme ist spöttische Überlegenheit: «Ich? Nein, ich konnte niemanden denunzieren. Es gibt niemanden außer mir. Aber immerhin bin ich schon alt genug, um in der gleichen Zelle zu sitzen wie du.»

Beleidigt setzt sich Martina auf ihr Bett und schweigt. Sie spürt, daß sie sich falsch verhalten hat. Aber sie wagt nicht, eine der beiden anzusprechen. Ihre Sicherheit hat nachgelassen, und die Gewißheit, daß jemand sie auf Grund des Fotos identifizieren kann, macht ihr angst. Plötzlich wirft sie sich gegen die Tür, hämmert wild mit den Fäusten dagegen. Sie spürt die Schmerzen nicht, die ihr die zerschnittenen, mit Mullbinden umwickelten Hände bereiten. Sie schreit: «Ich will hier raus! Ich will hier raus!» Sie schreit es, ohne aufhören zu können. Ihre Schreie hallen noch durch das Treppenhaus, als man sie wegführt.

Renate und Stepha sitzen mit klopfendem Herzen, weißgesichtig auf ihrem Bett. Renate preßt verzweifelt Stephas Hand. «Bringt man sie jetzt weg, Renate?» «Ja, Stepha, man bringt sie in eine der Dunkelzellen im Keller. Dort kann man schreien, bis man vor Erschöpfung zusammenbricht. Dort wird man ruhig und fügsam, du wirst es sehen, wenn sie zurückkommt.» «Warst du auch schon einmal in dieser Kellerzelle?» «Ja, Stepha, nicht nur einmal. Ich glaube», setzt sie sinnend hinzu, «Martina wird es sehr schwer haben. Nach dem, was Friedel uns erzählt hat, hängt da eine ganze Gruppe mit drin.»

Stepha sieht Renate an, am liebsten möchte sie sie jetzt fragen, die Frage endlich stellen, die schon so lange quälend zwischen ihnen steht. Es ist kein Zufall, daß Martina ausgerechnet in ihre Zelle gekommen ist. Aber Renate wird ihr nicht antworten, und kann es wohl nicht.

Der Abend verläuft still. Sie sind beide bedrückt, warten auf Martina, deren Verzweiflung noch im Raum steht, eine Verzweiflung, die jeden Tag lauernd auch hinter ihnen steht, die sie immer wieder durch Reden zu verdrängen suchen, reden, immer wieder reden, irgendwas, nur reden. Heute hat die Verzweiflung sie eingeholt, hält sie umklammert, würgt sie.

Kurz nach dem Abendessen steht Martina in der Tür, das Gesicht verschmiert, die Augen vom Weinen verquollen. Renate gießt Wasser in die Schüssel. «Komm, Martina, kühl dir dein Gesicht.» Apathisch taucht Martina die Hände in die Schüssel. Ihre Bewegungen sind müde und kraftlos. Stepha richtet ihr das Bett. Aber Martina will nicht schlafen. Mit hängenden Schultern sitzt sie auf dem Bettrand, starrt auf den Fußboden und fragt tonlos: «Hilft uns denn hier keiner?» Und als habe sie gar keine Antwort erwartet, fährt sie fort: «Ich glaube, ich habe begriffen: Niemand wird sich um uns kümmern. Vielleicht sitzt mein Mann schon hier, in irgendeiner Zelle, und stellt sich die gleichen Fragen wie ich. Wie viele Auswege hatten wir vorbereitet! Und jetzt gibt es keinen, gar keinen. Und niemand wird erfahren, was hier mit uns geschieht.»

Stepha wird noch einige Male zu kurzen Verhören geholt. Dabei erfährt sie, daß die Beschlagnahme des Lastwagens zu Recht erfolgt war. Die Speditionsfirma hatte eine illegale Fracht in den Westen befördern wollen. Ihre Hilfsbereitschaft war ausgenutzt worden. Die Hoffnung, vielleicht doch noch ohne Strafe davonzukommen, weicht der Erkenntnis, daß sie sich, wenn auch aus den besten Absichten heraus, schuldig gemacht hat.

Oft kommt sie an Vernehmungszimmern vorbei, in denen sie Menschen brüllen und schreien hört. Wenn sie dann verstört und nachdenklich in ihre Zelle zurückkommt, sich in ihre Bettecke zurückzieht und nachdenkt, erkennt sie Renates ganze Gefährlichkeit, und es erscheint ihr ein Unding, mit ihr befreundet zu sein.

Es vergeht kein Tag, kaum eine Nacht, da man Martina nicht zum Verhör holt. Wenn sie zurückkommt, sprudelt sie förmlich über. Sie wähnt sich unter Freunden. So erzählt sie eines Tages von einer Telefonnummer, die man ihr für dringende Fälle gegeben habe, die sie aber auf keinen Fall preisgeben würde. «Der Mann hat Frau und Kinder. Ich käme mir wie eine Verräterin vor.» «Dann würde ich darüber auch nicht sprechen.» «Ich erzähle es doch nur euch, Stepha. Wenn ich euch nicht vertrauen kann, wem denn sonst?» «Ich würde dir raten, niemandem zu vertrauen.» Feindseligkeit ist in Renates Blick, als Stepha zu ihr hinübersieht. Ich muß vorsichtig sein, denkt Stepha. Aber ich will mich nicht zu Renates Komplizin machen lassen. Bisher hat sie keine Gelegenheit gefunden, Martina zu warnen. Renates anfängliche Zurückhaltung gegenüber Martina hat bald einer tiefen Vertrautheit Platz gemacht. Oft hört Stepha beide mit leiser Stimme reden. Holt man Renate zum Verhör, weiß Stepha, daß wenig später auch Martina geholt werden wird. Sie wird immer unsicherer, weiß nicht mehr, wie sie sich verhalten soll. Am liebsten würde sie sich in eine andere Zelle verlegen lassen. Aber wie soll sie das begründen? Und dann die Angst vor neuen Menschen. Sie grübelt Tag und Nacht, und je häufiger Martina völlig erschöpft von den Verhören zurückkommt, um so schuldiger fühlt sie sich.

Eines Tages hat sie eine Idee. Während eines Gesprächs sagt sie: «Alles können die auch nicht wissen. Wenn man sich nicht bluffen läßt, können sie auch nichts beweisen.» Renate sieht sie verblüfft an. «Woher nimmst du plötzlich solche Weisheiten, ausgerechnet du, die von Anfang an für die Wahrheit und nichts als die Wahrheit war?» Der Spott in Renates Stimme ist nicht zu überhören. «Welches Geheimnis hast du denn so lange zu hüten verstanden?»

Stepha ist dem Weinen nahe. Also doch. Renate würde auch sie, ohne zu zögern, verraten. Stephas Enttäuschung ist so groß, daß sie alles auf eine Karte setzt. «Gut, Renate, für dich hat es wohl keinen Wert mehr, aber ich glaube, Martina kann noch eine Menge daraus lernen. Man hat mich immer wieder gefragt, ob ich häufiger in Berlin gewesen sei und ob meine Tante davon gewußt habe. Ich habe das mit Erfolg bestritten. Meine Tante blieb unbehelligt, und mich hat man auch nicht mit weiteren Fragen gequält.»

«Da hast du aber ein Riesenglück gehabt. Man hat dir einfach nicht so viel Raffinesse zugetraut.»

«Ich weiß nicht, ob es nur das war, Renate. Ich habe eben überall meinen Mund gehalten, auch in der Zelle. So wußte wirklich nur ich davon.»

Martina sieht Stepha nachdenklich an, sieht dann zu Renate. Die Spannung zwischen den beiden Frauen ist deutlich zu spüren.

Wenig später holt Renate Wasser. Wie immer. Nachher bringt sie Machorka und Papier mit. Sie rauchen, und Stepha wartet. Längst ist ihr klargeworden, warum immer Renate das Wasser holt. Auf diese Weise kann sie dem Untersuchungsrichter eine Nachricht zukommen lassen. Stepha braucht nicht lange zu warten. Sie haben noch nicht einmal aufgeraucht, als der Dezhurny erscheint. Renate drückt seufzend ihre Zigarette aus. «Also, gehen wir!» Ein letzter Blick von ihr. Auf Stepha. Traurig, resigniert.

Stepha ist allein mit Martina. Jetzt müßte sie, jetzt könnte sie Martina warnen. Verzweifelt sucht sie nach Worten. Und wenn sie sich alles nur eingebildet hat? So vergehen kostbare Minuten, und dann ist es zu spät. Martina wird zum Verhör geholt. Stepha erkennt, daß sie die Chance vertan hat, sie zu warnen. Sie dreht sich noch eine Zigarette und wartet. Und dann ist es soweit, auch sie wird zum Verhör geholt. Und plötzlich hat sie nur noch Angst.

Sie spürt die veränderte Atmosphäre sofort. Während der Untersuchungsrichter sie sonst immer lächelnd angesehen hat, hält er heute den Kopf über ein Aktenstück gebeugt. Sie steht noch neben der Tür, als er endlich, ohne aufzublicken, sagt: «Setz dich!» Er blickt ihr ernst und forschend in die Augen, läßt viel Zeit verstreichen, bis er zu sprechen beginnt.

«Ich glaube, Stepha, wir müssen noch einmal miteinander reden. Ich glaubte, deine Akte schon abschließen zu können. Nun ist ein Zweifel aufgetaucht, eine Kleinigkeit nur, aber sie stellt auch alles andere in Frage, was du ausgesagt hast.»

Stepha hält seinem Blick stand. Ihre Stimme ist fest, als sie erwidert: «Ich habe Ihnen in allen Dingen die Wahrheit gesagt. Ich habe Ihnen nichts verschwiegen.»

«Und wie erklärst du dir, daß wir inzwischen in Erfahrung gebracht haben, daß du mehrere Male in Berlin gewesen bist und dich mit diesen Leuten getroffen hast? Und dann», hier macht er eine Pause, «die Tatsache, daß deine Tante von deinen Berlin-Fahrten gewußt hat?»

«Was sagen Sie da? Meine Tante? Aber Sie haben sie doch schon vor einem halben Jahr vernommen und mir ihr Protokoll vorgelesen.»

Sie spürt, daß etwas Schreckliches geschehen ist, und seine nächsten Worte bestätigen dieses Gefühl.

«Heute morgen hat sie etwas anderes ausgesagt.»

«Ist sie etwa hier? Hier im Haus?»

Er nickt.

«Das hat Ihnen ein Vögelchen gesungen. Ein Vögelchen, das in meiner Zelle sitzt und Renate Seifert heißt.» Zitternd vor Zorn erzählt sie, wie sie nach und nach mißtrauisch geworden sei und daß sie durch diese Lüge endlich Gewißheit über Renate hatte haben wollen. «Ich bitte Sie. Ich flehe Sie an, lassen Sie meine alte Tante wieder nach Hause gehen. Sie hat wirklich nichts gewußt.»

«Ich weiß nicht, was ich in deinem Fall tun kann. Ich glaube dir. Aber wäre es nicht besser gewesen, wenn du von deinem Verdacht zu mir gesprochen hättest? Wir brauchen eben hin und wieder solche Menschen wie Renate Seifert. Sie hat bei ihrem Untersuchungsrichter diese Aussage gemacht, und wir mußten ihr nachgehen. Du kannst jetzt gehen, aber wir sprechen noch einmal miteinander.»

Er drückt auf die Klingel an seinem Schreibtisch. Der Dezhurny bedeutet Stepha, ihm zu folgen. Sie gehen nicht den üblichen Weg zur Treppe, sondern bis zum Ende des Ganges, wo der Posten eine Tür öffnet und Stepha auffordert einzutreten. Entsetzt sieht sie ihn an. Die Zelle ist stockdunkel und klein. Das ist also eine der berühmten Dunkelzellen. Als der Posten die Tür hinter ihr verschließt, bricht sie in Tränen aus. Sie hat alles falsch gemacht. Warum nur hat sie die Tante mit hineingezogen!

Als man sie aus der Dunkelzelle holt, scheinen Stunden vergangen zu sein. Sie wird in den Gefängnistrakt zurückgeführt, und aus alter Gewohnheit schlägt sie den Weg nach links ein. Der Posten hält sie an der Schulter zurück und weist nach rechts. Natürlich, sie hatte damit rechnen müssen, daß man sie nicht wieder in die alte Zelle zurückbringt.

Vor einer Zellentür am Ende des Ganges macht der Posten halt. Auf einem Bett sieht sie, sauber zusammengelegt, ihre Sachen liegen.

Als sich die Tür mit den vertrauten Geräuschen hinter ihr schließt, weiß sie, daß sie Renate nicht wiedersehen wird. In die Decke eingeschlagen liegt ein aus einem Taschentuch geknotetes Bündel. Es ist eines von Renates Taschentüchern. Sie hat es mit Machorka und Zeitungspapier gefüllt. Während sich Stepha eine Zigarette dreht, laufen ihr die Tränen über die Wangen.

Sie legt das Bündelchen Machorka auf den Tisch. «Dreht euch, wenn ihr rauchen mögt.» Während sie rauchen, betrachten sie sich forschend. «Ich bin Wanda, die kleine Runde hier ist Ilse. Woher kommst du?» «Ich bin Stepha, ich muß erst einmal wieder zu mir kommen. Ich bin noch ganz durcheinander.»

Stepha erzählt von den Ereignissen der letzten Tage. Wanda bestätigt: «Wir haben alle gewußt, daß ein Spitzel im Haus ist, aber niemand wußte, wer es war. Wir werden jetzt schleunigst eine Personalbeschreibung durchgeben, obwohl ich glaube, daß die Russen sie jetzt nicht mehr einsetzen werden. Wenn sie einmal entlarvt ist, ist sie für sie nicht mehr zu gebrauchen. Aber sicher ist sicher.»

«Du mußt doch eine Stinkwut auf sie haben.» Stepha zögert mit der Antwort. «Eigentlich nicht, Ilse. Sie tut mir leid. Ich weiß nicht, was man ihr versprochen hat, aber sicher hängt es mit ihren Kindern zusammen, die sie sehr liebt.» «Menschenskind, hör doch auf, mit solchen Typen Mitleid zu haben. Andere Mütter lieben ihre Kinder auch. Außerdem glaube ich nicht, daß die Russen ihr Versprechen halten werden. Wenn sie nicht mehr zu gebrauchen ist, geht sie genauso auf Transport wie alle anderen. Man liebt den Verrat, niemals aber den Verräter. Sie wird genauso nach Sibirien verfrachtet werden wie alle anderen.»

Stepha sieht Wanda ungläubig an. «Was sagst du da? Sibirien?» «Wieso, weißt du denn das nicht? Wie lange bist du denn schon hier? Habt ihr in eurer Zelle nicht geklopft?» «Doch, doch, aber das hat immer Renate gemacht. Sie konnte es am besten und am schnellsten. Sie hat immer übersetzt.» «Die war aber ganz schön schlau. Ihr scheint ja nicht viel mitgekriegt zu haben. Wir erfahren alles, jeden Zugang, jeden Transport, jedes Urteil. Aber die Urteile sind ohnehin immer gleich. Es gibt immer 25 Jahre.»

Stepha sieht sie entsetzt an. «25 Jahre!»

Stepha setzt sich auf ihr Bett, verbirgt das Gesicht in den Händen. «Nein, das kann ich nicht glauben.»

«An diese 25 Jahre glaubt kein Mensch, Stepha, nicht einmal die Russen selbst. Irgendwann wird sich die politische Lage wieder entschärfen. Dann gibt es eine Amnestie.»

An diesem Abend kriegt Stepha keinen Bissen hinunter. Wanda hat durch Klopfen erfahren, daß Stephas Tante im Haus ist, nur wenige Zellen von ihnen entfernt. Stepha ist verzweifelt. Sie weiß inzwischen, daß jeder, der einmal das Tor dieses Hauses durchschritten hat, es nur als Verurteilter wieder verläßt.

Als sie sich durch Klopfzeichen mit der Tante in Verbindung setzt, um sie zu trösten, kommt, durch fremde Hände weitergegeben, nur eine Frage zurück. «Wie geht es dir, mein Kind?» Es ist die erste Nacht seit Monaten, die Stepha schlaflos und bitterlich weinend verbringt. Ihre Ohnmacht, für die Tante nichts tun zu können, macht ihr ihre Unfreiheit und Hilflosigkeit so erschreckend deutlich, daß Angst und Panik in ihr aufsteigen und ein maßloses Entsetzen vor der kommenden Zeit sie ergreift.

Das Urteil

Das Leben in der neuen Zelle ist so anders, daß Stepha vor vielem wie ein Neuling steht. Da gibt es zum Beispiel einen Bleistiftstummel, mit dem auf Stoffetzen geschriebene Kassiber während des Kübelreinigens an andere Zellen weitergeleitet werden. Die Posten übersehen es großzügig, wenn der Kalfaktor während des Essenausteilens durch die Klappe sieht. Beim wöchentlichen Duschen decken sich die Frauen mit Männerhemden ein, die zu Taschentüchern verarbeitet werden. Stepha betrachtet voll Staunen die Holznadeln, mit denen gestickt und genäht wird. Holzspäne, von den Dielenbrettern gelöst, werden mit einer Glasscherbe bearbeitet, bis sie fein und glatt sind. Mit der fettigen Kernseife werden sie geschmeidig gemacht. Wanda hat im Absatz ihres Schuhes sogar eine echte Nähnadel versteckt. Mit dieser werden Löcher in die Holznadeln gebohrt. Bleistift und Scherbe sind so gut versteckt, daß sie bei keiner Zellendurchsuchung gefunden werden. Wanda kennt auch die Zeiten, in denen man ohne Gefahr mit den Nachbarzellen Kontakt aufnehmen kann, ebenso wie die Vornamen der meisten Posten, denn sie spricht russisch. Es ist lustiger und aufregender in dieser Zelle, aber oft vermißt Stepha die ruhigen, klugen Gespräche mit Renate. Nach Tagen erfahren sie, daß Renate jetzt in der Küche arbeitet. Stepha atmet auf. Dort kann sie wenigstens niemandem mehr schaden.

Wanda ist ein umtriebiger Mensch, voller Geschäftigkeit und ein wahrer Putzteufel. Sie wieselt in der engen Zelle zwischen den Betten herum, zieht fortwährend die Decke ihres Bettes glatt, putzt

Fenster, wischt Staub oder wäscht zum drittenmal in einer Woche ihre Bluse. Durch kein Gespräch ist sie von ihrer Tätigkeit abzulenken. Dabei ist sie fröhlich und voll handfester, wenn auch nicht gerade stubenreiner Witze. So nach und nach erfährt Stepha die Geschichte ihres Lebens.

Wanda ist ein Treibholz des Krieges, von Polen nach Deutschland verschleppt. Nach dem Krieg elternlos, schlug sie sich so durch, hatte Verhältnisse mit russischen Soldaten oder Offizieren und litt keine Not. Auf einer Fahrt nach Berlin lernte sie amerikanische Soldaten kennen und pendelte künftig zwischen Berlin und Halle hin und her. Das brachte sie in den Verdacht, eine Spionin zu sein.

«Ich und Spionage! Das ist ja einfach lachhaft. Als ob ich mich je für Politik interessiert hätte. Meine Politik war zu überleben, und wenn es nicht so strenge Bestimmungen bei den Russen gegeben hätte, wäre ich nie auf die Idee gekommen, nach Berlin zu fahren. Man durfte mit den Russen nicht einmal tanzen gehen, und wenn einer ein Privatzimmer hatte, hat der sich vor Angst schon in die Hosen gemacht, wenn man am Tag noch blieb. Mensch, durch wie viele Fenster bin ich geturnt! Meine Freundin hat mir von den Amis erzählt. Da war alles viel lockerer, und die hatten natürlich auch mehr zu bieten. Da gab es Schokolade, Zigaretten, die ich meistens auf dem schwarzen Markt verscheuert habe, und seidene Strümpfe.

Irgend jemand muß uns eines Tages verpfiffen haben, meine Freundin und mich. Jedenfalls haben sie uns bei einer Razzia in einem Tanzlokal geschnappt. In meiner Bude haben sie dann Dollars gefunden, die ich immer schön beiseite gelegt hatte. Ja, das war's dann. Endstation ‹Roter Ochse›.»

Ilse hingegen ist ein verschlossener, ruhiger Mensch, von beachtlicher Körperfülle. Ihr Gesicht ist aufgequollen, sie sieht krank aus. Hin und wieder gibt es Streit zwischen Wanda und Ilse. Wanda behauptet, es stinke nach Schweiß, weil Ilse sich abends nicht wasche. Wanda reißt das Fenster auf, Ilse macht es nach einer Weile wortlos wieder zu. Sonst aber geht man nett, kameradschaftlich, wenn auch etwas burschikos miteinander um. Zu erzählen haben sie sich nicht viel. Sex und Essen sind die einzigen Themen ihrer Gespräche. Stepha gewöhnt sich nur schwer an diese Gespräche. Die ständigen Blödeleien gehen ihr auf die Nerven. Dann sehnt sie sich nach den Stunden mit Renate. Aber sie wird lernen müssen, mit den Wandas und Ilses zu leben. Oft ist sie traurig und bedrückt. Lange schon war sie nicht mehr zum Verhör. Hin und wieder kommt per Klopfzeichen ein Gruß von der Tante. Dann weint sie bis spät in die Nacht hinein.

Unverhofft wird am Abend die Zelle aufgeschlossen, ein Dezhurny steht mit einer Liste in der Hand in der Tür. «Morgen ist Gerichtsverhandlung. Ich lese die Namen vor.» Sie sind so aufgeregt, daß sie kaum ihre Namen verstehen, der Dezhurny muß wiederholen. «Also, morgen früh fertig sein.»

Ilse und Stepha sinken auf ihre Betten. Endlich, die Verhandlung. «Bist du auch so aufgeregt, Ilse?» «Und wie, Stepha, und wie! Ich weiß, daß ich morgen meinen Mann wiedersehen werde, und ich habe Angst, wie er mir begegnen wird. Ich bin doch schuld daran, ich ganz allein, daß er hier ist. Ich habe die Akten fotografiert, die er mit nach Hause brachte. Er wußte gar nichts davon. Aber ich war ja so wild auf ein Paar Schuhe mit Kreppsohlen, so wie meine Freundin welche hatte. Sie hat mich auf die Idee gebracht, und nachdem ich es einmal gemacht hatte, hatte sie mich in der Hand. Mein Mann muß aus allen Wolken gefallen sein, als sie ihn verhafteten. Er war Mitglied der Partei und hatte in seinem Betrieb die besten Aussichten. Ich habe alles zerstört. Mein Sohn wird in einem Heim aufwachsen und sich seiner Eltern schämen müssen.» Stepha sieht auf Ilses Füße, auf die roten Schuhe, die eine Familie zerstört haben.

Sie sprechen kaum miteinander. Jede ist mit sich allein. Ein Abschnitt ist zu Ende. Was wird danach kommen? Keine von ihnen kann schlafen. Zu groß ist die Angst vor dem Morgen, vor der Endgültigkeit.

Wider Erwarten haben sie den größten Teil der Nacht geschlafen. Es ist so, als habe die Spannung, das Warten auf diesen Tag nun nachgelassen und sich erschöpft.

Alles ist wie an jedem Morgen. Die gleichen Geräusche, der gleiche Ablauf. Waschen, putzen, frühstücken. Danach sitzen sie mit klopfendem Herzen auf ihren Betten, unfähig, sich durch Gespräche abzulenken.

Als der Dezhurny kommt, drückt Ilse sich eng an die Wand. Ihre Lippen sind weiß, sie preßt die Hände gegen die Brust. «Ist dir nicht gut?» Wanda greift nach Ilses Hand. «Ich habe Angst!» «Ich auch, Ilse, wer hat wohl keine Angst.»

Stepha steht schon neben dem Posten. Sie ist ungeduldig. Nur keine Verzögerung mehr. Sie will es hinter sich bringen, endlich Gewißheit haben.

Als sie über den Hof gehen, frösteln sie. Es ist ein trüber, grauer Oktobermorgen. Die Kastanie auf dem Hof steht schon blattlos. In ihren Zweigen hängen Nebelfetzen. Man führt sie eine Treppe hinunter in die Kellerräume. Auch hier Zelle an Zelle. Ein fensterloser, schmaler Raum. Die Wände und die Tür sind mit Inschriften überzogen. «Warten!» befiehlt der Posten und schließt die Tür hinter ihnen. Wanda klopft sofort gegen die Wand. Es klopft zurück. Namen und Grüße werden durchgegeben. Ilse hört den Namen ihres Mannes. «Wanda, bitte nicht, nicht meinen Namen durchgeben, ich habe Angst vor den Fragen meines Mannes.» «Er wird sich Sorgen machen.» Aber Ilse schüttelt verzweifelt den Kopf. «Nein, Wanda, nein, ich will es nicht.» «Hör mit der Klopferei auf, Wanda. Es bringt jetzt ohnehin nichts mehr. Spätestens heute mittag werden wir alles wissen.» «Es verkürzt aber die Zeit, Stepha, und außerdem wissen wir doch nicht, wie das Ganze abläuft. Vielleicht sehen wir uns nachher nicht mehr!» «Ach, hör doch auf. Die Zellen neben uns sind alle voll. Du hörst es doch. Sie werden uns nicht einzeln verurteilen. Du quälst Ilse nur unnötig damit.»

Widerwillig gibt Wanda nach. Stepha studiert die Inschriften an den Wänden, die, tief eingekratzt, jedem Überstreichen trotzend, noch deutlich lesbar sind. Tröstende und hoffnungslose Worte in einfachen, manchmal kindlich anmutenden Handschriften. Wieviel Elend und Leid haben diese Zellenwände schon beherbergt, wieviel hilfloser Zorn, ohnmächtiger Haß drückt sich hier aus! Stepha weiß, sie ist nur eines dieser unzähligen Menschenschicksale, die gewaltsam aus ihrem Lebensbereich gerissen wurden, ohne andere Spuren als diese Handschriften zu hinterlassen. Ausgeliefert sind sie wie Federn im Wind.

Tür um Tür wird aufgeschlossen. Endlich knallen die Riegel auch an ihrer Zelle. Die Tür wird weit geöffnet. «Hintereinander gehen», befiehlt der Posten. Sie folgen ihm in das zweite Stockwerk. Als sie den großen Raum betreten, sitzen schon mehrere Personen auf der Anklagebank. Stepha sieht ihre Tante, die aufspringt und, noch ehe ein Posten sie zurückhalten kann, auf sie zustürzt und sie in die Arme schließt. Tränen laufen über das faltige Gesicht. «Mein liebes Kind!» Sie schluchzt, doch bevor Stepha etwas erwidern kann, wird sie von einem Posten zur Seite gerissen: «Sprechen verboten!» Er drückt Stepha auf die Bank.

Alle, die sich seit Monaten nicht mehr gesehen haben, stürzen aufeinander zu, um sich, und sei es auch nur für eine Minute, zu umarmen und zu berühren. Unnachsichtig werden sie auseinandergerissen und zu ihren Plätzen gebracht.

Allmählich legt sich die Aufregung. Die Posten nehmen an Fenstern und Türen Aufstellung, und erwartungsvolle Stille tritt ein.

Vor der Bank der Angeklagten sind in respektabler Entfernung Tische aneinandergeschoben und mit roten Tüchern abgedeckt worden. Sieben Stühle hinter den Tischen, darauf sieben Gläser und sieben Wasserkaraffen. An der Wand dahinter Bilder von Lenin und Stalin, rote Fahnen mit Hammer und Sichel um die Bilder drapiert. Ein beeindruckendes Arrangement, das die Ernsthaftigkeit der Verhandlung deutlich macht.

Das Gericht tritt ein. Offizier hinter Offizier, gemäß ihrer Rangordnung. Sie stellen sich hinter den Stühlen auf. Ein Soldat legt ein großes Bündel Akten auf dem Tisch ab. Die Angeklagten sind alle, bis auf einen, aufgestanden. Ein Soldat eilt herbei, um ihn hochzureißen, aber einer der Offiziere winkt gleichgültig ab.

«Pusti jewo, ne nuzhno. Laß ihn, nicht nötig.»

Stepha blickt auf die Offiziere, deren Schulterstücke matt glänzen. Nur die Sterne heben sich blitzend darauf ab. Ein Militärgericht. Das hatte sie nicht erwartet. Kein Vertreter eines deutschen Gerichtes unter ihnen. Die Offiziere haben sich auf den Stühlen niedergelassen. Zögernd setzen sich die Angeklagten. Eilfertig reicht ein Soldat dem in der Mitte sitzenden ranghöchsten Offizier die erste Akte. Er schlägt sie auf, liest die erste Seite, reicht sie weiter. So geht Akte um Akte durch die Hände der Offiziere, die sich alle nur dem Studium der ersten Seite widmen, um sie dann weiterzureichen.

Als erste werden Ilse und ihr Mann aufgerufen. Ilse sieht ängstlich und verstört zu ihm hin. Er lächelt ihr zu. Ein junger Offizier erhebt sich und liest, schnell und sicher, in akzentfreiem Deutsch die Anklageschrift vor. Angeklagt der Spionage und Sabotage. Beide. 25 Jahre Straferziehungslager.

Ilse schlägt die Hände vors Gesicht. Ihr Mann sieht den Offizier an, ungläubig schüttelt er den Kopf. «Das kann nicht sein!» flüstert er in die atemlose Stille hinein. Ilse sinkt auf ihren Stuhl zurück. Ihr Mann sieht zu ihr hin. In seinem Gesicht arbeitet es, in seiner Körperhaltung drückt sich starke Anspannung aus. Der Offizier legt die Akte auf den Tisch und sieht den jungen Mann mit höflicher Aufmerksamkeit an. «Haben Sie noch etwas zu sagen?» Wie zum Sprung ansetzend, beginnt der Mann zu reden. Worte brechen aus ihm heraus, aber er sieht sie an der Mauer dieser undurchdringlich höflichen Gesichter zerbersten. Mitten im Satz bricht er ab, sieht die Offiziere der Reihe nach an, senkt den Blick und sagt: «Danke. Aber ich hatte Gerechtigkeit erwartet.» Und er läßt sich erschöpft auf seinen Stuhl zurückfallen. Resignation erfaßt auch die übrigen Angeklagten. Nur beim Verlesen der jeweiligen Anklageschrift beleben sich die Gesichter noch einmal, als sei vor der Urteilsverkündung noch eine winzige Spur Hoffnung in ihnen.

Der Offizier verliest immer schneller. Alle wissen ihr Urteil schon im voraus. «25 Jahre Straferziehungslager.»

Stepha ist so in Gedanken versunken, daß sie ihren Namen erst beim zweiten, nachdrücklicheren Aufruf versteht. Sie sieht zu der Tante hinüber, die nur wenige Plätze von ihr entfernt sitzt. Die Tante, nun ebenfalls aufgerufen, erhebt sich, streicht sich mechanisch das Haar glatt. Ihr Gesicht ist ruhig, und fast scheint es Stepha, als lächle sie. Stepha hebt trotzig den Kopf. Sie blickt auf die Bilder an der Wand. Ihre Augen bleiben an dem Bild Lenins hängen, das einst auch ihr Zimmer schmückte, und in ihr steigt eine große Verwunderung auf über die Situation, der sie hier beiwohnt. Alles kommt ihr wie eine Inszenierung vor, ein Spiel, das gleich, nach dem Beifall, zu Ende sein wird. Sie hört weder ihre Anklage noch ihr Urteil. Voller Spannung wartet sie auf das Urteil für die Tante, erwartet fast fiebernd zumindest hier Gerechtigkeit. «Zehn Jahre Umerziehung!»

Die Frage nach einem Schlußwort wird von der Tante ruhig bejaht. Klar und deutlich sagt sie: «Es tut mir sehr leid, daß mein Mann dies nicht mehr miterlebt. Er war zeit seines Lebens Kommunist.» Da lacht Stepha ihr zu und sieht in die betretenen Gesichter der Offiziere.

Sie waren die letzten, Stepha und die Tante. Die Tragikomödie ist zu Ende. Hastig erheben sich die Offiziere und streben zur Tür. Wieder stürzen die Gefangenen aufeinander zu. Umarmen sich, reden miteinander, bis die Posten sie auseinandertreiben. Sie werden namentlich aufgerufen, in kleine Gruppen eingeteilt und in ihre Zellen zurückgeführt. «Deine Tante war Klasse, sie hat von uns allen die beste Figur gemacht. Aber diese Verhandlung hätten sie sich sparen können. Man hätte uns das Urteil ebensogut in der Zelle mitteilen können.»

«Wir kannten es doch alle schon vorher.» «Natürlich, Ilse, kannten wir es. Aber daß es so feierlich zugehen würde, wußten wir nicht. Mir jedenfalls war ganz feierlich zumute.» Wanda frotzelt und lacht noch eine Weile. Äfft diesen oder jenen Offizier nach. Dann allerdings wird auch sie zusehends stiller. Und als Ilse weinend sagt: «In 25 Jahren, da ist unser Leben vorbei», da wird ihnen allen die Ungeheuerlichkeit dieser Strafe bewußt.

Am Nachmittag wird die Zelle aufgeschlossen. «Sachen zusammenpacken, alle in andere Zelle.» Der Posten lächelt strahlend. «Was der wohl zu lachen hat», moniert Wanda. «Nix reden jetzt, dawai, dawai!» Wanda sieht ihn an. «Was heißt hier dawai, dawai, wir haben Zeit. Viel Zeit, 25 Jahre haben wir Zeit.» Der Posten winkt ab. «Nix 25 Jahre, kommen Amnestie. Vielleicht zehn, vielleicht fünf.» «Na ja», erwidert Wanda trocken, «ist immer noch lange genug. Bis dahin ist der Lack von uns ab.» Da endlich lachen Stepha und Ilse. «Prima, ich dachte schon, ihr wollt nun nur noch schweigen und trauern.»

Die Sachen sind schnell zusammengepackt. Der Posten winkt. Sie ergreifen ihre zusammengerollten Decken, ihr Eßgeschirr und folgen ihm. Wanda trottet gemächlich hinterher. «Wenn ich mir vorstelle, daß das nun 25 Jahre lang so gehen wird, dann werde ich verrückt.» Sie spricht laut und deutlich, während sie an den Zellen vorbei zum anderen Ende des Flures gehen. Wütend packt der Posten Wanda am Arm. «Du jetzt ruhig verdammt!» «Mensch, laß los, oder ich schreie.» «Nix schreien, ruhig!» erwidert der Posten und läßt ihren Arm los. Wandas lautes Reden hat den gewünschten Erfolg. An allen Zellentüren wird geklopft und gerufen. «So, die wissen Bescheid», sagt Wanda zufrieden. Schweigend trotten sie ins nächste Stockwerk. Der Posten geht wieder voraus und öffnet eine Zellentür, die nur angelehnt ist. Sie betreten eine geräumige Zelle. Sechs Betten.

Kaum daß sie ihre Betten belegt und ihr Eßgeschirr untergebracht haben, wird die Tür wieder geöffnet, und drei weitere Frauen betreten die Zelle. Stepha drückt die Tante an sich. Tante sieht ihr ins Gesicht: «Mein armes Kind, wie blaß du bist. Welch böses Schicksal hat uns heimgesucht.» Kein Wort des Vorwurfs oder der Klage. Stepha weint, und die Tante putzt ihr liebevoll die Tränen ab. «Denen habe ich bei den Verhören aber die Meinung gesagt. Meine Stefanie und Spionage, das ist ja wohl lächerlich. Ausgerechnet Stefanie, die so voller Idealismus an die neue Zeit glaubt und so begeistert ist von Rußland. Nein, nein, Herr Offizier, da sind Sie aber nicht richtig informiert.» Stepha sieht sie etwas peinlich berührt an. «Ach, Tante, das ist jetzt nicht mehr wichtig, und es interessiert die auch nicht sonderlich.»

«Sie haben mir irgendeine Aussage abverlangt und behaupteten, ich würde am nächsten Tag wieder zu Hause sein. Aber ich traute ihnen nicht und bestand darauf, einen kleinen Koffer zu packen. So habe ich sogar Zahnbürste und Zahnpasta dabei. Sie trieben mich zwar dauernd an, aber ich hab mich nicht aus der Ruhe bringen lassen.» Stepha lächelt, sie kann sich ihr resolutes Tantchen bei dieser Aktion gut vorstellen. Dann aber beginnt die Tante zu jammern. Sie beklagt Stephas Schicksal, schimpft auf die Menschen, die Stefanie im Stich gelassen haben. «Wo sind sie denn, deine Jugendfreunde? Wo ist sie denn, die Partei, an die du geglaubt hast?» Und sie hört nicht auf, die Ungerechtigkeit des Urteils zu beklagen, so daß Stepha nach einer Stunde glaubt, verrückt zu werden.

«Hör doch um Gottes willen mit dem Gejammer auf, ich kann es nicht mehr ertragen», bittet sie die Tante, die nun beleidigt schweigt.

Am vierten Tag nach der Verurteilung wird zu ungewohnter Zeit die Zellentür geöffnet. Ein Posten kommt herein, zeigt auf Wanda, Stepha, Ilse und Bettina.

«Du, du, du und du mitkommen!» Und als sie sich zögernd von ihren Betten erheben, sagt er: «Nix Angst. Ihr arbeiten.» Sie überqueren den Hof und gehen ins Vernehmungsgebäude, wo sie die Zimmer der Untersuchungsrichter putzen sollen.

«Da müssen wir doch auch Aschenbecher saubermachen. Das heißt, ab heute haben wir immer zu rauchen», stellt Wanda befriedigt fest. «Willst du etwa Kippen sammeln?» fragt Bettina indigniert. «Klar. Was ist denn schon dabei?» Stepha ist auf Wandas Seite. Immer noch besser, Kippen zu sammeln als die ständige Bettelei bei den Posten.

Die Arbeit macht ihnen Spaß. Der Vormittag ist dadurch immer schon halb vorbei. Bis zehn Uhr müssen sie fertig sein, dann kommen die Untersuchungsrichter. In manchen Zimmern liegen hin und wieder ein bis drei Zigaretten im Aschenbecher. Eine freundliche Geste. Es sind immer die gleichen Zimmer, in denen sie solche Schätze vorfinden. Oft sind sie allein in einem Raum. Da steht dann das Telefon, eine große Versuchung. Den Hörer aufnehmen, wenn man das doch könnte.

Wochenlang geht alles gut. Die Zeit scheint ihnen durch ihr tägliches Arbeitspensum nicht so lang wie denen, die in der Zelle zurückbleiben. Allmählich kommt es zwischen den Frauen immer häufiger zu Streitereien über Nichtigkeiten. Über Wanda, die ständig die Waschschüssel mit ihrer Wäsche belegt. Über das Öffnen der Fenster, weil die Heizung noch nicht in Betrieb ist und des Nachts die feuchte Kälte durch die Decken dringt. Auch das Waschen am Morgen wird zur Qual, das Wasser ist eiskalt. Der Kübel stinkt. Jeder beschuldigt den anderen, den Kübel nicht richtig verschlossen zu haben. Nur noch wenige Stunden am Tag ist das Beisammensein verhältnismäßig friedlich.

Der erste kalte, klare Morgen. Die Äste der Kastanie sind vom Rauhreif verzaubert. Die Arbeit läuft wie gewohnt, als Wanda aufgeregt nach Stepha ruft und ihr eine offene Schreibtischschublade zeigt. «Sieh doch nur, Stepha. Eine ganze Schachtel Zigaretten, die nehme ich mit.» Sie schiebt die Zigaretten unter ihre Bluse. «Bist du verrückt, das merken sie doch sofort!» «Quatsch, ich glaube nicht, daß der sich daran erinnert, daß er die Schachtel hiergelassen hat. Was ist für die schon eine Schachtel Zigaretten?» «Ich würd es nicht tun, Wanda, es bringt uns alle nur in Schwierigkeiten.» «Na und, was kann uns schon passieren? Im Knast sind wir doch schon!» Stepha zuckt mit den Schultern und begibt sich wieder ins Nebenzimmer. Sie ist ärgerlich, daß Wanda sie zur Mitwisserin gemacht hat. In der Zelle versteckt Wanda die Schachtel unter Ilses Matratze. «Erst mal abwarten», flüstert sie Stepha zu, «geteilt wird später.»

Eine Stunde später wird die Zellentür aufgerissen. Neben dem Posten steht ein Offizier, der sie mit finsteren Augen mustert. «Wer arbeitet drüben?» Als sich die vier von ihren Betten erheben, sieht er drohend eine nach der anderen an. «Wer hat die Zigaretten gestohlen?» Wanda wirft Stepha einen kurzen, bedeutungsvollen Blick zu. Stepha begreift, daß Wanda nichts zugeben wird. Ilse und Bettina sehen den Offizier hilflos an. «Zigaretten?» Bettina schüttelt den Kopf. «Nein, wir haben keine Zigaretten gestohlen. Wir haben nur» – und dabei kramt sie mit vor Angst zitternden Händen einen

Fetzen Stoff hervor –, «wir haben nur die Kippen aus dem Aschenbecher gesammelt.» Der Offizier winkt ab.

«Gut, wir werden sehen. Dawai, alle raus aus der Zelle. Stellt euch im Gang auf. Wir werden suchen.»

Der Posten reißt mit schnellen Griffen die Betten auseinander und hat nach wenigen Minuten die Schachtel in der Hand. «Wessen Bett ist das?» Ilse sieht ihn entsetzt an. «Es ist mein Bett. Aber ich habe die Zigaretten nicht einmal gesehen. Ich weiß nichts davon.» «Wer hat sie gestohlen?» Er sieht sie der Reihe nach an. Er bekommt keine Antwort. «Gut, wir werden sehen.» Er wechselt einige Worte mit dem Posten und geht mit schnellen Schritten davon.

Der Posten treibt sie in die Zelle zurück. «Besser sagen», rät er, «besser wenn Wahrheit sagen, sonst alle in Karzer.» Die Frauen beginnen das Durcheinander in der Zelle wieder aufzuräumen. Dabei fragen sie unentwegt, wer denn die Zigaretten genommen habe. Wanda übertönt alle: «Jetzt hört mir mal gut zu, es ist doch schließlich egal, wer sie geklaut hat. Geraucht hätten wir sie doch gemeinsam, und deshalb ist es auch ein gemeinsames Risiko. Wir müssen nur zusammenhalten. Wenn sie keinen Täter finden, können sie auch keinen bestrafen.» Ilse widerspricht heftig: «Ich glaube, man wird uns alle bestrafen. Ihr habt doch gehört, was der Posten gesagt hat.»

Kurz darauf steht der Offizier wieder in der Zellentür, ruft die vier auf. «Ihr müßt euch ausziehen. Bis auf das Hemd oder den Schlüpfer.» Betreten sehen sich die Frauen an. Sie zögern. «Dawai, dawai, ausziehen!» befiehlt der Offizier, und die Frauen beginnen, ihre Sachen abzulegen. Der Offizier winkt sie aus der Zelle. Nackt, nur mit Hemdchen oder Höschen bekleidet, gehen sie hinter dem Posten her, der sie eine Etage höher in eine Zelle führt, aus der das Fenster entfernt worden ist. Die kalte Zugluft läßt sie frösteln.

«Endlich mal genügend frische Luft.» Bettina versucht, mit einem Scherz das Entsetzen zu überspielen. «Wir müssen uns bewegen», rät Ilse. «Wenn wir hier herumsitzen, sind wir in kurzer Zeit völlig erstarrt.»

Sie befolgen diesen Rat, machen Kniebeugen, schwingen die Arme, versuchen, sich an gymnastische Übungen aus der Schulzeit zu erinnern. Sie rubbeln sich gegenseitig Arme und Beine, dann wieder kauern sie regungslos an der Wand.

Drei Tage Karzer. Erst Stunden haben sie hinter sich gebracht und sind schon völlig apathisch. Niemand macht Wanda einen Vorwurf. Aber keine richtet mehr das Wort an sie. Keine weiß mehr, wie sie die Nacht durchgestanden haben. Die Morgendämmerung bringt sie wieder in Bewegung. Steifbeinig machen sie Gehversuche. Sie reiben sich gegenseitig, hüpfen und springen, aber die Kälte bleibt. Diese unbarmherzige Kälte. Arme und Beine schmerzen vom vielen Reiben. Die winzigen Haarbälgchen haben sich entzündet.

«Das halten wir nicht aus, das ist einfach bestialisch. Wir holen uns eine saftige Erkältung, oder sogar eine Lungenentzündung.» «Meint ihr, die lassen uns wirklich drei Tage hier drinnen?» Bettina fragt es voller Angst. Mutlos läßt Ilse sich auf dem Boden nieder: «Ich kann nicht mehr. Wir müssen etwas tun, und mir ist auch schon etwas eingefallen. Ich werde mein Hemd zerreißen, um daraus einen Strick zu machen. Damit werde ich so tun, als ob ich mich an der Heizung aufhänge. Und ihr müßt schreien, laut schreien.» Die Frauen nicken. Ilse hat recht. Sie stehen das nicht länger durch. Es ist eine kleine Chance, besser als nichts zu tun.

Ilse zerreißt ihr Hemd, schiebt den Kübel an die Heizung und knotet eine Schlinge um das obere Heizungsrohr. «Es geht. Ihr müßt jetzt anfangen zu schreien. Wenn ich den Posten höre, stecke ich den Kopf in die Schlinge.» Bettina beginnt als erste zu schreien. In dieser Situation zu schreien ist eine wilde Erleichterung, ein Aufbegehren gegen das Demütigende ihrer Lage. Der Haß gegen alles, was ihnen widerfährt, macht die Stimmen kräftig und schrill. Das Schreien bricht sich an den Mauern, scheint aus jeder Ecke zu kommen. In den Zellen wird es lebendig. Männerfäuste trommeln gegen Eisentüren: «Laßt unsere Frauen zufrieden!»

Die Posten rennen, kopflos wie aufgescheuchte Hühner, auf den Gängen hin und her, klopfen gegen Zellentüren, rufen monoton ihr «Tische, tische», aber es geht unter in dem Inferno.

Als der Offizier und der Posten vor ihrer Luftzelle erscheinen, verstärken die Frauen ihr Schreien. Der Posten gerät in Panik, schnallt sein Koppel los und beginnt, wild auf die Schreienden einzuschlagen. Als er Stepha am Arm packt, reißt sie sich los, brüllt ihm einen russischen Fluch ins Gesicht. Ihr Gesicht brennt. Am Mundwinkel zeigt sich eine Blutspur, die rechte Wange ist dick und angeschwollen. Auf den Oberschenkeln sind die Gürtelspuren deutlich erkennbar. Sie hat am längsten geschrien, sie konnte einfach nicht mehr aufhören.

Der Offizier führt die Frauen zurück in die Zelle. Mit fliegenden Händen und klappernden Zähnen legen sie ihre Kleidungsstücke an. Tantchen hat ein Handtuch naß gemacht und versucht, Stepha das Blut abzuwischen. Schmerzhaft verzieht Stepha das Gesicht. «Laß das, dafür ist nachher noch Zeit.» Sie verkriechen sich unter ihren Decken.

Tantchen wirft die Fahne und verlangt heißes Wasser, und, o Wunder, sie erhält das Verlangte. Sie füllt die Becher der Frauen. «Hier, trinkt, das wird euch von innen wärmen.» Das heiße Wasser hilft. Das Zittern läßt nach. Die Glieder werden warm und beweglich. Stepha hat Schmerzen. Ihr Gesicht brennt und ist angeschwollen. «Scheißkerl!» stößt sie hervor, als sie sich in der Fensterscheibe betrachtet. «So ein Scheißkerl!» «Der hat einfach die Nerven verloren», sagt Wanda. «Du, halt den Mund. Du hast dich ja schön in eine Ecke verkrochen. Dabei haben wir das alles doch nur dir zu verdanken.» Alle stimmen Bettina zu, und Wanda hütet sich, etwas zu erwidern. Die Frauen sind noch so erregt, daß sie fähig wären, sie zu verprügeln.

Wenige Tage nach diesem Vorfall ist große Aufregung im Haus spürbar. Überall wird neues Putzzeug ausgegeben, und die Frauen werden aufgefordert, die Zellen gründlich zu putzen. Und – Toilettenpapier wird ausgegeben. «Das kann doch nicht wahr sein», stöhnt Bettina, die Rollen im Arm haltend. «Ich glaube, Genosse Stalin kommt persönlich.»

Stepha sieht immer noch entsetzlich aus. Das Gesicht ist blauviolett verschwollen, der Riß am Mundwinkel zwar verschorft, aber er platzt bei der geringsten Bewegung wieder auf. «Was sie wohl mit dir machen werden, wenn wirklich eine Kommission kommt?» «Ich habe dem Sani doch gesagt, daß ich die Treppe hinuntergestürzt bin, Ilse. Dabei bleibe ich, mag kommen, wer will.» «Schön dumm bist du», schimpft Tantchen, «die sollten ruhig mal erfahren, wie wir hier behandelt werden. Mich hat der Posten doch auch geschlagen, als ich protestiert habe, daß man euch fast nackt in den Karzer gebracht hat.» «Hör auf, Tante», antwortet Stepha ungeduldig, «es nützt uns überhaupt nichts, wenn wir uns beklagen. Vielleicht wird der Posten bestraft, aber seine Kameraden würden es uns spüren lassen. Die Kommission kommt und geht, die anderen aber bleiben, und mit denen müssen wir auskommen. Von einer Meldung werden meine Schmerzen auch nicht geringer. Jetzt aber steckt uns jeder Posten, dem ich von meinem Treppensturz erzähle, Machorka zu.»

Dann kommt die Kommission. Die Tür schwingt weit auf, und mehrere Uniformierte betreten die Zelle. Die Zelle faßt nicht alle, sie stehen hintereinander, dicht gedrängt. Ein schlanker Offizier mit tadellos sitzendem Uniformrock, an dem sich die Ehrenzeichen aneinanderreihen, macht eine mißbilligende Bemerkung. Ein hauseigener Offizier gibt hastig eine Erklärung ab, die augenscheinlich ungnädig aufgenommen wird.

Der Hochdekorierte sieht sich gründlich um, befühlt Matratzen und Decken und richtet sein Augenmerk dann auf die Frauen, die vor den Betten und an der Wand unter dem Fenster Aufstellung genommen haben. Sein Blick bleibt an Stephas Gesicht hängen. Seine Miene verfinstert sich, zwischen den Brauen eine steile Falte.

«Was ist mit Ihnen passiert?»

«Ich bin auf der Treppe gestürzt. Wir dürfen morgens arbeiten. Ich bin mit dem Absatz an der Stufe hängengeblieben und die Treppe hinuntergerollt.»

Er sieht sie prüfend an, wendet sich nach hinten: «Doktor, pozhaluista.» Die Ärztin tritt neben ihn, hebt mit der Hand Stephas Kinn an.

«Das ist keine Verletzung durch einen Sturz, das sieht nach mehreren Schlägen mit einem breiten Gegenstand aus», stellt sie gelassen fest.

«Wer hat Sie so geschlagen?»

«Warum sollte mich jemand geschlagen haben? Ich bin gestürzt.»

Der Offizier macht eine Bemerkung zu der Ärztin. «Würden Sie bitte mit nach draußen kommen. Ich möchte mir das ansehen.»

Stepha quetscht sich an den Frauen vorbei und stellt sich draußen mit dem Rücken zum Geländer auf. Die Offiziere stehen im Halbkreis um sie herum und betrachten sie neugierig und mitleidig. «So, hier können Sie uns die Wahrheit sagen. Wer hat Sie so geschlagen?»

Stepha sieht der Ärztin fest in die Augen und erwidert noch bestimmter als vorher: «Ich bin nicht geschlagen worden. Ich bin auf dieser Eisentreppe da gestürzt.» Und sie zeigt auf die Treppe, die in der Mitte des Traktes nach unten führt.

Nun mischt sich der schlanke Offizier ein. «Sie brauchen nichts zu befürchten. Es werden Ihnen keine Nachteile entstehen, wenn Sie uns die Wahrheit sagen.»

Das sagst du jetzt, denkt Stepha, mag sein, du meinst es ernst, aber ich muß hier weiterleben. Ernsthaft sagt sie: «Sie müssen mir schon glauben, ich war ein bißchen ungeschickt. Es war kein Spaß, die halbe Treppe hinunterzurollen.»

Der Offizier sieht sie stirnrunzelnd und ungläubig an. «Wie alt sind Sie?»

«Ich bin fast sechzehn.»

Dann fragt er nach Namen und Strafmaß, und Stepha beobachtet mißtrauisch, wie er sich ihre Daten notiert.

Dann läßt man sie wieder in die Zelle zurückgehen. Auf Grund der Fragerei hat sie gar keine Gelegenheit gehabt, sich die anderen Mitglieder der Kommission anzusehen. Neugierig fragt sie nun in der Zelle: «Habt ihr wenigstens mitgekriegt, was für eine Kommission das war?» «Nein, keine Ahnung. Ich habe nur gesehen, daß alle hohe Tiere waren. Vom Major aufwärts. Der, der mit dir gesprochen hat, war ein Oberst», erklärt Wanda. «Was wollten die denn nun eigentlich?» fragt Bettina. «Die haben uns nur betrachtet und unsere Matratzen befühlt, um zu sehen, ob wir auch weich genug liegen», spottet Ilse. «Wir haben keinen Machorka mehr», stellt Ilse fest. «Na, ob wir jetzt was kriegen, bei dieser Aufregung im Bau?» «Man kann es ja versuchen.» Stepha wirft die Fahne. Als der Posten erscheint, bittet sie um Machorka. Er öffnet die Klappe, schüttet reichlich in Stephas ausgestreckte Hände. «Komme gleich, Feuer geben», sagt er. Zufrieden drehen sie sich ihre Zigaretten, und dann ziehen wieder Machorkaschwaden durch die Zelle.

Das Mittagessen ist heute besonders gut. Viel Kohl, viel Fleisch. Nicht so dünne Wassersuppe wie sonst. «Ach», seufzt Ilse und kaut voll Behagen auf einem Stück Fleisch. «Käme doch jede Woche so eine Kommission.»

«Du bist ein verfressenes Geschöpf», sagt Bettina. «Jede Woche so ein Aufstand. Da will ich doch lieber meine dünne Suppe essen und meine Ruhe haben.» Sie sind jetzt erleichtert, fast übermütig.

Eine Woche nach dem Besuch der Kommisowka holt man Stepha nach dem Essen aus ihrer Zelle. Ein Offizier, den sie im Gefängnistrakt noch nie gesehen haben, begleitet sie. Stepha erschrickt, als sie über den Hof ins Gebäude der Untersuchungsrichter gehen.

Vor einer großen, zweiflügeligen Tür macht der Offizier halt, klopft leise und respektvoll an, öffnet die Tür und schiebt Stepha in ein großes, mit einer riesigen Fensterreihe versehenes Zimmer. Ein Teppich dämpft die Schritte. Hinter einem großen Schreibtisch sitzt ein grauhaariger Offizier. Er steht auf, kommt hinter seinem Schreibtisch hervor und streckt Stepha die Hand entgegen. Vor Verwunderung reagiert sie nur langsam, ehe sie ihre Hand in die seine legt. «Du also bist Stepha», sagt er und sieht sie mit klugen grauen Augen an. Als Stepha nickt, lächelt er gütig. «Du brauchst keine Angst vor mir zu haben, ich habe nichts Böses mit dir vor, und es soll dir auch nichts geschehen. Ich habe nur einige Fragen an dich.»

Stepha sieht befangen zu ihm auf. Als sie seinem Blick begegnet, lächelt sie. Ein Funken von untergründigem Humor ist in ihm. «Um welchen Leib ist denn der Gürtel geschlungen, der dich so zugerichtet hat?» Stepha sieht ihn erstaunt an. «Es hat deinetwegen ein bißchen Ärger gegeben, kleines Fräulein. Diese Kommisowka, sie war aus Berlin. Ich mußte mich deinetwegen verantworten. Wieso habe ich davon nichts erfahren?»

Sie sieht ihn offen an. «Es tut mir leid, wenn es wegen meiner Ungeschicklichkeit Ärger gegeben hat.»

«Du bist ein tapferes Mädchen, aber ich glaube, du machst etwas falsch. Solche Dinge dürfen nicht vorkommen. Verstehst du das?»

Stepha sieht einen Moment zu Boden. Irgendwie fällt es ihr schwer, ihn anzulügen, und im gleichen Moment denkt sie, wehe dem, den er verhört. Er ist schlimmer als alle Schläger und Brüller zusammen. Sie sieht ihm fest in die Augen, als sie nun die Lüge wiederholt. «Ich bin auf der Eisentreppe mit dem Absatz hängengeblieben, dabei bin ich gestürzt und mit dem Gesicht gegen das Geländer geprallt. Ich habe mir den Mundwinkel etwas aufgerissen. Die Schwellung ist erst später aufgetreten.»

«Das klingt alles sehr logisch und überzeugend, Stepha, und ich bin der letzte, der dich einer Lüge überführen möchte. Ich kann also den Bericht mit reinem Gewissen machen?»

«Ja, das können Sie tun.»

«Gut!» Er schiebt die Akte zur Seite. «Ich habe aber noch ein paar persönliche Fragen an dich.» Stepha sieht ihn neugierig an. «Du bist, wie ich aus deiner Akte ersehe, durch einen ganz unglücklichen Zufall in diese Situation gekommen. Als junger Mensch der neuen Zeit, der an eine bessere Zukunft glaubte, der sicherlich ein gutes und treues Parteimitglied geworden wäre. Wie siehst du die Dinge heute?»

Stepha lauscht seinen Worten. Alles ist schon so lange her. Was früher war, ist von der Gegenwart hier in diesem Gefängnis völlig überdeckt, widerspricht allem, was sie einmal geglaubt hat. Was soll da noch übriggeblieben sein? An welche Gerechtigkeit soll sie noch glauben? Sie sieht auf ihre Hände und ohne den Blick zu heben, fragt sie: «Was erwarten Sie von mir zu hören? Denken Sie wirklich, daß man auch dann noch den Glauben an eine Sache behält, wenn man sich von ihr so verraten und gedemütigt fühlt? Was sind denn das für ‹Feinde›, die hier eingesperrt sind? Sind es nicht Menschen, die man hiermit erst zu ‹Feinden› macht? Hassen kann ich nicht. Aber glauben kann ich auch nicht mehr, und das ist das Schlimmste, was man mir hier angetan hat. Ein Zweifler mit sechzehn Jahren zu sein, ist das nicht schlimm? Statt Freude und Vertrauen nur noch Mißtrauen, ist das noch ein Leben?»

Jetzt sieht sie zu ihm hinüber. Er hält den Kopf über die Tischplatte gesenkt und zeichnet mit dem Finger ein Muster nach. Er hebt den Kopf und sieht sie traurig an: «Auf deine Fragen kann ich dir keine dich befriedigende Antwort geben. Es ist die Zeit, in der wir leben, eine Zeit, in der eben Dinge geschehen, die in einigen Jahren nicht mehr notwendig sein werden. Ich bin kein Politiker. Ich bin Offizier und Mensch, und auch ich sehe die Schicksale hinter den Akten, aber ich kann sie nicht abwenden. Doch eines möchte ich dir sagen, und das darfst du mir wirklich glauben: Keiner von euch wird diese Strafe vollständig abbüßen müssen. Es wird eine Zeit kommen, wo dies nicht mehr nötig sein wird.»

Er erhebt sich von seinem Platz und legt Stepha die Hand auf den Kopf: «Haß, Stepha, ist immer etwas Schlechtes. Es gibt auch bei uns viele, die hassen. Versuche, den Haß aus deinem Leben fernzuhalten. Sei mißtrauisch und vorsichtig bei allem, was dir begegnet. Das ist in deiner Situation nötig, aber hasse nicht.»

Nachdenklich folgt Stepha dem Dezhurny zurück zu ihrer Zelle. Wie gern wäre sie jetzt allein, um über dieses Gespräch nachzudenken. Statt dessen stürzen sich die anderen mit Fragen auf sie, kaum daß sie die Zelle betreten hat.

«Du, Stepha, die Posten waren ganz schön aufgeregt, als dich der Offizier abgeholt hat. Wanda hat verstanden, was sie sich gegenseitig zugerufen haben. Du warst beim Oberst! Beim Chef persönlich, nicht wahr?» Ilses Stimme überschlägt sich fast, so aufgeregt ist sie.

Stepha gibt seufzend nach: «Gleich, ich will mir nur noch eine Zigarette drehen.» Bettina wirft schon die Fahne, und in Windeseile öffnet sich die Tür. Der Posten grinst über das ganze Gesicht. Stepha läßt sich Feuer geben. «Also, da ihr ja schon wißt, wo ich war, kann ich euch den Rest in wenigen Worten schildern. Ja, ich war beim Oberst. Und es ging um nichts anderes als um mein lädiertes Gesicht und die Schwellungen. Ich mußte ihm die ganze Geschichte noch einmal erzählen, damit er einen Bericht machen kann. Ich glaube, die Kommisowka hat ganz schön Dampf gemacht. Und das war eigentlich schon alles.»

«Und das hat so lange gedauert?» fragt Wanda mißtrauisch, lauernd.

«Nein, Wanda, natürlich nicht, wir haben auch noch über anderes gesprochen. Aber das waren persönliche Dinge, und ich sehe nicht ein, warum ich die erzählen soll.»

«Bist du bei deiner bisherigen Version geblieben?»

«Aber natürlich. Ich bin doch kein Dummkopf.» Stepha reißt sich ein Stück Papier ab, dreht sich eine zweite Zigarette.

Tantchen reißt das Fenster auf. «Müßt ihr denn alle so viel qualmen? Man kann ja kaum noch atmen.» Dann rückt sie auf Stephas Bett. «Warum hast du nicht wenigstens dem Oberst die Wahrheit gesagt?»

«Ach, fang doch nicht wieder von vorn an.»

«Aber vielleicht hätten die draußen dann gewußt, was hier vorgeht.»

«Ach, Tantchen, hör doch auf. Die draußen kannst du vergessen.»

«Oh, Kind, daß wir das alles erleben müssen. Was würde dein Großvater dazu sagen? Deine ganze Zukunft ist dahin. Die Schule, das Studium. Du wolltest doch Kinderärztin werden. Was wohl aus der Wohnung geworden ist? Nichts mehr werden wir besitzen, wenn wir je hier herauskommen.»

Stepha schnürt es die Kehle zu. Sie weiß, wie sehr Tantchen an all diesen Dingen hängt, die sie im Laufe ihres Lebens gehegt und gepflegt hat. Sie kann nichts darauf erwidern. Sie kann nur das Streicheln der runzligen Hände geschehen lassen und schließlich Tantchens Kopf an sich ziehen, um mit ungeschickter Hand die Tränen aus dem faltigen Altfrauengesicht zu wischen. Tantchens Schicksal ist allein ihre Schuld. Eine Schuld, die sie mit sich tragen wird, die ihr niemand abnehmen kann.

Am späten Nachmittag bekommen sie Besuch. Der Sani und der Lange, der sie geschlagen hat, stehen in der Tür. Der Lange sieht Stepha schuldbewußt an. Stepha merkt, wie leid es ihm tut. Sie ist ihm nicht mehr böse, aber sie wendet den Blick von ihm ab. Der Sani nennt drei Namen, fordert Stepha, Ilse und Bettina auf, ihre Sachen zusammenzupacken. Tantchen beginnt sofort zu jammern. «Aber ich muß doch mit. Es ist doch meine Nichte. Verstehen Sie, wir sind verwandt. Es ist mein Kind.»

«Später werden Sie sich wiedersehen», erwidert der Sani geduldig.

Stepha umarmt die Tante: «Sei nicht verzweifelt, Tantchen, wir sehen uns bestimmt wieder, hier geht keiner verloren.»

Die Frauen folgen dem Posten. Drei Zellen weiter machen sie halt. Die drei atmen auf. Es ist eine leere, geräumige Zelle mit drei Betten. «Gott sei Dank, ich dachte schon, wir müßten uns schon wieder an Neue gewöhnen.»

Die nächsten Wochen vergehen, ohne daß sich eine Veränderung anzeigt. Tantchen geht es gut. Sie klopfen jeden Tag. Sie arbeiten jetzt nur noch zu dritt im Gebäude der Vernehmungsoffiziere. Die Posten sind freundlich zu ihnen. Ihre Suppe ist dicker als sonst, weil der Kalfaktor, bevor er ihre Schüsseln füllt, gut umrührt. Sie haben immer zu rauchen und dürfen sogar zweimal in der Woche zum Duschen gehen, in Begleitung der Posten.

Ein Kind wird geboren

D*as Gerücht*, daß bald, vielleicht schon in der kommenden Woche, ein Transport zusammengestellt wird, durch Klopfzeichen bei ihnen angekommen, wird von den Posten, die sie zur Arbeit begleiten, bestätigt. Sie sagen ihnen auch das Ziel: Sibirien.

Sibirien, Land der Straflager. Abends, wenn sie in ihrem Bett liegt, versucht Stepha, sich dieses Land vorzustellen. Ein Land der unendlichen Weiten, Schnee, ewiges Eis, ein Land, in dem Wölfe und Braunbären, aber kaum Menschen leben.

Würde es aus diesem fernen, so unvorstellbar fernen Land je eine Rückkehr geben? Abend für Abend liegt sie mit vor Angst klopfendem Herzen, erinnert sich ihres kurzen Lebens, denkt an weiche, warme Frühlingsabende, die sie verstreichen ließ. Sie ist still geworden in diesen Tagen. Sie mag über ihre Angst nicht sprechen.

Eines Tages, als sie Wasser holt und «Maria» und «Joseph» auf ihrer Etage Dienst haben, bleibt sie vor der Frau stehen und stellt die Frage, die sie seit Wochen beschäftigt: «Stimmt es, daß es in Sibirien nur Eis und Schnee gibt? Gibt es dort wirklich nur Lager für Strafgefangene?»

Über das gutmütige Gesicht der Angesprochenen zieht ein Lächeln. «Du hast Angst, Stepha?» «Ja, ich habe Angst. Sehr viel Angst.» Und das Lächeln verschwindet und weicht einem freundlichen Ernst. Und die Frau in Uniform tut etwas, was sie eigentlich nicht tun darf. Sie legt ihren Arm um Stephas Schulter und zieht sie mit mütterlicher Wärme an sich. Einen Augenblick nur, so als wäre es nicht geschehen. Aber Stepha hat Wärme und Mütterlichkeit gespürt, und ihre Angst verfliegt vor den Worten, die sie jetzt hört. Bilder steigen auf, die nichts mit ihren bisherigen Vorstellungen von Sibirien gemein haben.

«Sibirien» – so wie «Maria» es ausspricht, hört man dem Wort Sehnsucht nach Heimat an. Hügel und Wälder entstehen vor Stephas Augen, Bäche mit grünem klarem Wasser, Birken und Buchen, so weit das Auge reicht, Dörfer mit Holzhäusern, Felder und Wiesen, Sonnenblumen, Winter mit frostklaren Nächten, in denen die Sterne mit dem funkelnden Schnee wetteifern. «Sibirien ist schön, Stepha, es macht atemlos in seiner Unberührtheit. Und diese Schönheit ist auch für dich da, selbst wenn du im Lager sein wirst.»

Als Stepha von ihrem Gespräch mit Maria erzählt, merkt sie gar nicht, daß sie ins Schwärmen gerät. «Die hat dich doch auf den Arm genommen!» sagt Bettina gehässig. «Die müssen doch so reden, die dürfen doch nicht die Wahrheit sagen.» Stepha schüttelt den Kopf. «Nein, nein, Bettina, das war ehrlich. So etwas spürt man. Sie hat mich sogar einen Moment in den Arm genommen. Sie hat nicht gelogen!» «Hört, hört! Man hat sie in den Arm genommen! Unser Baby ist nun beruhigt. Selbst wenn man es nun zur Hölle schicken würde, glaubt es noch, es käme ins Paradies.»

Zur morgendlichen Arbeit bereit, stehen sie an der Tür. Als der Posten sie holt, bedeutet er Stepha, daß sie nicht mitgehen dürfe. Sie grübelt. Hat sie irgend etwas falsch gemacht? Plötzlich durchfährt es sie: Transport. Schon die ganze Zeit hat sie die Unruhe auf dem Flur bemerkt. Das ständige Öffnen und Schließen von Zellentüren. Die Stimmen der Posten.

Sie packt ihre Habseligkeiten zusammen, legt die Decken akkurat aufs Bett, stellt Schüssel und Löffel darauf. Angespannt wartet sie. Als die Tür geöffnet wird, sieht der Posten erstaunt auf ihre zusammengelegten Sachen.

«Woher weißt du?» «Ich habe es geträumt», sagt Stepha lachend. Kopfschüttelnd macht er die Tür weit auf. «Na, dann komm.»

Sie gehen den Flur entlang, die mittlere Eisentreppe hinab. Vorbei an den Etagenposten, die ihr stur oder mitleidig nachsehen. Einige lächeln ihr zu, und der Lange, der sie geschlagen hat, steckt ihr ein Päckchen Machorka zu. Es ist ein langer Weg, vorbei an all den Zellen, hinter denen sie verzweifelte Menschen weiß. Aber höchstens ein Räuspern oder Hüsteln zeigt an, daß sie von den Vorgängen auf dem Flur Kenntnis nehmen. Mehr wagen sie nicht mehr, denkt Stepha, man hat sie schon kleingekriegt. Furcht macht den Menschen klein. Und auch in ihr steigt nun wieder Angst auf. Was wird mit ihr geschehen? Haben diese kleinen Zellen nicht ein bißchen Sicherheit geboten? Und nun wieder etwas Neues, Undurchschaubares. Warum sie allein?

Sie nimmt die Sachen in Empfang, die sie bei ihrer Inhaftierung abgeben mußte, sieht auf die Schnürsenkel in ihrer Hand. Wozu sollen sie jetzt wieder nötig sein, da sie doch so lange ohne sie ausgekommen ist? Fremd erscheint ihr alles. Gedankenverloren streicht sie mit der Hand über den Wollstoff ihres Mantels. Wenig genug, was sie zurückerhält, aber es ist nun ihr ganzer Besitz. Das Halstuch ist groß genug, um alles darin einzuknoten. Sie steht und wartet auf den Befehl, wohin sie zu gehen hat. Der Kammersoldat schiebt ihr noch einige Sachen über den Tisch. Befremdet sieht sie auf Männerunterwäsche und eine lange Hose. «Das gehört mir nicht.» «Egal, nimm es, du wirst es gebrauchen können. Es ist gut, auf der langen Fahrt warm angezogen zu sein.» Sie nickt gleichgültig. Ja, denkt sie, es ist inzwischen Winter geworden. Die Monate sind schnell vorübergegangen, obwohl jeder Tag so endlos erschien. Sie kleidet sich wieder aus, um die fremden Sachen anzuziehen. Befriedigt lächelnd sieht der Posten ihr zu, bis sie in langen Hosen und einem Männerunterhemd dasteht. Er wirft ihr noch ein paar dicke Socken zu und wühlt in einem Berg Stiefel. Zwei Paar stellt er vor sie hin. «Du probieren, ob paßt!» Sie zieht die Strümpfe an, probiert die Stiefel. Rock und Schuhe versucht sie in das Halstuch einzuknoten, aber dazu ist es zu klein. Da wirft der Soldat ihr einen grauen Beutel zu. Stepha bedankt sich.

Der Posten geht ihr voraus in den Nebenraum. Auf dem Fußboden des leeren Raumes hocken mehrere Männer und zwei Frauen. Die Männer flüstern ihre Namen, fragen nach dieser oder jener Frau. Stepha kann nur immer wieder den Kopf schütteln. Sie hockt sich neben die Frauen, sagt ihren Namen und die Nummern der Zellen, in denen sie gewesen ist.

«Du warst mit meiner Mutter zusammen, mit Hilde.» Stepha nickt, sieht in das Gesicht des jungen Mädchens. «Ja, mit Hilde war ich zusammen. Du mußt Sigrid sein.» Sigrid ist dick, unförmig, mit aufgedunsenem Gesicht. Stepha erzählt ihr, was sie weiß. Sigrid unterbricht sie. «Das weiß ich alles. Ich weiß auch, daß diese Renate mit dem letzten Transport abgegangen ist. Aber meine Mutter, von meiner Mutter weiß ich nichts Neues und von meinen Geschwistern auch nicht. Sie müssen noch hier sein.»

Stepha sieht sie mitleidig an. O Gott, wie Sigrid aussieht, ob sie krank ist? «Ich bin schwanger.» «Und du mußt auf Transport?» Sigrid beginnt zu weinen. «Natürlich, ich muß. Die Ärztin meint, ich sei jung und kräftig.» «Hat man dich nicht eingekleidet?» Stepha sieht auf Sigrids leichte Schuhe und die Perlonstrümpfe. Die Jacke scheint auch nicht sehr warm zu sein. «Eingekleidet? Wo denn? Sieh dir doch die anderen an, sie sind auch nicht wärmer gekleidet als ich.»

Stepha schweigt. Man sieht sie jetzt abschätzend an. Eine Welle von Feindseligkeit schlägt ihr entgegen. Sie kann den Neid verstehen, und dennoch, sie ist froh, diese Sachen bekommen zu haben. Es ist ihr gleichgültig, was wer darüber denkt. Einer der Männer sagt deutlich in die Stille hinein: «Von welchem krummbeinigen, kurzgeschorenen Kretin hast du dir das Balg denn anhängen lassen? Warst du in einer Einzelzelle? Oder haben die anderen zugesehen?» Hämisches Lachen der Männer nach diesen Worten. Sigrid sitzt wie erstarrt. Stepha springt auf, macht die zwei, drei Schritte auf den Mann zu und schlägt ihm mit aller Kraft ins Gesicht. «Von so einem idiotischen Kretin wie dir. Von so einem, der Frau und Kinder ins Unglück gestürzt hat, der sich für einen Kaugummi und ein paar Zigaretten zum Spion machen ließ.» Stepha steht vor ihm, bereit, noch einmal zuzuschlagen.

Die Männer senken die Köpfe, und der Geschlagene reibt sich verlegen die rot anlaufende Wange. Stepha sieht auf sie nieder. Es sind auch ältere Männer dabei. Sie sehen bleich und elend aus. Die Kleidung ist schmutzig und zerknittert. Sie sind noch hilfloser als die Frauen, und in Stepha steigt Mitleid mit ihnen auf. Sie erinnert sich an die klatschenden Schläge aus den Untersuchungszimmern und an die verzweifelten Rufe abends aus den Zellenfenstern. Abrupt wendet sie sich ab, setzt sich wieder auf ihren Platz. Niemand spricht mehr.

Endlich erscheint ein Posten und liest Namen von einer Liste vor. Nacheinander erheben sich die Männer, stehen einen Moment unschlüssig im Raum, folgen dann mit schleppenden Schritten einer dem anderen.

Als auch die Frauen endlich geholt und vom Posten in den Hof geführt werden, blendet sie die Dezembersonne. Sie kneifen die Augen zusammen, versuchen, sich zu orientieren. Von zwei Seiten treten Posten auf sie zu, und ehe sie recht begreifen, was ihnen geschieht, sind sie mit Handschellen aneinandergefesselt.

Man führt sie zu einem alten, kleinen Lastwagen, der am Tor bereitsteht und nur mit einer rissigen Plane bedeckt ist. Stepha und Hertha helfen der schon schwerfälligen Sigrid auf die Ladefläche. Für Sigrid ist die Situation am schwierigsten, da sie in der Mitte geht und somit an beiden Händen gefesselt ist. Jede Bewegung der beiden anderen verursacht ihr Schmerzen.

Befreit atmen sie auf, als der Motor angelassen wird. Die zurückbleibenden Posten rufen den Kameraden, die sich jetzt noch schnell auf die Ladefläche schwingen, lachend etwas zu. «Grüßt mir Berlin!» hört Stepha heraus. Sie werden also diese Begleiter behalten, die es sich, ohne sich um die Frauen zu kümmern, in ihren dicken Mänteln und heruntergeklappten Fellmützen auf der Ladefläche bequem machen.

Der Wagen durchfährt die Stadt. Ihre Stadt. Die Stadt, die sie mit allen Straßen und Winkeln kennt. Wann wird sie je wieder durch diese Straßen laufen? Stepha versucht, sich den Weg zum Bahnhof vorzustellen, sich an Hand der Kurven zu orientieren. Aber es gelingt ihr nicht. Die Geräusche der Stadt dringen zu ihnen herein. Das Hupen der Autos, das Quietschen der Straßenbahnen. Hier und da Kinderstimmen. Als sie durch einen Riß der Plane schaut, verbietet es der Posten. «Einen Brief müßten wir geschrieben haben. Den könnten wir jetzt hinauswerfen.» «Na und, Sigrid, glaubst du, das würde etwas ändern?» «Nein, Hertha, das nicht. Aber die Leute würden erfahren, daß es so etwas gibt. Daß man Menschen einfach verschleppt.» «Oh, Sigrid, du kannst mir glauben, das ist doch schon längst bekannt. Man spricht nur nicht darüber. Es ist so wie bei den Nazis. Niemand weiß etwas.» «Nun hör aber auf, Hertha. Das ist wohl nicht der richtige Vergleich», begehrt Stepha auf. «Die Konzentrationslager kann man mit unserer Situation nicht vergleichen. Wir werden weder vergast noch auf eine andere Art umgebracht. Und die Situation im Gefängnis war doch einigermaßen human.» «So, meinst du? Sieh doch mal den Schmuck an deinen und meinen Handgelenken an. Und wie sieht das mit den Menschenrechten und mit der Menschenwürde aus? Überleg doch mal, ich bin jetzt 38, und ich bin zu 25 Jahren verurteilt. Glaubst du nicht auch, daß das einer Todesstrafe gleichkommt? Wer wird nach dieser Zeit noch auf mich warten? Mein Sohn wird erwachsen, meine Enkelkinder werden Junge Pioniere sein.» Stepha schweigt. Was soll, was kann sie darauf antworten? Hat Hertha nicht recht?

Sie fahren jetzt mit großer Geschwindigkeit auf freier Landstraße. Die Posten klappen die Kragen ihrer Uniformmäntel hoch. Es zieht erbärmlich. Die Frauen versuchen, so gut es eben geht, sich gegenseitig zu wärmen, und schmiegen sich noch dichter aneinander. Sigrid hat erschöpft ihren Kopf an Herthas Schulter gelegt, weißgesichtig, mit tiefen schwarzen Schatten unter den Augen, die Lippen vor Kälte blau. Mit einem Zipfel ihres Mantels versucht Stepha, Sigrids Beine zu bedecken. «Hoffentlich sind wir bald da, ich muß mal», sagt Hertha. «Ich auch», erwidert Stepha. Sigrid zittert am ganzen Körper, sie hält die Augen geschlossen, schweigt.

Ungeheurer Zorn steigt in Stepha auf. Wofür dies? Was hatten sie getan, daß man sie schlechter als Tiere behandelte? Tiere bekamen wenigstens noch eine Schütte Stroh in den Wagen.

Als Stepha die vor sich hin dösenden Posten bittet anzuhalten, schütteln diese nur teilnahmslos den Kopf: «Nix halten, nur halbe Stunde noch fahren.» Stepha, die sich nach vorn geneigt hatte, läßt sich enttäuscht zurückfallen. «Scheißkerle, verdammte», flucht sie. «Zumindest haben wir jetzt wieder einen Zeitbegriff, Stepha. Etwas, was man abschätzen kann.» Hertha versucht, ihre Haltung zu verändern. Sigrid stöhnt. Die geringste Bewegung der anderen verursacht ihr Schmerzen an den Handgelenken.

Stepha beginnt zu zählen. Eine Stunde hat 60 Minuten, eine Minute gleich 60 Sekunden. Also, dreißigmal bis 60 zählen. Wieder und wieder vergißt sie, wie oft sie schon bis 60 gezählt hat. Sie verzählt sich, beginnt von neuem. Dieses Zählen ist wichtig, ist das Wichtigste an diesem Tag. Ich zähle schneller, als die Zeit läuft, denkt sie und zwingt sich, langsamer zu zählen. Sie versucht, sich einen Sekundenzeiger auf einer Uhr vorzustellen. Ihre Gedanken schweifen ab. Zu der Uhr des Großvaters mit dem entzückenden Schlagwerk. Die kleine Melodie, die erklang, wenn er den Deckel aufspringen ließ. Wie lange schon hat sie keine Musik mehr gehört? Energisch schiebt sie die Erinnerungen zur Seite. Wo war sie stehengeblieben? Siebenundzwanzig, achtundzwanzig, neunundzwanzig.

«Verdammt, wie lange dauert denn so eine halbe Stunde? Ich kann es nicht mehr aushalten.» Hertha hat Stepha beim Zählen unterbrochen. «Hör auf zu jammern, Hertha. Denk einfach an etwas anderes oder zähle, so wie ich.» «Was machst du, Stepha?» «Ich zähle, zähle immer bis 60 und dann wieder bis 60, damit ich spüre, wie die Minuten vergehen. Einfach so, wie eine Uhr.»

«Mir ist schlecht!» stöhnt Sigrid. «Ich glaube, ich muß», sie unterbricht sich mitten im Satz, versucht sich nach vorn zu beugen, und ein Schwall von Erbrochenem ergießt sich über Rock und Beine. Stepha wendet sich angeekelt ab. Auch Hertha dreht das Gesicht zur Seite, aber dem Gestank entgehen sie nicht. Die Soldaten haben die Plane angehoben, stecken die Köpfe nach draußen. Stepha zählt wieder, zählt, während ihr Tränen der Hilflosigkeit und Verzweiflung über die Wangen laufen, zählt noch, als der Wagen schon hält.

Hertha bewegt sich. «Kommt, laßt uns aufstehen, uns irgendwo an der Seite anlehnen, damit wir wenigstens aus dem Dreck rauskommen.» Ihre Stimme ist brüchig, heiser. Halb ohnmächtig vor Ekel und der Qual, ihre Notdurft nicht verrichten zu können, ergreift sie die Initiative. Sie erhebt sich und zwingt so die beiden anderen, es ebenso zu tun. Die Posten sind vom Wagen gesprungen. Vorn knallt die Wagentür der Fahrerkabine. Befehle werden gerufen. «Wir sind da!» Stepha schüttelt die teilnahmslos vor sich hin weinende Sigrid.

Sie stehen an der Seitenwand des Lastwagens, warten. Draußen gehen Posten auf und ab. Sie hören sie reden und lachen. «Ich kann nicht mehr! Mir ist jetzt alles egal, ich mache hier in den Wagen!»

«Gut, Hertha, vor wem sollten wir uns schämen. Warte, ich helfe dir.» Mit der freien Hand hilft Stepha Herthas Höschen herunterzuziehen. Mit einem Seufzer erleichtert sich Hertha. Stephas lange Hosen sind schwieriger zu öffnen. Sie überwinden auch Sigrids Schamgefühl, und dann lehnen sie erleichtert an den Holzplanken.

Trotz Kälte und Gestank beginnt Stepha zu lachen, zeigt auf die sich im Wagen lang verlaufenden dampfenden Pfützen. «Hoffentlich müssen die beiden Kerle mit diesem Wagen auch wieder zurück.» Sigrid und Hertha stimmen in das Lachen ein. Als sich die Plane plötzlich anhebt und sich ein geradezu erstauntes Gesicht zeigt, steigert sich das Lachen so sehr, daß der Posten die Plane erschrocken fallen läßt.

Als man sie endlich aus ihrer Lage befreit, ist ihnen das Lachen längst vergangen. Kälte und Gestank quälen sie, das Erbrochene ist an der Kleidung festgefroren. In der Wärme des Gefängniskellers taut es auf und verbreitet penetranten Gestank. Mit spitzen Fingern befreit man sie von den Handschellen, läßt sie klirrend zu Boden fallen und führt sie in den Duschraum. Mit noch steifen Händen entledigen sie sich ihrer Kleidung und hängen Stück für Stück auf die ihnen mitgegebenen Ringe, die einer der Posten mit abgewandtem Gesicht in den Desinfektionsraum trägt. Sigrid hat Rock und Strümpfe zurückbehalten. Beides wäscht sie sorgfältig unter der

Dusche mit der braunen Kernseife. Hertha ist wütend. «Mußt du diesen Gestank auch noch hier hereinschleppen!» Sigrid weint sofort wieder. «Aber die Flecken, die Flecken gehen doch beim Desinfizieren nicht raus!» «Und was willst du nach dem Duschen anziehen, Sigrid? Wie willst du das Zeug wieder trocken kriegen?» Sigrid antwortet nicht. Verbissen reibt sie an dem Rock, während ihr die Tränen über das Gesicht laufen. Stepha steht mit geschlossenen Augen unter der Dusche. Heißes Wasser, wunderbares heißes Wasser. Sie denkt nicht mehr an die anderen. Sie genießt nur noch das heiße Wasser und fühlt ihre Glieder wieder geschmeidig werden.

Sigrids Problem wird von einer älteren, freundlichen Frau in Uniform gelöst. Sie gibt ihr einen weiten, blauweiß gestreiften Kittel und ein paar dicke, warme Männersocken. Kohlgeruch schlägt ihnen entgegen, als man sie die Treppen hoch in die Etagen führt. «Riecht fast heimatlich», spottet Stepha. «Ich wollte, ich hätte schon was in der Schüssel.» «Ich hoffe, wir sind bald in einer Zelle», erwidert Hertha. «Ich bin todmüde, ich möchte nichts als schlafen.» Endlich bleibt der Posten vor einer Zelle stehen. Das riesige Schlüsselbund erzeugt gewohnte Geräusche.

Hertha flüstert Stepha zu: «Na bitte, wir sind angekommen, aber Sibirien ist dies hier jedenfalls nicht.» Stepha gibt leise zurück: «Glaubst du denn etwa, daß wir schon am Ende unserer Reise sind? Wir machen hier nur Zwischenstation, die werden uns...» Mitten im Satz wird sie unterbrochen: «Ach du lieber Gott, das darf doch nicht wahr sein!» Der Ausruf kommt aus der geöffneten Zelle. Fünf Augenpaare starren ihnen entsetzt entgegen.

Eine Zelle, die nicht mehr als vier Betten faßt, war auf die einfachste Art und Weise zu einem Massenquartier gemacht worden. An der Wand unter dem Fenster war eine doppelstöckige Holzpritsche eingebaut. Ordentlich mit dicken Holzpfosten gesichert. Ein winziger Fleck war für Kübel und Waschecke vorgesehen.

«Mensch, Männecken, so jeht det nich!» Eine Frau mit langem schwarzem Haar, einem schönen, aber etwas vulgären Gesicht kommt auf den Posten zu, baut sich vor ihm auf und fordert erregt: «Ich will einen Offizier sprechen, aber gleich.» Der Posten lächelt sie gutmütig an und schiebt die drei sanft, aber entschieden in die Zelle. «Nix Offizier heute. Vielleicht morgen.» Schnell und geschickt schließt er die Tür.

«Diese verdammten Russen mit ihrem ‹vielleicht morgen› bringen mich noch zur Raserei. Acht Menschen in dieser Zelle, die sind total verrückt, wir hatten zu fünft kaum Platz und Luft.» «Kommt, Kinder, wir gehen, wir sind hier nicht erwünscht», witzelt Stepha und erntet damit schallendes Gelächter. Die Schwarzhaarige reicht Stepha die Hand und sagt noch immer lachend: «Entschuldigt diesen Empfang. Ich bin Betty, ich habe immer schnell eine lose Schnauze. Tut mir leid, aber es galt ja nicht euch.» «Es wird schon irgendwie gehen», tröstet Betty gleich darauf. «Die in der Nachbarzelle sind auch nicht besser dran, die sind auch überbelegt.» «Laßt Sigrid nach unten, sie ist schwanger», sagt Hertha. «Das arme Mädchen!» flüstert eine Stimme erschrocken, und bereitwillig rükken sie zusammen.

Die Aufregung legt sich. Neue Menschen, neue Gesichter, für Tage wird man mit Gesprächsstoff versorgt sein. Daß Stepha auch noch im Besitz von einem Päckchen Machorka ist, wird von allen freudig begrüßt – trotz der Klagen über die schlechte Luft. «Was soll's, wir können ja wieder lüften. Die Freiheit, das Fenster zu öffnen oder zu schließen, ist uns ja noch geblieben.»

Tage vergehen. Sie sind im Zuchthaus Berlin-Lichterfelde. Betty hat es ihnen gesagt, Betty, eine Berliner Straßendirne, wie sie sich selbst ohne Beschönigung nennt. Sie sitzt seit Monaten in diesem Zuchthaus, weil sie in ihrem Beruf keinen Unterschied zwischen englischen, amerikanischen oder russischen Soldaten machte und die man deshalb der Spionage angeklagt hat. Sie ist der gute Geist der Zelle. Mit Humor und Witz schlichtet sie jeden Streit, bringt alle immer wieder zum Lachen. Sie weiß, wann Trost gebraucht wird, und mit ein paar Worten kann sie schwierige Dinge einfach machen. Für Stepha ist sie ein Phänomen. Das Verhalten der anderen Betty gegenüber ist oft herablassend, besonders wenn sie von zu Hause erzählen.

Überhaupt, alle diese Schilderungen von zu Hause. Fast alle sind angeblich wohlhabend gewesen, haben elegant eingerichtete Wohnungen gehabt. Auch Putzfrauen geistern durch die Erzählungen von Silberbestecken und Kristall. Vor dem Krieg hat man natürlich ein Auto besessen. Und das Essen: Da werden Braten auf den Tisch gezaubert und Delikatessen, deren Namen diese Frauen meist nicht einmal richtig aussprechen können. Essen ist überhaupt Thema Nummer eins. Es wird über Gerichte diskutiert, die Stepha nie kennengelernt hat. Aber wie soll sie auch, sie war schließlich ein Kriegskind. Dann tauscht sie manchmal mit Betty verständnisinnige Blicke aus, und so amüsieren sie sich, ohne daß die anderen es merken.

Und dann die Ehegeschichten. Längst bekommt Stepha keine roten Ohren mehr. Intimste Begebenheiten werden bis ins kleinste beschrieben. Und die Männer, da gibt es viel Böses zu berichten. Manchmal hat Stepha das Gefühl, als rächten sich die Frauen jetzt an ihnen.

Betty lächelt oft still in sich hinein. Sie erzählt nur selten etwas. Und dann sind es eher lustige, komische Szenen. Von allen scheint sie noch am ehesten die Männer zu mögen.

Plötzlich werden Stephas Gedanken um Betty durch ein leises unterdrücktes Stöhnen unterbrochen. Unter ihr wird es unruhig. Betty richtet sich ebenfalls auf. «Was ist los?» fragt sie mit unterdrückter Stimme. Ein Kopf taucht von unten auf, schiebt sich über den oberen Pritschenrand. «Die Sigrid!» stammelt Irene. «Sie stöhnt vor Schmerzen.» Mit einem Satz ist Betty unten, beugt sich über Sigrid, die mit angstvoll geweiteten Augen, beide Hände um den Leib gekrallt, vor sich hin starrt.

«Was hast du?» Betty befühlt ihren Leib. «Die Schmerzen», stöhnt Sigrid, «sie kommen immer wieder.» Betty weckt die Schlafenden. «Los, steht auf, trommelt gegen die Tür, schreit, so laut ihr könnt.» Sie faßt Sigrid unter die Schultern, versucht sie nach vorn zu ziehen. «Hockt nicht so blöd rum! Faßt mit an! Sie hat Wehen, versteht ihr, das Kind kommt.»

Ohrenbetäubender Lärm entsteht bald darauf. Mit Schüsseln schlagen die Frauen gegen die Tür. Metall auf Metall.

Zwei erschreckte Posten starren in die Zelle. Betty schreit sie unbeherrscht an: «Was steht ihr herum und glotzt, holt eine Trage, die Frau bekommt ein Kind!» Ihre Worte unterstreicht sie mimisch und durch leicht zu deutende Handbewegungen. Endlich verstehen die Posten. Während einer in der Tür stehenbleibt, läuft der andere los, um Hilfe zu holen. Zwei Posten erscheinen mit einer Trage. Hinter ihnen, im wehenden weißen Kittel, die Gefängnisärztin. Schnell und sachkundig tastet sie ihren Leib ab. Dann winkt sie den Männern. Mit ängstlichen Augen sieht Sigrid Betty an und umklammert ihre Hand.

«Laßt mich nicht allein.» Ihre Augen füllen sich mit Tränen. Betty sieht zur Ärztin, deren Augen sie kühl und forschend mustern. «Kommen Sie mit», sagt sie knapp und führt Sigrid auf den Flur. Aufgewühlt lauschen die Frauen den eiligen Schritten nach. Klopfzeichen sind zu hören. An Schlaf ist nicht mehr zu denken.

«Das arme Kind, was wird nun aus ihm?» «Ob man ihr das Kind lassen wird?» «Vielleicht kommt sie ja mit dem Kind zurück in unsere Zelle.» «Du bist ja verrückt, wie soll sie mit dem Kind auf diesem engen Raum leben?» «Das ist denen doch egal, sie haben sie ja auch als Hochschwangere in diesen engen Raum gepfercht.»

Da fährt Stepha herum: «Verdammt noch mal, könnt ihr denn nur immer und immer alles mies machen? Wartet doch erst einmal ab.»

Stepha hat erregt und laut gesprochen. Sie will noch etwas sagen, ihre Lippen bewegen sich, aber sie bringt keinen Ton heraus. Mit einer plötzlichen Bewegung schlägt sie die Hände vors Gesicht. Lautlos fängt sie an zu weinen. Ihr in sich zusammengekauerter Körper macht die Frauen still. Sie bewegen sich behutsam, ordnen still ihre Plätze. In die Stille hinein sagt Stepha: «Was ihr auch immer geschehen mag, sie ist nicht allein, sie hat ihr Kind.»

Niemand antwortet, doch der Schmerz, der aus diesen Worten klingt, erfaßt alle, läßt sie an Verlorenes denken, trennt sie voneinander. So träumen sie in diese seltsame Nacht hinein, in der jeder mit seinem Schicksal allein ist. In der ein Kind geboren wird und ein neues Schicksal beginnt.

In dieser Nacht wird eine andere Zellentür behutsam hinter zwei Frauen und einem neugeborenen Kind geschlossen. Betty hält, auf dem Bettrand sitzend, Sigrids Hand. Gemeinsam lauschen sie dem Atem des Kindes. Plötzlich schluchzt Sigrid auf, preßt die Faust vor den Mund. Betty streicht ihr beruhigend über das Haar. «Ich habe 25 Jahre, Betty! Hörst du, 25 Jahre. Mein Kind wird nie die Freiheit sehen, bis es erwachsen ist.» Sie stößt die Worte, von wildem Schluchzen geschüttelt, hervor, und Betty, zu hilflos, um trösten zu können, drückt ihren Kopf an Sigrid, preßt ihre Wange dicht an die ihre, als könne sie allein durch ihre Körperwärme Trost spenden. Und langsam verebbt das Schluchzen, und Sigrids Arm schließt sich fester um das atmende Bündel.

Bettys ausgleichende Ruhe fehlt. Die Frauen in der Zelle sind gereizt, unausgeschlafen. Kleinigkeiten werden mit bösen Worten aufgebauscht.

«Heute ist der 24. Dezember, Heiligabend.»

«Scheiße, behalt's für dich!»

Waschen, Frühstück, der halbe Vormittag ist vergangen. Der Streit um die Reihenfolge bleibt nicht aus. Böse Worte fallen. Bedrückt schweigend sitzen sie herum. Schon streicht der Kohlgeruch durch die Luftschächte. Rauchen können sie nicht. Ein unfreundlicher Posten hat heute Dienst. Er spricht nie mit den Frauen, hat kein Lächeln für sie, kein Feuer. Ungeduldig warten die Frauen auf den Schichtwechsel. Aber die Zeit scheint zu schleichen. Sie beginnen wieder, um kleinste Dinge miteinander zu streiten.

Mit dem Mittagessen kommt auch Betty. Überraschend steht sie in der Tür. Und endlich, neben ihr, der große, schlanke Posten, der immer ein Lächeln für die Gefangenen hat. Ein Knäuel Frauen, die Betty mit ihren Eßschüsseln in der Hand umarmen, sie mit Fragen bestürmen.

«Hat sie das Kind schon? Ist es ein Junge oder ein Mädchen?»

«Ist Sigrid gesund? Wo ist sie jetzt?»

Betty dreht sich eine Zigarette, dabei erzählt sie: «Es ist ein Mädchen. Beide sind gesund. Sigrid geht es gut. Sie ist in einer Einzelzelle. Das Kind hat den Namen der Ärztin bekommen. Swetlana.»

Betty hat nun alles erzählt. Aber noch immer haben die Frauen Fragen. «Oh, jetzt laßt mich in Ruhe rauchen, ihr erfahrt schon noch alles genau.» Stepha dreht neue Zigaretten, die Frauen wollen alle rauchen. Der Posten reicht Feuer durch die Klappe, greift dann noch einmal in seine Hosentasche und holt eine Handvoll Machorka heraus.

«Gott segne dich.» Betty sagt es ernst und aufrichtig. Und er steht gebeugt, um durch die Klappe hineinsehen zu können, sieht sie mit seinen schwermütigen, dunklen Augen an und erwidert ernst: «Spasibo tebe.»

Und er schaut noch durch die Klappe, als Betty den Machorka in ein Tuch schüttet und dieses ausgebreitet auf dem Tisch liegen läßt. Zufrieden lächelnd schließt er dann leise die Klappe. Stepha hat ihn beobachtet. «Da habt ihr es, euer Weihnachtsgeschenk. Er weiß, wie uns heute zumute ist.»

Zufrieden läßt sich Betty neben Stepha nieder. «Uff, das war eine Nacht! Nun sagt bloß noch, wir führten ein langweiliges Leben.» Stepha sieht Betty besorgt an: «Du siehst müde aus, Betty. War es schlimm für Sigrid?» «Müde bin ich eigentlich nicht, Stepha, eher aufgedreht. Ich könnte jetzt auf keinen Fall schlafen. Alles ist gut verlaufen. Die Ärztin war sehr fürsorglich.» «Wird man Sigrid das Kind lassen?» «Ja, sie bleibt mit dem Kind zusammen. Die Ärztin hat gesagt, es gäbe sogenannte Mutter-und-Kind-Lager. Dorthin wird man Sigrid bringen.» «Sie kommt also nicht zu uns zurück?» «Nein, außerdem», sie beugt sich dicht zu Stepha hin, «morgen gehen wir auf Transport. Aber bitte sag das noch nicht den anderen. Sie warten nur noch auf Gefangene, die im Laufe des heutigen Tages eintreffen sollen, dann geht es los. Unsere Etage ist mit ‹Politischen› überbelegt. Sie müssen räumen.» «Morgen? Aber morgen ist doch Weihnachten. Da können sie doch keinen Transport machen!»

«Pst, nicht so laut, Stepha. Warum soll denn morgen kein Transport abgehen? Du weißt doch, daß die Russen kein Weihnachten feiern. Für sie ist morgen ein Tag wie jeder andere. Außerdem können wir froh sein, wenn wir hier rauskommen. Wir sind doch alle am Ende.»

Um sie herum ist inzwischen Streit entbrannt. Es geht um den Namen, den Sigrid ihrem Kind gegeben hat. «Wenn du mich fragst, dann ist sie ein verdammter Arschkriecher. Wie kann sie ihrem Kind nur einen russischen Namen geben?» geifert Elisabeth. «Warum denn nicht? Ich finde den Namen hübsch. Swetlana, die Helle, die im Dunkeln geboren wurde.» «Du spinnst ja, Gudrun. Aber vielleicht hatte sie einen besonderen Grund für den russischen Namen. Wie lange ist sie eigentlich schon im Gefängnis? Schade, daß es kein Junge geworden ist. Den hätte sie dann Stalin nennen können.» Einige lachen darüber wie über einen Witz, während Gudrun Elisabeth wütend anschreit: «Was bist du nur für ein mieser Mensch! Du haßt wohl alles, was russisch ist. Doch vergiß nicht, der Machorka, den du gerade rauchst, ist auch aus einer russischen Hosentasche.»

Elisabeth lacht hysterisch: «Na ja, aus der Hosentasche schon, aber von dem Machorka kriegt man noch kein Kind. Da muß etwas anderes aus der Hose.» Da übertönt Bettys laute Stimme alle anderen: «Elisabeth, ich würde an deiner Stelle die Klappe nicht so weit aufreißen, oder glaubst du etwa, deine Banjaromanze sei unbekannt geblieben? Den armen Hund, der dich besprungen hat, hat man strafversetzt. Schade um ihn, er war ein guter Posten.» Alle blicken auf Elisabeth, die mit hochrotem Kopf an ihrer Unterlippe nagt und plötzlich mit rasender Wut auf Betty losstürzt: «Du Hure, du. Du hast es gerade nötig, mir etwas vorzuwerfen. Nur weil du es mit jedem getrieben hast, glaubst du...» Ihre Worte ersterben in einem schrillen Schrei. Ihre Hände lösen sich aus Bettys Haar, in das sie sich verkrallt hatten. Ihr Kopf liegt auf Bettys Knie. Die Frauen stellen sich auf die Zehenspitzen, ziehen sich an den Brettern hoch, um zu sehen, was da vor sich geht.

«Hör auf, Betty! Mensch, hör doch auf. Es war ja alles nicht so gemeint», wimmert Elisabeth. Da läßt Betty ihr Ohr los, das sie mit aller Kraft gedreht hat. «Du mußt dir in Zukunft genau ansehen, mit wem du dich anlegst. Als Hure bin ich Prügeleien gewöhnt; besonders dann, wenn ich mich verteidigen muß. Und jetzt troll dich und geh mir in Zukunft aus dem Weg. Huren sind nachtragend, mußt du wissen.»

Still und betroffen sind die Frauen auf ihre Plätze gekrochen. Niemand wagt etwas zu sagen. Irene dreht still Zigaretten, läßt sich nach unten gleiten, wirft die Fahne. Der Posten kommt, sieht durch den Spion. Einige Augenblicke vergehen, dann dreht sich der Schlüssel im Schloß. Mit ernstem Gesicht steht er in der Tür. Er gibt Irene wortlos Feuer. Seine Brauen ziehen sich zusammen. «Nix gut Streit. Sehr schwer Herzen heute, ich verstehe.» Er reicht Irene eine Schachtel Streichhölzer. Sie sieht ihn erstaunt an: Streichhölzer in der Zelle sind verboten. «Nicht immer werden Fahne werfen müssen», erklärt er, wendet sich ab und schließt zögernd die Tür. Öffnet sie noch einmal einen Spalt. «Machorka, ich werde noch bringen, später.»

Irene sieht auf die Streichhölzer in ihrer Hand. «Ein Weihnachtsgeschenk.» Ihre Lippen zucken. Sie zieht an ihrer Zigarette. Aus. Mit zitternden Fingern entzündet sie ein Streichholz, sieht auf die Flamme, und erst kurz bevor sie verlöscht, raucht sie die Zigarette an. Fasziniert haben alle zugesehen. Ein Streichholz anzünden! Wie lange hatten sie das schon nicht mehr gemacht.

Betty öffnet das Fenster. Kalte Luft streicht herein, wirbelt die Rauchschwaden graugelb auf. Alle sind zu erschöpft, um noch reden zu können. Dankbar empfangen sie die hereinbrechende Dämmerung. Sie haben sie so lange nicht mehr erlebt. Als die Birne angeht, schrecken die Frauen zusammen. Alle werden aus irgendwelchen Träumen gerissen. Das Abendessen wird ruhig eingenommen. Der Posten hält Wort. Ein ganzes Päckchen Machorka reicht er herein, schon gefaltetes Papier.

Es ist Weihnachten. Heiligabend. Sie haben sogar Geschenke erhalten. Jetzt reden sie wieder von zu Hause, den Kindern, Eltern, Verwandten. Reden von Weihnachtsfesten, die schon lange zurückliegen. Seit Tagen schon schneit es. Sie können die Schneeflocken im grellen Licht der Scheinwerfer, die das Gefängnis anstrahlen, tanzen sehen.

Draußen gehen Menschen, warm eingepackt, durch den wirbelnden Schnee. In den Häusern warten ungeduldige Kinder auf die Bescherung. Ist es schon Abend?

Betty horcht plötzlich auf. «Hört ihr es auch?» Sie öffnet das Fenster. Klar und deutlich ist jetzt Orgelmusik zu hören. Sie drängen sich um das Fenster. Hände umklammern die eisigen Gitter.

«Die Abendmesse!»

«Sie müssen in der Kirche die Fenster geöffnet haben. Es wäre sonst nicht so deutlich zu hören.»

«Sie wissen, daß wir hier sind», jubelt Irene. Und sie stehen und lauschen, Tränen laufen ihnen über die Gesichter. Weihnachten.

Die große Reise

Erschreckt fahren sie aus dem Schlaf auf. Die Posten haben die Zellentür weit geöffnet. Es ist zu früh. Viel zu früh für einen normalen Tag. Seit sie ohne Uhren leben, hat sich in ihnen ein Zeitgefühl entwickelt, eine Art innerer Uhr, die niemals täuscht. Es bedarf keiner Worte, sie zur Eile anzutreiben. Sie kleiden sich hastig an, suchen ihre Habseligkeiten zusammen und blicken erwartungsvoll auf die Posten.

Ein junger Rotarmist, der seinen Dienst noch wichtig nimmt, stolziert, die Hand am Lederkoppel, vor der Zelle auf und ab. Der ältere Posten, lässig gegen den Türrahmen gelehnt, lächelt über diesen Eifer. Freundlich beantwortet er die Fragen nach dem Grund des frühen Weckens. «Transport, ein Transport wird gehen. Ihr ahnt es doch.» Er weist auf ihre zusammengelegten Bündel.

«Wohin werden wir fahren?» Der Alte zuckt mit den Schultern. Sein faltiges Gesicht ist ernst. «Wie soll ich wissen?»

Angestrengt horchen sie nach draußen. Daß die Tür nur angelehnt ist, irritiert sie. Rufe aus anderen Stockwerken sind zu hören, Schritte, knappe Befehle. Aus der Nachbarzelle wird geklopft, auch dort sind sie transportbereit.

«Es scheint ein Riesentransport zu sein. Sie werden zellenweise hinausgeführt.» Die der Tür am nächsten Stehende kann das Geschehen draußen genau verfolgen. «Es sind auch Männer dabei, ich höre ihre Stimmen.» «Vielleicht kommen wir nach Buchenwald.» «Um Gottes willen, nein!» Stepha sieht entsetzt auf die Frauen. «Ich würde dort verrückt. Buchenwald, das wäre ja Wahnsinn, nicht auszudenken. Man wird uns doch nicht in ein ehemaliges KZ bringen.» «Hast du eine Ahnung! Ich weiß genau, daß in Buchenwald Häftlinge sind. Meine Verwandten wohnen ganz in der Nähe. Du glaubst wohl, wir sind die ersten, die sie einsperren? Das ging doch gleich nach '45 los», erwidert Elisabeth eifrig. Betty, die einen Streit heraufziehen sieht, schaltet sich jetzt in das Gespräch ein: «Jetzt haltet aber mal alle die Luft an. Keiner von uns weiß etwas, das ist ja wohl klar. Alles nur dummes Gequatsche und Vermutungen.» Elisabeth schweigt beleidigt.

Vor der Tür wird es lebendig. Die Kalfaktoren erscheinen mit dem Frühstück. Betty scheucht alle auf die Pritschen zurück. «So, und nun schön der Reihe nach.» Jede bekommt zusätzlich zu ihrem Frühstück noch ein halbes Brot und einen Klumpen Zucker. «Das sieht nach einer längeren Reise aus, das sind zwei Tagesrationen.» «Die Hauptsache ist, es geht los und wir kommen irgendwo an», sagt Betty. «Irgendwo, wo man bleiben und sich einrichten kann. Ein bißchen mehr Platz müßten wir haben, uns anständig waschen und die Kleidung reinhalten können. Viel mehr erwarte ich schon nicht mehr.»

Es ist das erste Mal, daß Betty so pessimistisch ist. Bisher war sie disziplinierter als wir alle zusammen, denkt Stepha, und ihre Achtung vor Betty steigt. Die anderen, die hin und wieder abfällig über Betty reden, heimlich natürlich, können ihr nicht das Wasser reichen. Wie blöd und gehässig sind sie doch. Während die letzten ihre Ration in Empfang nehmen, legt sie spontan die Arme um Betty. «Mensch, Betty, nun laß nicht auch du noch die Ohren hängen. Du bist die einzige unter uns, die immer den Kopf oben behalten hat. Laß uns jetzt bloß nicht im Stich.» Stephas Worte finden allgemeine Zustimmung. Alle reden durcheinander. Betty steht im Mittelpunkt. Sie bekommt einen roten Kopf, und ihre Augen glänzen verdächtig. Dann aber lacht sie ihr tiefes, kehliges Lachen. «Nun weiß ich erst, wofür ich in diesen Schlamassel geraten bin. Nun ja, mein Leben hatte schon immer einen leicht karitativen Einschlag.» Sie zwinkert verschmitzt mit einem Auge und erntet damit glucksendes Gelächter.

Stepha sieht die Lachenden befremdet an. Sie versteht nicht, was es zu lachen gibt. Betty zieht Stepha an sich, umarmt sie, noch immer lachend. «Oh, Stepha, du bist wirklich noch ein naives Kind», murmelt sie an ihrem Ohr. In das Gelächter hinein platzt der junge Posten. Ungläubig starrt er in die Frauengesichter, was alle noch mehr zum Lachen reizt. Er kann nicht älter als zwanzig sein, verlangt Ruhe, schreit, befiehlt. Sanft schiebt daraufhin der alte Posten seinen jungen Kameraden zur Seite. «Genug jetzt, fertigmachen, es geht los!» Da verstummt das Lachen. Mit fliegenden Händen werden Bündel zusammengerafft.

Auf allen Etagen hört man, wie sich die Türen öffnen. Kommandostimmen, gedämpftes Gemurmel und das Schlurfen vieler Füße. Drängelnd schieben sich alle an dem Alten vorbei hinaus auf den Flur, stellen sich hintereinander auf, spähen über die Reling hinab in die anderen Flure, unzählige Gestalten, die gleich ihnen, mit Decken und Bündeln beladen, hinter dem Konvoi zur Treppe streben. Geneigte Köpfe, hängende Schultern, ein Bild des Elends.

Stepha beißt sich auf die Unterlippe. Der Blick auf die Dahinschlurfenden läßt sie wieder die ganze Hoffnungslosigkeit ihrer Situation erkennen. So also sehen wir aus, denkt sie, und jäh springt die Angst vor der Unabwendbarkeit ihres Schicksals sie an. Doch sie spürt auch, daß da etwas in ihr ist, das ihr ein Leben auch in äußerster Beschränkung noch möglich machen wird. Den Kopf hoch erhoben, geht sie über Flure und Treppen bis in den Innenhof, wo Gefängniswagen mit winzigen vergitterten Sehschlitzen sie schon erwarten. Die Wagen sind in kleine Kabinen eingeteilt, die schon für einen einzelnen Menschen eng und bedrängend wären. Jeweils zu dritt schiebt und preßt man sie in eine Kabine und schließt die Tür hinter ihnen. Proteste werden laut. «Bleiben Sie ruhig, Sie werden nicht lange fahren!» sagt eine gleichmütige Stimme in akzentfreiem Deutsch.

Als der Wagen anfährt, werden sie noch enger aneinandergepreßt. Bei jeder Kurve schwankt das Dreieck von Menschenleibern stöhnend und seufzend nach rechts oder links gegen die Wand.

Nach einer letzten, schwungvollen Kurve hält der Wagen.

In den Kabinen atmet man auf. Überall scharren Füße, wird getrampelt, um die erstarrten Glieder zu erwärmen. Wortfetzen sind aus den Kabinen zu hören, Namen werden gerufen. Sie werden mit dem Schlag des MP-Kolbens oder dem Tritt eines Stiefels gegen die Tür zum Schweigen gebracht: «Ruhe! Tische!» Aggression vibriert in den zum Käfig gewordenen Kabinen. Minuten werden zu Ewigkeiten, und die Kälte steigt peinigend an den bewegungsunfähigen Körpern empor. Plötzlich schreit eine Männerstimme: «Laßt uns endlich raus, ihr Scheißkerle! Wie lange wollt ihr uns noch quälen!»

Dieser Schrei macht Mut, wird als Aufforderung verstanden. Und schon trommeln die Fäuste gegen das Metall. Irgendwo wird ein Riegel zurückgestoßen. Dumpfe Schläge, ein Aufschrei, ein Stöhnen, danach wieder atemlose Stille.

Von draußen hört man Befehle, die Türen der Fahrerkabinen werden geöffnet und wieder zugeschlagen. Der Motor dröhnt auf. Sie fahren wieder. Entsetzen breitet sich aus, Körper fallen in dumpfer Reglosigkeit in sich zusammen. Das Auto holpert über unebenen Boden, über Schwellen und Schotter und hält wieder. Dann Türenschlagen, Schritte im engen Gang. «Dawai! Dawai!» Türen werden aufgerissen. Menschen stolpern aus dem Dämmerlicht in blendende Helle. Sie kneifen die Augen zusammen, werden von kräftigen Armen ergriffen, herausgehoben und -gezogen. Unsicher stehen sie auf dem Schotter neben den Gleisen. «Hinsetzen!» ertönt ein Kommando, und die kleine erbärmliche Schar kauert sich mit steifen Gliedern auf Decken und Bündel, drängt sich eng zusammen, sucht Schutz vor dem hellen Tag und den gaffenden Bahnarbeitern. Kein Zeichen an die, die ahnungslos diesem Unrecht zusehen; und das Bewußtsein, für die anderen dort am Pranger zu stehen, nichts als Strafgefangene zu sein, läßt noch zusätzlich Schamgefühl aufkommen.

Wagen auf Wagen nähert sich, wird entladen. In kleinen Abständen voneinander hocken sie. Männer und Frauen. Kaum daß sie aufzusehen wagen. Sie begehren nicht auf. Es gibt keine Helden unter ihnen. Angespannt verfolgen sie, wie die Schiebetüren des

Waggons geöffnet werden. Stumm folgen sie der Aufforderung und stellen sich vor den Türen auf.

Steifbeinig besteigen sie den ihnen zugewiesenen Waggon. Raffen, jeder für sich, möglichst viel von dem Stroh zusammen, mit dem der Boden des Waggons bedeckt ist, wickeln sich in ihre Dekken ein, reiben Hände und Füße, um warm zu werden. Ablehnend, fast feindlich, sehen sie der nächsten Gruppe entgegen, die ihren Wagen erklimmt. «Wie viele sollen hier denn noch rein?» mault Elisabeth, die inmitten ihrer Zellenkameraden sitzt. Sie sind zusammengeblieben, sie kennen sich, wissen, was sie voneinander zu erwarten haben. «Was willst du denn? Erster Klasse fahren ist nicht. Außerdem, je voller es wird, um so wärmer haben wir's. Und Neues zu hören bekommen wir außerdem. Ich habe so ein Gefühl, als ob es hier noch ganz schön eng werden wird.» Betty soll recht behalten. Nach und nach füllt sich der Waggon.

Ein Posten reicht Betty eine Schachtel Streichhölzer zu. «Ofen gut, wird schnell warm.» Betty übernimmt das Amt des Heizers. Sorgfältig stellt sie Scheit gegen Scheit ins Ofenloch. In die entstandene Höhlung stopft sie Stroh. Mühsam ist das Anreißen des Streichholzes, kaum können die eiskalten Hände das Streichholz halten. Immer wieder löscht der durch die Tür streichende Wind das Streichholz. Endlich brennt eine kleine Flamme zwischen den Händen. Für Bruchteile von Sekunden fühlt Betty die Wärme in ihren Handflächen, möchte sie halten, dann aber legt sie das schon halb heruntergebrannte Streichholz in den Ofen. Hell flammt das Stroh auf, Flammen züngeln an den Holzscheiten, brennen sich an harzigen Stellen ein, zischen und knistern, umhüllen die Holzscheite, schließen sich zu einer Flamme zusammen. Mit einem Ruck wird die Waggontür zugeschoben, der Tag ausgesperrt, und nur das warme Licht der Flammen erhellt das Waggoninnere. Die Wärme entspannt die Muskeln und läßt die steifen Glieder wieder beweglich werden. Sie löst die Zunge, läßt die Frauen einander wieder wahrnehmen.

Während Betty die Scheite nachlegt, sagt sie, mehr zu sich selbst: «So wie dieser Waggon hergerichtet ist, steht uns eine längere Reise bevor. Es könnte sogar sein, daß wir noch mehr Personen aufnehmen müssen.»

Betroffen lassen die anderen Frauen ihre Blicke durch den Wagen schweifen. Erst jetzt nehmen sie die Kleinigkeiten wahr, die Betty in ihrer Besorgnis recht zu geben scheinen: der Ofen, mit seinem langen, aus dem Waggondach ragenden Abzugsrohr, der riesige Stapel Brennholz, die Rinne, die nach draußen führt, die Birne, die nackt in einer einfachen Fassung von der Decke baumelt.

Elisabeth sieht Betty mit bösen Augen an. Komisch sieht sie aus, wie sie jetzt aufsteht, die Decke um die Schultern geworfen und mit steil aufgerichtetem Zeigefinger: «Hör bloß auf mit deiner ewigen Schwarzmalerei. Du kannst einem ja jedes bißchen Hoffnung rauben. Ich bin nach wie vor davon überzeugt, daß man uns in ein anderes Gefängnis bringen wird. Dir kann das ja egal sein. Du hast ja niemanden, dem du nachweinen mußt. Dein Platz ist schnell wieder besetzt, da wachsen sie doch zu Hunderten nach.» Zornig will sich Stepha erheben. Betty hält sie zurück. Es ist nun schon das zweite Mal, daß Elisabeth auf Bettys Vergangenheit anspielt. Die Frauen finden das gemein, aber irgendwie hat Elisabeth doch auch recht. Alle meiden Bettys Blick.

Stepha fährt mit den Fingern der Maserung eines Holzscheites nach. «Brennende Holzscheite, knisterndes Feuer im Küchenherd oder im Kamin sind Ferienerinnerungen. Mir kommt es so vor, als läge all das weit zurück, als sei ich in den letzten Monaten um Jahre älter geworden. Manchmal kann ich mich an bestimmte Dinge gar nicht mehr erinnern. Sie sind weg, einfach so, als habe es sie nie gegeben.» Sie streicht sich das Haar zurück. «Sie können und wollen die Wahrheit nicht wissen, Betty, sonst würden sie verrückt. Sie würden toben und schreien müssen, sich die Köpfe an den Wänden blutig schlagen. Denk doch, was die meisten von ihnen zurücklassen, was sie verlieren. 25 Jahre, Betty, sag, kannst du es begreifen? Kannst du dir diese Zeit vorstellen? Tage, Wochen, Monate, Jahre? Es ist schon richtig so. Sie können die Wahrheit nur scheibchenweise ertragen.» Betty zerrt die aufgehäufte Glut auseinander. «Du bist ein kluges Mädchen, Stepha. Ich glaube, manche von ihnen hätten sich schon im Gefängnis etwas angetan, wenn sie gewußt hätten, was mit uns geschieht. Und ehrlich, ich habe auch Angst vor dem, was noch kommen wird. Auch wenn es in meinem Leben nichts gibt, dem ich nachweinen müßte.»

Sie legt ihre Hand auf Stephas Knie, und Stepha umschließt sie mit ihren Händen. «Ich fürchte mich auch, Betty. Ich bin doch noch so jung. Ich habe noch gar nicht richtig gelebt. Ich kann einfach nicht an diese 25 Jahre denken. Sie entziehen sich meiner Vorstellungskraft. Es ist so, als sei es für immer. Als käme danach nichts mehr. Aber was ist schon meine Angst gegen die der anderen? Sie haben nichts mehr von ihren Familien gehört, nichts von ihren Kindern. Wir werden alle erst begreifen, wenn wir angekommen sind, wo immer das auch sein mag.»

Die Lokomotive naht und koppelt ihren Waggon an. Nur die Überwachen, die ständig Mißtrauischen bemerken nach dem sanften Ruck das Anrollen der Räder, die rasch schneller werden und deren Gleichförmigkeit bald wieder bleierne Müdigkeit in den Aufgeschreckten aufkommen läßt.

Der Holzstoß ist bis auf wenige Scheite verfeuert, obwohl Betty die Glut nur des Anblickes wegen noch erhält. Im Waggon ist es kalt geworden.

Sie halten. Waggontüren werden zugeschoben, der Motor eines Lastwagens ist zu hören. Erwartungsvoll drängen die Frauen zur Tür. «Vielleicht sind wir schon am Ziel!» «Na klar, die Lastwagen sind doch schon zu hören.» «Es sind mehrere.» «Da sind Männerstimmen, ich glaube, sie laden die Männer schon aus!» «Hört doch, da wird eben wieder ein Motor angelassen.» Die Frauen reden durcheinander. Einige legen schon ihre Decken zusammen. Alle wollen die ersten sein. Schwer und quietschend schiebt sich ihre Waggontür zurück. Die hereinströmende eiskalte Luft läßt die Frauen erschauern.

Ein Soldat, die Pelzmütze verwegen zurückgeschoben, die Maschinenpistole über der Schulter, scheucht sie zurück in das Wageninnere. «Weg! Weg! Zurück!» Ein Lastwagen schiebt sich heran, rückwärts, bis Ladefläche und Waggonöffnung auf einer Höhe sind. Zwei junge Männer auf dem Lastwagen schleudern Holz in das Wageninnere. «Sieht nicht so aus, als ob wir ausgeladen würden», flüstert Betty Stepha leise zu. «Wo sind wir?» ruft Elisabeth den Männern zu. Doch diese scheinen taub zu sein. Sie antworten nicht, sie heben nicht einmal den Blick. Nur ihre Bewegungen werden noch schneller als vorher. Scheit auf Scheit fliegt auf den Haufen in dem Waggon und zwingt die Frauen, sich an die Wände zurückzuziehen. Nur Elisabeth klebt an der Öffnung, das Gesicht von panischer Angst gezeichnet. «Aber das sind doch deutsche Männer!» stammelt sie hilflos, aber ihre Worte verlieren sich im Krachen der aufeinanderfliegenden Holzscheite. Kalkweiß im Gesicht, taumelt sie schließlich zurück. Mit bebenden Lippen wiederholt sie immer wieder: «Es sind doch Deutsche! Sie antworten nicht. Aber das sind doch deutsche Männer. Deutsche. Und sie haben nicht geantwortet. Sie haben mich nicht einmal angesehen!»

Stepha nimmt diese Szene in sich auf wie ein ungeheuer faszinierendes Bild, das sie aber nicht betrifft. Jeder trägt nur seinen eigenen Schmerz, seine eigene Angst, denkt sie. Hier ist jeder allein. Es lag doch auf der Hand, daß diese Männer genaue Instruktionen bekommen hatten: keine Gespräche, nach Möglichkeit nicht hinsehen. Warum erwartet man ausgerechnet von denen, die noch alles zu verlieren haben, Mut und Einsatz? Waren sie, die Gefangenen, denn nicht viel feiger? Müßten sie denn nicht den Aufschrei wagen? Statt dessen belogen sie sich selbst, hofften noch immer, konnten oder wollten entgegen aller Vernunft nicht glauben, was mit ihnen geschah.

Und während Gudrun, Elisabeth im Arm haltend, beruhigend auf sie einspricht, ihr wie einem Kind über Haar und Rücken streicht und der Lastwagen mit heruntergelassener Klappe anfährt, fängt Stepha doch noch einen Blick der Männer auf, einen Blick voll von Verachtung und Haß. Blaß und still setzt sie sich wieder neben Betty, die, scheinbar von allem unberührt, mit Umsicht und Ruhe das Feuer im Ofen wieder entfacht.

Stunde um Stunde vergeht. Der Waggon steht. Manchmal knistert Stroh. Viele schlafen, die tiefen Atemzüge verraten es.

Betty schiebt ihre Jacke unter Stephas Kopf, den sie einfach auf die Holzscheite gelegt hat. «Schlaf jetzt, Kleines, du bist todmüde.» Stepha will noch protestieren, aber die Augen fallen ihr schon zu. Sie schläft wie ein Kind, die Hände unter die Wange geschoben.

Eiskalte Luft weckt sie. Geräusche, Stimmen. Mit einem Ruck richtet sich Stepha auf. Die Waggontür ist weit geöffnet. Der Himmel leuchtet in zarten Farben, von Rosa bis Violett. Davor die schwarzen Konturen eines Lastwagens. Zwei Soldaten erklimmen die Ladefläche. «Essen nehmen, Proviant! Immer zwei vortreten! Ruhe halten.» Der Befehl wird sachlich, in guter deutscher Aussprache gegeben.

Fröstelnd, in seltsamer Starre und diszipliniert stellen sich die Frauen auf und nehmen jede ein kaltes, reifglitzerndes Brot in Empfang. Zinkeimer schimmern im fahlen Licht, spiegeln, im Waggon abgestellt, das Feuer wider. Henkel klappern gegen Metall. Fischgeruch verbreitet sich im Waggon. «Zurück von der Tür!» Die Soldaten springen von der Ladefläche. Langsam, schwerfällig geht die Waggontür wieder zu, sperrt den Himmel und den dämmernden Morgen aus. Hörbar rasten die Riegel ein.

Unschlüssig und benommen stehen die Frauen. Tasten mit den Händen die Beutel ab, die sie erhalten haben. «Brot! Ein ganzes Brot und Zucker!» sagt eine erschüttert. «Ja, Brot, aber noch nicht eßbar, es ist völlig gefroren. Das dauert Stunden, bis es aufgetaut und eßbar ist.» Hertha stellt das sachlich fest, das glitzernde Brot in das Licht des Feuers haltend. Alle begreifen, daß noch Stunden voller Hunger vor ihnen liegen. Triumphierend hält jemand ein Stück Zucker hoch, das im Beutel zu finden war, saugt gierig. Andere tun es ihr nach. Krachend und knirschend mahlen die Zähne Zuckerstücke.

«Der Fisch!» «Ja, der Fisch, wir müssen ihn verteilen!» «Das geht noch nicht. Die Stücke sind festgefroren. Ihr müßt warten, bis sie aufgetaut sind.» «Stellt doch den Eimer auf den Ofen!» «Du bist bekloppt. Weißt du, wie das stinkt?» «Dann taut doch das Brot auf. Wir müssen das Brot auftauen.»

Menschenleiber drängen zum Ofen. Hände strecken sich aus, drücken Brot auf und an den Ofen. Es taut zischend, riecht nach Verbranntem. «Verdammt noch mal, der Ofen ist zu heiß», warnt Betty. Niemand will sie hören. Sie stoßen und drängen. Ein Schrei: «Meine Hand, ich habe mir meine Hand verbrannt!» Die Verletzte wird zur Seite gedrängt. Niemand kümmert sich um sie. Betty, Gudrun und Stepha sind von stoßenden, drängenden Frauen umzingelt. Hände ragen über sie hinweg.

«Mir wird schlecht!» Gudrun drängt die Frauen mit Gewalt zur Seite, zieht Stepha hinter sich her. Aufatmend lehnt sich Stepha gegen die Waggonwand, schließt die Augen, um nicht mehr sehen zu müssen. «Du mußt die Augen offen halten, sonst wird dir noch schlechter.» Gudrun schüttelt Stepha. «Sie ekeln mich an! Und dieser Gestank!» Stepha würgt, schlägt die Hände vor den Mund. Gudrun schleppt sie zur Toilettenrinne. Gerade noch rechtzeitig. Stepha erbricht, würgt, erbricht wieder. Schleim und Gallensaft. Ihr Magen ist leer, wie der der anderen. Sie kniet vor der nach Urin und Kot stinkenden Rinne, während Gudrun ihren Kopf hält.

Plötzlich Schmerzensschreie. Betty schlägt mit einem Holzscheit wild um sich. Die Frauen weichen vor der rasenden Betty zurück. «Ihr blöden, idiotischen Weiber. Seht doch nur das Rohr. Ihr reißt mir den Ofen um! Wollt ihr hier drinnen verbrennen?» Erschrocken sehen die Frauen auf das bedenklich wackelnde Abzugsrohr. Irene, die sich bisher zurückgehalten hat, erhebt sich, stellt sich neben den Ofen, der sie hell beleuchtet. «Ich weiß nicht, wie ihr das alles empfunden habt», beginnt sie mit ruhiger Stimme zu sprechen. «Ich weiß auch nicht, ob ihr überhaupt noch etwas empfinden könnt außer Hunger und Verzweiflung. Aber glaubt mir, es war menschenunwürdig, was eben hier passiert ist, widerlich, abstoßend und unnötig. Wir haben alle Monate im Gefängnis hinter uns gebracht. Wir haben jetzt Hunger und vor allen Dingen Angst. Aber das ist doch kein Grund, sich wie in Panik geratene Tiere zu benehmen.» Sie macht eine Pause, sieht von einer zur anderen. Es ist still, alle hören ihr zu.

Stepha lächelt. «Sieh an, unsere stille Irene, wer hätte ihr das zugetraut? Routiniert, als habe sie nie etwas anderes getan, als völlig von Sinnen geratene Frauen zu beruhigen.» Betty macht mit der Hand eine abwehrende Bewegung. «Ich bin ja schon still», flüstert Stepha gekränkt.

Irene hat Stephas leise gesprochene Worte sehr wohl vernommen. Etwas befangen fährt sie fort: «Niemand weiß wirklich, was mit uns geschieht. Wir haben alle in dieser Zeit, auch nach der Verurteilung, die Hoffnung nicht aufgegeben. Warum sollten wir es jetzt tun? Wir waren nicht immer einer Meinung. Wir hatten sogar Streit. Aber wir haben uns nie wie Feinde benommen. Wenn wir nicht zusammenhalten, wenn wir nicht einer dem anderen helfen, dann wird es uns wirklich schlecht gehen.» Die Frauen sehen einander an, nicken zu diesen Worten, und da und dort zeigt sich ein Lächeln auf den Gesichtern.

«War fast so wie ‹Fichte an die deutsche Nation›», zischt Stepha boshaft durch die Zähne. Gudrun sieht sie befremdet an. Stepha erwidert den Blick trotzig, lächelt ironisch. Sie kramt ihren Machorkabeutel aus der Hosentasche, dreht sich demonstrativ eine Zigarette und zündet sie an der Glut an. Die Aufmerksamkeit der Zuhörenden wird durch den Duft des Machorkas von Irene abgelenkt. Sie steht jetzt ein wenig hilflos und verloren hinter Stepha. Dann aber lächelt sie: «Stepha hat recht mit dieser Demonstration. Keiner wagte zu rauchen aus Angst, mit den anderen teilen zu müssen. Haben wir nicht immer geteilt und zusammen geraucht? Freilich, der Kreis ist jetzt größer geworden, aber ich bin überzeugt, wir haben alle noch Machorka. Räumt eure Depots und laßt uns rauchen. Bisher gab es noch immer eine freundliche Seele in Uniform, die mit uns teilte. Warum sollte das plötzlich anders sein?»

Erleichtertes Lachen. Verschämt oder sogar belustigt werden Tücher und Beutel aus den Taschen gezogen. Papier knistert und wird verteilt, Zigaretten werden gedreht. Geduldig raucht Betty die Zigaretten an. «Seid vorsichtig, laßt keine Glut ins Stroh fallen.» Gudrun klopft Irene bewundernd auf die Schulter. «Das waren die richtigen Worte zur richtigen Zeit.»

Ein Ruck, der Stepha fast gegen den Ofen wirft. Rechtzeitig kann Betty sie am Arm festhalten. Laute Stimmen draußen, Getrappel von Stiefeln. Lokomotivgeräusche. Das Knarren und Ächzen der Räder. «Wir fahren! Endlich, wir fahren!» Sie rufen und lachen, umarmen sich vor Freude. Irene setzt sich neben Stepha, greift nach ihrer Hand, die Stepha ihr widerstrebend überläßt. «Warum reagierst du so? Ich wollte doch nichts weiter als ein bißchen Frieden stiften.» Stepha sieht Irenes große, klare Augen und schämt sich. «Es ist nichts, Irene, du hast schon recht. Du hast mir eines voraus. Du magst sie, weil sie dich erbarmen. In all ihrem Elend. Du magst sie noch, selbst wenn sie böse und gehässig sind. Deshalb hast du recht. Und es ist unrecht von mir, darüber zu spotten.» Spontan küßt sie Irene leicht auf den Mund. «Weißt du, ich bin nicht wie du. Ich mag sie nicht. Ich verachte die meisten. Ich verachte sie um ihrer Lügen, um ihrer Dummheit willen. Und manchmal hasse ich sie, weil ich mit ihnen zusammensein muß, weil ich ihnen und ihren Gesprächen nicht entgehen kann, und ich hasse mich selbst, weil ich zu ihnen gehöre. Ich verachte sie um ihres Hasses willen, den sie für die hegen, die an ihrem Schicksal weder Schuld noch Anteil haben und die sie dennoch mit geifernden Mäulern um Machorka anbetteln.»

«Sie sind arm dran, Stepha. Vergiß das nie. Wie sollen sie Unrecht ertragen, wenn sie nicht wenigstens hassen dürfen? Haß und Liebe kann Menschen stark machen und weit tragen. Du wirst es noch erfahren, Stepha, denn unser Weg beginnt ja erst.»

Die unsinnige Hoffnung auf etwas, von dem sie keine rechte Vorstellung hatten, war es, die ihnen bisher geholfen hatte, alles zu ertragen. Eine wahnsinnige Hoffnung, die auch nach dem Urteil nicht wich, die selbst im Viehwaggon noch über das Räderrollen triumphierte – bis zu dem Moment, als nicht mehr zu überhören war, daß sich das Geräusch der rollenden Räder verändert, einem anderen Rhythmus Platz gemacht hatte. «Wir fahren über eine Brücke», flüstert jemand in die Stille hinein. Und als niemand antwortet, wird die Stimme lauter, und die Panik macht sie schrill: «Es ist die Oderbrücke! Versteht ihr, die Oderbrücke!» Alle Angst der Welt klingt aus dieser Stimme. «Die Brücke! Die Grenze zwischen Deutschland und Polen. Sie bringen uns aus Deutschland raus!»

Die Augen, an die Ritzen der Waggonwände gepreßt, können nichts anderes erkennen, als in der Dunkelheit vorbeifliegende Lichter. Das Räderrollen ist gleichmäßig geworden, wie bei schneller Fahrt, als wolle es das Endgültige, Unwiderrufliche dieser Reise noch betonen. «Ich habe es euch doch von Anfang an gesagt, auf dem Bahnhof noch. Man bringt uns in ein Lager nach Sibirien!» Stephas Stimme klingt gleichmütig und in dieser Gleichmütigkeit unendlich grausam. Und als sich ihr alle zuwenden, voller Furcht und Entsetzen, fügt sie, die Schultern zuckend, hinzu: «Es ist doch gleichgültig, wo wir die nächsten 25 Jahre verbringen. Da ist mir ein Lager in Sibirien letztlich lieber als so ein verdammtes Gefängnis wie bisher.» «Aber bei den Russen! Wenn ich nur an die Vergewaltigungen denke!» Nun lacht Betty herzlich auf. «Was du dir da so zusammenphantasierst. Mach dir man keine Sorgen. An dich geht so leicht keiner mehr ran.»

Sie tätschelt der anderen den Arm, zwinkert ihr schelmisch zu. «Also, wenn ich mir das so richtig überlege, ich hätte nichts gegen so einen jungen, hübschen Sibirier.» Einige verziehen entrüstet das Gesicht. Betty lacht in sich hinein. «Was denn, was denn, nun tut mal nicht so. Sie haben mich ja wohl lange genug kaltgestellt.» Die unverblümt dahergesagten Worte lassen einige Frauen nun doch auflachen. Die Stimmung lockert sich wieder.

Berta Horn, vor ihrer Verhaftung Zahnärztin in einer mitteldeutschen Kleinstadt, liegt abseits in einer Ecke. Sie kennt noch keine der Frauen, und niemand hat bisher von ihr Notiz genommen. Alle anderen kennen sich aus den Zellen im Gefängnis. Sie war bis zur Zusammenstellung des Transportes in Einzelhaft gewesen und findet sich unter den Frauen nicht zurecht. Sie kann weder die Vertrautheit noch den lockeren Umgangston teilen. Und bis heute begreift sie nicht, warum man sie verhaftet hat. Irgendwelche Leute sollen sich in ihrer Praxis im Wartezimmer getroffen haben. Sie kannte diese Menschen nicht. Es waren nicht einmal ihre Patienten. Hilflos und verlassen friert sie in ihrer Ecke, wagt aber nicht, irgend jemanden um Anschluß zu bitten.

Berta Horn leidet seit Stunden zusätzliche Qualen. Ein dringendes menschliches Bedürfnis quält sie, aber sie kann sich nicht überwinden, dem nachzugeben. Der Anblick der über der Rinne hokkenden Frauen geniert sie. Reglos liegt sie in ihrer Ecke. Zusammengekrampft, schweißgebadet. Der schwache Schein der nackten Birne wirft bizarre Schatten an die Wand. Hin und wieder erreicht ihr schwacher Schein die in der Ecke zusammengekrümmte Gestalt. Betty tastet sich über die anderen hinweg zu ihr hin.

«Ist dir nicht gut? Bist du krank?» Die Frage treibt Berta Tränen in die Augen. Sie spürt echte menschliche Anteilnahme, die erste seit Monaten. Aufschluchzend bricht es aus ihr heraus. «Nein, ich bin nicht krank. Aber ich kann es einfach nicht. Ich geniere mich so vor all den Frauen.» Betty versteht. Drückt ihr beruhigend die Hand. «Warten Sie einen Moment.» Sie tastet sich zurück, redet eindringlich auf eine der Frauen ein. Und dann nehmen sie eine der kurzen rauhen Decken, halten sie ausgebreitet zwischen sich und bilden so eine Wand vor der Rinne. Zögernd stolpert Berta Horn zu ihnen hin. Danach zieht Betty sie zum Öfchen in den Kreis der Frauen, die widerspruchslos zusammenrücken. Bettys Hilfsbereitschaft hat das bedrückende Schweigen gebrochen, und eine beginnt leise zu summen. «Es ist ein Ros entsprungen», und endlich lösen Tränen der Erleichterung den Schmerz.

Jede Umdrehung der Räder entfernt sie weiter von dem Zuhause, macht die Trennung von ihrem bisherigen Leben endgültig. Aber die Verzweiflung über das, was sie verloren haben, ist der Konzentration auf das, was gegenwärtig ist, gewichen. Das Dasein in diesem Waggon beansprucht all ihre Kraft.

Sie sind durch Polen gefahren, ohne von dem Land mehr zu sehen als verschneite Weiten, manchmal ein verschlafen wirkendes Dorf in der Ferne. Nur der aus den Schornsteinen aufsteigende Rauch läßt Menschen vermuten. Sie haben noch einmal Proviant erhalten. Aufgetauter Schnee ersetzt das Trinkwasser, hat aber peinliche Folgen. Die Rinne ist kotverschmutzt, der auch noch gefroren entsetzlichen Geruch verbreitet. Wenn in diesen endlos scheinenden Tagen, die nur wenig graues Licht durch die Ritzen und das winzige, zugefrorene Fenster lassen, der Waggon bei einem Aufenthalt geöffnet wird, blendet sie die gleißende Helle, und klirrende Kälte dringt in Minutenschnelle ein. Und immer wieder stehen sie auf einem toten Gleis.

Mit froststarren Händen werfen sie Holz von einem vorgefahrenen Wagen, dessen Fahrer sich nicht nach ihnen umwendet. Sie arbeiten schnell, hastig, denn nie wissen sie, wann plötzlich Halt geschrien wird. Holz aber bedeutet Wärme und heißes Wasser. Auf dem Ofen taut der Schnee im Zinkeimer, ungeduldig von vielen Augenpaaren beobachtet. Der Durst ist quälend. Sie lecken den Schnee, schöpfen schließlich mit den Händen Wasser, schlürfen es gierig in sich hinein. Es ist nie genug und eine ständige Quelle von Streit und gegenseitigem Mißtrauen.

Sie haben aufgehört, von daheim zu sprechen, zählen längst nicht mehr die Tage. Sie wissen nicht, wann Neujahr war. Das Leben im Waggon ist zeitlos geworden, beschränkt auf die Befriedigung primitivster Bedürfnisse. Sogar die Frage nach dem Wohin ist gegenstandslos geworden, gleichgültig. Nur ein Ziel erreichen, irgendeines, das den jetzigen Zustand beendet. Selbst die redseligsten unter ihnen sind schweigsam geworden. Niemand will mehr zuhören. Wärme und Warten auf die nächste Mahlzeit ist alles.

Endlich geschieht etwas. Der Zug hält. Stimmen dringen gedämpft zu ihnen herein, Geräusche eines Bahnhofs. Sie halten, rangieren, fahren wieder und halten aufs neue. Sie richten sich auf, sitzen, stehen, mit nach vorn geneigten Köpfen, horchen. Als die Waggontür aufgestoßen wird, atmen sie auf.

«Dawai, dawai, sanimaites!» Sie verstehen sofort, greifen hektisch nach ihren Bündeln, springen und klettern auf den Bahnsteig. Ein Nebengleis, in einiger Entfernung Menschen, die neugierig zu ihnen herübersehen. Sie stampfen mit den Füßen, versuchen einige Schritte hin und her zu gehen. Die Posten treiben sie wieder zusammen. Tief atmen sie die Luft ein. Betty wagt es zu fragen: «Wo sind wir?» und wiederholt die Frage auf russisch. Die Posten lachen, werfen sich Worte zu, dann weist einer mit dem Arm nach links zum Bahnhof: «Dort Polen!» Er macht eine schnelle Bewegung mit der Hand, einen Strich, deutet dann auf den Fleck, auf dem sie stehen, und macht eine ausholende Bewegung nach rechts. «Hier und dort, Sowjetunion!» Er lacht wieder. «Weit, sehr weit, dort Horizont!»

Die Frauen schauen in die angedeutete Richtung. Endlose Weite, Schienenstränge, Häusersilhouetten gegen den Horizont. Auf ihren dürftigen Bündeln hockend, eng beieinander, spüren sie die Kälte russischer Erde unter ihren Füßen. Die um die Schultern gehängten Decken wärmen kaum. Die Posten stampfen auf und ab. Ihre langen Uniformmäntel sind weiß und steif vom Schnee. Hin und wieder stößt einer einen lauten Fluch aus, angestrengt in die Richtung horchend, aus der sie den Zug erwarten. Sie sind ungeduldig. Von den Gefangenen nehmen sie kaum Notiz.

Niemand klagt. Kaum ein Wort fällt. Selbst die muntere Betty starrt zu Boden. Alle scheinen zu Eis erstarrt. Erschrocken fahren die Frauen zusammen, als die Lokomotive sich mit einem tiefen, dunklen Heulton ankündigt. Ein Ton, gewaltsam, fremd wie das Land, das sie erwartet. Ängstlich treten sie noch weiter von den Gleisen zurück. Die Maschine hält direkt vor ihnen. Türen gehen auf, aus denen junge Soldaten springen. Der Begleitoffizier mustert die Frauen mit zusammengekniffenen Augen und nimmt umständlich sortierend die Begleitpapiere in Empfang. Ein Bündel großer, brauner Umschläge, von denen er jeden einzelnen eingehend betrachtet, schließlich mit gutturaler Stimme den Namen abliest, um ihn dann laut und fordernd zu wiederholen.

Wie fremd die deutschen Namen aus seinem Munde klingen! Manchmal muß er den Namen wiederholen, weil keiner ihn versteht. Jede Aufgerufene muß vortreten, ihren Namen nennen, Paragraphen, Urteil und Strafmaß angeben. Dann muß sie vor dem Waggon Aufstellung nehmen. Die kleinen Gruppen werden auseinandergerissen. In die Gesichter steigt Angst. Die Posten fluchen, schieben die Frauen immer wieder zurück. Sie sind ungehalten und ungeduldig. Endlich der letzte Umschlag. Es ist überstanden. Die Tür wird geöffnet, und nun muß alles wieder schnell gehen. Die Posten heben und schieben die erstarrten Frauen in halbdunkle, dreistöckige Abteile. Keiner will nach oben, rücksichtslos wird um die unteren Plätze gekämpft. Nur Betty, Stepha und Berta Horn sind nach oben gestiegen. «Ist ja nicht gerade Luxusklasse», stellt Betty fest, als sie nach unten sieht. Die Abteile sind durch schräg verlaufende Gitter vom Gang getrennt und sehen aus wie Raubtierkäfige. Auch Irene kommt nach oben. Nebenan sind Männerstimmen zu hören. Die Frauen sind aufgeregt, rufen, machen sich verständlich. Sie fragen nach Namen, nach Orten. Die Posten sind schnell zur Stelle. «Verboten, Sprechen verboten. Tische!» Die Männer schweigen, geben den mutigeren Frauen keine Antwort mehr. «Immerhin scheint es hier eine normale Toilette zu geben. Den Gestank sind wir schon mal los», stellt Berta mit Genugtuung fest.

Noch einmal läßt der dumpfe Heulton der Maschine alle zusammenfahren. Ein kurzer, heftiger Ruck, und sie hören das Rollen der Räder. Sie spüren, wie sie über Weichen fahren, wieder langsamer werden. Stimmen über Lautsprecher dringen zu ihnen herein, und das Heulen anderer Lokomotiven ist zu hören. Dann wieder ein Ruck und das Geräusch ankoppelnder Waggons. Bahnhofsgeräusche, Menschenstimmen, das Weinen eines Kindes. Alle lauschen. Kaum merklich setzt sich der Zug in Bewegung. Die Geräusche werden leiser, um schließlich ganz zu verstummen. Unten werden noch Plätze getauscht, Bündelchen geordnet, man richtet sich ein.

Leises Kratzen an der Holzwand weckt Stepha wieder auf. Vorsichtig kratzt sie ebenfalls, und schon ist ein leiser Flüsterkontakt mit den Männern hergestellt. Die Männer kommen ebenfalls aus Berlin, sind Tage vorher auf Transport gegangen, haben Stunden und Tage irgendwo herumgestanden. Sibirien wird das Endziel sein, davon sind auch die Männer überzeugt.

Irene ist von dem Flüstern wach geworden. Dicht aneinandergeschmiegt liegen sie und Stepha und unterhalten sich wispernd. «Hast du Angst, Stepha?» «Nein, Angst nicht, nur diese Enge geht mir auf die Nerven.» «Ich habe schon ein bißchen Angst, Stepha. 25 Jahre! Dann ist unser Leben doch vorbei.» «Ich glaube, Irene, wir müssen von diesem Leben alles mitnehmen, was es zu lernen gibt. Keine von uns hat etwas getan, was ein solches Urteil rechtfertigen könnte. Die meisten sind durch einen dummen Zufall in die Sache hineingeraten. Halte Augen und Ohren offen, und du wirst leben können, alles ist Leben, Irene.»

Auf dem Gang wird es unruhig. Deutlich ist das Schurren großer Kübel zu hören. Fischgeruch durchzieht den Waggon. «Pfui Teufel, schon wieder Fisch! Verdammt, ich kann's nicht mehr riechen.» Schlüsselgeklapper, Schieben von Gittertüren. Unmutige Stimmen aus den Nebenabteilen. «Sind wir etwa Schweine, sollen wir mit den Händen fressen?» «Nix Schweine, Fisch und Brot ist gut mit Hand essen», erwidert der Posten gleichmütig. «Dann bringt uns wenigstens Servietten!» frotzelt eine Männerstimme.

Jetzt sind die Posten vor ihrem Abteil. Aus einem großen Eimer werden genau siebzehn Portionen Fisch in einem Eimer hereingeschoben. Der zweite Eimer enthält die gleichen Portionen Brot. Gierige Hände greifen danach. Jeder ist erpicht, das größte Stück zu erwischen. Der Fisch ist fett und salzig, schmeckt aber vorzüglich. Die fettigen Hände werden mit Brot gereinigt, das danach mit größtem Genuß verspeist wird.

«Wenn man sich doch wenigstens einmal waschen könnte, wir sehen ja furchtbar aus», nörgelt eine weißhaarige Frau und versucht, mit einem Steckkamm ihr Haar in Ordnung zu bringen. «Waschen, das soll wohl ein Witz sein, solange wir nicht einmal Wasser zu trinken bekommen.» Als seien Bettys Worte ein Signal gewesen, wird plötzlich in allen Abteilen gegen die Gitter geschlagen. «Durst, wir haben Durst. Bringt uns Wasser!» Die Posten laufen aufgeregt hin und her, schreien: «Tische, Tische!» und «Moltschite». Aber Lärm und Forderung werden nur noch nachdrücklicher. Dann erscheint ein Offizier. «W tschom delo? Was ist los?» Von allen Seiten klingt ihm die Forderung nach Wasser entgegen. «Choroscho! In Ordnung!» entgegnet er kurz und entfernt sich wieder.

Wenige Minuten später ist das Klappern von Zinkeimern zu hören. Schlüsselklirren und empörte Ausrufe: «Wie sollen wir denn trinken? Keiner von uns hat einen Becher.» «Nix Becher!» Ein Eimer mit klarem Wasser wird hereingeschoben, bis an den Rand mit klarem Wasser gefüllt.

Danach ist Ruhe, alles döst vor sich hin. Das letzte Licht des Tages ist erloschen. Nur vom Gang, in dem die Posten an die Wand gelehnt ebenfalls dösen, fällt Licht in die Abteile.

Bald darauf beginnen einige der Frauen unruhig zu werden. Sie versuchen, sich dem Posten bemerkbar zu machen, doch der starrt scheinbar absichtslos in die andere Richtung. Sie schlagen gegen die Gitter. Leise erst, dann lauter, rhythmisch. Aufreizend langsam schlendert der Posten heran. «Schto takoje?» Er fragt es mißmutig, ungehalten, schlägt mit dem Schlüsselbund gegen das Gitter. «Wir müssen zur Toilette.» Der Soldat grinst, lehnt sich wieder gegen die Wand: «Toilette nachher!» Für kurze Zeit sind die Frauen beruhigt. Gut, man wird ein wenig warten. Die Zeit vergeht, das Bedürfnis wird immer dringender. Einige der Frauen sitzen schon zusammengekrümmt. Eine weint. «Verdammt noch mal!» Stepha ist von oben herabgeturnt, stößt mit dem Fuß gegen das Gitter. «Macht auf, ihr Idioten, das hält kein Mensch aus.» Die Frauen unterstützen sie mit Schimpfen und Fluchen. Der Posten kommt grinsend heran. «Tische! Jetzt nix Toiletten. Offizier schlafen.» Eine Welle der Empörung geht durch die Frauenmenge, teilt sich den Nachbarzellen mit, wo man jetzt ebenfalls fluchend gegen die Gitter schlägt.

«Ich habe eine Idee», sagt plötzlich Inge, eine der ruhigsten unter ihnen. «Mich haben sie am Wannsee verhaftet, mit Badezeug. Wir benutzen jetzt meine Badekappe, und dann schütten wir das einfach in den Gang.» Die Frauen scharen sich um die Weinende und schirmen sie ab. Danach nimmt jemand die Badekappe und schüttet sie durch das Gitter auf den Gang. Entsetzt springt der Posten zur Seite. Er droht den Frauen mit dem Schlüsselbund und verschwindet im Abteil der Wachmannschaften. Schallendes Gelächter begleitet seinen Abgang. Nach wenigen Minuten erscheint der Offizier. Der Posten öffnet die Gittertür. «Gehen Sie zur Toilette, bringen Sie Eimer und Lappen mit, um den Gang zu säubern.» Nacheinander werden alle Abteile aufgeschlossen.

Die nächsten Tage verlaufen ruhig. Die Posten sind umgänglicher geworden, lächeln sogar manchmal oder wechseln ein paar Worte mit den Frauen. Sie teilen ihre Machorkaration mit allen, und

Männer und Frauen genießen nach langer Zeit wieder die Lust des Rauchens.

Als sie erfahren, daß man gegen Mittag in Gomel sei, wo sie ausgeladen werden sollen, ist der Abschied von der Wachmannschaft fast herzlich.

Nach einer halsbrecherischen Fahrt auf hochbeinigen Lastwagen mit verschlissenen Planen, unter denen sie fast schutzlos dem Fahrtwind ausgesetzt sind, erreichen sie die Peressylka. Stehen wieder wartend im Schnee, bis sie völlig ausgekühlt in einen überheizten Raum geführt werden. Sie müssen sich entkleiden. Ihre Sachen werden, an Ringen befestigt, zur Desinfektion gebracht. Nach Wochen das erste Bad. Riesige Holzzuber mit dampfendem Wasser. Wasser im Überfluß. Danach eine große, weißgetünchte Zelle, saubere Betten und Decken. Die Frauen sind fast übermütig. Scherzworte fliegen hin und her, optimistische Vermutungen werden ausgetauscht. Das grauenvolle Wort Lager verliert in diesen Stunden viel von seinem Schrecken. Die Fischsuppe erscheint ihnen köstlich, die Kascha ein Genuß. Nachdem man die nackte Birne mit einem schirmähnlichen Schal versehen hat, ist es fast gemütlich.

Jäh wird die anheimelnde Stimmung durch einen schrillen Schrei unterbrochen. Sie springen erschrocken auf. Irene sitzt, steil aufgerichtet, mit starrem Blick auf ihre Hand, regungslos auf ihrem Bett. «Ein Vieh! Seht doch nur, was ist das für ein gräßliches Vieh?» Angewidert starrt sie auf ihre Hand, auf der sich ein dunkelbraunes, käferähnliches Tier langsam vorwärts bewegt. «Es hat mich gestochen! Seht doch, die Haut wird rot und juckt!»

Betty beugt sich tief über Irenes Hand und riecht an dem Tier. Dann lacht sie und sagt: «Es gibt eben keine Freude ohne bitteren Tropfen. Dies hier ist einwandfrei eine Wanze, und eine Wanze ist nie allein. Wir werden uns auf eine turbulente Nacht einrichten müssen.»

Fachmännisch sucht sie die Wände ab, rückt den Tieren mit einem Schuh zu Leibe und zerquetscht sie mit wahrer Wonne. Der Gestank, der dabei entsteht, ist abscheulich. Bald ziehen sich überall an den weißen Wänden Blutspuren entlang, und doch bleibt diese Jagd ein vergebliches Unterfangen. Sobald sich nur einige der müden Frauen zum Schlafen niederlegen, lassen sich die Biester von der Decke herab auf die Schlafenden fallen.

Nun ist es schon Gewohnheit geworden, das Warten neben den Gleisen. Man rückt der Kälte wegen so dicht wie möglich zusammen. Die Posten haben ihre Schrecken verloren. Und wieder die übliche Eile beim Einsteigen, wieder das Fluchen und Antreiben der Posten. Sie nehmen es gelassen hin. Ein wenig Streit um die Plätze, aber es regelt sich alles.

Seit drei Wochen sind sie unterwegs. Die Stimmung ist auf den Nullpunkt gesunken. Dreimal schon sind sie an einen anderen Zug angehängt worden. «Ich glaube, wir werden nie ankommen», meint Gudrun. Betty hat mit viel Geschick aus den Posten die nächste Rast- und Anlaufstelle herausgefragt. Krasnojarsk, Sibirien. Zweimal haben sie für längere Zeit gehalten, aber nichts passierte. Sturm pfeift durch die Fensterritzen. Beim letzten Halt werden noch Frauen zugeladen, schneebedeckt, mit weißbereiften Wimpern, Wangen und Nasen gerötet. Im Abteil untergebracht, werden sie schnell munter und scheinen zufrieden. Laut und ungeniert, den Posten nicht beachtend, unterhalten sie sich von Abteil zu Abteil. Sie machen sich lustig über die Posten, lachen schallend über ihren Eifer. Verwegen aussehende Gestalten sind unter ihnen. Ausgezogen bis auf Wattehosen und Unterhemd, die Arme tätowiert, schlendern sie den Gang entlang zu den Toiletten, bleiben mal hier, mal dort stehen, unterhalten sich, schlendern weiter. Vor dem Abteil der Deutschen verweilen sie längere Zeit, betrachten sie eingehend, sehen staunend auf die unzureichende Kleidung, das dünne Schuhwerk, die mageren Bündelchen. Manchmal fragt eine nach dem Woher. Die Antwort «Deutschland» quittieren die einen mit finsterem Gesicht, andere mit einem zaghaften Lächeln. Sie reden nicht viel. Einige von ihnen, eingehüllt in lange weite Röcke, die Kopftücher tief ins Gesicht gezogen, gehen stumm, mit scheuen Blicken vorbei, in denen manchmal eine Spur Mitleid zu sehen ist.

«Menschenskinder, mit denen sollen wir leben! Die einen wie die anderen sind merkwürdig. Wo mögen die wohl herkommen?» Gudrun ist ganz verstört. «Ach, kümmer dich nicht darum, wir kommen bestimmt in ein Lager nur mit Deutschen. Sie haben ja genügend von uns eingesperrt. Das füllt schon ein Lager.» «Aber Respekt vor den Posten haben die nicht, die können mit ihnen umgehen», stellt Berta fest. «Ob wir wohl auch so warme Kleidung bekommen?» «Natürlich, ohne die kommen wir nicht aus. Wenn wir am Leben bleiben und arbeiten sollen, dann müssen sie uns vernünftig anziehen.»

Die Verpflegung hat sich nicht geändert. Salziger, fetter Fisch, mal mehr, mal weniger klitschiges Brot, aufgetauter Schnee. Sie haben sich daran gewöhnt. Zu ihrer Unterhaltung reden sie dauernd von besonders gutem Essen, tauschen Kochrezepte aus und schwelgen in lauter Genüssen, die Stepha nicht einmal dem Namen nach kennt. Sie tun so, als habe es nie Krieg, keine Rationierung, keine Lebensmittelmarken gegeben. Als habe man nie stundenlang nach einem Brot oder einer Sonderration Fleisch angestanden. Bis ihnen das Thema zuviel wird. Dann kommen die Witze, Witze, die Männer eines Stammtisches erröten ließen, oder man bittet Betty, von ihren Erlebnissen zu erzählen. Betty ist willig, und sie genießen den Schauer der Verdorbenheit, der von diesen Geschichten ausgeht. Dann wird Stepha wütend über Betty, macht ihr Vorwürfe. Aber Betty lacht nur: «Ach, Stepha, glaube mir, ihre Phantasie ist verdorbener als alles, was ich ihnen jemals erzählen könnte. Was soll es, es lenkt ab und vertreibt uns die Zeit.»

Das ständig feuchte, schwere Brot und der fette Fisch treiben ihre Bäuche auf. Sie leiden unter Blähungen, beschimpfen sich gegenseitig, wenn sie sich erleichtern. Sie sind unduldsam. Helga ist nach oben gezogen, fort aus Elisabeths Nähe: «Ich kann sie nicht mehr ertragen.» Mehr sagt sie nicht. Ein neuer, durchdringender Geruch macht sich breit, zieht aus dem Nachbarabteil herüber. «Pfui Teufel, das stinkt ja nach Knoblauch. Das kommt von drüben. Die fressen Knoblauch wie die Wilden. Mir wird ganz schlecht davon. Herrgott, was müssen wir denn noch alles ertragen?» Elisabeth hat laut gesprochen, hysterisch. Die Stimme aus dem Nebenabteil ist auch laut, aber gefährlich ruhig. Die Frau spricht gut deutsch: «Du wirst ihn noch fressen lernen, du verdammte Deutsche. Du wirst froh sein, wenn dir jemand ein winziges Stück gibt. Er ist gesund. Ich schätze, du wirst nicht gut leben unter uns Wilden. Hitler ist kaputt! Er hat es nicht geschafft, uns Wilde auszurotten. Dafür werden wir euch fressen, auf unsere Art. Mit Knoblauch!» Schallendes Gelächter der Russinnen folgt dieser Rede.

Betty tritt mit dem Fuß nach Elisabeths Schulter, die wütend zu ihr aufsieht. «Wie oft habe ich schon gesagt, du sollst deine ständigen Hetzereien lassen.» Stepha ist nach unten gestiegen, bleibt vor Elisabeth stehen. «Bevor wir ankommen, haue ich dir noch eine runter. Du wirst uns nur Ärger machen.» Sie ballt die Faust, hält sie vor Elisabeths zurückweichendes Gesicht. «Merk es dir, ich mache keinen Spaß.» Als Stepha sich umsieht, blickt sie in mißbilligende Gesichter. Gerda, die die gegen Stepha gerichtete Stimmung erkennt, macht sich zu Elisabeths Fürsprecherin: «Daß du dich nicht schämst! Du bist noch viel zu grün, um zu verstehen, was die hier mit uns machen. Sollen wir sie dafür auch noch lieben und alles widerspruchslos hinnehmen?»

«Ach du, du bist genauso wie Elisabeth. Auch eine von den Gestrigen.» Irene wispert Stephas Namen. Als Stepha zu ihr hinsieht, legt Irene den Finger auf den Mund und schüttelt den Kopf. Stepha erklimmt wieder ihren Platz. «Du bist zu weit gegangen, Stepha, so geht das nicht. Wir können uns nicht gegenseitig Prügel androhen.» Irene sagt es freundschaftlich, aber sehr bestimmt. «Ja, aber», widerspricht Stepha trotzig, «sie werden uns das Leben nur unnötig schwermachen. Stell dir vor, wir kommen mit den Russinnen in der Peressylka in eine Zelle.» Irene nimmt Stephas Hand: «Sieh, Stepha, auch die russischen Frauen können sehen und denken. Sie werden sehr schnell herausfinden, wer sie beschimpft und angreift, und sie werden sich zu verteidigen wissen. Sie selbst, verstehst du? Sie sind Gefangene wie wir. Dem gleichen Schicksal ausgeliefert. Auch sie wollen sicher in Ruhe und Frieden leben.» Stepha ist verlegen. «Du hast recht, Irene, aber ich war so wütend und gereizt.»

Entschlossen rutscht sie wenig später an den Pritschenrand, steigt wieder nach unten. Elisabeth sieht sie mißtrauisch an, als sie vor ihr steht. «Es tut mir leid, Elisabeth. Entschuldige bitte. Und du auch, Gerda. Es war nicht richtig von mir.» Elisabeth nickt nur. Gerda sieht sie mit großen runden Augen an. Dann streckt sie Stepha die Hand entgegen. «Danke, Stepha, das ist lieb von dir. Es hatte mich traurig und ängstlich gemacht, verstehst du? Dann fürchtet man das Kommende um so mehr.» Stepha turnt erleichtert wieder nach oben. Irene und Betty sehen sie zufrieden an. Nur Gudrun murmelt: «Der kleine Pfadfinder. Jeden Tag eine gute Tat!» Stepha stört es nicht, sie fühlt sich gut und erleichtert.

An Schlaf denkt keiner mehr: In drei Stunden, so haben sie vom Posten erfahren, werden sie in Krasnojarsk sein. Sie werden eine warme Suppe bekommen, Kascha essen, aus Bechern trinken und auf einem Bett schlafen können. Krasnojarsk erscheint ihnen wie eine Oase.

Endlich beginnt der Zug an Fahrt zu verlieren, langsam zu bremsen. Ihre Waggons werden abgekoppelt und, wie immer, auf ein Nebengleis gestellt. Dann die üblichen Geräusche, Befehle, Türenschlagen. Die Posten lassen die Fenster herunter, lehnen sich hinaus, atmen voll Behagen die kalte klare Luft ein. «Endlich zu Hause, schlimme Fahrt zu Ende», sagt einer von ihnen erleichtert zu den Frauen. Auch die anderen Posten zeigen zufriedene, lachende Gesichter. Ihr Dienst ist zu Ende. Sie werden die Gefangenen übergeben und sich dann ausruhen können.

Stepha sieht ihnen zu, wie sie die Fenster schließen, die Mütze verwegen zurechtrücken. Die Gesichter werden lebendig, unternehmungslustig. Zu Hause. Ein Zauberwort. Sie werden ein Mädchen haben, das sie schon erwartet. Sie werden zum Tanzen oder ins Kino oder Hand in Hand durch den Winterabend gehen, vielleicht von der Zukunft sprechen, Pläne machen, Liebesworte flüstern, irgendwo stehenbleiben und sich küssen. Manche werden mit Frau und Kind behaglich am Tisch sitzen, von der Reise erzählen. Bestimmt führen sie ein einfaches Leben, aber es ist ein Leben.

Sie hat nichts mehr von dem, was Leben heißt. Sie weiß nicht einmal, was sie am nächsten Tag erwartet. Und sie wollte, sie wäre eines dieser Mädchen oder Frauen. Sie beneidet sie. Eine Familie haben, welch ein großes, unermeßliches Glück. Sie schrickt zusammen, als Irene sie anstößt. «He, Stepha, träumst du, willst du hier allein zurückbleiben?» Die Frauen drängen schon zur Tür hinaus. Stepha und Irene müssen sich beeilen.

Weiche Dämmerung liegt über der Schneelandschaft. Der Himmel zartviolett, noch feine Streifen Sonnengoldes zeigend. Es wird ein schöner Tag werden, ein Sonnentag, denkt Stepha, ein Tag zum Rodeln, Schlittschuhlaufen oder zum Spazierengehen. Als sie die Peressylka erreichen, geht die Sonne am Horizont hinter der Stadt auf, läßt die Häuser wie Schattenrisse erscheinen und ihre zum Teil erleuchteten Fenster blaß werden.

In einem großen Raum, rings an den Wänden Bänke, bedeutet man ihnen, sich auszuziehen. Die großen Metallringe, mit denen die Kleidung zum Desinfizieren gebracht wird, hängen schon an Haken hinter den Bänken. Während des Auskleidens nehmen Russinnen und Deutsche einander in Augenschein. Mißtrauische Blicke von beiden Seiten, Mitgefühl der Russinnen, als sie die dürftige Kleidung der deutschen Frauen sehen, da und dort ein schüchternes Lächeln, zaghaft, verstohlen erwidert. Als sie sich ihrer Kleidung entledigt haben, unterscheiden sie sich kaum voneinander, lediglich die prächtigen, lang herunterhängenden oder zu Kronen aufgesteckten Zöpfe der Russinnen unterscheiden sie von den Deutschen.

Die einzigen, die sich freier, lebendiger benehmen, sind die Tätowierten. Sie sind es auch, die erste Kontakte knüpfen, Fragen stellen. Man tastet sich gegenseitig ab, versucht miteinander ins Gespräch zu kommen. Viele der Russinnen beherrschen die deutsche Sprache. Als zwei Männer in Drillichkleidung den Raum betreten und die mit der Kleidung behängten Ringe einsammeln, entsteht Verwirrung unter den Frauen. Die blaugekleideten Schlitzäugigen lächeln kaum merklich. Sie tun ihre Arbeit schnell, beladen sich mit den Ringen und Kleiderbergen und verlassen stumm wieder den Raum.

«Gibt es denn hier keine Frauen, die uns versorgen?» fragt eine, die Schamröte noch im Gesicht. Eine der Tätowierten lächelt überlegen, macht eine wegwerfende Handbewegung. «Macht euch nichts draus. Hier in Krasnojarsk ist das immer so. Sie haben hier noch einige Chinesen, die früher Kriegsgefangene waren. Sie machen den Badebetrieb. Wir werden sie noch häufiger zu Gesicht bekommen.» «In der Banja auch?» fragt Berta Horn entsetzt. Die Tätowierte lächelt breit. «So ist es. Aber habt keine Angst, sie sind stumm wie die Fische. Sie lächeln nur.»

Die Tür zur Banja öffnet sich. Der herrliche Geruch nach Wasser und Seife strömt ihnen entgegen. Der Blaue macht eine einladende Bewegung. Zögernd folgen die Zaghaften den Mutigeren. Das heiße Wasser lockt. Richtig warm werden, das Blut wieder kreisen fühlen. Dieser Wunsch überwindet alle Scham. Der aufsteigende Wasserdunst läßt ohnehin alle Konturen verschwimmen.

Danach geht es zurück in den Raum mit den Bänken. Aber während sonst die heißen Ringe mit der desinfizierten Kleidung schon bereithängen, müssen sie diesmal warten. Sie hocken auf den Bänken mit vom Bad geröteter Haut, still, mit gesenkten Augen. Als der Blaue den Raum betritt, trägt er einen Schemel mit kurzen Beinen in der Hand, in der anderen ein Rasiermesser. «Mein Gott, werden uns jetzt die Köpfe geschoren?» Unwillkürlich fahren viele Hände schützend an die Köpfe. Ein zweiter Blauer taucht auf. Lässig trägt er einen Stuhl an zwei Fingern seiner Hand, stellt ihn in die Mitte des Raumes. Er bedeutet den Frauen, sich in einer Reihe hintereinander aufzustellen. Widerstrebend gehorchen sie. Keine will die erste sein. Immer wieder gerät die Reihe durcheinander, weil die von vorn wieder nach hinten laufen.

«Nu dawai, perwaja slesajetsa na stul! Nun schnell, die erste auf den Stuhl!» fordert der Blaue die ihm am nächsten stehenden Frauen auf. Die Frauen weichen zurück, weit zurück, bis an die Wand, gegen die sie sich pressen, Arme und Hände fest an den Körper gedrückt. Die Reihe hat sich wieder aufgelöst. Der Blaue sagt etwas zu seinem auf dem Schemel sitzenden Kameraden. Der lacht, macht eine Bemerkung, die auch den anderen lachen läßt. Sie sehen mit ihren dunklen Augen auf die Frauen. Ihre Gesichter zeigen keine Gemütsbewegung. Noch ein paar Worte, dann geht einer achselzuckend hinaus, kommt mit einer jungen Frau in Uniform zurück.

«Poschli! Nam tolko wremeni net. Macht, wir haben nicht viel Zeit.» Ihre Stimme klingt unbeteiligt, gleichgültig. Sie geht auf die ihr am nächsten stehende Frau zu, greift sie am Arm und führt sie zu dem Stuhl. «Slesai! Steig hoch!» sagt sie leise. Es ist etwas in dieser Stimme, was keinen Widerspruch duldet. Die noch junge Frau steigt, sich mit einer Hand an der Lehne des Stuhles haltend, mit der anderen ihre Blöße bedeckend, auf den Stuhl. Steht nun, beide Hände über dem Schoß gekreuzt, mit hochroten Wangen und gesenkten Augen direkt über dem Blauen. Ihr Körper, ihre Brüste sind gnädig von dem lang herabfließenden Haar bedeckt. Der zweite Blaue nimmt hinter dem Stuhl Aufstellung, ergreift mit beiden Händen die Arme der Frau, zieht sie mit sanfter Gewalt nach hinten. Stepha starrt mit angehaltenem Atem auf dieses Geschehen. Jede Einzelheit nimmt sie wahr: die Rückenmuskeln der Frau, die sich verkrampfen, das lange Haar, das über die Schulter nach vorn fällt, die fest zusammengepreßten Schenkel, die lange Hand des Blauen, der zwischen die Beine der Frau greift, die sie mit einem Wehlaut lockert. Es ist wie ein Bild aus einem grausigen Stummfilm, das sich ihr mit allen Einzelheiten einprägt. Sie sieht mit aufeinandergepreßten Lippen, wie er das Rasiermesser ansetzt, hört das schabende Geräusch auf der Haut, sieht, wie die Frau erst das eine, dann das andere Bein über die Kante des Stuhles hinausstreckt. Dann läßt er sie los, und während sie noch vom Stuhl steigt, sagt die Uniformierte: «Dawai, sledujuschtschuju. Schnell, die nächste.» Als keine reagiert, verschwindet das Lächeln auf dem Gesicht der Uniformierten, und sie zeigt auf irgendeine, sagt kurz: «Poschli.» Erst als sie das winzige Zögern bemerkt, macht sie einen Schritt auf die Frauen zu. Da geht die Frau, steigt auf den Stuhl, hält die Hände vor das Gesicht. Währenddessen rasiert der andere Blaue die vom Stuhl Gestiegene unter den Achselhöhlen. Die schwere Brust ist ungeschützt den Blicken preisgegeben, während sie ihren Arm nach oben streckt.

Es ist so still, daß nur das Schaben der Messer zu hören ist. Die Körper sind naß vor Schweiß. Immer wieder versuchen die Frauen, nach hinten auszuweichen. Sie stehen in dichtem Haufen, als wollten sie sich in der Menge verbergen.

«Nein», sagt Betty plötzlich, «kommt, wir stellen uns hintereinander auf. Dieses Spießrutenlaufen macht doch alles nur noch schlimmer. Wir können dieser Prozedur ohnehin nicht entgehen.» Berta Horn geht als nächste. Mit erhobenem Kopf. Hertha, Betty und Gudrun schließen sich an. Dann steigt Stepha ohne Aufforderung auf den Stuhl, stellt die Füße fest an die Stuhlkante, so daß sie mit leicht gegrätschten Beinen steht. Sie sieht in die Augen des Blauen, der fast verlegen, die Hand leicht auf ihrem Schenkel, vorsichtig mit der Rasur beginnt. Es kratzt scheußlich. Stepha verzieht keine Miene. Sie sieht auf das schüttere Haar des Mannes, die tiefen Falten unter den hohen Backenknochen, die Haut, die sich wie feines geknittertes Pergament über das ganze Gesicht spannt. «Gotowa, fertig», sagt er lächelnd. Sie springt vom Stuhl, stellt sich mit erhobenem Arm, ihm die Achselhöhle bietend, vor dem anderen Blauen auf. Er steht vor ihr, sein Blick gleitet über ihren Körper, leicht spannt er ihre Haut mit seinen Fingern, beginnt behutsam die noch weichen Härchen zu rasieren und sieht ihnen mit seltsamem Ausdruck nach, als sie langsam zu Boden gleiten. Schnell kleidet sie sich an. Alle reden nun, nachdem es überstanden ist, miteinander, als sei von dem, was sie so gefürchtet hatten, nichts zurückgeblieben. Und dennoch, Stepha ist tief betroffen von ihrer Recht- und Wehrlosigkeit. Und sie ist sicher, daß es den anderen ebenso ergeht, auch wenn sie nun wieder dumme Witze machen.

Mit zwei älteren Frauen, die den Stuhl absolut nicht besteigen wollen, gibt es noch Ärger. «Sie gehören einer Sekte an», erklärt eine der Russinnen. Die Uniformierte reißt erst die eine, dann die andere zum Stuhl, zwingt sie mit Püffen und klatschenden Schlägen zum Gehorsam. Ungerührt sehen die anderen Frauen zu.

Später, als sie fertig sind, räumen die Blauen Stuhl und Schemel zur Seite, fegen mit Besen und Schaufel die Haare zusammen und ziehen sich schweigend mit einer tiefen Verbeugung vor den Frauen zurück. Während noch seidige Haarfluten geflochten werden, in deren Pracht, die sie so schimmernd und leuchtend noch niemals sah, Stepha ganz versunken ist, wird die Tür aufgerissen, der Raum füllt sich mit Uniformierten, Namen werden aufgerufen, Gruppen eingeteilt. Ein Wink, und die erste Gruppe verläßt den Raum. Sie werden in riesige, frischgekalkte Zellen geführt. Sie wissen inzwischen, was das heißt. «Aha, Wanzenburgen. Das wird eine lustige Nacht», sagt Betty resignierend.

Drei Russinnen sind mit in ihre Zelle gekommen. Sie scheinen nicht sehr glücklich darüber zu sein. Sie sitzen abseits auf einem Bett, reden leise miteinander, werfen neugierige Blicke auf die Deutschen. Ihre Haltung ist abweisend.

Drei Tage Fischsuppe. Drei Nächte Wanzenjagd, wie sie es in noch keiner Peressylka erlebt haben. Die Zelle stinkt nach dem bitteren Geruch der Wanzen. An den Wänden ziehen sich breite, blutige Spuren entlang. Trotzdem sind die Frauen mit fürchterlich jukkenden Beulen übersät. Seit zwei Tagen haben sie nichts mehr zu rauchen. Die Posten, meist Frauen, sind unfreundlich und barsch.

Der Befehl zum Aufbruch, zum erneuten Transport, läßt sie alle aufatmen. Als Stepha aus dem dämmrigen Flur hinaus in die gleißende Helle tritt, erblickt sie neben der Tür die blaugekleidete Gestalt des jungen Chinesen, sieht in zwei warme, schwarze Augen, in ein noch junges Gesicht voll Trauer und Resignation. Fühlt die Berührung an ihrer Hand wie einen Windzug, bleibt stehen, als er sich vor ihr verneigt, läßt sich von den nachdrängenden Frauen zur Seite schieben, bis sie dicht vor ihm steht. «Dein Weg möge leicht sein, wie eine Feder im Wind», sagt er, kaum die Lippen bewegend. Ehe sie noch etwas sagen kann, drängt sie das «Dawai, dawai» des Postens an ihm vorbei. Der Schnee blendet ihre Augen, so daß sie ihn, als sie sich noch einmal umwendet, nur noch schemenhaft wahrnimmt.

Mit dem Rücken zur Fahrtrichtung stehend, sieht sie die weißen Mauern der Peressylka kleiner und kleiner werden, bis sie schließlich mit dem Schnee zu einer Fläche verschmelzen, die zum Horizont wird.

Ihre Gedanken sind verworren, wie plötzlich aufgescheuchte Vögel. Ab und zu setzt sich einer der Gedanken zur Ruhe, nimmt Form an. Ich bin kein Kind mehr, denkt sie. Er hat mich bewundert und begehrt. Sie liegt auf der harten Pritsche des Abteils, genießt das leichte Wiegen des Zuges, das sich harmonisch in ihre Träume einpaßt.

«Zweieinhalb Tage bis Taischett, wenn wir Glück haben.» Irene hat es von einem freundlichen Posten erfahren. Sie hat auch Tabak und Papier geschnorrt. Zweieinhalb Tage, was sind sie gegen wenige Minuten, die ein Leben lang lebendig bleiben? Stepha ist wortkarg und verschlossen, meidet jede Berührung, als könne sie damit jene andere, leichte halten. «Bist du krank, Stepha?» Irene fragt es besorgt. Stepha schüttelt den Kopf. Antworten mag sie nicht. Betty hat als einzige der Frauen das Geschehen zwischen Stepha und dem Chinesen bemerkt und lächelt wehmütig.

Unaufgefordert gibt sie wieder und wieder einige ihrer pikanten Erlebnisse zum Besten. Die Frauen lauschen gespannt. Die leichte Bitterkeit in Bettys Stimme entgeht ihnen. Sie schätzen den Nervenkitzel dieser Unterhaltung, lieben es, so über den Zaun schauen zu können, der sie von solchen Menschen trennt. Keiner von ihnen kommt je der Gedanke, daß Betty wohl nicht immer eine solche Person gewesen sein kann. Niemand fragt sie nach anderen Erfahrungen ihres Lebens, nach den Wünschen und Träumen, die sie gehabt haben mag. Ausgerechnet Elisabeth, die diese Art Erzählungen immer wieder herausfordert und ihnen mit besonderer Lüsternheit lauscht, sagt dann eines Tages: «Ja, zur Dirne muß man wohl geboren sein!» Die anderen schweigen und sind nachdenklich oder betroffen, aber nicht eine von ihnen verteidigt Betty. So trägt Betty auch in diesem Kreis ihre Rolle wie eine zweite Haut, von der sie selbst nicht weiß, wie sehr sie mit ihr verwachsen ist. Sie weiß auch nicht, ob sie wie eine Schlange aus ihr herausschlüpfen soll, um ihr anderes Sein zu zeigen. Zu groß sind Verachtung und Widerwille in ihr geworden. Sie erzählt, spielt den Clown und ist zufrieden, wenn die anderen über ihre Geschichten, auf ihre Kosten, lachen.

Nur Irenes ernst auf sie gerichtete Augen irritieren sie zuweilen und führen dazu, daß sie manche Geschichte, zur Enttäuschung der anderen, abrupt abbricht. Zugleich aber scheint Irenes Gegenwart in ihr eine ferne Vergangenheit heraufzubeschwören, in der es keinen Unterschied gab zwischen einer wie Irene und ihr.

Sibirien, Land der Straflager

Der Heulton der Lokomotive. Der Soldat läßt das Fenster herab. Eisige Luft durchzieht den Waggon. Sie drängen an das Gitter, um aus dem Fenster sehen zu können. In der Ferne einige Holzhäuser. Steil aufsteigender Rauch aus Schornsteinen. Vergißmeinnichtblauer Himmel wölbt sich über Wälder und Weiten, verschmilzt am Horizont mit dem funkelnden Schnee. Die Weite des Landes läßt sie verstummen. «Taischett!» sagt der Posten.

«Poschli!» sagt ein Posten ruhig, und die Männer formieren sich in Viererreihen, setzen sich in Bewegung. Die Frauen schließen sich ihnen an und gehen die wenigen Meter auf das Lager zu. Das Tor öffnet sich. Man führt sie über einen breiten, von Schnee geräumten Weg zum Lagerplatz. Von diesem führen schmale Wege zu den einzelnen, tief verschneiten Baracken. Rechts und links der Wege aufgetürmte Schneemassen. Auf dem Lagerplatz werden die Männer von den Frauen getrennt, in ihre Baracken eingewiesen.

Die Männer sind alle untergebracht. Die Posten kommen zurück, winken den Frauen, ihnen zu folgen. Ein Pförtnerhäuschen, mit einem Soldaten besetzt, trennt die Frauenbaracke vom Männerlager. Nacheinander treten sie durch die Pforte, sammeln sich wieder auf dem freien Platz neben der Baracke. Ein Posten geht voraus, öffnet die Barackentür. Sie drängen hastig hinein, gilt es doch, einen günstigen Platz zu erwischen. Neugierige Augenpaare, die sie nicht eben freundlich mustern, empfangen sie.

Die Baracke ist überfüllt. Überall drängen sich Frauen auf den oberen und unteren Pritschen. Es scheint hoffnungslos, hier noch unterzukommen. Die Posten und die Barackenälteste, eine Frau mit herbem, pockennarbigem Gesicht, muskulösen, bunt tätowierten Armen, machen das Unmögliche möglich. Ein Durcheinander drängender Leiber, zusammengeschobener Bündel. Die Barackenälteste greift selbst mit zu, schreit, wo es Widerspruch gibt. Flüche, zeternde Stimmen der Betroffenen. Ganz Eifrige klettern schon auf freiwerdende Plätze. «Zusammenbleiben!» sagt Betty. Und Irene, Stepha, Berta Horn und Gudrun zwängen sich auf einen Platz, der höchstens für drei Raum gibt. Sie drängen und schieben, deponieren ihre Bündel am Kopfende, sitzen endlich dicht nebeneinander. «Das hält keiner aus, in einer Sardinendose kann es nicht enger sein.» «Macht nichts, Gudrun. Rechts und links können sie noch zusammenrücken. Sie werden es auch tun», stellt Betty nach einem Blick in die Runde fest.

Die Verständigung ist schwierig. Ukrainerinnen, Polinnen, Lettinnen und Deutsche versuchen es, so gut es geht. Viele sind während des Krieges nach Deutschland deportiert worden.

Die Nächte sind quälend. Körper liegt an Körper. Die Ausdünstungen sind grauenhaft. Knoblauchgeruch dringt aus Poren und Kleidern. Eine Möglichkeit des Lüftens gibt es nicht. Die Türen werden verschlossen, die Fenster sind an den Rahmen dicht mit Zeitungspapier verklebt. Abgedichtet, des Frostes und der Stürme wegen.

Jeder sehnt den Morgen herbei. Die offene Tür. Die Möglichkeit, ein paar Schritte in der klaren Luft zu gehen. Durch Abwesenheit des anderen etwas mehr Platz zu haben, am Tag noch nachschlafen zu können. Allein das Gefühl, durch die Tür nach draußen zu gehen. Die wenigen Meter am Zaun entlang sind ein Stück köstlicher Freiheit, das sie wieder und wieder auskosten. Dennoch, die Stimmung in der deutschen Gruppe ist bedrückt. Sie haben sich umgehört, es gibt nur wenige Deutsche in den Lagern, und es ist absolut nicht sicher, daß sie zusammenbleiben werden. Es gibt viele «Kolonnen», so nennt man hier die Lager an der Trasse zwischen Taischett und Bratsk. Jede Kolonne hat eine Nummer, die sich aus der Entfernung in Kilometern zwischen Taischett und Bratsk ergibt.

Rundum die Taiga, Weite und Wald, einige kleine Dörfer, Ansiedlungen, die Wolnaja Ssylka, freie Ansiedlungen von nach Sibirien Verbannten.

«Laßt doch die Köpfe nicht schon vorher hängen.» Betty versucht immer wieder zu trösten, aufzurichten. Aber die Herzen klopfen wie wild, als früh am Morgen ein Offizier in Begleitung eines Postens die Baracke betritt. Ein Transport. Namen um Namen liest der Offizier von der Liste. Es sind etwa dreißig Frauen. Keine Deutsche ist dabei. Noch ehe die beiden die Baracke verlassen haben, beginnt ein hektisches Treiben. Sachen werden zusammengelegt und in Beuteln verstaut, Decken gerollt und verschnürt. «Manchmal wird dabei versehentlich auch etwas vom Nachbarplatz mit eingepackt», erklärt eine junge Polin Irene. «Wie gut, daß wir nichts haben, so kann man uns auch nichts nehmen», spottet Gudrun. «Oh, sag das nicht. Ihr habt einiges, was andere interessiert. Im Lager werdet ihr eingekleidet, und eure Bündel werden sich vergrößern. Dann könnt ihr mit euren Privatsachen Tauschgeschäfte machen.» Stepha nickt. «Mich haben schon einige gefragt, ob ich nicht meinen Mantel eintauschen möchte.» Ein eifriges Gespräch über die Tauschgeschäfte im Lager setzt ein: Seidenstrümpfe gegen Machorka. Aber auch Schuhe interessieren, Blusen, Röcke, einfach alles, was anders aussieht als die übliche Lagerkleidung. «Eigentlich muß es sich im Lager leben lassen», murmelt Berta Horn, und als alle sie erstaunt ansehen, lächelt sie verlegen und erklärt: «Nun, ich denke mir, wenn man den Frauen die Eitelkeit schon nicht abgewöhnen konnte, dann muß da doch noch mehr Menschliches geblieben sein.» «Hört, hört! Unsere Berta. Klug und weise. Aber sie hat recht. Und ich bin überzeugt, wir werden noch mehr Lebenswertes vorfinden.» Gudrun legt den Arm um Bertas Schulter, was sie sich verlegen zwar, aber doch nicht ungern gefallen läßt.

Als die Frauen zum Transport geholt werden, atmen alle erleichtert auf. Endlich Platz, endlich vom Nachbarn ein Stück wegrücken können. Sie breiten sich aus, ordnen ihre Plätze. Durch die offene Tür dringt kalte, klare Luft. Alle Gedanken, alle Gespräche kreisen um das, was sie erwartet. Wie wird man im Lager leben können?

Die Arbeit soll schwer sein. Aber andere haben es doch auch überstanden.

So vergeht Tag um Tag, Woche um Woche. Inzwischen ist es März geworden, täglich wird die Sonne wärmer. Sie sitzen draußen gegen die Barackenwand gelehnt und genießen die Sonne.

Stepha denkt oft an Renate. Wird sie sie hier, in irgendeinem Lager, wieder treffen? Es ist schwer, nach ihr zu forschen, sicher war Seifert ein Deckname.

Neugierig durchstreift sie die Baracke, beobachtet die Menschen. Hier und da findet sie schon Kontakt.

Wiederholt wird sie auf ihren Mantel angesprochen. Irgend jemand scheint ihn unbedingt haben zu wollen. Die Mittlerinnen bieten immer mehr. Aber Stepha bleibt fest. Nein, den Mantel wird sie nicht eintauschen. Der bleibt für den Notfall. Auch wenn ihr das Wasser im Munde zusammenläuft, als sie sieht, wie eine Glückliche an ihrem Speck lutscht.

Als sie eines Tages in die Mütterbaracke kommt, empfängt sie dort betretenes Schweigen. Wera sitzt, den kleinen Boris fest an sich gepreßt, mit verquollenem Gesicht auf ihrem Bett. Auf Stephas fragenden Blick reagiert sie nur mit einem Aufschluchzen. Hilflos setzt Stepha sich neben Wera. Es ist ungewöhnlich still in der Baracke. Stepha sieht sich um. Die Frauen schauen alle stumm und mit stumpfen Gesichtern auf Wera. «Was ist geschehen? Sagt es mir doch!»

«Man hat ihr das Geld gestohlen! Irgendein Schwein hat ihr alles genommen.» Marina sagt es, mit vor Wut und Zorn bebender Stimme. Stepha sieht die Frauen entsetzt an. «Aber das ist doch nicht möglich! Es ist doch immer jemand in der Baracke.»

«Im Lager ist alles möglich, außerdem sitzen wir, wie du weißt, in der Mittagszeit mit den Kindern in der Sonne. Da ist die Baracke schon einmal leer. Und wer sind wir denn hier schon untereinander? Wir sind uns doch völlig fremd. Nichts gibt es, was uns verbindet oder zu Freunden macht. Wir gehen alle in eine ungewisse Zukunft. Es geht doch jedem nur um die eigene Haut.»

Verstört sieht Stepha zu Marusja hinüber. «Was soll nun werden,

Marusja? Man muß doch etwas tun. Wera kann doch nicht ohne Geld bleiben! Wie soll sie denn leben?» Alle wissen, wie unmöglich es ist, der Diebin auf die Spur zu kommen. Stepha nimmt Wera den weinenden Boris ab. Sie wiegt ihn in ihren Armen, während sie den Gang auf und ab geht. «Wir können ihr nicht helfen, Stepha. Verstehst du? Jeder von uns hat weniger, als er für die erste Zeit brauchen wird. Selbst wenn jede von uns eine Kleinigkeit geben würde, es käme nichts dabei heraus.» Stepha nickt. Sie weiß ja, daß sie alle in der gleichen Situation sind. Aber sie weiß auch, was sie tun kann und tun wird.

«Sag bitte Olga, daß ich mit ihr reden muß», bittet sie die Barackenälteste. «Sag ihr, wenn es möglich ist, sofort! Ich komme zum Zaun!» Sie blickt auf das Kind in ihrem Arm, das nun wieder zufrieden, an drei Fingern lutschend, ihrem Blick lächelnd begegnet. Sie hebt Boris an ihr Gesicht, atmet den weichen, warmen Duft des Kindes ein, fühlt beglückt die weiche Haut, den Griff der kleinen Hand in ihrem Haar. «Für dich, mein kleiner Liebling. Für dich habe ich ihn aufgehoben. Vielleicht wirst du es einmal erfahren. Ich kann etwas für dich tun, und das macht mich glücklich.»

Sie setzt Wera das Kind wieder auf den Schoß. «Ich komme gleich wieder, ich muß was erledigen.» Wera nickt teilnahmslos. Stepha sieht voll Erbarmen auf sie nieder. Morgen, denkt sie, morgen wirst du wieder froh sein. Ein erregendes Gefühl steigt in ihr auf. Sie kann das Leben eines anderen Menschen wieder leichtmachen, und dies hier, in Unfreiheit, in Gefangenschaft. Man hat ihr also nicht alles nehmen können.

Die Verhandlung mit Olga, die schon immer die Mittlerin für die Mantelinteressentin machte, geht glatt und schnell. Zweihundert Rubel und eine Wattejacke. Stepha ist zufrieden. Wozu braucht sie im Lager einen Mantel?

Der Diebstahl hat Unruhe in die Frauenbaracke gebracht. Alle sind empört. Eine muß die Diebin sein. Die Frauen tuscheln miteinander, sehen scheu in die Ecke der Blatnajas, der «Kriminellen» unter den Häftlingen. Wem, wenn nicht ihnen, kann man diese gemeine Tat zutrauen? Doch niemand wagt, das offen auszusprechen.

Die Angst vor diesen selbstsicheren, abenteuerlich aussehenden Frauen ist groß. Ljuba, offensichtlich die Geachtetste dieser Gruppe, bemerkt die Stimmung unter den Gefangenen.

Herausfordernd stellt sie sich in die Mitte der Baracke und beginnt zu sprechen: «Hört zu, ihr Frauen, ich weiß, was ihr denkt und tuschelt. Nun, ich sage euch, es war keine der Unsrigen.» Unter den aufgekrempelten Ärmeln des Männerhemdes lassen die sehnigen Arme deutlich die Tätowierungen erkennen. Die Hände sind tief in die Hosentasche versenkt, und als sie mit einer Hand eine Drohgebärde macht, um ihre Worte zu unterstreichen, kann man ihre Tätowierungen bis auf die Fingerspitzen hinauf verfolgen. Ihre dunklen Augen blitzen unheilverkündend, als sie fortfährt: «Nun, so wahr ich Ljuba Burnassowa heiße, ich werde die Diebin ausfindig machen, und wenn ich dabei die Baracke auseinandernehmen muß.» Sie blickt zornig die Reihen der Frauen entlang, ehe sie weiterspricht: «Ich gebe der Diebin noch eine Chance, das Geld heimlich zurückzulegen, aber morgen beginne ich zu suchen.» Nach diesen Worten geht sie zu ihrer Gruppe zurück und redet eindringlich auf sie ein. Die deutsche Gruppe hat nichts von dem verstanden, was Ljuba gesagt hat. Stepha und Irene versuchen, den Inhalt dieser Ansprache in Erfahrung zu bringen. Es gelingt ihnen nur unvollständig, und so geht Stepha ihrem Mißverständnis entgegen.

Das Mantelgeschäft wird ohne Schwierigkeiten abgewickelt. Stepha verspricht, Stillschweigen darüber zu bewahren. Danach geht sie in die Mütterbaracke, und während Wera ihr Kind füttert, steckt Stepha das Geld unter Weras Kopfkissen, redet noch einige Worte mit Wera und geht dann bald in ihre Baracke zurück. Sie ist glücklich und zufrieden mit dem Tausch. Für die restlichen zwanzig Rubel wird sie sich noch Machorka kaufen können. Nur Irene vertraut sie sich an. Nach dem Otboi steht plötzlich Ljuba vor ihrem Platz, reißt sie an den Armen hoch. Eine Flut unverständlicher Worte ergießt sich über sie. Willenlos, vor Angst zitternd, läßt sie sich in die Mitte der Baracke ziehen. Alle starren sie an. Unfreundliche Blicke hängen an ihr. Sie spürt die Verachtung, die man ihr entgegenbringt. Ljuba redet auf sie ein, stellt Fragen. Stepha versteht nichts. Panik steigt in ihr auf. Ohne die Worte zu verstehen, begreift sie plötzlich, daß man sie für die Diebin hält.

«Net, net, ja ne sabrala. Nein, nein, ich habe es nicht genommen», stammelt sie immer wieder. Die starke Hand, die noch immer ihren Arm umspannt, tut ihr weh, doch sie ist nicht fähig, eine Bewegung der Abwehr zu machen. Lähmende Angst treibt ihr die Tränen in die Augen. Sie erträgt den Schlag ins Gesicht mit zusammengebissenen Zähnen, hebt instinktiv den freien Arm, um weitere Schläge abzuwehren. Hilflos starren die deutschen Kameradinnen auf diese Szene. Irene beginnt zu weinen. Eine große blonde Frau kommt aus der hinteren Ecke der Baracke, sagt einige schnelle Worte zu Ljuba, die daraufhin Stephas Arm losläßt. Die große blonde Frau sieht Stepha ins Gesicht. «Du verstehst nicht, was Ljuba sagt, nicht wahr?» «Doch, doch, ich verstehe schon, aber ich habe das Geld nicht gestohlen.» «Gut, ich werde für dich dolmetschen. Es wird sich aufklären lassen.» Stepha sieht sie hoffnungsvoll an, wischt mit den Händen über ihr tränennasses Gesicht. Die Blatnaja redet eindringlich auf die Dolmetscherin ein. Sie übersetzt es für Stepha. «Ljuba behauptet, du habest gestern abend Geld unter Weras Kopfkissen gelegt, 180 Rubel, also genau die Summe, die Wera gestohlen wurde. Ljuba meint, du hättest wohl Angst bekommen, weil sie eine Durchsuchung angedroht habe.» Stepha überlegt einen Moment, dann nickt sie. «Ja, ich habe das Geld unter Weras Kopfkissen gelegt. Aber ich habe es nicht gestohlen. Wera hat mir so leid getan, und da habe ich meinen Mantel verkauft, um ihr das Geld geben zu können. Ich wollte aber nicht, daß Wera es erfährt, deswegen habe ich es heimlich unter das Kissen gesteckt.»

Die blonde Russin übersetzt. Ljuba sieht Stepha überrascht an. «Komu?» fragt sie. Stepha schüttelt den Kopf. «Ich habe versprochen, nicht darüber zu reden.» «Gut, wieviel hast du bekommen?» Stepha erzählt alles. Ljuba will die Wattejacke sehen. Irene wirft sie ihr zu. Ljuba dreht und wendet sie in den Händen, als wolle sie eine Witterung aufnehmen. Dann reicht sie die Jacke zurück, reißt Stepha in ihre Arme, küßt sie mehrmals auf die Wangen.

«Wot, prekrasnaja Dewotschka! Welch prachtvolles Mädchen!»

«Ich bin Schura», sagt die Blonde, «komm mit zu meinem Platz, ich glaube, du brauchst jetzt eine Zigarette.» «Ich heiße Stepha, eigentlich Stefanie, aber das habe ich fast vergessen.» Schura lacht. «Ich weiß, du bist mir schon am ersten Tag aufgefallen. Du siehst nicht aus wie eine Deutsche.» Sie holt aus ihrem Beutel ein handgenähtes kleines Ledersäckchen, drückt es Stepha in die Hand. «Hier, ein kleines Geschenk für dich.»

Stepha sieht sie voll Dankbarkeit an. Schura gefällt ihr. Immer noch zittern ihr die Hände, als sie sich eine Zigarette dreht. Tief inhaliert sie die ersten Züge. Noch spürt sie den schmerzenden Griff am Oberarm. «Mich wundert, daß Ljuba sich damit zufriedengibt, daß ich nicht sagen will, an wen ich den Mantel verkauft habe.» «Du mußt wissen, die Blatnajas haben ihre eigenen Gesetze. Dazu gehört, daß man nie wortbrüchig wird.» Schura macht eine nachdenkliche Pause. «Du hast großes Glück, Ljuba wird nun für immer deine Freundin sein, und das bedeutet viel. Sie ist eine in allen Lagern bekannte Blatnaja. Es wird dir immer gut gehen, die Blatnajas werden dich beschützen.» Seit diesem Tag hat Stepha nur Freunde in der Baracke. Am Abend kommt Ljuba mit Stephas Mantel über dem Arm. «Du wirst ihn zurücknehmen, die Sutschka hat ihn von dem gestohlenen Geld gekauft.» Stepha reicht die Wattejacke zurück. Ljuba winkt ab: «Behalt sie, die andere liegt erst einmal in der San Tschast, auf der Krankenstation. Sie braucht sie jetzt nicht.» Stepha läuft es eiskalt den Rücken herunter. Sie sieht auf die kräftigen Hände Ljubas.

In der nächsten Zeit ist sie viel bei Schura. Lernt neue Wörter, ganze Sätze der russischen Sprache. Sie will diese Sprache lernen, will nie wieder hilflos sein. So vergeht für Stepha dieser Aufenthalt wie im Flug, und als eines Tages alle Deutschen zum Transport aufgerufen werden, ist sie traurig, sich von den neuen Freunden trennen zu müssen.

«Hänge dein Herz weder an Menschen noch an Dinge», sagt Schura zum Abschied. «Das System im Lager ist willkürlich. Jedes Ziel ist nur ein vorläufiges.» Ljuba küßt sie zum Abschied auf beide Wangen und drückt ihr ein zusammengerolltes Stück Stoff in die

Hand. «Bewahr es gut, das ist ein Schutzbrief. Wenn du Hilfe brauchst, zeig ihn den Blatnajas. In welchem Lager du auch immer sein wirst, man wird dir helfen.» Zum erstenmal verabschiedet sich Stepha mit der russischen Geste der Freundschaft. Sie küßt Schura und Ljuba auf die Wangen. Dann stellt sie sich mit ihrem Bündel zu den Frauen, die auf den Abtransport warten. Als sie zurückblickt, sieht sie Ljuba mit ihrem stolzen, wilden Gesicht in der Tür stehen.

Die vorläufig letzte Reise. Stepha sieht ihr ohne Angst entgegen. Die Angst vor dem Lager hat Schura ihr genommen.

Es schneit. Große, dicke Flocken wirbeln durch die Luft. Es ist Ende März. Bald wird der Frühling hereinbrechen. Die Posten warten auf sie mit Schlitten. Sie laden ihre Bündel auf. Ein paar Ältere dürfen auf den Schlitten steigen, die übrigen stapfen zu Fuß hinterher. Die Fahrspur ist fast wieder zugeschneit. Es ist bitter kalt, die Frauen haben gerötete Gesichter, spüren ihre Füße in dem leichten Schuhwerk nicht mehr. Ringsum Taiga. Große Tannen tragen riesige Schneelasten.

Endlich am Ziel. Wenige Schritte vor ihnen erhebt sich ein etwa zwei Meter hoher Holzzaun. Dazwischen ein Tor. Die Posten verschwinden durch eine Tür neben dem großen Tor. Die Frauen müssen warten und frieren. Die Zeit kommt ihnen endlos vor. Längst ist die Sonne untergegangen. Blaue Schatten liegen auf dem Schnee.

Endlich treten Uniformierte aus der Tür. Namen werden aufgerufen, sie haben sich inzwischen an den fremden Klang gewöhnt, wissen, was verlangt wird. Sie sind aufmerksam, es gibt keine Verwechslungen. Dann wird das Lagertor geöffnet. Sie spüren ihre froststarren Glieder nicht mehr. Mit schleppenden Schritten, die Köpfe gesenkt, durchschreiten sie das Tor. Endlich Halt. Ein Maschendrahtzaun, eine kleine Pforte, dahinter eine Baracke. Eine Tür, die sich öffnet, und wie eine Schafherde zwängen sie sich hindurch, Wärme, nichts als Wärme suchend. Umrisse werden sichtbar, Pritschen, Bänke. Gesichter kommen aus dem Dunkel auf sie zu, neugierige, forschende Augen. Fragen prasseln auf sie ein.

Die deutschen Frauen in der Baracke rücken zusammen, machen

Platz für die Neuen, zeigen sich kameradschaftlich. Zigaretten werden gedreht, Machorkadunst durchzieht die Baracke, Füße werden warm gerieben. Man lebt wieder.

Als das Abendessen ausgeteilt wird, hat sich schon alles geordnet. Jeder hat einen Platz gefunden. Sie sind hungrig. Eine Köstlichkeit: heißer Tee. Hände umschließen die Becher. Welch ein Genuß, aus einem Becher zu trinken! Sie sind angekommen. Endlich. Nach fast dreimonatiger Fahrt über Frankfurt nach Brest, Gomel und Moskau, weiter nach Kujbyschew, Tscheljabinsk, durch den Ural nach Omsk, Nowosibirsk, Krasnojarsk, Irkutsk und Taischett. Das Lager hier soll nicht schlecht sein, die 028. Kolonne. Die Arbeit sei schwer, sagen die Frauen, Waldarbeit oder Sluda. Das schlimmste sei die Erfüllung der Norm.

Sie liegen dicht an dicht. Wärme, endlich Ruhe, keine Angst vor einem neuen Aufbruch. Hier und dort wird noch geflüstert. Doch schließlich holt die Müdigkeit sie alle ein.

Der Morgen beginnt mit Geschäftigkeit. Der Lagerkommandant erscheint mit dem Dezhurny: noch einmal die Prozedur des Vorabends, noch einmal die braunen Din-A4-Umschläge. Noch einmal Name, Urteil, Strafmaß. Der Kommandant betrachtet jede Frau eingehend. Als die Reihe an Stepha kommt, sieht er irritiert vom Umschlag zu Stepha. «Wieviel Jahre du?» fragt er. Stepha sieht ihn verwirrt an. Hat sie nicht Name, Urteil und Strafmaß genau angegeben? Sie wiederholt. Der Kommandant schüttelt den Kopf. «Nicht Strafe. Wie alt bist du?» «Pjatnadzat», sie überlegt einen Moment. «Schestnadzat. Sechzehn.» Irgendwann hatte sie Geburtstag gehabt. Während der zeitlosen Fahrt hat sie nicht daran gedacht. Er lächelt wohlwollend. «Ty po russki goworisch? Du sprichst russisch?» Stepha hebt die Schultern ein wenig an, zeigt die Spanne zwischen Daumen und Zeigefinger, «Nemnogo tolko, no ja budu utschitsja. Nur ein bißchen, aber ich werde es lernen.» Er lacht laut, reicht dem Dezhurny den Umschlag. «Molodez! No kakoi rebjonok. Prachtmädchen! Aber was für ein Kind», sagt er leise, kaum verständlich.

Nachdem er den letzten Umschlag aus der Hand gelegt hat, werden sie zur Banja getrieben, ausziehen, Kleidung auf die Ringe zur Desinfektion, schwere Holzzuber. Heißes Schneewasser.

Sie sind fast übermütig, schütten sich die Zuber gegenseitig über Kopf und Körper. Danach, dawai, dawai, zur ärztlichen Untersuchung und Arbeitseinteilung. Dann Empfang von Decken, Eßgeschirr, Wattejacken, Hosen und Stiefeln aus gepreßtem Filz. Beladen kommen sie in die Baracke zurück. Endlich warme Kleidung, eigenes Eßgeschirr. Sie erhalten jede zwei Stoffstücke aus Nessel, zwei Buchstaben, eine Zahl. Sauber geschrieben. Schwarz auf weiß. Buchstabenhöhe circa zwanzig Zentimeter, eher größer. Diese sind, so lautet der Befehl, gut sichtbar auf dem Rücken der Kleidung und am Rocksaum anzunähen. Ohne Nummer ist das Verlassen der Baracke nicht erlaubt. Nein, keine Tätowierung der Haut. Sie bleibt unverletzt.

Dann noch einmal: Name und Nummer. Nach Aufruf aufstellen. Sie werden getrennt. Arbeitsgruppen zugeteilt. Widerspruch ist unmöglich. Stepha, Betty und Irene können es nicht fassen: Sie sind einer Brigade zugeteilt. Berta Horn sieht traurig zu ihnen hin. Resigniert geht sie in der Gruppe mit Gerda und Gudrun hinter einem Soldaten aus der Baracke.

Die Barackenälteste nimmt sie in Empfang, mustert sie eindringlich. Nicht unfreundlich, eher mürrisch. «Hier, eure Plätze. Richtet euch ein. Alles andere erfahrt ihr von eurer Brigadjerka.» Sie beginnen, ihre Habseligkeiten am Kopfende zu verstauen, richten notdürftig ihre Schlafplätze ein. Stepha sitzt und schaut mit neugierigen Augen um sich. Alle Schlafplätze sind sauber aufgeräumt, aber sehr unterschiedlich gestaltet. Stepha stößt Irene an: «Sieh dich einmal um. Viele Plätze sehen richtig gemütlich und hübsch aus. Es scheint doch einiges möglich zu sein. Also auch hier im Lager gibt es Unterschiede.» Aus bunten Flecken genähte Steppdecken, kunstvoll bestickte Kissen liegen auf den Plätzen der Pritschen. Auffällig schöne Plätze konzentrieren sich um den hohen Ofen. «Plätze der Bevorzugten, schätze ich. Ich würde mich nicht wundern, wenn sie den Blatnajas gehören.»

Vor der Barackentür sind Stimmen zu hören. Füße stoßen und

klopfen gegen die Wand. Frauen in Wattehosen, Wattejacken in verwaschenem Blau, mit Kopftüchern vermummt oder Tschapkas auf dem Kopf, strömen in die Baracke. Die Stiefel in der Hand, die Füße mit Lappen umwickelt, gehen sie zu ihren Plätzen. Stepha steht inmitten der hereinflutenden Frauen, als ihre Augen auf ein bekanntes, nur allzu vertrautes Gesicht treffen. Es durchfährt sie wie ein Stromstoß, sie ist nicht fähig, sich vom Fleck zu rühren. Ihr Blick hängt an der Frau, die eilig zu ihrem Platz strebt. Andere schieben sich dazwischen, entledigen sich ihrer Tücher, Mützen und Jacken. Stepha hat sie aus den Augen verloren. Aber sie war es. Kein Zweifel.

Es ist warm. Die Sonne hat schon die Kraft, den Schnee auf den Dächern zum Schmelzen zu bringen. Armdicke Eiszapfen hängen an den Dachrändern. Die aus geschälten dicken Baumstämmen gefügten Baracken stehen mahagonifarben in den Schneemassen. Das Lager ist groß, weit genug, um die Baracken in ausreichender Entfernung voneinander zu halten. Über den Schornsteinen steht weißer Rauch. Es ist schön, empfindet Stepha: die Sonne, der weite freie Himmel. Die Zäune, weit genug entfernt, um nicht einzuengen. Nach den Monaten im Gefängnis und der langen Eisenbahnfahrt ist dies hier wie ein Geschenk.

Auf dem Weg zurück zu ihrem Platz läßt Stepha ihre Augen von Platz zu Platz schweifen, aber das vertraute Gesicht ist nicht unter den Anwesenden. Sie hat mich erkannt. Sie versteckt sich vor mir, aber sie wird sich nicht immer vor mir verstecken können. Sie erzählt Irene und Betty nichts von Renate.

In dem Vorraum stehen die Raucher in Gruppen zusammen. Eine der Russinnen zeigt auf eine kleine Gruppe. «Wot smotrite, du auch deutsch!» «Na, dann wollen wir mal.» Betty geht auf die Gruppe zu. Fremde, unbekannte Gesichter. Sie wissen auch nicht mehr als sie. Drei Monate sind sie schon hier. Waren ebenso wie sie vorher in Taischett und in Lichterfelde.

Ein großäugiges Mädchen, blond, mit schönem gleichmäßigem Gesicht fällt auf. Ihre Aussprache ist auffällig elegant. Stepha sagt es ihr. Sybille, so heißt das Mädchen, lächelt traurig. «Ich bin

Schauspielschülerin. Nein, ich war es. Jetzt ist alles vorbei. Jeder Tag ist für mich kostbar. Es sind schon so viele vergangen, zu viele.» Die grauen Augen sind voll Verzweiflung, die Stimme zittert. «Aber du bist doch noch so jung.» Stepha wird sich der Unsinnigkeit ihrer Worte sofort bewußt. Wie dumm von ihr. Verlegen sieht sie auf die Zigarette in ihrer Hand. Sybille verzieht bitter die Mundwinkel und sieht schweigend aus dem Fenster. Sie raucht hastig, in langen, tiefen Zügen. Ihr Gesicht ist von einer Starrheit, die Stepha beklommen macht. Irene erlöst sie aus ihrer peinlichen Situation. «Ich hab genug, Stepha. Die Luft hier ist zum Schneiden. Kommst du mit, ich wollte mir noch den Waschraum ansehen.»

Erleichtert drückt Stepha ihre Zigarette aus. «Also dann, bis demnächst, Sybille.» Ein kurzes Nicken nur. Sie wendet nicht einmal den Kopf. Aufatmend folgt Stepha Irene. «Du, wenn du wüßtest, aus welch peinlicher Situation du mich eben errettet hast.» «Ich weiß es, ich habe gesehen, daß du irgend etwas Dummes gesagt haben mußt. Das Gesicht des Mädchens sprach Bände.»

Sie sehen in den Waschraum. Er ist sauber gehalten. Kleine fingerdicke, gebogene Kupferröhren stecken in einem langgezogenen Holzkasten, darunter eine Art Trog mit Abfluß. Vor jeder Röhre ist am Boden ein Brett. Drückt man mit dem Fuß das Brett herunter, fließt aus der Röhre ein sparsamer Wasserstrahl.

«Weißt du, Irene, wenn ich es mir recht überlege, habe ich gar nicht so etwas Dummes zu Sybille gesagt. Schließlich ist sie nicht die einzige, deren Tage kostbar sind. Ich wollte Kinderärztin werden. Glaubst du, ich könnte nach 25 Jahren noch meine Schule beenden und ein Abitur machen? Von einem Studium gar nicht zu reden. Und die anderen alle, sind ihre Tage etwa nicht kostbar? Ich glaube, Sybille hält sich für etwas sehr Besonderes.»

Metallische Hammerschläge unterbrechen das Gespräch. Sie kennen den Klang und seine Bedeutung schon. Signal zum Wecken, zur Zählung morgens und abends, zur Nachtruhe. Mit diesem Klang beginnt und endet ihr Tag. Diese hellen Schläge fordern unbedingten Gehorsam. Bei den ersten Schlägen schon stehen die Posten bereit. Eifrige, eilige Hände ergreifen Jacken und Kopfbedekkung. Füße fahren in Stiefel, verfallen in Laufschritt, formieren sich auf dem Lagerplatz in Viererreihen. Jetzt ist noch Zeit, Knöpfe zu schließen, Kopftücher zu binden. Das Tor öffnet sich. Brigadeweise gehen sie zur Arbeit. Soldaten, die Maschinenpistole umgehängt, nehmen sie in Empfang und begleiten sie. Der Weg ist weit und beschwerlich. Abwechselnd ziehen sie den Schlitten, auf dem die Arbeitsgeräte, Äxte, Sägen und lange Eisenstangen, liegen. Bei Feierabend wird man den Schlitten mit Holz beladen zurückbringen.

Sie sehen den Brigaden nach. Noch einen Nachmittag lang sind sie frei. Morgen früh werden sie dabeisein. Bäume fällen, Stämme transportieren, Männerarbeit tun. Noch können sie sich die Anstrengung, die Erschöpfung nicht vorstellen. Noch kennen sie nicht die tödliche Müdigkeit, die Gedanken, Träume, Wünsche tötet, die nur ein Verlangen kennt, den Schlaf.

Der Nachmittag ist träge. Sie liegen, dösen vor sich hin. Manchmal ein paar Worte. Stepha geht von Platz zu Platz. Auf keinem Schildchen der Name, den sie sucht. Doch die Unruhe ist geblieben. Sie hat sich nicht geirrt. Zu gut kannte sie dieses Gesicht. Vielleicht lebt sie in einer anderen Baracke, hatte hier nur jemand aufgesucht. Es beginnt zu dämmern. Schatten in den Ecken werden schwarz. Tanja hat die Ofentür weit geöffnet, legt frische Scheite nach. Flammen tanzen, Holz knistert.

Als die Brigaden zurückkommen, geht das Licht an. Zwei trübe Birnen in dem großen Raum. Nur der Tisch und die Bänke liegen im Licht, die Plätze im Halbdunkel. Erschöpfte Gestalten, Stiefel in den Händen, gehen müde zu ihren Plätzen, werfen Kopfbedeckung und Jacken von sich, sitzen Minuten mit hängenden Armen, liegen lang ausgestreckt mit geschlossenen Augen. «Sapogi w suschilku! Stiefel in die Trockenkammer!» Tanjas Ruf scheucht sie auf. Stiefel werden zusammengebunden, nach draußen getragen. Geschäftiges Treiben beginnt. In hell- oder dunkelblauen Hemden, ebensolchen bis zum Knie reichenden Schlüpfern. Handtücher um den Hals gelegt.

Abendbrot gibt es in der Baracke. Tanja, mit einer Helferin, schleppt Eimer mit kleinen silbrigen Fischen herbei. Frauen drängen sich um einen Bottich, aus dem graubraune, trübe Flüssigkeit ausgeschenkt wird. Die Fische werden verteilt. Die Neuen erhalten noch ihre Brotration.

Dann steht sie auf einmal direkt hinter ihr. Das Haar, die Schultern. Stepha tritt einen Schritt zur Seite. Das Profil. Sie ist es. Stepha schiebt sich dicht an sie heran, so dicht, daß sie fast ihren Körper berührt. Sie erkennt den Duft des Haares und spürt, wie dieser Körper vor ihr langsam schwerer atmet, den Atem ungewöhnlich lange anhält. Die andere spürt, wer hinter ihr steht. Angst geht von ihr aus. Der Körper ist angespannt. Unendliches, trauriges Erbarmen ist in Stepha, macht sie hilflos. Was soll sie tun? Mag sie schuldig sein, ich habe nicht das Recht zu richten, denkt Stepha. Sanft und versöhnlich streicht sie mit den Fingerspitzen über das Haar der vor ihr Stehenden. Leise flüstert sie den Namen, von dem sie weiß, daß es nicht der richtige ist. «Renate.» Mit angehaltenem Atem dreht diese sich um. Ein kalkweißes Gesicht. Augen mit riesigen Pupillen. Wie oft hat Stepha diese kreatürliche Angst in Gesichtern anderer gesehen. Aber doch nicht vor mir, begehrt es in Stepha auf. Es ist ihr unheimlich, das Leben eines Menschen so in ihrer Hand zu haben. Sie umschlingt Renate, birgt ihr Gesicht an ihrer Schulter. «Aber doch nicht vor mir, Renate! Nein, nicht vor mir!» «Stepha, meine kleine Stepha.» Ein Seufzer. «Verzeih, Stepha. Ich hätte es wissen müssen. Du nicht. Nein, du würdest mich nie der Meute ausliefern.» Sie umarmt Stepha, küßt sie auf Mund und Wangen. Ungeduldige schieben sie zur Seite, drängen zum Bottich. Sie stellen sich hinten wieder an, die Gesichter einander zugewandt. Sehen sich nur an, finden keine Worte.

«Komm nach dem Abendessen zum Rauchen. Zieh dir etwas Warmes an, dann können wir draußen auf und ab gehen und reden. Und Stepha, ich heiße Regina, bitte versprich dich nicht.» Stepha nickt. Ihre Hand zittert, als sie den Becher hinhält.

Sie ißt ein Stück von dem Brot, trinkt den säuerlichen Kwas dazu. Ein fremder, eigenartiger Geschmack. «Den Fisch mag ich nicht.» Sie schiebt die Schüssel zur Seite. Betty sieht sie von der Seite an. «Was ist los mit dir? Du hast mittags auch kaum etwas gegessen.

Du mußt doch Hunger haben.» «Nein, hab ich nicht. Ich habe keinen Hunger.» Stepha hat nur noch Augen für den Platz, an dem sie Renate weiß. Sie will sie auf keinen Fall warten lassen.

«Wen hast du da eigentlich wiedergetroffen, Stepha? Es muß eine sehr gute Bekannte gewesen sein, so herzlich, wie ihr euch begrüßt habt.» Irenes unschuldige Frage stürzt Stepha in tiefe Verlegenheit. Was soll sie sagen? Sie entschließt sich, die Wahrheit zu sagen. Der andere Name ist Schutz genug. «Ich war lange mit ihr allein in einer Zelle im ‹Roten Ochsen›. Weißt du, da kennt man sich besonders gut. Es ist Regina. Wir wollen uns nachher treffen, Erinnerungen auffrischen.» «Ach so.» Irene sieht Stepha nachdenklich an. «Vorstellen magst du sie uns nicht?» «Doch, doch, natürlich. Mache ich, aber erst morgen. Heute möchten wir gern allein sein.»

Regina steht am Tisch im Lichtkreis der Lampe. Stepha erhebt sich, schwingt sich hinunter. «Bis nachher.» Sie winkt Irene und Betty zu und folgt Regina.

Stumm gehen sie über den unter ihren Füßen knirschenden, bläulich schimmernden Schnee. Der Himmel ist klar, sternenübersät, dunkel wie Samt. «Es wird schön morgen, aber kalt.» Warum sagt sie das, denkt Stepha. Fällt es ihr so schwer, ein Gespräch zu beginnen? Stepha antwortet nicht. Sie blickt von der Seite auf das einstmals so vertraute Profil. So gehen sie eine lange Zeit schweigend auf und ab. Dann bricht es aus Regina heraus. Ein Schwall von Worten: «Warum, Stepha? Warum hast du das getan? Es gab doch keinen Anlaß dafür. Warum hast du mich belogen? Warum mußtest du deine Tante da noch hineinziehen? Ich verstehe es einfach nicht.» «So also siehst du das, Regina. Du hast nichts verstanden. Sollte ich wissend zusehen, wie du andere Menschen unglücklich machtest? Sicher, es war sehr dumm von mir, es so zu machen. Aber ich habe damals noch an Gerechtigkeit geglaubt. Ich hätte es hinausschreien, laut die Wahrheit sagen müssen. Aber ich wollte ja nicht glauben, was ich sah und hörte. Gewißheit wollte ich. Und wie anders hätte ich sie erlangen können?»

Stepha spricht jetzt ganz leise: «Ich habe dich sehr lieb gehabt, aber ich habe auch die gesehen, die durch deinen Verrat ins Gefängnis kamen und verurteilt wurden. Harmlose Menschen, die nicht wußten, was sie taten. Ich habe mich ebenso wie du immer nach dem Warum gefragt. Die Sache mit dem Hochzeitsfoto! Zwei Menschen, die leben wollten, ein noch ungeborenes Kind!»

Regina sieht Stepha nicht an. «Warum, du fragst nach dem Warum? Ich war verurteilt, wie ihr alle. Man bot mir eine Chance, zurück zu meinen Kindern zu kommen. Drei Jahre sollte ich für sie arbeiten. Das war die Bedingung. Dann sollte ich entlassen werden. Drei Jahre nur gegen 25. Sag, Stepha, wer an meiner Stelle hätte das nicht getan?»

«Ich weiß es nicht, Regina, ich weiß es wirklich nicht. Hast du nie darüber nachgedacht, daß man dich belog, dich nur benutzte? Weißt du überhaupt, wie viele Menschenleben du dafür zerstört hast, zerstört für ein Versprechen, das du nicht einmal einfordern konntest?»

«Ich weiß das alles, Stepha, und deshalb hasse ich diejenigen, die mich dazu brachten, so etwas zu tun. Mir auch noch Schuldgefühle aufluden, die ich den anderen nicht einmal gestehen konnte. Und jetzt lebe ich in der ständigen Angst vor denen, an denen ich mich schuldig gemacht habe.»

«Hast du nie darüber nachgedacht, Regina, daß du einfach zuviel wußtest? Sie konnten dich nicht freilassen. Warum sollten sie dir trauen? Ausgerechnet dir, die doch zum Verrat bereit war?»

Regina bleibt stehen, zwingt Stepha, sie anzusehen. In ihrem Blick ist Trotz. «Bist du so sicher, Stepha, daß du es nicht auch getan hättest, wärest du in meiner Situation gewesen? Stell dir vor, du hättest Kinder und man verspräche dir die Freiheit.» Stepha zieht die Unterlippe zwischen die Zähne und denkt nach. Regina steht ganz still, wartet auf ihre Antwort.

«Hättest du nicht immer an die anderen Kinder denken müssen, an die, die durch deine Schuld elternlos wurden?»

«Ach, Stepha, die zu mir in die Zelle kamen, waren ohnehin verloren, und auch ohne mich hätten sie im Laufe der Zeit nicht schweigen können. Die wahren Verräter lebten draußen in der Freiheit. Denunzianten gab es überall. Auch bei dir gab es draußen einen Verräter.»

«Mag schon sein, Regina. Aber zu hassen, zu hassen haben wir kein Recht.»

«Du verachtest mich, Stepha. Du kannst es mir ruhig sagen. Ich würde es sogar verstehen.»

«Nein, Regina, du erbarmst mich nur. Deine Angst vor mir hat mich tief erschüttert.»

Sie stehen frierend zitternd einander gegenüber. «Es waren viele, Regina. Kannst du dich noch an alle erinnern?»

«Doch, Stepha, das kann ich, mit allen Einzelheiten. So etwas vergißt man nicht.»

«Hallo, Regina, wollt ihr da draußen Wurzeln schlagen? Ist doch noch zu kalt dazu.» Eine junge Frau steht in der Tür. «Was habt ihr für Geheimnisse, daß ihr euch da draußen die Füße abfrieren müßt?»

«Keine Geheimnisse. Wir hatten uns nur viel zu erzählen. Wir kennen uns aus dem Gefängnis, Helene. Wir wollten einfach nur ein Stück laufen und...»

«...da wäret ihr beinahe festgefroren», vollendet Helene Reginas Satz.

«Dann bis zum nächstenmal, Regina, ich muß mich, glaube ich, bei meinen Freunden sehen lassen.» Stepha winkt mit der Hand und geht zu Betty und Irene, die sich mit zwei deutschen Frauen unterhalten.

Scharf hallende Hammerschläge bringen die Frauen in Bewegung. «Wir müssen ausgezogen sein, wenn sie Barackenkontrolle machen.» Ein paar laufen noch schnell zur Toilette. Die Baracken werden zur Nacht abgeschlossen. Ein riesiger Kübel, ein innen geteertes Heringsfaß ersetzt dann die Toilette. In der Nacht sitzen sie noch zusammen. Sticken, unterhalten sich, singen leise ihre schwermütigen Melodien.

Spät räumen sie ihre Sachen zusammen, entkleiden sich. Viele knien auf ihrem Bett, sprechen das Nachtgebet, bekreuzigen sich. Stepha sieht ihnen zu, und sie tut, was sie lange nicht mehr getan hat: Sie bekreuzigt sich und betet mit der gleichen Inbrunst wie in Kindertagen. Danach fühlt sie sich sonderbar behütet und beschützt.

Die metallenen Schläge lassen sie am Morgen jäh auffahren. Kurz danach wird die Barackentür aufgeschlossen, weit aufgerissen, und eine Frauenstimme schreit: «Poidjom!» Tanja, die Barackenälteste, kniet schon vor dem Ofen. Holz knistert und sprüht. Die Luft in der Baracke ist stickig und verbraucht. Durch die offene Tür dringt frostklare Luft herein. Im Waschraum drängen sich die Frauen, mehr als Hände und Gesicht kann man sich angesichts der ständig nachdrängenden Frauen ohnehin nicht waschen. Viele, vor allem die Älteren, sind vollständig angekleidet. Nicht einmal das Kopftuch fehlt. Staunend beobachtet Stepha, wie sich die Mädchen die Zähne reinigen. Ein Läppchen, mit Salz bestreut, ersetzt die Zahnbürste. Richtige Zahnbürsten haben nur wenige. Fußlappen zu wickeln ist eine besondere Fertigkeit. Es darf in den Stiefeln nicht drücken, sonst wird jeder Schritt zur Qual.

Morgens ist Eile geboten. Je früher man das Stalowaja erreicht, um so schneller bringt man das Frühstück hinter sich, hat nach dem Bettenmachen noch ein halbes Stündchen Zeit. Es ist noch dunkel. Am Horizont zieht grau der Tag herauf, läßt Sterne verblassen. Im Stalowaja begegnen sich müde, mürrische Gesichter. In den Schüsseln irgendein bläulicher Brei, ein kleines Lot Öl darüber. Es schmeckt nicht schlecht. Die drei sind aufgeregt. Alles tun sie mit besonderem Eifer und besonderer Eile. Noch kennen sie die Zeiteinteilung nicht, haben kein Zeitgefühl, das sich bei allen einstellt, die hier leben.

Männliche und weibliche Posten eilen von Baracke zu Baracke. Zur Zählung auf dem Lagerplatz haben sich alle einzufinden. Nur die Barackenältesten und Kranken dürfen in den Baracken bleiben. Draußen baut sich eine lebende Mauer auf. Mensch neben Mensch. Zehn in einer Reihe. Die Mauer setzt sich in Bewegung. Vier Schritte nach vorn, dann stehenbleiben. Reihe folgt auf Reihe. Füße trampeln auf der Stelle, um warm zu bleiben. Hände sind in Ärmel geschoben oder in Taschen vergraben. Die Uniformierten laufen zusammen, addieren Reihe und Striche. Ein kurzer scharfer Wortwechsel. Noch einmal das Ganze. Die Zählung stimmt nicht. Danach haben sie nicht mehr viel Zeit. Schon scheucht sie der Klang des Eisens auf. Schnell noch in die Baracke; die unförmigen Handschuhe in der Hand, laufen sie zum Tor. «Dawai, dawai!» Arbeitsbrigaden sammeln sich. Aus der Arbeitszone werden die Arbeitsgeräte geholt. Ein Schlitten. Stepha, Betty und Irene müssen ihn heute ziehen. «Gleich zum Eingewöhnen», spottet Betty. Der Schlitten ist nicht schwer. Sie passen sich den Schritten der Vorangehenden an. Es schneit wieder. Ganz fein, aber stetig. Gesichter werden naß, das Gehen wird beschwerlich, der Schlitten zur Last. Hemden kleben an schweißnassen Körpern. Niemand sieht mehr auf, schwer atmend, die Augen an den Füßen der Vorangehenden, gehen sie Schritt um Schritt.

Endlich, scheinbar nach einer Ewigkeit. «Halt, postoite!» Arbeitsgeräte werden verteilt. Walja, die Brigadierin, teilt Irene, Betty und Stepha verschiedenen Frauen als Arbeitspartnerinnen zu. Sie müssen mit Sägen und Äxten umgehen lernen. Die Altchen tragen Zweige und Äste zusammen, entzünden zwei Feuer, die sie zu versorgen haben, damit sich die Frauen zwischendurch aufwärmen können. Für andere Arbeiten sind sie zu schwach. Die Jungen müssen für sie mitarbeiten. Die Norm muß erfüllt werden. Sonst werden keine Rubel gutgeschrieben. Kein Einkauf, wenn der Ladenwagen kommt. Und weniger Brot. Der Arbeitsbereich wird abgesteckt und säuberlich markiert durch einen Schilderkreis. Immer innerhalb des Schilderkreises bleiben, höchstens bis zu einem Meter an sie herangehen, erklärt ihnen Walja.

Staunend steht Stepha vor den mit den Armen nicht zu umspannenden Baumriesen. Bewundernd sieht sie die schnellen, geschickten Axthiebe ihrer Partnerin. Holzstücke fliegen. «Choroscho, natschinajemsja! Gut, fangen wir an!» Stepha faßt an der gewaltigen Blattsäge an, spürt den Griff in der Hand, erinnert sich an Sommerferien, Geruch von Holz. Onkel Anton am Sägebock. «Ziehen, Stefanie, ziehen! Nicht schieben oder drücken. Nur ziehen, ruhig und gleichmäßig ziehen.»

Ein Lächeln huscht über ihr Gesicht. Nie hätte sie gedacht, daß ihr diese Kindheitsfreude noch einmal nützlich sein würde. Sie zieht, paßt sich dem Rhythmus an. Gleichmäßig frißt sich die Säge durch den Stamm. «Molodez!» Ihre Partnerin lächelt ihr zu. In Abständen machen sie kurze Pausen, verschnaufen. Stepha hat ihre Schapka abgeworfen. Haare ringeln sich feucht um Stirn und Nakken.

Die Sonne schiebt sich durch den grauen Himmel, ein Riesenopal. Axtschläge, singende Sägen, Gelächter der Posten. Die Maschinenpistolen stehen aneinandergelehnt, abseits. «Pereryw! Pause!» Im gleichen Augenblick der Ruf: «Wnimanije! Achtung!» Knirschend und ächzend neigt sich ein Baumriese, fällt langsam, unglaublich langsam, stürzt dann mit splitterndem Krachen zu Boden. Die Frauen haben sich in Sicherheit gebracht, trocknen sich die schweißnassen Gesichter mit Taschentüchern oder der Innenseite der Wattejacke und scharen sich ums Feuer. Rauchen, reden. Irene und Betty kommen zu Stepha, die neben ihrer Arbeitspartnerin steht. «Ich schaffe das nie. Ich bin völlig erschöpft. Die treibt mich an wie ein Kuli!» Verzweifelt sieht Irene ins Feuer, dreht mit zitternden Händen eine Zigarette, verschüttet dabei die Hälfte. Stepha nimmt ihr wortlos das Papier aus der Hand, dreht, raucht sie an ihrer an.

«Drei Bäume am Tag, sonst gibt es weniger Brot», meint Betty resignierend, «das schaffen wir nie. Ich habe schon Blasen an den Händen. An den Heimweg mag ich nicht denken. Sieh dir die Frauen an. Die Hälfte unserer Brigade ist nicht mehr arbeitsfähig. Gerade noch gut, um auszuholzen und das Feuer zu halten.»

«Wir werden es lernen, Betty. Die andern können es doch auch.»

«Deinen Optimismus möchte ich haben, Stepha. Du vergißt, daß viele der Leute hier vom Lande kommen, schwere körperliche Arbeit gewohnt sind.»

Stepha erwidert nichts. Sie sieht die unzufriedenen Gesichter der Partnerinnen von Irene und Betty, sieht sie eifrig auf die Brigadierin einreden. Walja beschwichtigt mit Worten und Gesten. Sie hat es nicht leicht, muß allen gerecht werden und sie gleichzeitig antreiben, um die Norm zu erfüllen. Kein einfacher Posten, auch wenn sie nicht arbeiten muß. Aber Stepha hat sehr wohl gesehen, daß sie besonders Erschöpfte ablöst. Ende der Pause. Mitleidig sieht Stepha Betty und Irene nach. Wie müde sie sind, wie verzweifelt.

Nach einer knappen Viertelstunde stürzt ihr Baum, dreht sich im Fallen um sich selbst. Ächzt wie ein Mensch. Rufe warnen die Frauen. Stepha und ihre Partnerin sehen sich zufrieden an. Natascha reicht ihr die Axt: «Poprobui! Probier es!» Stepha lacht, zieht eine Grimasse. «Posmotrim! Wir werden sehen.» Sie wiegt die schwere Axt in der Hand, schlägt zu. Borke springt, die Axt gleitet am Stamm ab. Wieder und wieder versucht Stepha den Schlag, sieht schließlich Natascha verschämt an. «Wot smotri! So, sieh mal!» Natascha nimmt ihr die Axt aus der Hand, zeigt ihr, wie sie anschlagen muß. Breit anfangen, eine Furche schlagen. Sie gibt Stepha die Axt zurück. Natascha nickt ihr immer wieder aufmunternd zu, lobt bei einem guten, geglückten Schlag. Es dauert länger, viel länger als bei Natascha. Aber es kommt. Es kommt der Moment, da sie die Säge ansetzen können. Sie schaffen es, sie schaffen es, bis mittags den zweiten Baum zu fällen. Zwei Drittel der Norm. Natascha strahlt. Stepha lacht und wirft vor Freude die Arme über den Kopf. Ein Erfolg, gleich welcher Art. Aber ein Erfolg.

Der Rückweg scheint kürzer zu sein. Sie haben Schlitten und Werkzeuge zurückgelassen. Morgen werden sie am gleichen Platz arbeiten. Die Schritte sind leichter auf dem Heimweg. Die Bäume werfen tiefe blaue Schatten. Die Dämmerung kriecht aus dem Wald heraus. Wie eine von der Weide zurückgetriebene Herde schieben sie sich durch das Lagertor. Eineinhalb Stunden Mittagspause. Sie werfen sich auf ihre Betten, glauben, nicht mehr aufstehen zu können. Der Hunger treibt sie hoch. Jetzt verstehen sie die Hast des Essens. Gewonnene Minuten der Ruhe, der Entspannung. Sie rauchen, auf den Fersen hockend. Fühlen, wie entspannend diese Haltung ist, wie gut sie dem Körper tut.

Und wieder hinaus. Kein Schneefall mehr. Die Dämmerung hat sich verzogen. Sonne verzaubert die Taiga. Was am Morgen und am

Mittag trüb und bedrängend erscheint, zeigt sich am Nachmittag in gewaltiger glitzernder Pracht. Schneekristalle sprühen in Regenbogenfarben. Sie gehen langsamer als am Morgen. Mühsam der Nachmittag. Die Säge scheint schwerer zu gleiten, der Stamm dikker zu sein. Natascha macht ihr Mut. Und der Baum fällt. Er fällt tatsächlich. Stepha hockt mit zerschlagenen Gliedern auf einem der Baumstümpfe. Tief atmet sie die würzige Luft ein. Der harzige Geruch des geschlagenen Holzes macht sie trunken. Befriedigt spürt sie ihre schmerzenden Muskeln. Natascha reicht ihr eine Zigarette, gibt ihr Feuer. Sie rauchen schweigend, sehen den Alten zu, wie sie die gefällten Bäume ausholzen, sie mit kleinen Beilen von ihren Ästen befreien. Sie versinken knietief im Schnee, bewegen sich schwerfällig vorwärts. Walja treibt sie an. Mit den kurzen Eisenstangen werden die Stämme an einen Platz gerollt, nebeneinandergelegt, gestapelt. Es sieht schwerer aus, als es ist, erklärt Natascha. Es ist eine Frage der Geschicklichkeit und der guten Zusammenarbeit. Der Dezhurny notiert das Arbeitsergebnis. Arbeitsgeräte einsammeln. Schilder auf dem Schlitten stapeln. Der Arbeitsplatz muß in Ordnung sein, wenn sie am Morgen wiederkommen. Sie schleppen sich zurück ins Lager. Rechter Fuß, linker Fuß. Die Füße der Vorangehenden geben das Tempo an. Müde, erschöpfte Gestalten. Jetzt fällt die Dämmerung vom Himmel. Kaum eine sieht hoch.

Noch mit ihren Jacken bekleidet, werfen sie sich auf ihr Bett. Zum Ausziehen fehlt die Kraft. Tränen laufen Irene übers Gesicht. Betty hält die Augen geschlossen. Stepha holt das Abendessen für alle drei.

«Bleibt liegen, ruht euch aus.» «So, jetzt müßt ihr essen!» «Ich kann nicht, ich kriege nicht einen Bissen hinunter.» Nur Betty richtet sich stöhnend auf. Entledigt sich ihrer Jacke, wirft dabei einen Blick in die Schüssel. «Prima, geräucherter Fisch. Mensch, hab ich einen Hunger! Los, auf, Irene, nimm dich zusammen. Es wird gegessen. Die anderen leben ja auch noch.»

Sie zieht Irene an den Armen hoch, entkleidet sie wie ein Kind. «Komm, iß, danach kannst du schlafen.» Müde greift Irene nach dem Becher, trinkt in langen, durstigen Zügen. Ihre Lippen brennen, sind wund, gerötet. In winzigen Bissen beginnt sie zu essen. Rauchen? Nein, rauchen mag sie nicht. Sie will schlafen, nur schlafen können. Betty breitet die Decke über sie, räumt den Platz auf. «Schlaf, Irene, wir sind draußen. Auf meine Zigarette kann ich nicht verzichten. Und ein bißchen reden muß ich auch noch. Ich kann nicht nur arbeiten und schlafen.»

Stepha kann Irene nicht verstehen. Sie will dieses kleine Stück Freiheit, die Möglichkeit, einfach nach draußen unter den Sternenhimmel gehen zu können, nicht aufgeben. Sie will noch rauchen, hören und sehen. Betty empfindet genauso.

«Meine Partnerin ist prima», erzählt Stepha Betty. «Sie hat es mir richtig gezeigt. Es hat mir sogar Spaß gemacht.» «Na, dann hast du Schwein gehabt. Meine ist ein widerliches Weib. Die erwartet wohl einen perfekten Waldarbeiter, quatscht dauernd von der Norm. Dabei habe ich noch nie in meinem Leben eine Säge oder Axt in der Hand gehabt.» Betty spricht langsam. Zwischen den Sätzen inhaliert sie den Rauch tief ein. «Wär doch gelacht. Was die gelernt haben, werden wir auch noch lernen.»

«Manche lernen es aber nicht. Können es nicht lernen, weil ihnen einfach die Kraft dazu fehlt.» Regina steht neben ihnen. Sie spricht ernst und eindringlich. «Sie sind mutlos und verzweifelt. Haben Kriegs- und Hungerjahre hinter sich, Luftangriffe und Sorgen um die, die sie im Feld wußten. Sie rechnen nach, wie viele Tage 25 Jahre haben. Es sind nicht alle Menschen gleich alt und stark, Stepha.» «Du hast bestimmt recht, Regina. Aber leichter wird es so nicht. Wir können nichts an unserem Schicksal ändern, aber unser Leben hier, das können wir uns einrichten, glaube ich.»

«Du urteilst wohl etwas vorschnell, Stepha. Glaub mir, ich war genau zehn Tage im Wald, dann war ich fertig.»

«Und was machst du jetzt?»

«Ich arbeite drüben in der Arbeitszone. In der sogenannten Sludafabrik. Hast du die Baracke hinter dem Zaun noch nicht gesehen?»

«Ist das leichtere Arbeit?»

«Wie man's nimmt. Die Anstrengung des kilometerlangen Laufens bleibt uns erspart. Aber die Norm ist hoch. Man muß schon geschickte Hände haben.»

«Was ist das, Sluda?»

«Glimmergestein. Es wird im Bergwerk gewonnen. Die großen Brocken sehen aus wie Schiefer. Es wird mit groben Messern zu Platten gespalten und schräg angeschnitten. Dann wird es mit schmalen, rasierklingenscharfen Messern zu millimeterdünnen, knisternden Scheibchen verarbeitet. Je größer die Scheiben, um so kostbarer ist das Sluda. Wir können sitzen, manchmal ein bißchen reden. Die Russinnen singen oft bei der Arbeit. Das ist hübsch anzuhören. Wenn die Norm bloß nicht so hoch wäre und keine Blatnajas in der Brigade.»

«Wieso Blatnajas? Ich denke, die arbeiten nicht!»

«Sie arbeiten ja auch nicht, aber sie werden mitgezählt. Sechs sind in meiner Brigade. Das bedeutet, wir müssen für sie mitarbeiten. Sie lungern nur herum, rauchen, schlafen neben dem Ofen. Uns aber wird die Pause gestrichen, damit wir die Norm erfüllen. Und am Ende haben wir sie dann doch nicht geschafft; bekommen weniger Brot, und Geld wird uns auch nicht gutgeschrieben.»

«Aha, jetzt weiß ich auch, warum die Plätze neben dem Ofen leer waren. Hab ich es mir doch gleich gedacht, daß diese hübschen Eckchen von Blatnajas bewohnt werden!» Stepha lacht. «Das hast du richtig erkannt, Betty.»

Regina ist verärgert. «Ja, lach du mal, Stepha. Du wirst sie auch noch kennenlernen. Sie werden von allen gefürchtet. Unsere Posten sehen doch auch, daß sie nicht arbeiten, aber keiner sagt was.» «Ich kenne sie recht gut!» Stephas Stimme ist überheblich. Regina sieht sie kritisch an. «Du bist kaum hier und glaubst, alles zu kennen.» Betty und Stepha sehen sich an. Stepha schüttelt unmerklich den Kopf. Sie will nicht, daß irgend jemand hier erfährt, was in Taischett geschehen ist. Andächtig dreht sie sich eine Zigarette. Während des Rauchens sieht sie Regina hin und wieder von der Seite an. Regina hat sich verändert, sie ist verbittert. Natürlich, sie hat nicht geglaubt, daß sie den Weg aller würde gehen müssen.

25 mal 365. 10 mal 365 sind gleich 3650, mal 2, gleich 7300. Plus 5 mal 365... Sie rechnet nicht weiter. Vorbei die freiheitliche Empfindung des Tages, die Trunkenheit in Luft und Sonne. Verstört wendet sie sich ab. Plötzlich hat sie Angst, wieder diese Angst, die ihr die Kehle zuschnürt und ihr Tränen in die Augen treibt. Ein Fleck an der weiß gekalkten Wand gibt ihrem Blick Halt. Nur nicht weinen, nein, nur nicht weinen. Sie kämpft die Tränen nieder. Sieht in Bettys besorgte Augen. «Schon gut, Betty, ich habe eben nur einmal nachgerechnet.»

«Vielleicht verstehst du mich nun, Stepha.»

«Nein, Regina, nein. Ich will nicht so denken!» Stepha wendet sich heftig ab, sieht zu der deutschen Gruppe hinüber. Gibt es unter ihnen vielleicht noch eine Renate? Werden sie hier von ihnen auch noch bespitzelt? Sie läßt Regina und Betty einfach stehen, geht zu den anderen.

«Wo ist Sybille?»

Die Frauen sehen sie befremdet an. «Du lieber Gott. Ja, wißt ihr das denn nicht? Hat Regina euch nichts gesagt? Sybille ist in der San Tschast. Sie ist heute bei der Arbeit zusammengebrochen. Sie kann weder stehen noch laufen. Wahrscheinlich ist sie gelähmt!»

Dieser Satz verfolgt Stepha, hallt in ihren Ohren nach. Ruhe, nur Ruhe, nicht mehr hören müssen. Sie läuft von Entsetzen geschüttelt in die Baracke. Mit letzter Kraft klettert sie auf ihren Platz. Zittert am ganzen Körper. Jetzt möchte sie weinen können. «Sie lag plötzlich da!» Sie kann das Entsetzen, das diese Worte in ihr ausgelöst haben, nur über sich ergehen lassen. Tränen hat sie keine dafür. Jemand steigt zu ihr herauf. Krampfhaft versucht sie das Zittern zu verbergen. Nein, nur nicht reden müssen. Auch nicht mit Betty. Aber es ist Natascha, die sich über sie beugt. «Ty slyschisch menja? Hörst du mich?» Stepha nickt, stemmt sich hoch und sieht Natascha an. «Schto slutschilos? Was ist geschehen?» Da bricht eine Flut von Worten aus Stepha hervor. Deutsch und russisch. Alle Angst, alles Entsetzen, das sie überfallen hat.

Natascha hört ihr geduldig zu. Als Stepha sich beruhigt hat, sagt sie einfach: «Poidjom pokurim. Gehen wir rauchen.» Stepha folgt dieser Aufforderung, benommen noch, und Natascha führt sie in einen Raum, in dem es dunkel und warm ist. Nur die offene Ofentür beleuchtet mehrere auf den Fersen hockende Gestalten. Sie hört Natascha reden, versteht nur einzelne Worte, manchmal einen halben Satz. Irgend jemand gibt ihr eine angerauchte Zigarette. Dann ist Walja, die Brigadierin, neben ihr, spricht auf sie ein. Erst nach einigen Sätzen merkt Stepha, daß sie deutsch mit ihr spricht.

«Viele von uns Stepha, waren in deutschen Lagern. Ein, zwei und manche sogar drei Jahre. Danach kam dies hier. Sibirien. Wir leben noch, du siehst es. Ihr Deutschen macht euch kaputt, kapselt euch ab. Hockt ständig zusammen und schürt das Feuerchen Heimweh. Ihr wollt euch nicht anpassen, sagt ‹ne ponimaju› und leidet. So könnt ihr nicht leben. Dabei muß man krank werden, und jeder Tag wird euch zur Qual. Ihr mögt uns nicht. Gut, wir hätten mehr Grund, euch, die Deutschen, nicht zu mögen. Aber lassen wir das. Laß dich nicht von ihren Reden kaputtmachen. Komm zu uns, wann immer du magst.» Stepha hat der ruhigen, sachlichen Stimme Waljas gelauscht. Sie hat sich beruhigt. Bis zum Otboi sitzt sie mit ihnen zusammen, hört ihren Gesprächen zu, von denen sie nur wenig versteht. Aber die Ruhe, die Wärme tut ihr gut. Sie fühlt sich geborgen.

Als sie zu ihrem Platz zurückkommt, ist Betty völlig aufgelöst vor Angst und Sorge. «Wo warst du nur, Stepha? Ich habe dich überall gesucht.» Stepha erzählt. Still und aufmerksam hört Betty zu. Als Stepha zu Ende gesprochen hat, nickt Betty nachdenklich. «Ich glaube, so unrecht hat Walja nicht. Wir sollten zumindest einmal gründlich darüber nachdenken.»

Mit schmerzenden Gliedern wachen sie am nächsten Morgen auf. Betty stöhnt. «Ich glaube, ich kann nicht einen Schritt gehen.» «Ich komme erst gar nicht hoch», übertreibt Stepha und zieht eine Grimasse. Ächzend und stöhnend ziehen sie sich an. «Sagt mal, haben wir uns gestern eigentlich gewaschen?» «Nee, haben wir nicht.» «Und wenn du mich fragst, ich schaffe es auch heute nicht.

Wenn ich nur an die Drängelei im Waschraum denke. Und dann noch zum Frühstück. Ich wasch mich heute abend.» «Ich auch», stimmt Stepha zu.

Schweigend hat sich Irene angezogen. Sie scheint noch in der gleichen Stimmung wie am Abend zuvor zu sein. «Wir sind Schweine», sagt sie plötzlich böse. «Bald werden wir genauso stinken wie die alten Weiber neben mir. Die ziehen sich nicht mal mehr aus, schlafen in ihren Sachen. Mir ist schlecht von diesem Gestank. Dieser verdammte Knoblauch.» «Ich wollte, wir hätten welchen. Erstens ist er gesund, zweitens riecht man es nicht mehr, wenn man ihn selbst gegessen hat.» «Du gewöhnst dich wohl an alles, Betty.» «Das werden wir wohl müssen, Irene, wenn wir nicht vor die Hunde gehen wollen. Wir können eben nicht einfach zum Bahnhof gehen und nach Hause fahren, weil uns dieses oder jenes nicht paßt.»

«Also, ich gehe mich waschen.» Irene steigt von der Pritsche. Stepha tippt sich an die Stirn. «Wenn die so weitermacht, werde ich noch verrückt.» Da erscheint Irenes Gesicht wieder über dem Pritschenrand. «Ich habe es mir überlegt. Wieso soll ich mich waschen, wenn ihr stinkt! Außerdem», sie macht eine Pause und sieht Stepha an, «möchte ich nicht schuld sein, wenn Stepha verrückt wird.» Stepha läuft rot an. Es ist ihr peinlich, daß Irene ihre Worte gehört hat.

Plötzlich beginnen alle drei zu lachen, können nicht aufhören. Sobald eine die andere ansieht, beginnen sie von neuem. «He, seid ihr verrückt geworden?» fragt eine deutsche Stimme. Vorwurfsvoll sieht man zu ihnen herüber. «Ach, leck mich doch...!» «Aber Betty!» Wer anders als Irene sollte Betty wohl wieder einmal ermahnen. «Ist doch wahr», verteidigt sich Betty verlegen. «Du machst aus mir noch eine Klosterschülerin.» Und sie beginnen wieder zu lachen. Lachen, daß ihnen die Tränen aus den Augen rinnen. Natürlich sind sie nicht angezogen, als der Gong erschallt. Eilig werfen sie ihre Jacken über, stolpern als letzte, noch immer lachend, zur Barackentür hinaus.

Der erste Muskelkater ist der schlimmste. Drei Tage noch haben sie Schmerzen bei jeder Bewegung. Jeder Arbeitstag eine Tortur. Aber sie halten durch. Alles hat sich eingespielt. Der Tagesrhythmus ist primitiv, gleichförmig. Ihre innere Uhr funktioniert bereits. Schon können sie die Zeit abschätzen. Die Arbeit im Wald bleibt für Betty und Irene Schwerstarbeit. Stepha hat viel Glück mit Natascha. Sie nimmt ihr immer noch die schwerste Arbeit ab. Als ihre gesamte Brigade eines Tages zur Sludaarbeit eingeteilt wird, atmen viele erleichtert auf. Die Brigade muß nicht mehr in den Wald. Wöchentlich wechselnd haben sie Tag- und Nachtschicht. Schlafen wird zum Problem. Nach der Nachtschicht können sie am Tag kaum schlafen. Eine Woche Zeit, um sich einzuarbeiten. Danach müssen sie die Norm erfüllen. Die Alten sind glücklich, die weiten Wege nicht mehr gehen zu müssen, arbeiten sich schnell ein, spalten Stunde um Stunde, ohne auch nur einmal aufzusehen, ihre Plättchen. Walja ist zufrieden mit ihrer Brigade.

Überall ist Sludastaub. Er hängt in der Kleidung, in den Haaren. Liegt im Lampenlicht flimmernd auf Gesicht und Wimpern. Stepha tut sich schwer. Trotz schneller geschickter Finger gerät sie an manchen Tagen in Rückstand mit der Norm. Sie sehnt sich nach dem Wald, nach Bewegung und frischer Luft. Die ständige Spannung zwischen Regina und ihr schafft eine ungute Atmosphäre, die besonders bei Schichtwechsel deutlich wird. Dann sind sie alle in der Baracke, einen Tag und eine Nacht, genug Zeit, um hier eine boshafte Bemerkung, da eine Andeutung zu machen. Stepha schweigt dazu. Sie denkt nicht im Traum daran, Reginas Geheimnis zu offenbaren. Aber ein neuer Transport wird erwartet. Es sollen auch Deutsche dabeisein. Stepha erkennt Reginas heimliche Angst. Ihr nervöses Warten von einem Tag zum anderen.

Irgend jemand aus der Berliner Zelle muß über Betty geplaudert haben. Andeutungen werden gemacht, halbe Fragen gestellt. Stepha und Irene leiden Bettys wegen darunter. Für Stepha Grund genug, sich von den anderen zurückzuziehen. Das wiederum macht Irene zu schaffen. Sie braucht für sich, für ihre Wesensart den Umgang auch mit den anderen.

«So geht das nicht, Stepha. Wir sind aufeinander angewiesen.»

«Ich nicht, Irene, ich bin auf niemanden angewiesen. Ich suche mir die Menschen, mit denen ich umgehen will, selbst aus. Dabei frage ich nicht schon vorher nach der Nationalität.» «Eben, Stepha, das ist es ja. Sie sagen, du schmierst dich bei den Russen an. Seit sechs Wochen gibt es keinen Einkauf mehr. Die Deutschen haben fast nichts mehr zu rauchen. Du bekommst von allen.» «Dann gib ihnen von unserem Tabak.» «Warum tust du es nicht selbst?»

Stepha zieht die Augenbrauen hoch. Sie ist sich ihrer Arroganz nicht bewußt, erkennt nur Irenes mißbilligenden Blick, ihre Traurigkeit. Sie kann nicht einlenken. Sie will nicht in der Außenseitertruppe leben. Immer benachteiligt sein. «Ich sehe nicht ein, warum ich das noch erklären muß.» Brüsk wendet sie sich ab. Dieses ständige Reden von zu Hause, dies Kramen in Erinnerungen, Reden um Verlorenes. Heimweh und Traurigkeit, die bittersten aller Gefühle. Sie will nicht jeden Tag davon überschatten lassen.

Erst dann – so empfindet sie es – wird diese Schneelandschaft hier fremd und unheimlich, die Weite der Taiga beängstigend, und der dunkle, samtene Himmel, mit seinen großen, kaltblitzenden Sternen, die scheinbar bis zur Erde reichen, erfüllt sie mit Sehnsucht nach dem weichen, dunklen Grau heimatlicher Nächte. Erst dann wird ihr der Wahnsinn ihres und der anderen Schicksal bewußt. Dann kommt es wohl vor, daß sie Regina nicht ansehen kann, sie nicht in der Nähe der harmlosen, unwissenden Frauen erträgt, ohne den Wunsch zu verspüren, die Wahrheit hinauszuschreien. Ihnen die Wahrheit zu sagen, daß nicht nur die Russen an ihrem Unglück schuld sind, sondern auch Deutsche fleißig mitgeholfen haben. Und noch immer dabei helfen, denn wie konnten sie einfach so verschwinden ohne Wissen der deutschen Behörden? Man hat sie wie Aussätzige ausgestoßen, preisgegeben, ohne ihnen eine Möglichkeit der Verteidigung zu geben. Schuldig sind auch jene, die nichts taten, um ihnen zu helfen, die zurückbleibende Kinder aufsammelten, sie in Heime steckten, um sie zu linientreuen Genossen zu erziehen.

Überall haben sich die Gefangenen zu kleinen Gemeinschaften

zusammengetan, in deren Schutz sie leben. Kleine Familien, in denen einer für den anderen einsteht, in denen man sich hilft und das wenige, was man besitzt, miteinander teilt. Der große Vorteil der Russinnen, Ukrainerinnen und Lettinnen ist, daß ihnen die schriftliche Verbindung mit ihren Angehörigen erlaubt ist. Einmal im Monat dürfen sie einen Brief erhalten und schreiben und innerhalb eines Vierteljahres auch ein Paket. Dürftig genug sind diese Pakete, vom Munde abgespart. Ein wenig Speck, Zucker und in Scheiben geschnittenes, luftgetrocknetes Brot. Knoblauch als Vitamin. Wenn auch der jeweilige Empfang von Brief und Paket Ströme von Tränen auslöst, Briefe wie ein Heiligtum verwahrt und immer wieder gelesen werden, immer ist ihnen der Trost, die Anteilnahme der anderen gewiß.

Sie haben den Ausweg für ihr Grundbedürfnis nach Liebe, Zärtlichkeit und Fürsorge gefunden. Ältere und Jüngere gehen miteinander um wie Mutter und Tochter, Gleichaltrige sind sich freundschaftlich zugetan. Dieses gemeinsame Miteinanderleben gibt ihnen die Kraft, alles zu ertragen und darüber hinaus etwas Freude in dieses karge Leben zu bringen. Durch Waljas Hilfe finden sich Irene, Betty und Stepha schnell im Lagerleben zurecht. Sie ist zu ihrem guten Geist geworden, steht ihnen bei, wo immer es nötig ist.

Aber auch Feindschaften gibt es, die unsinnigen Streitgespräche, die Trennung der Nationalitäten, der politischen Meinungen. Gemeinsam ist ihnen nur die Abneigung gegen alles Deutsche. Das Wort «Nemka» sprechen sie wie ein Schimpfwort aus. Es ist schwer für die deutschen Frauen, dieser Wand von Vorurteilen und Unverständnis zu begegnen. Sie sind eine Minderheit, akzeptieren sich auch untereinander kaum. Zu unterschiedlich in Herkunft und Stand, als daß sie zusammenhalten, zusammen leben könnten.

«Ich denke nicht daran, Russisch zu lernen. Wenn die etwas von mir wollen, sollen sie deutsch mit mir reden. Je weniger ich verstehe, um so günstiger für mich», sagt Hilde, eine gebildete, kluge Frau, einst Studienrätin an einem Gymnasium, die noch heute stolz darauf ist, daß sich alle Abiturienten ihrer Schule freiwillig zum Fronteinsatz gemeldet haben. Sie wird bestaunt und bewundert von den einfachen Frauen, für die Politik immer Männersache war, die noch immer nicht begriffen haben, daß sie als politische Gefangene in diesem Lager leben.

«Sie sind verrückt, total verrückt. Warum machen sie sich das Leben so unendlich schwer?» Irene schweigt lange. Ihre hellen Augen verdunkeln sich, ein Schatten legt sich über ihr sonst so offenes Gesicht. «Sie können nicht vergessen, Stepha. Wie sollten sie auch? Ist es nicht das einzige, was sie in dieser Trostlosigkeit am Leben erhält? Dürfen sie nicht hassen, wo ihnen Unrecht geschah? Ihr Leben wäre doch sinnlos, wenn sie sich damit abfinden würden.»

Irene schweigt eine lange Zeit, in ihrem Gesicht arbeitet es. Stepha wartet, sie spürt, daß Irene noch nicht zu Ende gesprochen hat. «Ich schließe mich davon nicht aus, Stepha, ich denke und fühle wie sie, bin zornig und haßerfüllt. Rechne jeden Tag, den sie mir nehmen an, jede Stunde, jede Minute der Unwürdigkeit. Was uns bisher geschehen ist, reicht schon aus, diese Zeit nie zu vergessen. Wie viele Menschenleben sind zerstört worden. Sieh sie dir an in ihrer Hilflosigkeit und Ohnmacht! Ich weiß, daß die meisten sich unklug benehmen. Aber ich weiß auch um die Verzweiflung, die dahintersteht. Glaubst du, sie wüßten nicht, daß sie ihr Leben nicht einfach dort fortsetzen können, wo es einmal aufgehört hat? Diese Angst, Stepha, ist größer als alles Erleiden hier. Wo sind ihre Kinder geblieben? Wo ihre Partner? Wir sind verschollen, Stepha, niemand weiß, wo wir sind.»

«Aber die Russen hier im Lager sind doch an unserem Schicksal nicht schuld. Sie leiden doch ebenso wie wir. Haben alles verloren, ihre Kinder zurückgelassen. Wofür sollten wir sie hassen? Und glaubst du etwa, die Wachposten seien freiwillig hier? Überleg doch mal, Irene, die führen doch genauso ein Leben wie wir. Der einzige Unterschied ist doch, daß sie vor dem Zaun leben. Auch um sie herum ist Taiga und Einsamkeit. Außerdem, Irene, ich glaube nicht an diese 25 Jahre. Die politische Situation wird sich beruhigen, klären. Was haben wir denn getan?»

«Das ist ein schwacher Trost, Stepha. Auch wenn es nur fünf Jahre währt. Welche Zukunft haben wir noch? Fünf Jahre sind eine lange Zeit, besonders wenn man keine Chance hat, sie zu leben.» Stefanie schweigt. Sie will die Freundin nicht kränken. Alles ist lebbar. In allem ist Reichtum und Erfahrung. Sie kann und will nicht in dieser ständigen Resignation leben. Es gibt so viele interessante Menschen hier im Lager. Es gibt viel zu lernen.

Sie schweigt, wenn sie in der Gruppe der deutschen Frauen ist, sie flieht sie, sooft sie nur kann. Manchmal, an besonderen Tagen, wird ihr Reginas Gesicht wieder sehr vertraut. Dann liegt sie bäuchlings, das Gesicht nach gegenüber gewandt, hört sehnsüchtig den deutschen Stimmen, den vertrauten Lauten zu. Dann möchte sie sprechen, Gespräche führen wie damals in Zelle 42. Alles vergessen können. Und sie sieht schweigend zu, wie sich alle um Regina scharren, an ihren Lippen hängen, so wie sie es einst tat, weil sie nicht wissen, wer sich hinter diesem klugen, symphatischen und gebildeten Menschen verbirgt. Manchmal wünscht sie, auch sie hätte es nie erfahren.

Die Erleichterung, von der Waldarbeit befreit zu sein, weicht tiefer Resignation. Die Arbeitszeit ist länger, das Licht ist grell, die Augen schmerzen. Die Luft ist stickig. Die Norm schaffen nur wenige, es gibt viel Ausschuß. Die auf dem Tisch stehende Waage treibt sie an. Hunderte zigarettenpapierdünner Blättchen bringen kaum hundert Gramm.

«Was ist mit dir, Stepha? Du arbeitest schlecht, sehr schlecht.» Waljas Rüge treibt Stepha die Tränen in die Augen. «Mir ist schlecht, Walja. Seit Tagen habe ich Durchfall. Vor meinen Augen flimmert es, ich esse jeden Tag nur ein wenig Brot.» «Morgen früh gehst du zur Sanitäterin. Wenn du müde bist, dann ruh dich aus. Aber heute mußt du hier noch durchhalten.» Stepha weiß, daß Walja nicht mehr für sie tun kann. Sie weiß auch, daß ihr Ausfall der ganzen Brigade schadet. Sie werden die Norm nicht erreichen. Sie schleppt sich über den Tag und sitzt am nächsten Morgen mit anderen müden, elenden Gestalten im Vorzimmer der San Tschast. «Temperatury net», bescheinigt ihr die Sanitäterin und gibt ihr eine Handvoll Kohletabletten. Ohne Temperatur keine ärztliche Versorgung. «Aber ich bin krank!» protestiert Stepha. Die Sanitäterin sieht sie nur abweisend an.

Wortlos verläßt Stepha den Raum, lehnt sich draußen gegen die Barackenwand. Sie hat das Gefühl, ihre Knie seien aus Gummi. Sie möchte weinen vor Hilflosigkeit. Auf Waljas fragenden Blick kann sie schon wieder lächeln. «Es kann nichts Schlimmes sein, ich habe keine Temperatur.» Sie zeigt die Kohletabletten. Walja besorgt getrocknetes Brot, dünnen schwarzen Tee. «Morgen früh komme ich mit zur Sanitäterin.» Walja ist ärgerlich. Sie trägt die Verantwortung für die Brigade. Am nächsten Morgen dringt sie mit Waljas Hilfe bis zur Ärztin vor. Das Thermometer zeigt siebenunddreißigdrei. Achselzucken, nochmals Kohletabletten. Stepha nimmt sie regelmäßig, schläft früh am Abend erschöpft ein, steht morgens auf, geht zu ihrem Arbeitsplatz, versucht ruhig, gleichmäßig zu arbeiten. Aber ihre Gedanken schweifen immer wieder ab. Bilder aus der Kindheit tauchen auf. Heiße Sommertage in den Ferien, der Geruch des Lattenzaunes in der Sonne. Warmer Sand der Dorfstraße unter nackten Kinderfüßen. Mittagsstille, nur das Singen einer Kreissäge. Im Schatten träge blinzelnd der Hund.

Ihre Hände ruhen auf dem Tisch, abwesend der Blick. Ihr Gesicht ist schweißnaß. Einige Frauen murren, machen abfällige Bemerkungen über sie. Eine Altfrauenhand, braunfleckig, mit dick aufliegenden Adern streicht ihr die feuchten Haare aus dem Gesicht, trocknet ihr das Gesicht mit einem Tuch und breitet zwei Wattejakken neben dem Ofen aus. «Idi, Stephuschka, lozhis dotschenka. Leg dich hin, Töchterchen.» Stepha legt sich hin, sieht den gekrümmten Rücken der Alten, die auf ihrem Platz sitzt, mit zitternder Stimme ein Lied anstimmt, das von den kräftigen, warmen Stimmen der Jungen aufgenommen wird. Unter der weichen, schwermütigen Melodie versinkt Stepha in Halbschlaf, fühlt sich geborgen und aufgehoben. Irene und Betty sorgen sich. «Du siehst schlecht aus, Stepha, so mager und elend. Du bist krank.» Betty macht ein energisches Gesicht. «Du mußt immer wieder hingehen, jeden Morgen.» Stepha schüttelt nur müde den Kopf. «Ich habe kein Fieber. Es ist schade um die Zeit.»

Es fehlt nicht an nörgelnden, gehässigen Stimmen. «Sie läßt sich von den Alten hätscheln», sagen die Deutschen. «Ona priduritsja. Kakaja ona chitraja! Sie verstellt sich. Sie ist eine Schlaue!» sagen die Russinnen. Walja bringt die Stimmen zum Schweigen. Gegen das heimliche Reden, die stillen Vorwürfe, die gereizte Stimmung in der Brigade kann sie nichts tun. Sie versucht auszugleichen, arbeitet mit, um die Norm zu halten. Nur selten noch raucht Stepha eine Zigarette. Sie hat nicht die Kraft, in dem verqualmten Vorraum zu stehen. Jede Zigarette löst eine Eskalation von Vorwürfen aus. «Na, solange ihr die Zigarette noch schmeckt...!» «Wenn ich so krank wäre, brächten mich keine zehn Pferde von meiner Pritsche.» Die Bemerkungen werden von giftigen Blicken begleitet. Stepha ist zu müde, zu verzweifelt, um sich zu verteidigen.

Wenige Tage später wird für alle eine Thyphusschutzimpfung am Arbeitsplatz durchgeführt. Im Materialraum wird Platz für die Ärztin geschaffen, der Tisch hygienisch mit Chlorwasser abgewaschen, abgedeckt mit weißem Laken.

«Es ist keine Sache», sagt die Ärztin, «unproblematisch, ohne Nebenwirkung.» Nach der Impfung wird Stepha schlecht. Sie muß erbrechen. Die Hände vor den Mund gepreßt, versucht sie, die Tür nach draußen zu erreichen. Wände kommen auf sie zu und weichen zurück. Der Korridor wirkt endlos, die Tür so weit entfernt. Ihre Augen verlieren den Halt, in den Ohren rauscht es, und sie beginnt zu fallen, weich, tief, immer tiefer.

Sie spürt, daß man sie trägt, hört ihren Namen, bewegt die Lippen, hört sich sprechen, aber es bleibt dunkel um sie. Es ist Nacht, denkt sie, ich war lange bewußtlos. Aber wieso trägt man mich? Sie reißt die Augen weit auf. Auch die Nacht ist doch nie so dunkel. «Ich kann nicht sehen!» Ihre Stimme ist voller Entsetzen. «Pst, du mußt jetzt ganz ruhig bleiben. Es kommt alles wieder in Ordnung.» Betty. Muß sie nicht arbeiten? Was macht sie neben ihr? Bin ich nun blind? Ein Krüppel, den niemand mehr braucht, auf den keiner wartet? Sie fühlt die neuerliche Ohnmacht wie einen schützenden Mantel auf sich zukommen. Es ist schön, so zu versinken, nicht denken zu müssen.

Sie findet sich in einem Bett wieder. Ihre tastenden Hände fühlen rauhen Nesselbezug, ein Laken. Geruch nach Chlor und Sauberkeit. Eine fremde Stimme oder doch irgendwann schon gehört. «Temperatury net.» Die Ärztin. Stepha will sich aufrichten. Die Glieder gehorchen ihr nicht. Sie spürt das Thermometer. «Temperatury net!» sagt sie, fällt zurück in ihre Dunkelheit. «Ein Virus», sagt die Ärztin hilflos. «Laboruntersuchungen sind nur auf der Krankenkolonne möglich. Ich konnte nicht ahnen, wie krank sie war. Sie hatte nie Temperatur. Sie muß zur Krankenkolonne.»

Die Verlorenen

Wöchentlich einmal hält der Zug Taischett–Bratsk an der 028. Kolonne. Wenige hundert Meter am Lager vorbei läuft der Schienenstrang. Der Zug hält genau drei Minuten. Der Fahrplan wird streng eingehalten. Lange vorher trägt man sie auf einer Trage zum Tor, stellt sie ab. Es ist Mittagszeit. Frauen umringen die Trage. Gebete werden gemurmelt. Wie eine Beerdigung, denkt Stepha. Der Heulton der Lokomotive ertönt. Eilige Schritte stapfen mit der Trage durch den Schnee. Eine Abteiltür wird geöffnet, Hände greifen zu. «Dawai, dawai!»

Hilflos dämmert sie auf ihrer Trage vor sich hin. Sie ist allein in dem Abteil. Durst quält sie. Ihre Därme krampfen sich zusammen. Niemand, der nach ihr sieht, seit man sie in dieses Abteil hob. Minuten erscheinen ihr wie eine Ewigkeit. Nach ihr endlos scheinender Zeit wird sie herausgehoben. Es ist Abend oder Nacht. Sie spürt die kalte, frische Luft. Das Wiegen der Trage. Fremde, gleichgültige Menschen tragen sie unter einem weiten Sternenhimmel. Ich kann sehen, ich kann wieder sehen, jubelt es in ihr. Und sie zählt die sieben Sterne des Großen Bären, die groß und leuchtend die Erde zu erreichen scheinen.

Es ist ein großer Raum, in dem sie abgestellt worden ist. Sie liegt allein, frierend in ihrem Kot. Verzweifelt sehnt sie Schritte, Menschen herbei. Sie hat wirre Träume, aus denen sie aufschreckt, wähnt Menschen um sich. Als sie zu sich kommt, liegt sie gesäubert und wohlversorgt in einem Bett. Um sie herum atmen Menschen. Ein kleines Öllämpchen brennt auf einer Konsole. Sie ist nicht allein. Neben ihrem Bett taucht ein Schatten auf, eine Hand legt sich auf ihre Stirn. Wenig später fühlt sie einen kühlen Rand an ihren Lippen, fühlt eine Hand, die ihren Kopf anhebt. Dann folgen wochenlanges Fiebern und Bewußtlosigkeit.

Als Stepha ihre Umgebung wieder wahrnimmt, stehen blühende Zweige und Blumen im Zimmer. Stepha sieht verwundert, ungläubig um sich. Das Zimmer ist sonnendurchflutet. «Wo bin ich?»

«Du bist im Krankenhaus, in der Isolierstation. Du warst sehr krank, lange Zeit.»

Stepha schaut in ein gütiges, von weißem Haar umrahmtes Gesicht im Bett neben ihr.

«Die Blumen?»

«Ja, die Blumen... Es ist schon Sommer. Es ist viel Zeit vergangen.»

Stepha erinnert sich: die qualvolle Bahnfahrt, die vielen Menschen, als man sie zum Zug trug. Das Warten in dem großen Raum. Traurigkeit überfällt sie. Die Freunde, wo sind sie? Wie weit ist sie von ihnen entfernt? Wird sie sie je wiedersehen? Hier ist sie allein unter fremden Menschen.

«Du hattest schon Besuch.» Die klare Stimme, die so gut deutsch spricht, reißt sie aus ihren trüben Gedanken.

«Besuch? Von wem?»

«Oh, es waren schon viele da. Einige deiner Landsleute, aber auch zwei von der zwanzigsten Kolonne. Sie wurden auch hierher verlegt. Da kommt oft eine Frau, die sich Walja nennt.»

«Walja? Walja ist auch hier? Wie spät ist es? Wird sie mich heute noch besuchen?»

«Du mußt noch Geduld haben. Bald wird Mittag sein. Sie dürfen aber nur an das Fenster kommen. In die Isolationsbaracke darf niemand hinein. Leg dich wieder hin. Du darfst dich nicht so sehr aufregen, es bekommt dir nicht.»

Stepha hört nicht mehr richtig zu, läßt das Fenster nicht aus den Augen. Lange muß sie nicht warten. Gesichter schieben sich vor das Fenster. Sie erkennt Betty. Dann erscheint Waljas strahlendes Gesicht. Stepha winkt mit beiden Händen. Sie ist glücklich, Betty und Walja in der Nähe zu wissen.

«Ich werde bald gesund!» ruft sie den beiden zu. Die Verständigung ist schwierig. Nur eine kleine Luftklappe des Fensters ist zu öffnen. Als die Krankenschwester ins Zimmer kommt, schickt sie die Besucher weg. «Sie kommen morgen wieder», verspricht sie, als sie Stephas enttäuschtes Gesicht sieht. «Du darfst dich nicht überanstrengen.»

«Ich bin schon fast gesund», behauptet Stepha kühn.

«Natürlich, deshalb wirst du auch jetzt deine Medizin nehmen.» Stepha schüttelt sich, als sie die Tabletten schluckt. Die Spritze erträgt sie entschieden gelassener. Die Schwester streicht Stepha über den Kopf. Stepha wundert sich über das eigenartige Gefühl, das diese Berührung auslöst, greift nach ihrem Haar und erschrickt. «Wo ist mein Haar geblieben?»

«Wir mußten dir dein Haar abschneiden», sagt die Schwester bedauernd, «es fiel in langen Strähnen aus. Du warst eben sehr krank.»

An sehr schönen Tagen bringt man die Kranken nach draußen. Für ein bis zwei Stunden, ehe die Sonne untergeht. Aber niemand darf zu ihnen. Sie müssen isoliert bleiben. Die Schutzimpfung, so erfährt Stepha, hat bei ihr diesen bösartigen Typhus ausgelöst.

Noch immer ist ihr Darm nicht in Ordnung, der Stuhlgang dünn wie Wasser. Aber zum Glück ist die Zeit vorbei, da man sie wie einen Säugling wickeln mußte. Jetzt kann sie sich bei der Sanitäterin bedanken, die sie gepflegt und wie ein Kind auf den Armen getragen hat: Ada, eine Weißrussin, groß und kräftig, mit ebensolchen großen, aber unendlich sanften Händen.

Stepha lernt nun, da sie sitzen kann, alle Frauen im Krankenzimmer kennen. Sie lernt viele Worte der russischen Sprache. Und sie erweckt ungewollt manchen Heiterkeitsausbruch, wenn sie versucht, sich verständlich zu machen. Aber sie will lernen. Nie wieder ausgeliefert sein. Marusja, eine Ukrainerin, lehrt sie sticken. Stepha bewundert, wie unter Marusjas Händen Kunstwerke entstehen. So viel Geduld steckt in den Faden um Faden gestochenen Motiven.

Als Kind schon hat Marusja es gelernt. In ihrer Heimat tragen die Mädchen diese kunstvoll gestickten Blusen.

Zu ihrer Linken liegt eine böse alte Frau. Niemand mag sie. Murmelnd und brummelnd verbringt sie den Tag, weigert sich zeternd, ihre Medikamente zu nehmen, und schüttet manchmal boshaft ihr Essen ins Bett. Sie ist eine Teufelsanbeterin aus dem Kaukasus, sagen die Frauen und bekreuzigen sich. Solche Frauen beten den Teufel als Herrn und Meister an und versuchen, neue Seelen für ihn zu gewinnen. Stepha graust es. Sie tut es den anderen gleich und schlägt am Abend ein Kreuz in die Richtung dieses Bettes. Keiner glaubt, daß die Alte wieder gesund wird. Aber ein solcher Mensch kann nicht sterben, bevor er nicht dem Teufel eine Seele zugeführt hat. Stepha, die niemals abergläubisch war, kann sich das nicht so recht vorstellen, aber sie kann nicht verhindern, daß sie eine Gänsehaut bekommt, wenn die Frauen darüber reden.

Stephas erste Gehversuche sind staksig. Sie ist mager und hat nicht viel Kraft. Aber sie versucht es immer wieder. Manchmal fühlt sie sich schon gesund, aber der Darm ist immer noch nicht in Ordnung.

Es ist ein strahlender, heißer Sommer. Im Bett zu liegen ist eine Qual. Nicht einmal die Nächte, diese seltsamen hellen Nächte, wenn der Horizont das Licht der Sonne bis zum Morgen hält, bringen Abkühlung. Der Alten geht es von Tag zu Tag schlechter. Sie ist den ganzen Tag unruhig, versucht, aus dem Bett zu kommen. Manchmal schreit sie laut oder versucht, mit ihren Händen Stephas Bett zu erreichen. Eine Sanitäterin muß ständig im Zimmer sein. Ununterbrochen macht sie das Bett naß, kotet es ein. Der Gestank, der von ihr ausgeht, wird immer schlimmer. «Sie wird bald sterben, die Nieren versagen. Ihre Arme und Beine sind dick angeschwollen und glasig», sagt die Sanitäterin tröstend. Stepha fürchtet sich. Noch niemals hat sie einen Menschen sterben sehen. Wieder und wieder muß sie – gegen ihren Willen – zu der Alten hinsehen. Heute ist sie besonders unruhig. Ada kann sie kaum im Bett halten. Die Frauen haben aus dem Stiel einer Zahnbürste kleine Kreuze geschnitzt. Man versucht ihr eins in die Hand zu legen. Mit einem grellen Schrei wirft sie es von sich. Manchmal ruft sie Stepha beim Namen, streckt die Hand nach ihr aus. Stepha will sie spontan ergreifen, doch Ada wehrt sie blitzschnell ab. «Tu es nicht, Stepha. Sie will dir nur Böses!» «Aber sie wird sterben. Was soll sie mir schon noch Böses wollen», widerspricht Stepha heftig.

«Sie tun nur Böses; ihre Seele gehört dem Teufel. Er braucht ein neues Opfer.»

Die Sonne geht unter. «Ich glaube, sie wird heute nacht sterben», sagt Ada und geht die Ärztin holen. Die Alte wehrt sich verzweifelt gegen die Untersuchung. Sie flucht, spuckt, kratzt und beißt die Ärztin in die Hand. Ada muß alle Kraft aufwenden, um sie zu halten. Die Ärztin zuckt resigniert die Schultern. «Wir können nichts mehr für sie tun, aber es wird dauern. Ihr Herz ist stark und gesund.»

Als der Abend hereinbricht, beginnt die Alte wieder zu sprechen. «Er ist stark und schön, er wird kommen!» Ihr Gesicht nimmt einen angestrengt horchenden Ausdruck an. «Nimm du ihn, Stepha, komm, gib mir deine Hand. Er ist schön. Er sieht aus wie ein Husar!» Unablässig bewegt sie die Hand in Stephas Richtung. Die Frauen sitzen aufrecht in ihren Betten und beten, werfen scheue Blicke auf die Alte. Jetzt lacht sie, häßlich, schrill. «Er wird kommen», sagt sie triumphierend. Sie spuckt nach den Betenden, stößt Flüche aus. Dann wieder lauscht sie in die hereinbrechende Nacht hinaus. Es beginnt zu stürmen. Das kleine Klappfenster schlägt hin und her. Ada geht, um es zu schließen. Wieder lacht die Alte, setzt sich plötzlich stocksteif in ihrem Bett auf. Alle starren entsetzt zu ihr hin. Seit Wochen schon konnte sie nicht mehr sitzen. Marusja kommt zu Stepha, drückt ihr eines der geschnitzten Kreuze in die Hand. Die Alte spuckt nach ihr. Sie scheint bei völlig klarem Bewußtsein zu sein, bemerkt alles, was im Zimmer geschieht. Der Sturm wird stärker, drückt auf das Fenster und reißt es auf. Ein Bleistift rollt vom Tisch, fällt zur Erde. Die Alte sitzt mit verzücktem Gesicht im Bett. Die Frauen sind starr vor Entsetzen. «Da, hier ist er, sieh ihn dir an, Stepha!» Laut beginnen die Frauen zu beten. «Dreh mir das Gesicht auf den Rücken, Stepha, dreh mir das Gesicht auf den Rücken», ruft die Alte immer wieder, fordernd erst, dann weinerlich wimmernd. Und plötzlich breitet sie die Arme weit aus und schreit, schreit, als wolle sie nie wieder damit aufhören. Schreit, daß es allen eiskalt den Rücken hinunterläuft und sie vor Entsetzen schaudern. Und dann ist es vorbei. Es ist still in dem Zimmer. Sie liegt auf ihrem Kissen, die Augen weit aufgerissen. Nur noch ein leises Röcheln kommt aus ihrem Mund.

Alle erwachen wie aus einem bösen Traum. «Der Teufel hat ihre Seele geholt!» «Ja, hört nur. Der Sturm hat nachgelassen.» «Marusja hat recht, der Sturm ist vorbei.» Kopfschüttelnd verläßt die Ärztin das Zimmer. In dieser Nacht kann niemand von ihnen schlafen. Leise unterhalten sie sich über das Geschehen. «Er war hier. Ich habe es gespürt», sagt Marusja mit Bestimmtheit, und niemand widerspricht. Sie nicken, noch immer mit Entsetzen erfüllt. Stepha ist nicht abergläubisch, aber auch sie hatte das Gefühl, etwas Fremdes im Raum gespürt zu haben.

Als die Ärztin, Irina Antonowna, kommt, bindet sie mit einer Binde den Kiefer nach oben, schließt mit der Hand die Augen der Toten. Ada legt ein Handtuch über ihr Gesicht. Die Frauen beten wieder. Stepha empfindet nichts, absolut nichts. Wozu soll sie beten? Hat man nicht des Nachts genug gebetet? Sie sieht zu, wie man den Leichnam aus dem Bett hebt, ihn auf eine Trage legt und ein Tuch über ihn breitet. Das Bett wird bis auf die Matratze ausgeräumt, steht nun kahl im Raum. War es nicht grausam, diesen Menschen in seiner Not allein sterben zu lassen, denkt Stepha. Still liegt sie in ihrem Bett, hört das murmelnde Beten der Frauen. «Vielleicht haben wir Unrecht getan?»

«Das verstehst du nicht», sagt Wera. «Du bist eben eine Nemka, und zudem auch noch sehr jung. Vielleicht gibt es bei euch solche Dinge nicht. Unser Land ist groß und weit. Es gibt für dich bestimmt noch viel Unverständliches, Unheimliches. Denk doch, der Sturm, du hast ihn doch auch gehört. Du hast sie doch auch schreien gehört.» Stepha nickt. «Siehst du, es stürmte nur um unsere Baracke, im ganzen Lager haben sie nichts gehört.»

Wie sollte man sich erklären, daß es im Lager überall still war, bei ihnen hingegen ein Sturm und ein aufgerissenes Fenster. Vielleicht wissen sie mehr als ich, denkt Stepha.

Als die Ärztin ihr wenige Tage später mitteilt, daß man sie leider verlegen muß, weil bei der Stuhluntersuchung Tuberkeln festgestellt wurden, ist Stepha verzweifelt. Nun glaubt sie auch, daß die Alte ihr etwas angehext hat. Sie ist traurig. Wieder ein Abschied von Gewohntem, Liebgewordenem, wieder neue Menschen. Stepha weint vor Verzweiflung wie ein Kind, sie ist keinem Trost zugänglich. «Du wirst dich auch dort eingewöhnen. Im Lager sein heißt immer wieder Abschied nehmen», versucht Marusja zu trösten.

Und so geht sie, begleitet von Schwester Taisa, der neuen Baracke zu. Sie bekommt ein Bett inmitten fremder Menschen, die ihr neugierig, aber nicht unfreundlich entgegensehen. Als sie ihre Sachen geordnet hat und sich scheu umsieht, fragt neben ihr eine Stimme: «Willst du rauchen?» Erleichtert lächelt Stepha der Fragenden zu. «Natürlich möchte ich. Ich habe schon lange nicht mehr geraucht.» Aber es will und will ihr nicht gelingen, Papier und Machorka zu einer Zigarette zu drehen. Belustigt schaut Tosja ihr zu. Geübt und geschickt dreht sie die Zigarette, feuchtet das Papier an und reicht Stepha die Zigarette. «So, du wirst es schon wieder lernen. Laß uns nach draußen gehen. Vor der Baracke können wir rauchen.»

Einträchtig, nach Lagerart auf den Fersen hockend, sitzen sie an der Schattenseite der Baracke. «Magst du keine Sonne?» Stepha hätte viel lieber in der lang entbehrten Sonne gesessen. «Bist du verrückt?» Tosja sieht Stepha entsetzt an. «Hat man dir das nicht gesagt? Wir Offenen dürfen nicht in die Sonne. Sie schadet uns. Wir dürfen nur morgens und abends ein wenig Sonne genießen.» «Was heißt das, wir Offenen?» Stepha fragt es mit kleiner Stimme, in der schon die Angst des Wissens mitschwingt. Tosja blickt nur kurz in Stephas angstvolle Augen, wendet den Blick ab und sagt mit betonter Gleichgültigkeit: «Weißt du das nicht? Unsere Seite der Baracke ist die der Ansteckenden, ich meine, wir haben offene Tuberkulose, wir sind Tuberkelträger. Zu uns darf kein Fremder in die Baracke.

Sogar die Posten meiden uns, sie kommen höchstens bis in den Korridor.»

Stepha schluckt und blickt zu Boden. Ihre Hand, die die Zigarette hält, beginnt zu zittern. Ihre Stimme ist spröde. «Ist eine Darmtuberkulose auch ansteckend? Ist sie auch eine offene?»

Tosja nimmt den Blick von der vor Hitze flirrenden, lehmgelben Lagerstraße. Sie kneift die Augen zusammen und legt dann beruhigend ihre Hand auf Stephas Knie, drückt es mit aller Kraft, als könne sie ihr damit die Angst nehmen, und beginnt in leichtem Ton, als rede sie über etwas Nebensächliches. «Du mußt dich nicht fürchten. Wir haben zur Zeit keine Schwerkranken. Und hier, sieh her!» Sie zieht eine dunkelbraune, mit einem Schraubverschluß versehene Flasche aus ihrer Tasche. «Diese Flasche muß jede von uns bei sich haben, eine Sputumflasche. Wenn wir etwas heraushusten, dann nur in diese Flasche. Es wird sehr streng darauf geachtet. Schon um die anderen zu schützen.» Sie lächelt Stepha aufmunternd zu: «Nur küssen ist verboten, aber das wollen wir ja auch nicht.»

Stepha muß wider Willen lächeln, aber sie blickt zu Boden, zeichnet mit einem Finger Striche und Linien in den Sand. Sie sieht auf die Zigarette, die Tosja gedreht und angefeuchtet hat. Ekel zieht ihr die Kopfhaut zusammen. Sie kann diese Zigarette nicht mehr zum Munde führen, aber sie kann sie auch nicht wegwerfen. Krampfhaft hält sie den erkalteten Rest zwischen Daumen und Zeigefinger. Läßt ihre Hand vom Knie zur Seite fallen. Brechreiz würgt sie. «Ist dir übel?» Tosja blickt besorgt in Stephas weiß gewordenes Gesicht. Stepha nickt. «Streck die Füße lang aus, lehn dich fest gegen die Wand.» Tosja hält sie an den Schultern.

Stepha hält die Augen geschlossen, ihre Mundwinkel zucken. Sie will nicht weinen, kann aber nicht verhindern, daß Tränen durch die geschlossenen Lider hindurch über das Gesicht rinnen. «Es ist nichts weiter. Ich habe nur so lange nicht geraucht, und nun ist mir natürlich übel.»

Tosja atmet erleichtert auf. «Wenn es dir besser geht, gehen wir in die Baracke. Es ist auch zu heiß hier draußen.» Als Stepha sich erheben will, rutscht sie gleich wieder in sich zusammen. «Oh, Gott, vor meinen Augen dreht sich alles.» «Das ist Schwäche. Komm, stütz dich auf meinen Arm, dann wird es gehen.» Tosja umschlingt Stepha mit ihrem kräftigen Arm. Langsam, Schritt für Schritt bewegen sie sich vorwärts. Mit einem Seufzer der Erleichterung sinkt Stepha auf ihr Bett. Tosja fühlt ihren Puls. «Rast ganz schön. Du mußt in Zukunft vorsichtiger sein.»

«Seltsam, Tosja, mir ist bisher gar nicht eingefallen, dich zu fragen, wieso du ein so ausgezeichnetes Deutsch sprichst. Ich hätte dich fast für eine Deutsche gehalten.» Tosja schüttelt den Kopf. Bewundernd betrachtet Stepha die schwarzblau glänzenden, dicken Zöpfe, die bei der heftigen Bewegung über die Schultern nach vorn fallen. «O nein, ich bin eine geborene Tatarin. Wir haben in den letzten Kriegsjahren in Gomel gelebt. Mein Vater arbeitete dort als Ingenieur. Geboren wurde ich in Kasan. Dort bin ich anfangs auch zur Schule gegangen. Kasan ist wunderschön, und wir hatten große Schwierigkeiten, uns in Gomel einzuleben. Deutsch habe ich in der Schule gelernt. Du weißt sicher, daß die deutschen Truppen zu Beginn des Krieges sehr schnell vorrückten. So bin ich auch ziemlich zu Anfang nach Deutschland deportiert worden. Wir waren in einem großen Lager in der Nähe von Buna. Dort mußten wir in den großen Werken arbeiten. Als die Deutschen merkten, daß ich gut deutsch sprach, wurde ich bald Dolmetscherin. Mir ging es gut. Ich hatte viele Vorteile. Und ich konnte so manchem meiner Kameraden helfen.» «Aber wieso bist du dann hier im Lager, wenn die Deutschen dich verschleppt hatten?» Tosja schweigt, zieht die Unterlippe zwischen die Zähne, ihr Gesicht verfinstert sich. Sie sieht zum Fenster hinaus auf die sich lang hinstreckende Lagerstraße. Ihre über dem feinen Nasenrücken zusammengewachsenen Augenbrauen sind dicht zusammengezogen, stehen wie ein harter, dunkler Strich in dem noch jungen Gesicht. Stepha bereut ihre Frage. «Verzeih, ich wollte dich nicht traurig machen. Du mußt es mir nicht erzählen.»

Tosja sieht Stephas Betroffenheit, streicht ihr mit den Fingerspitzen zart über die Wange. «Nicht doch, nicht doch! So schlimm ist es nicht. Nur manchmal, wenn ich so wie jetzt mit einer Deutschen rede, dann kommt alles wieder hervor.» Sie macht eine kleine

Pause, betrachtet Stepha sehr ernsthaft, als müsse sie etwas abwägen. «Du bist noch sehr jung, aber vielleicht wirst du es verstehen können, und mir tut es gut, einmal darüber zu reden. Alles war ganz einfach. Irgendwie folgerichtig. Ich war nur wenig älter als du, damals, als wir deportiert wurden. Die Trennung von den Eltern. Die grauenhafte Fahrt im Viehwaggon. Die Angst vor der Ungewißheit. Das Lager, in das wir kamen, war recht ordentlich. Wir waren alle junge, kräftige Frauen, und so fiel uns die Arbeit anfangs nicht so schwer, das Leben war einigermaßen erträglich.»

Sie macht eine Pause, zieht Tabak und Papier aus der Tasche, dreht bedächtig und selbstverständlich zwei Zigaretten. Stepha nimmt ihre entgegen, wundert sich einen Moment, daß sie weder Ekel noch Angst empfindet. Sie ist nur begierig, Tosjas Geschichte weiter zu hören. Im Korridor lehnen sie sich gegen die Holzwand. Tosja inhaliert tief, fährt dann in ihrer Erzählung fort. «Nun, ich sagte es schon, ich wurde als Dolmetscherin eingesetzt. Es ging mir gut. Ich konnte mich außerhalb des Lagers bewegen. Hin und wieder half ich bei einer deutschen Familie aus, wenn sie Gäste zu bewirten hatten. Ich wurde auch manchmal von Offizieren als Dolmetscherin mitgenommen, wenn sie in anderen Lagern zu tun hatten. So konnte ich manchen Kassiber hin- und herschmuggeln. Hin und wieder gelang es mir auch, Zigaretten zu besorgen oder Nadel und Garn. Die Kostbarkeiten des Lagerlebens.» Tosja zieht den Rauch der Zigarette tief ein, unterbricht ihre Erzählung, sieht den Rauchschwaden nach. «Das alles, so sollte man glauben, hätte mich bei meinen Kameradinnen beliebt machen müssen. Aber das Gegenteil war der Fall. Sie waren zwar freundlich, nahmen, was ich brachte, aber sie stießen mich aus.» Sie lächelt bitter, als sie in Stephas ungläubiges Gesicht sieht. «Du mußt nicht glauben, daß sie das so offensichtlich getan hätten, o nein! Das ergab sich erst allmählich. Gespräche brachen ab, wenn ich dazukam. Manche hatten es plötzlich eilig, irgend etwas zu erledigen. Meine Gaben nahmen sie zwar, aber sie waren mißtrauisch und natürlich auch neidisch. Aber der Neid war nicht das Wesentliche. Sie hielten mich für einen Spitzel, sahen in mir eine Verräterin.

Anfangs hat mich das fast verrückt gemacht. Ich habe sogar die Lagerleitung gebeten, mich abzulösen. Es gab schließlich noch mehr unter uns, die deutsch sprachen. Aber die Lagerleitung wollte nicht. Ehrlich gesagt, es gab einen, der ganz besonders dagegen war. Ich wußte längst, daß er mich gern hatte, aber ich wollte diesem Gefühl nicht nachgeben. Hinzu kam, daß es ja verboten war. Aber als ich so völlig ausgestoßen, ganz ohne Freunde war, da wurde er mein einziger Halt. Es war Liebe, auch wenn niemand es glaubte. Seine Kameraden drückten beide Augen zu. Er war beliebt, ein guter Kamerad. Einmal nahm er mich unter einem Vorwand mit zu seiner Schwester. Sie war kühl zu mir, aber da sie ihren Bruder liebte, versprach sie ihm, mir zu helfen, wenn ich in Not sei.»

Tosja setzt sich, zieht die Beine dicht an den Körper, umschlingt sie mit beiden Armen. Und so fährt sie in ihrer Erzählung fort, während ihre Augen in weite Fernen zu blicken scheinen. «Als ich meine Schwangerschaft nicht mehr verbergen konnte, war alles aus. Irgend jemand verriet uns. Meine Situation änderte sich plötzlich, von einem Tag auf den anderen. Ich will dich nicht mit Einzelheiten langweilen. Herbert wurde an die Front versetzt. Er fand gerade noch Zeit, es mir zu sagen. Mich schob man in die Fabrik ab. Überließ mich meinen Kameradinnen. Ich hatte zwar weder Verständnis noch Mitleid erwartet, aber was da auf mich zukam, überstieg alle meine Befürchtungen. Sie übersahen mich, sahen durch mich hindurch, als sei ich nicht vorhanden. Ich war am Ende meiner Kräfte, versuchte mich zu rechtfertigen. Manche machten sich nicht einmal die Mühe, mich anzuhören. Sie ließen mich einfach stehen. Einige sprachen heimlich mit mir, immer darauf bedacht, von niemandem gesehen zu werden. Als ich einmal eine Kameradin vor Erregung am Arm festhielt, stieß sie meine Hand wie die einer Aussätzigen von sich. ‹Laß uns zufrieden, du Offiziersliebchen. Während unsere tapferen Kameraden in Konzentrationslagern verrekken, läßt du dir ein Kind machen.› In meinen Ohren hallten die Worte wider wie ein hundertfaches Echo. Angst und Panik stiegen in mir auf. Ich muß weg, dachte ich. Die Front rückte näher und näher. Wir würden vielleicht bald in unsere Heimat zurückkehren können. Konnte ich das noch? Ich, die ehemalige Komsomolzin, die ein Kind von einem Feind meines Landes trug?

Ich vertraute mich einem älteren freundlichen Feldwebel an. Bei der nächsten günstigen Gelegenheit verhalf er mir zur Flucht. Ich wollte zu Herberts Schwester. Sie hatte ihm versprochen, mir zu helfen. Ich lief vier Nächte und drei Tage. Ich hungerte und fror. Es war immerhin erst März. Dann erreichte ich endlich mein Ziel.

Ich stand lange vor der Tür, ehe ich zu klingeln wagte. Herberts Schwester empfing mich kühl, aber mit aller Gastfreundschaft. Sie führte mich in das Badezimmer, wo ich mich im heißen Wasser erwärmen konnte, brachte mir frische Kleidung. Ich fühlte mich wie ein neuer Mensch, als ich zu ihr in die Küche kam. Sie hatte Essen vorbereitet und Kaffee gekocht. Ich weinte, brauchte eine gewisse Zeit, um mich zu beruhigen. Dann fragte ich nach Herbert. Sie erhob sich wortlos, ging aus dem Zimmer und kam mit einem Brief zurück. Ich ergriff ihn mit zitternden Händen. Die Buchstaben tanzten vor meinen Augen, und ich brauchte lange, um den Sinn des Gelesenen zu erfassen. Sie sah mich an, und zum erstenmal war ein Schein von Wärme in ihren Augen. ‹Vermißt, aber das sagt doch noch nichts. Vielleicht ist er nur in Gefangenschaft.› ‹Nur?› erwiderte sie, und ihre Mundwinkel senkten sich. ‹Nur?› Sie sah mich jetzt feindlich an. ‹Was das in Ihrem Land bedeutet, das wissen Sie doch wohl.› Mir schnürte es die Kehle zu. ‹Er wird in einem Lager sein, so wie ich in einem war.› Sie sah mich mit solcher Verachtung an, daß ich kaum zu atmen wagte. ‹Sie vergessen, meine Liebe, daß Sie sich in einem kultivierten Land befinden. Mein Bruder aber befindet sich unter Barbaren.› Ich war unfähig, darauf etwas zu erwidern. Herbert hatte mir einmal beiläufig gesagt, daß seine Schwester eine überzeugte Nazi-Anhängerin sei, aber so fanatisch hatte ich sie mir nicht vorgestellt. Ich schwieg, war wie versteinert. ‹Sie werden müde sein, Sie sollten sich ausruhen!› unterbrach sie das Schweigen, erhob sich und forderte mich auf, ihr zu folgen. Sie führte mich in ein Zimmer, deckte das Bett einladend auf und sagte, nun versöhnlich: ‹Sie werden hier gut schlafen. Hier übernachtete mein Bruder, wenn er bei mir war.›

Ich weinte mich in den Schlaf. Denken konnte ich nichts. Ich fühlte noch die Tränen, und dann nichts mehr. Beim Erwachen sah ich in zwei ernste Männergesichter. Mein Blick glitt von den Gesichtern zu den Uniformen. Sie hatte mich verraten. Des Kindes wegen hatte ich mich sicher gefühlt. Die Soldaten wandten sich ab, als ich mich ankleidete, sie waren geduldig, trieben mich nicht zur Eile an. Dann führten sie mich über den leeren Korridor zur Tür. Ich hörte deutlich, wie einer der Soldaten halblaut ‹Kanaille› sagte, ehe er die Tür unsanft hinter sich zuzog.

Ich kam zurück ins Lager. Es war ein Alptraum. Hämische Blicke und Worte empfingen mich. Manche spuckten vor mir aus. Die Stockhiebe nahm ich hin, ich spürte den Schmerz kaum, so erstarrt war ich. Der Karzer war Erlösung, brachte mir Ruhe. Wie ich die folgende Zeit überstand, weiß ich nicht mehr.

Der Krieg war zu Ende, wir wurden befreit. Ich wurde sofort verhaftet. In Berlin traf ich auf die ersten Leidensgenossinnen. In Moskau begegneten wir Frauen, deren Schicksal unserem ähnlich war. Aber noch waren wir voller Hoffnung, bald heimkehren zu dürfen. In der Lubjanka, dem berüchtigten Gefängnis des Geheimdienstes, wurde mein Sohn geboren. Dann kamen die Vernehmungen, Anschuldigungen. Schließlich Verhandlung und Urteil: § 1 a, Vaterlandsverrat. Die Urteile waren alle gleich. Zehn Jahre für jede von uns.»

Tosja greift nach ihrem Tabaksbeutel. «Komm, wir gehen nach draußen. Jetzt ist es schön und angenehm.» Sie führt Stepha an die Rückseite der Baracke. Stepha tut einen tiefen Atemzug. «Herrgott, ist das schön!» Ihre Augen sehen in ungeheure Weiten. Sanfte, bewaldete Hügel, ein sich endlos dehnender Horizont. Der Zaun, weit unten, erscheint klein, die Türme der Posten muten wie Spielzeuge an. «Das Lager ist ja auf einem Hügel.» «Ja, Stepha, und wenn man hier steht, dann hat man so ein kleines Gefühl von Freiheit, und die Schönheit macht die Herzen leichter.»

«Aber dein Sohn, Tosja? Wo ist dein Sohn?»

«In Irkutsk, in einem Kinderheim. Es geht ihm gut. Aber laß dir noch zu Ende erzählen.

Wir fuhren den gleichen Weg wie ihr. Wochenlang, bis Taischett. Ich kam in ein Mütterlager. Dort konnte ich meinen Sohn bei mir behalten, bis er zwei Jahre alt war. Er konnte laufen und auch schon sprechen. Dann trennte man uns. Noch vor der Zeit. Man erkannte meine Krankheit. Aber mein Sohn ist gesund, das wenigstens weiß ich.»

Stephas Augen brennen. Anfangs hat sie die Tränen verstohlen abgewischt, doch nun rinnen sie unaufhaltsam. Sie fängt sie in den Mundwinkeln mit der Zunge auf, spürt den salzigen Geschmack. Und sie weint um all diese, deren Leben hier in diesen Lagern sinnlos vertan wird. Sie fragt nach Sigrid. Tosja kann ihr bestätigen, daß Sigrid mit ihrer kleinen Tochter noch im Mütterlager ist.

«Wird man ihr das Kind auch nehmen?»

«Wenn es an der Zeit ist, ja. Es gibt keine Ausnahme.»

Der Wechsel aus dem kleinen Sechsbettzimmer der Isolierstation in die von ständiger Unruhe erfüllte Tuberkulosenbaracke ist für Stepha eine große Umstellung. Einige der Frauen, die hier mit ihr zusammenleben, betrachten sie mit ängstlicher Neugier. Jeder scheint das zu tun, wonach ihm der Sinn steht. Die Blatnajas mit ihren bunten Kopftüchern, nach Piratenart um den Kopf geschlungen, sind im Umgang miteinander recht grob. Ihre Sprache ist mit Flüchen und Schimpfworten durchsetzt, die Stepha inzwischen auch schon alle kennt. Es ist ihr unbehaglich, wenn eine von ihnen sie anspricht oder ansieht. Es scheint den Blatnajas Spaß zu machen, bei Stepha Verwirrung hervorzurufen. Obwohl sie schon ziemlich gut russisch spricht, scheint es ihr bei ihnen nie zu gelingen, sich verständlich zu machen. Häufig ruft das, was sie sagt, brüllendes Gelächter bei ihnen hervor. Es erschreckt sie, aber sie lacht einfach mit.

Erstaunlicherweise sehen einige der Blatnajas trotz ihrer Krankheit robust und kräftig aus. Andere liegen mit fahlen, gelben Gesichtern, hohläugig und mit vor Fieber glänzenden Augen auf ihren Pritschen, von ihren Kameradinnen sorgsam, fast zärtlich versorgt. Oft liegt Stepha auf ihrem Bett und beobachtet die Grüppchen, die sich auch hier, wie in der Arbeitsbaracke, gebildet haben. Obwohl sie sich mit Tosja und ihren Freunden gut versteht und alle freundlich zu ihr sind, bleibt sie einsam. Niemand, der sie bittet, sich neben sie zu setzen. Die anderen essen zusammen, manche sogar aus einer Schüssel, hocken zu viert oder fünft auf einem Bett, schlürfen ihren Tee. Stepha hört das Krachen der Zuckerstücke, die von einem großen Brocken abgeschlagen werden. Dazwischen das genüßliche Kauen der Sucharkis. Dann fühlt sie sich einsam und verlassen, und sie legt sich so, daß sie die anderen nicht vor Augen hat. Nach den Mahlzeiten kommt Tosja regelmäßig an ihr Bett. «Komm, wir gehen rauchen!» Dann kommt es vor, daß Stepha in Trotz und Verlassenheit den Kopf schüttelt. «Nein, ich will jetzt nicht.» Tosja ahnt den Grund von Stephas Verhalten und gibt meist nicht auf. Einmal muß sie Stepha fast mit Gewalt von ihrem Bett holen. «Komm mit! Ich muß dir etwas erklären.» Schweigend drehen sie ihre Zigaretten. Stepha wartet. «Es ist so», beginnt Tosja nach den ersten Zügen, «du mußt das verstehen. Meine Freunde mögen dich, aber sie fürchten die Blatnajas. Du hast sicher schon bemerkt, daß sie bestimmen, was geschieht. Sie sind argwöhnisch gegen Neue, und sie lieben die Deutschen nicht.» Bedrückt sieht Stepha vor sich hin. «Ich weiß das, Tosja, das heißt, ich spüre es. Sie nennen mich nie bei meinem Namen, sprechen nur von der Nemka. Ich verstehe dich und deine Freunde. Ein paar Wochen war ich ja auch schon in einer Arbeitsbrigade und habe so einiges gehört und gesehen.» «Siehst du, Stepha, meist sind sie friedlich. Manchmal machen sie grobe Scherze, aber sie meinen es nicht böse. Und wenn du etwas hast, was ihnen gefällt, und sie bitten dich, es herzuschenken, dann tu das, sonst nehmen sie es sich einfach.» «Ja, und die Posten? Lassen sie das einfach zu?» Tosja lacht. «Die Posten? Ach Stepha, die Posten und die Natschalniks haben noch mehr Angst vor ihnen als wir. Sie schieben sie nach Möglichkeit in ein anderes Lager ab. Aber immer gelingt das nicht. Die Blatnajas halten zusammen, sie sind eine große Familie. Es sind Mörder und Diebe. Schon von Kindheit an. Viele kennen die Freiheit nicht mehr, waren vorher schon in Kinderlagern. Das Lager ist ihr Leben. Sie haben nichts zu verlieren. Sie morden und stehlen auch hier. Immer wieder haben sie Messer. Die Posten wagen nicht, sie zu durchsuchen. Uns verachten sie. Wir sind gerade gut genug, sie zu bedienen. Aber dennoch, sie schützen uns vor den Dezhurnys und Posten. Sie haben ihre eigenen Gesetze, und wehe, wer dagegen verstößt. Und sie haben eine strenge Rangordnung.»

«Ich weiß das. Ich habe eine Art Schutzbrief von ihnen.»

«Einen Schutzbrief? Wer hat ihn dir geschrieben?»

Stepha berichtet von ihrer Begegnung mit Ljuba Burnassowa und ihrem Mantelverkauf. Doch Tosja unterbricht sie ungeduldig. «Stepha, wenn das stimmt, was du da sagst! Einen Brief von Ljuba Burnassowa! Was steht darin?» «Ich weiß es nicht. Ich habe ihn gut verwahrt.» «Sag nur, du hättest ihn nicht gelesen?» «Genau das, Tosja. Wie konnte ich denn. So viel kannte ich nicht von der russischen Sprache.» «Aber du hättest ihn dir übersetzen lassen müssen.» Tosja ist aufgeregt. «Hast du ihn bei dir?» «Habe ich, aber wozu sollte er mir nützen?» «Komm», drängt Tosja, «zeig ihn mir.» Sie zieht Stepha an der Hand mit sich fort. Jetzt ist Stepha selbst neugierig geworden. Tosjas Eifer ist nicht zu übersehen. Als Stepha in ihrem Bündel zu wühlen beginnt, schiebt sich die Gruppe der Blatnajas langsam näher. Aus dem Ärmelfutter ihres Mantels zieht Stepha den eng beschriebenen Stoffetzen. Tosja nimmt ihn Stepha rasch aus der Hand und glättet ihn auf dem Bett. Als sie gerade zu lesen beginnt, schiebt sich eine tätowierte Hand zwischen sie und nimmt den Brief an sich. Stepha protestiert, aber die Blatnaja hält ihre Hand fest. «Podozhdi, eto pismo dlja nas. Warte, das ist ein Brief für uns.» Ohne Stephas Hand loszulassen, legt sie den Stoff auf das Bett und beginnt laut und vernehmlich zu lesen. In der Baracke ist es still. Alle Augen sind auf Stepha gerichtet.

Voller Ehrfurcht hat die Lesende zum Schluß den Namen der Unterschrift vorgelesen. Sie streicht den Stoff glatt und faltet ihn sorgfältig zusammen. Überreicht ihn Stepha feierlich, lächelt herzlich, umarmt Stepha und küßt sie auf beide Wangen. Der Reihe nach treten die Blatnajas auf sie zu. Die Namen, mit denen sie sich vorstellen, rauschen an ihren Ohren vorbei. Im Triumph wird sie in der Mitte der Blatnajas aufgenommen: «Hast du genug Machorka? Brauchst du Zucker?» Eine geht zu Stephas Bett, begutachtet die

Decke. Sie kommt kopfschüttelnd zurück. «Watnaja pokrywalo budet nado. Eine Steppdecke muß sein.» Stepha ist völlig verwirrt. Diese Herzlichkeit und Fürsorge! Ihr Lächeln wirkt gequält. Das alles bedrängt sie. Ihr Gesicht wird weiß und schweißig. Nadja drängt sie alle zurück. «Laßt sie jetzt in Ruhe. Es ist zuviel für sie. Sie muß sich hinlegen.»

Stepha liegt mit geschlossenen Augen. In der rechten Hand spürt sie den Stoff, der diese Symphatiedemonstration ausgelöst hat. Sie atmet erleichtert auf, denkt voller Dankbarkeit an Ljuba Burnassowa. Diesen Namen wird sie nie vergessen. Alle Verlassenheit ist vorbei. Sie wird Freunde haben, nicht mehr ausgeschlossen, nie mehr ausgeliefert sein.

«Du hast großes Glück, Stepha!» erzählt Tosja ihr später. «Du mußt wissen, Ljuba Burnassowa ist auf der Trasse zwischen Taischett und Bratsk die tonangebende Blatnaja. Was sie befiehlt, geschieht. Sie ist geachtet und gefürchtet. Du hast sie in Taischett getroffen, als sie wieder einmal zu einem Prozeß unterwegs war. Auf der 53. Kolonne hat sie vor aller Augen einen Posten erstochen. Er hatte aus Schikane die Gefangenen über eine Stunde in bitterster Kälte stehen lassen.»

Stepha sieht Tosja ungläubig an. «Ist ihm denn niemand zu Hilfe gekommen?»

«Es ging alles viel zu schnell. Ehe jemand begriff, was geschah, war es schon vorüber, und der Posten lag mit durchschnittener Kehle im Schnee. Die Gefangenen wurden mit Schüssen in die Baracken getrieben. Ljuba kam in den Karzer.» Stepha schluckt. Tosja beobachtet Stepha. «Du mußt wissen, Stepha, daß Ljuba fast ihr ganzes Leben im Lager verbracht hat und viele andere Blatnajas auch. Ljuba ist eine Sakonnaja. Sie haben ihre eigenen Gesetze. Sie sind nicht nur Mörder, Diebe und Räuber. Viele sind Kinder der Eltern, die damals, nach der großen Revolution, in die Berge gegangen sind. So mancher Bojar und Adlige war unter ihnen. Was sie zum Leben brauchten, raubten sie sich zusammen. Ihre Kinder wachsen mit den Gesetzen auf, die wesentlich härter sind als die unseren. Verräter werden mit dem Tod bestraft. Man jagt sie von

Lager zu Lager, und irgendwann werden sie erwischt. Die meisten der Blatnajas haben im Lager noch zusätzliche Strafen bekommen, sind zu zwei- oder gar dreimal 25 Jahren verurteilt. Keine von ihnen wird je wieder frei sein. Sie haben nichts zu verlieren. Irgendwann einmal hat man auch Ljuba vor vielen Jahren als Diebin irgendwo gefaßt und in ein Kinderlager gesteckt. Frag nicht, wie es dort zuging.»

«Aber hätte man sie dort nicht noch erziehen und ihnen eine Schulbildung geben können?»

«Ach Stepha, Stepha! Du weißt nichts von unserem Land. Natürlich hat es solche Versuche gegeben, sich dieser Kinder anzunehmen. Doch sie waren wie streunende Katzen: an Freiheit gewöhnt.»

Stepha hat die Wange in die Hand gestützt, hört aufmerksam zu. Nachdenklich fragt sie: «Warum hat mir Ljuba diesen Brief mitgegeben? Es tut mir doch keiner was.»

«Du kennst das Lager noch nicht. Es wird dir keiner etwas tun. Sie fürchten die Blatnajas. Es wird sich mit Windeseile herumsprechen, daß du unter ihrem Schutz stehst.»

Alles ist plötzlich anders in der Baracke. Es gibt weder mißbilligende Blicke, noch nennt sie jemand «Nemka». Beim Essen steht Stephas Blechnapf schon gefüllt auf dem Tisch, und Nadja zeigt einladend auf den Platz neben sich. Zögernd sieht Stepha zu Tosja hinüber, die ihr zunickt. Stepha ist nicht ganz wohl zumute, sie hätte lieber bei Tosja und ihren Freunden gesessen, aber es wäre eine Beleidigung gewesen, diese Gastfreundschaft nicht anzunehmen. Die Blatnajas verstehen es, schnell ihre Befangenheit zu zerstreuen. Sie stellen Fragen, und da niemand von ihnen deutsch spricht, muß Stepha russisch reden. Es gibt viel Gelächter, aber es ist jetzt liebevoll und wohlwollend. Man verbessert sie geduldig, wiederholt die Worte langsam, damit sie sie nachsprechen kann. Nach dem Essen wird Tee gereicht, richtiger Tee. Aus einem zusammengeknoteten Tuch werden Zuckerstücke entnommen. Stepha genießt Wärme und Kameradschaft. Nun, wo sie ihnen so nahe ist, ihre Gesichter, ihre Augen deutlich sehen kann, erscheinen sie ihr nicht mehr schrecklich und unheimlich.

Stephas größter Wunsch: Bleistift und Papier. Sie will russisch schreiben lernen. Sie bekommt beides. Ein dickes Heft in einem grauen Pappeinband. Einen nagelneuen Bleistift. Sie macht schnelle Fortschritte. Endlich kann sie die Texte der Lieder verstehen, die die Frauen abends bei hereinbrechender Dämmerung singen. Worte von Sehnsucht und Liebe, Worte über das hoffnungslose Leben in Lagern und Gefängnissen. Sie haben ihre eigenen Lieder, die Blatnajas. Manche dieser Texte stehen, von ungeübter Hand geschrieben, in ihrem Heft. Aufgeschrieben von Nadja oder Olga, begutachtet von Zhenja, einem zartgliedrigen Mädchen mit feinen klugen Gesichtszügen. Wären nicht die Tätowierungen, hätte Stepha sie nie für eine Blatnaja gehalten. Sie ist gebildet, hat eine Schule besucht, rezitiert Gedichte von Lermontov, Puschkin und Blok. Stepha ist fasziniert von Zhenja. Die drei Punkte zwischen Daumen und Zeigefinger weisen sie als Diebin aus, aber sie trägt auch das Zeichen der Mörderin.

«Du schreibst schon gut russisch», sagt Zhenja eines Tages, als sie ihr über die Schulter sieht. «Du brauchst eine Grammatik! Eines Tages wirst du wieder nach Hause kommen, dann mußt du die Zeit hier genutzt haben.» Eine Grammatik, denkt Stepha. Hier im Lager eine Grammatik. Zhenja macht das Unwahrscheinliche möglich. Sie organisiert ein Schulbuch und überreicht es Stepha stolz. Stepha nimmt es entgegen wie eine Kostbarkeit. Ein Schatz, ein unvergleichlich kostbarer Schatz. Stunde um Stunde füllt er von nun an ihr Leben aus.

Sie ist gesünder, stabiler geworden. Die staksigen Beine haben wieder festen Halt auf dem Boden. Das auf der Isolierstation geschorene Haar ist nachgewachsen, liegt in dicken Locken am Kopf. Die älteren Frauen lieben und verwöhnen sie. Kindersatz ist sie für alle. Aus gebleichtem Nessel, organisiert aus unergründlichen Quellen, entsteht ein Hemd für Stepha mit bauschigen weiten Ärmeln, herrlich bestickt. Und sie läßt sich ankleiden und bewundern. Küßt die alten, abgearbeiteten Hände, die, Stich um Stich, Sehnsucht und Liebe nach den eigenen fernen Kindern hineinstickten.

Als der Herbst zu stürmen beginnt, fiebert Stepha. Sie fühlt sich schwach, apathisch. Oft überfällt sie unendliche Traurigkeit, besonders am frühen Nachmittag, wenn der Tag zu schwinden beginnt. Wenn dann Zhenja zur Gitarre ihre melancholischen Lieder singt und in dem riesigen Ofen die Holzscheite knacken, dann kommt es vor, daß Schwester Taisa beim Fiebermessen an Stephas Bett ein tränenüberströmtes Gesicht antrifft. Still setzt sie sich dann auf den Bettrand, legt ihre Hand auf Stephas Haar, leicht und unendlich wohltuend. Wenn die Tränen versiegen und Stepha die Hand in ihrem Haar ergreift, um ihre Wange hineinzuschmiegen, dann spricht Taisa leise, beruhigende Worte, wie zu einem Kind. Stepha hört die Worte kaum, lauscht dem Klang der Stimme und wünscht sich nur, diese Hand möge sich ihr nicht entziehen. Stephas Augen ruhen, wann immer Taisa im Zimmer ist, unablässig auf der Gestalt im weißen Kittel, und sie sieht ihr auch noch nach, wenn sie das Zimmer verläßt. Sie wartet jeden Abend darauf, daß Taisa sich noch einmal umwendet, ihr zulächelt.

Stepha träumt sich Geschenke, die sie ihr machen möchte. Sie träumt sich Taisa in prunkvolle Gewänder, in eine Märchenwelt voller Schönheit und Wunder. Niemals spricht sie darüber. Zu verbergen sucht sie auch Ungeduld und Erwartung. Niemand soll daran teilhaben. Sie lebt inmitten der Blatnajas, ißt und trinkt mit ihnen. Die Angst vor der Krankheit hat sie schon lange verlassen. Von Tag zu Tag kann sie sich besser in der russischen Sprache ausdrücken, Fluchen gehört zum Sprechen wie das Salz zum Brot.

In ihren Träumen aber gibt es keine Flüche. Da ist sie der Page, der seiner Fürstin dient, sie anbetet, und dem sie übers Haar streicht. Sie reiten zusammen durch die herbstgoldenen Wälder der Taiga oder jagen mit der Troika über endlose Schneeflächen.

Sie wissen alle um das Gefühl, das Stepha so sorgsam geheimhält. Alle, auch Taisa, aber sie sprechen nicht darüber. «Sie ist noch so jung, laßt sie schwärmen.»

Eines Tages schreibt sie ihr erstes Gedicht. Schreibt es in russischen und deutschen Worten. Da sind die russischen Worte, die so viel zum Inhalt haben, daß sie ihr eine Übersetzung ins Deutsche unmöglich machen. Etwas Neues hat sich ihr aufgetan. Längst ist das erste Heft vollgeschrieben. Zhenja sorgt für ein zweites. Und während die anderen sticken und wahre Wunderwerke unter ihren Händen entstehen, sitzt Stepha und schreibt.

Aufregung im Lager. Für die nächsten Tage hat sich eine Ärztekommission angemeldet. Das Lager gleicht einem Ameisenhaufen. In der Arbeitszone werden Strohsäcke entleert und neu gestopft. In den Baracken ergießen sich Ströme von Seifenlauge über Tische, Bänke und leere Pritschen. Mit zusammengedrücktem, hartem Draht und mit Glasscherben werden Pritschen, Tische und Fußböden gescheuert. Zwei Frauen haben sich die Drahtknäuel unter die Füße gebunden, schleifen Schritt für Schritt den Fußboden ab. Zwei weitere waschen mit klarem Wasser nach. Es stinkt nach Seifenlauge, Chlor und Schweiß. Die Kranken fühlen sich unwohl, gestört.

«Scheiße!» sagt Zhenja. «Als ob hier je ein Stäubchen eine Chance zum Überleben gehabt hätte.»

Aber als die Aktion zu Ende ist, leuchtet das Holz weiß, die Betten sind frisch bezogen. Der Geruch des frischen Strohs vermischt sich mit den anderen Gerüchen. Jetzt wird Verbotenes, das man am Körper trug, wieder verstaut. Die Gemüter beruhigen sich. «Ich glaube, wir sind das Prachtstück der Krankenbaracken!» frotzelt Mascha. «Ach, Scheiße, die trauen sich doch nicht zu uns herein, es könnte ja noch ein Tuberkel in der Luft schweben und sich in ihre linientreuen Lungen setzen.»

Galina hat sich draußen ein bißchen umgehört. «Man sagt, es sei nicht eine der üblichen Kommissionen. Es sollen nur Ärzte sein, Fachärzte, Lungenfachärzte sozusagen.» Sekundenlang herrscht tiefe Stille im Raum. «Job twoju mat! Nicht einmal hier lassen sie uns in Ruhe. Also, jetzt aber genau. Wann kommen sie?» «Übermorgen schon.» «Zum Teufel, da bleibt uns nur wenig Zeit», überlegt Zhenja. Stepha versteht die Erregung nicht, die von Zhenjas Worten ausgelöst wird. Eigenartig, sie müßten doch froh sein, wenn sie von Fachärzten untersucht werden. Heute übersieht Zhenja Stephas fragende Blicke. «Kommt alle hierher.» Sie wartet geduldig, bis sich alle vierzehn Blatnajas versammelt haben. «Hört zu, wir haben keine Zeit zu verlieren. Wir müssen schon heute abend handeln. Zucker könnt ihr schon jetzt in kleine Stücke schlagen. Bereitet alles vor. Wir haben, soviel ich weiß, drei wirklich Offene. Ihr wißt, was ihr zu tun habt. Und wenn ihr euch die Seele aus dem Leib spuckt, denkt daran, drei Flaschen sind nicht viel für elf Personen.»

Galina weist mit dem Finger auf Stepha. «Was machen wir mit ihr? Sie ist unser Schützling, aber sie ist eine Nemka, muß sie alles wissen?» Zhenja sieht Stepha eindringlich an. Mit zusammengekniffenen Augen fragt sie: «Weißt du, was Blutsbrüderschaft ist? Ich weiß, du würdest nichts erzählen, aber sicher ist sicher. Willst du meine Blutsschwester sein?» Stepha sieht ihr ernst in die Augen, nickt und antwortet mit heiserer Stimme: «Ja, das will ich.» «Du weißt, daß Verrat bei uns den Tod bedeutet?» «Ja.»

Ein Messer ist schnell zur Hand. Ein kleiner Schnitt in den Handballen. Stepha spürt keinen Schmerz. Zhenja preßt ihre Hand auf die Stephas. Wunde auf Wunde.

«So, jetzt bist du meine Schwester im Blute. Dein Leben für meins, mein Leben für deins. Du gehörst nun zu uns.» Jede der Blatnajas umarmt Stepha. Alle schweigen. Stephas Gedanken kreisen wie ein Karussell. Wie ein Film läuft ihre Kindheit vor ihr ab. Sie sieht sich selbst, im bestickten, gesmokten, hellblauen Kleidchen. Schleife im Haar, Lackschuhe, so wahnsinnig gehaßte Lackschuhe, und sie an der Hand der Eltern. Sie hört die Stimme der Großmutter: «So etwas tut man nicht! Das ist kein Umgang für dich. » Sie sieht Tosjas Augen auf sich gerichtet, liest in ihnen Vorwurf und Traurigkeit. Und was erst würden Betty und Irene dazu sagen? Da wirft sie sich an Zhenjas Hals und beginnt zu lachen und zu schluchzen. Jetzt gehört sie zu den Blatnajas. Und sie ist niemandem mehr etwas schuldig, denn sie gehört nicht mehr zu ihrem früheren Leben, gehört niemandem mehr an, der ihr Vorwürfe machen könnte.

Nach dem Otboi werden mit einer Flasche Zuckerstücke zu Staub zerdrückt. Immer wieder wird mit dem Finger die Beschaffenheit des Zuckers geprüft. Die Arme schmerzen vom ungewohnten Tun. Endlich stellt Zhenja voller Befriedigung fest, daß die Konsistenz des Zuckers nun seinem Zweck genügt. Alle Blatnajas schaufeln mit einem Löffel ein Häufchen dieses Zuckerstaubes auf kleine bereitgehaltene Mulltücher. Vorsichtig gehen sie damit zu ihren Betten, legen sich behutsam hin, um nichts zu verschütten, bedecken Mund und Nase mit ihrem Tuch. Danach sind nur noch tiefe, geräuschvolle Atemzüge zu hören. Gebannt sieht Stepha in der vom Mondlicht erhellten Baracke zu. Niemand scheint von dem Geschehen Kenntnis zu nehmen. Alle liegen reglos. Einige beginnen leicht zu husten, unterdrücken es gewaltsam, halten aus bis zur Grenze des Ertragens. Als erste nimmt Zhenja das Tuch ab. Vorsichtig nimmt sie es an vier Ecken hoch und schüttet es über der Abfalltonne aus. Alle anderen tun es ihr nach.

Zhenja sitzt auf ihrem Bett, atmet schwer, unterdrückt den quälenden Hustenreiz. Selbst in dem fahlen Licht des Mondes kann Stepha die Anstrengung in den Gesichtern sehen. Fassungslos sieht sie von einer zur anderen, von Bett zu Bett. Sie sieht auf Zhenja, deren Atem jetzt ruhiger, gleichmäßiger wird. Im Gesicht ist die Röte der Anstrengung einer fast durchscheinenden Blässe gewichen. Ihre Lippen schimmern bläulich, mit weißen Kristallen bestäubt. «Was um Gottes willen habt ihr getan?» «Am Leben bleiben, Stepha. In Ruhe hier in dieser Baracke leben zu können, dafür tun wir das. Hier ist für uns eine Art Freiheit.» «Aber was bewirkt das? Wozu diese Anstrengung?» Tosja sieht sie ernst an: «Es ist ganz einfach, Stepha. Der eingeatmete Zuckerstaub verklebt Bronchien und Lungenbläschen. Wenn die Ärzte uns abhören, ergibt das Geräusche, die eine absolut sichere Diagnose nach sich ziehen: Tuberkulose. Nun fehlt nur noch die Tuberkelprobe. Sie wird mit einem Schlauch aus dem Magensaft genommen. Nun, wir haben drei echte Offene mit wirklicher Tuberkulose. Deren drei Sputumfläschchen werden für uns alle reichen müssen.» Stepha sieht Zhenja voll Entsetzen an. «Ist das richtig, was Tosja sagt?» Zhenja nickt. «Aber das ist doch Wahnsinn, Zhenja. Reichen denn die Lungengeräusche nicht aus? Wozu dann noch die Sputumfläschchen?» «Es ist doch ganz einfach. Wenn die Ärztekommission kommt, dann nimmt jede von uns einen Schluck aus der Sputumflasche. Wenn sie uns dann Magensaft abnehmen, werden mit Gewißheit

Tuberkeln gefunden.» «Ja aber...» Gerade noch schafft Stepha es, in den Vorraum bis zum Kübel zu kommen, dann erbricht sie und scheint damit nicht wieder aufhören zu können.

Zhenja, die ihr ahnungsvoll nachgegangen ist, findet sie in zusammengekrümmter Haltung, die Hände fest auf den Magen gepreßt, immer noch würgend. Hart faßt sie Stepha am Arm. «Hör endlich auf, und spiel hier nicht verrückt. Schließlich mußt du es ja nicht tun. Du produzierst ja deine Tuberkeln selbst. Du hast es nicht nötig.» Ihre Stimme ist böse und hart. Ihr Gesicht, in das Stepha nun erschrocken sieht, ebenfalls. «Aber, Zhenja, damit werdet ihr doch mit Sicherheit krank, wenn ihr es nicht schon seid. Findest du denn meine Krankheit so erstrebenswert, diese Krankheit, die mich zweifeln läßt, ob ich je wieder nach Hause komme?» «Du kommst wieder nach Hause, Stepha. Irgendwann wird sich alles klären. Sie können euch nicht ewig hierbehalten.» «Aber ihr, Zhenja? Was wird aus euch? Glaubst du nicht, daß es auch für euch irgendwann eine Amnestie geben wird?» Zhenja lacht. Ein spottendes, resigniertes Lachen. «Sag, Stepha, was glaubst du, wieviel unser Leben wert ist? Wir sind Verbrecher, Mörder und Diebe. Wir sind Verlorene. Abschaum einer Gesellschaft. Von Kindheit an. Einer Gesellschaft, die uns nie die Chance gab, sie kennenzulernen. Eine wildernde Katze zähmt niemand mehr. Unser Leben ist das Lager, unsere Familie sind die Freunde, die unter den gleichen Verhältnissen groß wurden. Wir helfen uns zu leben, haben Gesetze, die uns stark machen. Sag selbst, sollen wir uns im Lager schinden, arbeiten Jahr um Jahr und dabei älter und älter werden? Für uns Blatnajas gibt es keine Zukunft jenseits der Zäune. Wir leben von heute auf morgen, von Woche zu Woche, von Monat zu Monat, von Jahr zu Jahr. Aber wir wollen in Ruhe leben können. Wir wollen tun, was für uns gut ist. Wir wollen singen, sticken, erzählen und lieben können, ohne von irgendeinem Dummkopf von Posten gejagt und geschunden zu werden. Wenn du wüßtest, wie sie uns unserer Freiheit wegen hassen. Viele von ihnen sind schlechter dran als wir. Aber sie fürchten uns. Die Verlorenen sollte man immer fürchten.»

Stepha zittert am ganzen Körper. Ihre Lippen sind blau. «Komm, wir müssen hineingehen, du bist halb erfroren.» Und Zhenja führt sie in die Baracke, drückt sie auf ihr Bett. Fest reibt sie Stephas Füße mit ihren Händen. «Los, knete und reibe deine Hände, du kleine Verrückte. Wie konnte ich nur übersehen, daß du fast nichts anhast.» Stepha fühlt sich erbärmlich. Immer wieder laufen Kälteschauer über ihren Körper. Eine der Altchen schleppt ihre Decke herbei, breitet sie über Stepha aus, und Zhenja reibt Stephas Füße, bis sie wieder warm und durchblutet sind.

Als die Ärztekommission eintrifft, läuft alles ruhig und selbstverständlich ab. Zu dritt studieren sie im Behandlungsraum die Krankengeschichten und geben knappe Anweisungen für die Untersuchungsvorbereitungen, die Taisa gewissenhaft notiert.

Fünf Frauen ruft sie dann zum Magentest in das Behandlungszimmer. Zhenja flüstert Stepha zu: «Siehst du, vier Blatnajas. Sie trauen uns nicht. Natürlich, sie sind ja keine Dummköpfe, aber beweisen können sie nichts. Geräusch ist Geräusch, und Tuberkel ist Tuberkel.» «Meinst du, die anderen wissen nicht Bescheid? Fürchtet ihr keinen Verrat?» «Nein, Stepha, das wagt niemand. Die wollen alle gern nach Hause, wenn sie ihre zehn Jahre abgesessen haben.» Stepha versteht. Die Drohung, die hinter diesen Worten steht, kennt sie. Zhenja winkt ihr siegessicher zu, als sie durch die Tür verschwindet.

Stepha sieht ihr bedrückt nach. Welch seltsame Menschen sind sie doch, ihre Freunde. Wird sie sie jemals ganz verstehen? Diebe und Mörder. Sie sprechen nicht von ihren Taten. Sie sind gutmütig und freundlich, sind kameradschaftlich, teilen alles miteinander. Manche können weder lesen noch schreiben, aber sie kennen Gedichte von Puschkin und Lermontov, Erzählungen von Gogol und Romane von Dostojewski. Es scheint weder Neid noch Mißgunst zwischen ihnen zu geben. Fühlt sie sich wirklich wohl, wenn sie mit ihnen zusammen ist? Gehört sie nicht eher in den Kreis um Tosja, den Kreis der anständigen Mädchen und Frauen, deren Gespräche sich um Kinder und Familie drehen? Zu denen, die Frühlinge und Sommer zählen und in leuchtenden Farben die Heimat schildern?

Die endlosen Felder der Ukraine, die an Wiesen und an Feldraine geschmiegten Holzhäuschen ihrer Dörfer. Oder die Dörfer am Don. Den Abendfrieden über dem riesigen Strom, von dem das letzte Gold der Sonne zurückstrahlt. Oder sollte sie nicht mit den deutschen Frauen Erinnerungen an zu Hause austauschen? Sehnt sie sich nicht nach den lichterfüllten Straßen der Stadt, nach weichen Teppichen, ihrem Jungmädchenzimmer mit den weich fallenden, zarten Spitzengardinen, dem Bücherregal mit den Schulbüchern, der alten, noch vom Großvater stammenden Aktentasche aus echtem «Vorkriegsleder», mit Stundenplan, Etui und Heften? Was war aus alldem geworden? War es nicht unwiederbringlich verloren? Konnte sie, konnten denn die anderen wieder dort beginnen, wo sie so plötzlich aufgehört hatten? Wie viele Sommer waren vergangen, seit man sie an einem Apriltag aus all diesem herausgerissen hatte?

Die Kommission betritt den Krankensaal. Alle erheben sich von ihren Betten. Während die drei Ärzte von einem Patienten zum anderen gehen, lesen sie von jedem nochmals Daten des Krankenblattes, hören Brust und Rücken ab, tauschen Blicke aus, stellen halblaut knappe, präzise Fragen an die Patienten. Stepha beobachtet sie genau. Sie bemerkt, daß die Ärzte bei den Blatnajas weniger gründlich vorgehen. Die Ärztin wirkt noch sehr jung. Ein aufmerksames, strenges, schönes Gesicht unter goldblondem Haar, klein und zierlich.

Dann stehen sie vor ihrem Bett. «Sie sind Deutsche?» fragt der große Grauhaarige beiläufig. «Waren Sie früher schon einmal erkrankt?» Seine deutsche Aussprache ist perfekt, die Stimme angenehm. «Nein, außer Masern und Mumps habe ich keine Krankheit gehabt.» «Damit wollen Sie sagen, daß Sie hier bei uns im Lager erkrankt sind?» mischt sich die junge Ärztin ein. Ihre Stimme ist kalt und sarkastisch. «Solange sind Sie doch noch nicht in Haft.» Stepha sieht in zwei haßerfüllte Augen. Panische Angst steigt in ihr auf.

«Ziehen Sie sich aus, und legen Sie sich hin. Ich werde Sie untersuchen.» Stephas Hände zittern, als sie der kalten Stimme der Ärztin gehorcht. Hilfesuchend sieht sie zu ihren Freunden hinüber. Alle im Krankensaal spüren die Spannung. Zhenja und Nadja schieben sich langsam an Stephas Pritsche heran. Aufmerksam beobachten sie die Szene, ihre Blicke gleiten von Stepha zu der Ärztin und zurück. Stepha fürchtet die Hände dieser Frau. Hart tasten sie den vor Angst verkrampften Leib ab. Mehrmals zuckt Stepha vor Schmerz zusammen. Tränen quellen aus den zusammengepreßten Lidern. Ihr Gesicht ist schweißnaß. Erbarmungslos drücken die Hände weiter. Stepha stößt einen Schmerzensschrei aus.

Zhenja legt beruhigend die Hand auf Stephas Stirn. Die Ärztin schaut auf. Zhenjas Blick ist finster, ihre Stimme verächtlich. «Ihre Untersuchungsmethoden scheinen sehr grob zu sein.» «Für unsere Soldaten gab es gar keine Ärzte in Deutschland!» Dann erblickt die Ärztin erschrocken Zhenjas bunttätowierte, sehnige Arme und Hände. «Nun hören Sie schon auf. Es ist nicht unsere Sache, hier zu richten.» Der Grauhaarige sagt es leise, ungehalten. «Was haben Sie gegen dieses Mädchen?» «Nichts, was sollte ich?» Die junge Ärztin blickt irritiert in die Runde. Taisa und die Lagerärztin stehen abgewandt, scheinbar noch immer in die Krankenblätter vertieft. Der Grauhaarige wirkt gelassen und ruhig, hört dieser Diskussion scheinbar unbeteiligt zu. «Sie ist krank, nicht wahr, Doktor?» Hinter Zhenjas höflicher Frage steckt etwas Lauerndes. Alle, die sie gehört haben, rücken näher. Die Situation ist gespannt.

«Das ist sie. Ja, sie ist krank. Ich habe ihre Krankengeschichte gelesen, und ich habe sie untersucht.» Es ist eine Rechtfertigung. Seine Stimme klingt überhaupt nicht mehr selbstsicher. «So eine Untersuchung ist manchmal sehr schmerzhaft.» Zhenja lächelt, aber es gehört eher einem zähnebleckenden Raubtier, dieses Lächeln. «Sie sind offensichtlich noch ungeübt, noch jung. Frisch von der Universität.» Die junge Ärztin errötet. Der Grauhaarige lächelt kaum merklich. Er kommt seiner jungen Kollegin nicht zu Hilfe.

Stepha liegt mit flatternden Augenlidern, die Hände über dem Unterleib gekreuzt. Zhenja tritt zur Seite, um Taisa an Stephas Bett heranzulassen. Liebevoll beugt sich Taisa über Stepha: «Pst, pst, ganz ruhig, es ist vorbei», spricht sie wie zu einem Kind. Der Arzt nickt ihr zu. «Danke, Schwester.» Er macht eine Bewegung. Die

Frauen treten zurück. Nur Nadja bleibt dicht neben der Ärztin stehen, mustert sie von oben bis unten, verächtlich. Sie tauscht einen Blick mit Zhenja. «Man wird Sie sich merken müssen, Doktor.» Die Ärztin weicht zurück, stellt sich an die Seite ihres Kollegen. Der Arzt macht eine begütigende Geste. Nun wendet sich Nadja an ihn, eifrig, erregt: «Es wäre gut, wenn sie ihr klarmachen könnten, daß es gute und schlechte Deutsche, aber auch gute und schlechte Russen gibt. Aber Ärzte, Ärzte sollte es nur gute geben. Ich meine den Charakter, Bürger Doktor!» «Sie wird es sich merken, denke ich», erwidert er und sieht Nadja ernst und nachdenklich an. «Wie ich sehe, gibt es auch hier im Lager gute Russen.» «Danke, Bürger Doktor.» Und Nadja, die jähzornige, wilde Nadja, die Blatnaja, wendet sich schroff ab, um die jäh in ihrem Gesicht aufsteigende Röte zu verbergen. «Gehen wir!» sagt der Grauhaarige in befehlsgewohntem Ton, und das medizinische Personal verläßt hinter ihm den Raum.

Stepha liegt, die Hände vors Gesicht geschlagen, regungslos. Ab und zu durchläuft ein Zittern ihren Körper. «Nun, nun, es ist ja alles vorbei.» Zhenja setzt sich auf Stephas Bett. Sie versteht. Sie weiß, daß es nicht die Schmerzen waren und sind. Haß, Verachtung und Demütigung – auch sie hat so etwas schon erfahren und durchleben müssen, ohne sich wehren zu können.

Die Frauen umringen die beiden in weitem Kreis. «Takaja sutschka prokljataja! So ein Schwein!» zischt Nadja und sieht zornig zur Tür. Zustimmend nicken fast alle zu Nadjas Worten, nur eine junge Ukrainerin widerspricht: «Das kann man nicht einfach so sagen. Wer weiß, was ihr die Deutschen angetan haben.» Verstehen taucht in einigen Gesichtern auf. So unrecht hat sie ja nicht. «Aber man rächt sich nicht an einem Kind!» widerspricht Zhenja feindlich. «Du magst doch die Deutschen auch nicht, Zhenja, hast immer gegen sie geredet.» «Eben, eben. Sieh sie dir an. Ich verstehe die Unterschiede, sie aber nicht, und sie ist Ärztin.» «Ich war auch mit sechzehn Jahren im Lager. Mit mir hat niemand Mitleid gehabt!» sagt eine junge Russin mit bitterer Stimme. «Mein ganzes Leben ist verdorben.» Zhenja mustert sie spöttisch. «Übel scheint es dir aber nicht ergangen zu sein. Du siehst verdammt gut aus. Hattest wohl andere Beschützer, als wir es für Stepha sein können. Habt ihr damals die deutschen Truppen nicht mit Blumen begrüßt und als Befreier willkommen geheißen?» Sie macht eine Pause und lächelt ironisch: «Das muß ja wohl so gewesen sein, denn sonst säßen du und so manche von euch Patrioten wohl nicht hier.» Eine ältere Ukrainerin, deren Gesicht von der Krankheit gezeichnet ist, stimmt Zhenja heftig nickend zu: «Ja, ja, es ist wahr, was Zhenja sagt. Wir sollten aufhören, uns gegenseitig etwas vorzuwerfen. Seht Taisa an. Sie macht keine Unterschiede. Sie war in der Lubjanka und im Konzentrationslager. Wer die fingerdicken roten Narben auf ihrem Rücken gesehen hat, die die Reitpeitschen der SS auf ihrem Rücken hinterlassen haben, weiß, daß sie niemals eine Verräterin war und daß sie Grund hätte, jeden zu hassen.»

Stepha richtet sich auf: «Taisa? Taisa war im Konzentrationslager?» Zornig auf sich selbst wischt sie die letzten Tränen ab. «Danke, Zhenja, danke auch dir, Tosja. Hoffentlich kann ich für irgend jemand einmal so Freund sein, wie ihr es mir wart.» Dann schlägt sie energisch die Decken zurück und kleidet sich an. «Ich habe mich wie ein Kind benommen.» Sie dreht sich mit noch zitternden Händen eine Zigarette, verschüttet Machorka, stößt die auf den Boden gefallenen Krümel mit dem Fuß unters Bett. «Du kannst jetzt noch nicht rauchen. Sie sind noch da, ich höre ihre Stimmen.» Stepha geht trotzdem zur Tür, horcht einen Moment, geht, die Tür hinter sich schließend, nach draußen. «Verdammt, sie wird ihnen genau in die Arme laufen.» Tosja will ihr nachgehen, aber Zhenja hält sie am Arm zurück. «Laß sie, ich denke, das ist ihr jetzt egal. Sie will einfach einen Augenblick allein sein.»

Auf den Fersen hockend, den Rücken fest gegen die Wand gepreßt, raucht Stepha die ersehnte Zigarette. Ihre Gedanken wirbeln durcheinander. Ihr Gesicht ist noch angespannt. Auch als sie Schritte hört, hebt sie nicht den Blick, sondern läßt ihn auf den Stiefeln ruhen, die plötzlich vor ihr stehen. Ihre Nackenmuskeln verspannen sich, sie schmiegt sich enger an die Wand, drückt die Fersen fester gegen den Boden. Die Angst von vorhin, die Angst vor diesem Haß steigt wieder in ihr auf und macht sie bewegungslos. Angst – alles, was vorher war, was bisher geschehen ist, ist bedeutungslos gegen dieses Gefühl der Ohnmacht. Diese Sekunden erlebt sie so intensiv, daß sie in eben diesem Moment weiß, daß es nichts geben wird, was die Erinnerung daran jemals auslöschen kann.

«Stepha!» Die vertraute Stimme Taisas dringt durch diese Angst hindurch, löst die körperliche Verkrampfung. Sie hebt den Blick und sieht neben Taisa den Grauhaarigen stehen. Sie blickt in warme, gütige graue Augen. «Du wirst wieder gesund werden. Es gibt ein neues amerikanisches Medikament. Es macht den Tuberkeln den Garaus. Wir nennen es ‹Pask›. Es ist nur ein graues, unscheinbares Pulver, das scheußlich schmeckt.» Dieses Lächeln in seiner Stimme, diese Wärme. Stepha schiebt sich mit dem Rücken an der Wand hoch. Sie reicht ihm bis zum Kinn, muß zu ihm aufsehen. Über der weißen Blende des Uniformrockes sieht sie seine Bartstoppeln. Er muß sich bestimmt zweimal am Tag rasieren, denkt sie, genau wie Vater. «Danke.» Nur dieses eine Wort, für Wärme und Güte.

Der Grauhaarige nimmt den weißen Kittel ab, reicht ihn Taisa, wirkt in seiner Uniform plötzlich größer, abweisender. Ein Oberst, stellt Stepha mit einem Blick auf seine Schulterstücke fest. Die linke Brust ist ordengeschmückt. Unwillkürlich strafft sich Stephas Körper. Er bemerkt es. Sein Blick wird ernst. Er grüßt, lächelt Stepha noch einmal aufmunternd zu und geht der Ärztin voraus aus der Tür. Stepha und Taisa sehen ihnen wortlos nach, wie sie die Lagerstraße hinab zur nächsten Baracke gehen.

Die Nacht ist mondhell. Die Konturen der Pritschen und der Schlafenden sind deutlich zu erkennen. Stepha läßt die Augen über die Schlafenden schweifen, hört sie atmen und schnarchen, manchmal ein gemurmeltes Wort, ein lautes Stöhnen. Sie kennt sie alle. Ihre Eigentümlichkeiten, die Art sich zu bewegen, zu sprechen. Sie kennt ihr Schweigen, wenn sie Sehnsucht haben. Ihre Lieder, wenn sie die Heimat, die Freiheit besingen. Aber was weiß sie wirklich von ihnen? Was von ihrer untergründigen Angst? Ihrer Angst vor der Zukunft, dem nächsten Tag. Angst vor den Mitgefangenen. Vor dem Verletztwerden. Den Beleidigungen. Angst, die Haß erzeugt, grausamen Haß, der aushöhlt, böse und bitter macht. Nein, so will sie nicht werden. Lieben will sie. Lieben und sich begeistern. Nicht diese Liebe der Frauen untereinander, deren Geräusche zuweilen die Nacht erfüllen, die anderen unruhig macht, sie nicht schlafen läßt. Sie hat mit Zhenja lange über diese Form der Liebe gesprochen, die ihr fremd bleibt.

Aus ihrer kindlichen Traumwelt hat man sie schon im Gefängnis herausgerissen, sich über ihre Unwissenheit lustig gemacht, so daß sie schließlich ebenso wie die anderen lachte, obwohl sie doch noch gar nicht richtig verstand.

Das peinliche Gefühl ist geblieben. Es ist da, wenn sie die Geräusche hört, wenn sich ihre Bettnachbarn kichernd auf eine sich auf und ab bewegende Decke aufmerksam und am Morgen danach zotige Bemerkungen machen. Aber sie spürt auch, daß dieses Gelächter anders ist, ein Gelächter, von dem sie trotz ihres «Wissens» ausgeschlossen bleibt.

Sie will träumen und bewundern, die Zärtlichkeit eines Händedrucks, die Besonderheit einer Geste empfinden. Einfach nur lieben. Taisa, die schöne, stolze Taisa. Sie ist anders als die anderen. Taisa – sie kann sie lieben.

Als Taisa nach dem Frühstück mit dem Medikamententablett den Raum betritt, folgen ihre Augen der Schwester, die von Bett zu Bett geht, mit scherzenden Worten die Medikamente verteilt. Als Taisa endlich vor ihr steht, errötet sie vor dem zärtlichen Blick der Schwester, die ihr burschikos mit der Hand durch das Haar fährt. Da sind die vertrauten Züge, die Augen, erfüllt von zärtlicher Zuneigung. Das Gesicht, das sie liebt und verehrt, auch wenn sie das feine Lächeln, das sie manchmal verwirrt, nicht deuten kann. Aber das andere, die Gefühle und Gedanken der Nacht haben keinen Platz im Licht des Tages, haben mit der Wirklichkeit nichts zu tun, denkt sie, und gibt sich der angenehmen Nähe Taisas hin, folgt ihr, bis sich die Tür hinter ihr schließt, mit den Augen.

Sie schämt sich zwar ihrer Neugier, aber immer häufiger wandern ihre Blicke in Richtung der Paare, die auch während des Tages durch Gesten der Zärtlichkeit ihre Zusammengehörigkeit betonen. Sie versucht, solche Gefühle zu verstehen, vergleicht sie angstvoll mit den ihren, um nach langem Grübeln festzustellen, daß sie ihr fremd bleiben. Sie hört auf die flüsternden Stimmen der Nacht, lauscht den Geräuschen, wenn streichelnde Hände über Körper gleiten, vernimmt das leise Stöhnen und sieht manchmal deutlich Kopf über Kopf zum Kuß geneigt.

Wie mochte es wohl jetzt in ihrer Heimat aussehen? Sicher gingen ihre Freunde und Freundinnen zum Tanzen, trafen sich beim Sport, an der Schule, den Universitäten. Lernten sich kennen und lieben. Gingen Hand in Hand am Saaleufer, tauschten Küsse und Zärtlichkeiten aus, würden bald Kinder haben. Würde sie jemals ein Kind haben? Zhenja hatte von zehn Jahren gesprochen. Würde dann nicht alles schon zu spät sein? War sie dann nicht schon zu alt? Sie hatte keine Heimat mehr, kein Zuhause, in das sie zurückkehren könnte.

In solchen Augenblicken vergräbt sie das Gesicht in den Armen und weint. Verzweiflung überkommt sie, daß ihr Leben schon zu Ende sein soll, bevor sie es überhaupt gelebt hat. Und manchmal beneidet sie ihre Freunde, die Blatnajas, die sich ihr Leben hier eingerichtet haben, die auf nichts mehr warten und hoffen. Aber sie kann mit niemandem darüber sprechen. Danach erwartet sie Taisa mit größter Ungeduld, hält ihre Hand fest, die sich ihr niemals entzieht, preßt sie an ihr Gesicht. Dann zieht Taisa sie wohl für einen Augenblick dicht an sich heran, so daß Stepha die Wärme ihres Körpers spürt.

Als die alte Marusja sie eines Tages zur Seite zieht und eindringlich, von ständigem Husten unterbrochen, auf sie einspricht: «Du hast keine guten Freunde Kind, ihr Leben ist nichts für dich; es sind sündige, verdorbene Seelen; hüte dich, ihren Weg zu gehen; zu viele, auch von den Unseren sind in diesem Lager schon verdorben worden», da schüttelt Stepha diese Hand von sich ab. Die Sorge in dem zerklüfteten Greisengesicht macht sie wütend, weil es ihr die eigene

Schutzlosigkeit so klar vor Augen führt. Die Angst macht ihre Stimme kalt und zornig, als sie unbeherrscht aufbegehrt: «Hör auf, Tjotja Marusja. Was willst du eigentlich von mir? Wovor warnst du mich? Sind sie mir nicht Schutz gegen alles, was uns hier bedrängt, haben sie mir nicht geholfen? Teilen sie nicht alles mit mir? Ihr Alten habt gut reden. Habt ihr nicht euer Leben gelebt, Liebe und Zärtlichkeit genossen? Seid ihr nicht Hand in Hand in warmen Sommernächten mit dem, den ihr liebtet, dahingegangen? Habt ihr nicht eure Kinder in Liebe empfangen und geboren, ihre Zärtlichkeit genossen, sie geliebt und aufgezogen? Ihr habt eure Erinnerungen, ihr lebt damit und betet ständig für die, die ihr liebt und die euch liebten. Wofür, sag mir, sollen wir Jungen denn beten? Was sind wir denn, die Hoffnungslosen? Wir sind wie taube Nüsse vom Baum gefallen, bevor wir reifen konnten. Wer wird uns noch lieben nach all diesen Jahren der Trostlosigkeit?»

In der Baracke ist es still geworden. Stepha hat laut gesprochen. «Hört, hört, das Vöglein pfeift, kaum daß es aus dem Ei geschlüpft», sagt eine spottende Stimme. Warnend erhebt da die alte Marusja die Hand: «Du, hüte dich zu lästern und zu spotten. So rein ist auch dein Denken und dein Handeln nicht. Stepha hat recht. Verzweiflung schleicht hier Tag und Nacht durchs Lager. In unsren alten Körpern gären keine Säfte mehr.» Sie streichelt Stephas Wange, rückt bedächtig ihr Kopftuch zurecht, das die Alten selbst im Schlaf noch tragen, und geht zu ihrem Bett. Ihre Röcke um sich ordnend, setzt sie sich auf ihrem Bett zurecht und murmelt zu ihrer Nachbarin gewandt: «All diese junge Brut, man kann für sie nur beten.» Sie schlägt das Kreuz und bewegt den Rosenkranz mit den kostbaren, aus Brot gefertigten Perlen zwischen ihren Händen.

Die Macht des Menschen über den Menschen

Es ist wie ein Wunder: Der Winter ist vergangen, Frühlingsstürme umtosen die Baracken. An der Südseite ist der Schnee schon geschmolzen, der Barackenumlauf verlockt zum Sitzen. Alle sind sie luft- und sonnenhungrig, genießen den Ausblick auf die grünende Taiga, deren Bäume, von Schneelast befreit, junge Triebe ansetzen. In klarer Bläue spannt sich der Himmel darüber hin, und die zarten Federwölkchen scheinen wie weiße Segel vorübergleitender Schiffe. Sehnsucht, die keinen anderen Namen kennt, weil sie alle Gefühle in sich einschließt, breitet sich aus. Die Soldaten haben ihre schweren Mäntel, die Pelzmützen abgelegt. Was für ein Leben haben auch sie! Stunde um Stunde, die schwere Maschinenpistole über der Schulter, hoch über dem Lager, dem grellen Licht der den Zaun anstrahlenden Scheinwerfer ausgesetzt. Bewachen, was sich doch nicht befreien kann. Tag für Tag dieses Elend sehen, selbst gefangen in dieser Einsamkeit. Aber irgendwann werden sie nach Hause fahren, sie dürfen Briefe erhalten und schreiben. Aber auch sie sind nicht glücklich. Manchmal singt einer eine traurige, sehnsüchtige Melodie, die durch die Nacht schwingt, von den anderen aufgenommen wird, bis der Wind sie davonträgt.

Stephas Gesundung beginnt. Schon zwei Stuhlproben ohne Tuberkeln. Noch eine, und sie wird auf die andere Seite der Baracke verlegt. In dieser Hälfte schläft auch das medizinische Personal. Näher zu Taisa, doch weg von den Freunden, vom Vertrauten, Gewohnten. Stepha sieht dieser Verlegung mit gemischten Gefühlen entgegen. «Wir sind ja nebenan», sagt Zhenja, «wir lassen dich nicht aus den Augen. Außerdem treffen wir uns zum Rauchen. Du wirst wohl keine Angst vor uns haben.» «Wie sollte ich wohl, Zhenja?» Erst als sie in der ersten Nacht auf ihrem neuen Platz liegt, nur durch einen schmalen Zwischenraum von Taisa getrennt, begreift sie, daß die manchmal so tückische, heimliche Angst, die untergründig in ihr lebte, gewichen ist. Sie ist wieder gesund. Mit ihrer Gesundung breitet sich die Hoffnung aus, daß sie alles überstehen und eines Tages wieder nach Hause kommen wird.

Stephas Gedanken wandern zu den alten Freunden. Sie wird sie jetzt wiedersehen können. Betty und Walja. Sie weiß, daß sie noch hier sind.

Es ist noch früh, aber die Sonne steht schon hoch. Ein heißer Tag wird es werden. Der Himmel zeigt sich wolkenlos blau. Durch das Fenster sieht sie den Schatten der Nachbarbaracke. Leise erhebt sie sich, ergreift ihr Waschzeug, schleicht in den Waschraum. Als sie zurückkommt, warten lauter ungewohnte Gesichter auf sie. Zurückhaltende, fremde Begrüßung. Auch hier gibt es kleine Gemeinschaften, die zusammenleben. Ihre Gespräche kann sie nicht verstehen. Sie weiß, daß in diesem Krankensaal viele Polinnen und Lettinnen sind. Die Jugoslawin mit dem kupferrotem Haar ist ihr schon aus der Raucherecke bekannt. Als einzige reicht sie Stepha die Hand. «Gratuliere, du hast es also geschafft.» Stepha bedankt sich, wundert sich darüber, wie gut sich Jaga in der deutschen Sprache ausdrücken kann. «Es ist anders hier als drüben. Nicht so freundschaftlich. Jede Clique hält fest zusammen. Banderras, Polinnen und die Letten. Am wenigsten zugänglich sind die Esten. Sie mögen uns nicht. Man kann auch kaum mit ihnen reden. Sie wollen nicht russisch sprechen.»

Jaga ist Stepha nicht besonders sympathisch, und sie ist erleichtert, als das Frühstück die Unterhaltung unterbricht.

«Darf ich heute nach draußen, Taisa? Darf ich meine Freunde besuchen?» «Du mußt warten, bis die Ärztin kommt. Dann kannst du Irina Nikolajewna fragen. Lauf auf keinen Fall einfach los.» Stepha nickt. Sie ist enttäuscht. Nach der Visite. Dann ist ja bald Mittag und danach Mittagsruhe. Sie würde die Freunde nicht vor

Nachmittag besuchen können. Sie beschäftigt sich, liest in ihrem Heft, schreibt ein paar Sätze und hofft sehr, damit Jaga zu entgehen. Doch Jaga ist penetrant. Kaum hat Taisa die Medikamente verteilt, taucht sie wieder vor Stephas Bett auf. «Du lernst aus einem Schulbuch?» fragt sie geringschätzig. «Wozu brauchst du das? Es reicht doch aus, das Notwendigste zu wissen. Ihr seid doch genug Deutsche hier. Vor ein paar Tagen ist erst wieder ein Transport gekommen.» «Und wo sind sie?» «Weiß ich nicht genau. Aber wenn du willst, bringe ich es für dich in Erfahrung.» «Nicht nötig, Jaga, ich erfahre es heute nachmittag ohnehin.» Stepha ist abweisend. Doch Jaga ist nicht zu entmutigen. Sie kommt dichter an Stepha heran und flüstert: «Sie sagen, du hältst es mit den Blatnajas!» «So, sagen sie das? Du weißt es doch ganz genau. Du hast doch gesehen, mit wem ich zusammen war.» Jaga lächelt schlau. Immer noch flüsternd sagt sie: «Eben, die anderen aber auch. Sie glauben, du hast eine Menge Vorteile durch sie. Bekommst, was du brauchst.» Jetzt versteht Stepha. «Also, was willst du? Du hast nichts zu rauchen?» Jaga wird rot. «Wenn du glaubst, daß ich nur deshalb mit dir rede...» Stepha unterbricht sie mit einer ungeduldigen Handbewegung. Zieht ihren Machorkabeutel hervor. «Nein, denke ich nicht. Aber du störst mich. Ich habe keine Lust zu reden. Nimm, und dreh dir eine.» Sie drückt Jaga den Machorkabeutel in die Hand, beugt sich demonstrativ wieder über ihr Heft. Jaga dreht schweigend. Als sie ein zweites Papier abreißt, sieht Stepha kurz auf. «Für die Kleine», devot lächelnd zeigt Jaga in die Richtung der Koreanerin. «Ist schon gut», Stepha sagt es uninteressiert. Innerlich flucht sie. Das fängt ja gut an. Jetzt kann sie die zwei mitversorgen.

Sie sieht, daß sie von den anderen beobachtet werden. Es sind abweisende, feindliche Mienen. Sie tuscheln miteinander. Ich werde mir diese Jaga vom Hals schaffen, nimmt Stepha sich vor. Sie scheint in der Baracke nicht beliebt zu sein. «Ich kann dir auch eine drehen. Kommst du nicht mit?» «Nein, ich will nicht.» Sie ist verärgert. Die Freunde von drüben würden jetzt auf sie warten. Sie läßt noch einige Minuten verstreichen. Dann dreht sie sich langsam und sorgfältig eine Zigarette.

Als sie nach draußen kommt, wird sie von den Freunden schon erwartet. «Wir dachten schon, du kämst nicht mehr.» Stepha sieht, daß Jaga auf sie zuschlendert. «Mir war der Appetit vergangen, Zhenja. Oder wollt ihr jetzt drei versorgen?» Zhenja hat verstanden. Drohend baut sie sich vor der erschreckten Jaga auf. «Du, höre, wenn du nichts zu rauchen hast, dann frag mich. Stepha laß gefälligst in Ruhe. Sie hat nicht mehr als du, und ich weiß, warum und wem ich gebe.»

Ruhig kommt Zhenja zurück. «So, die bist du los», sagt sie und lehnt sich neben Stepha an die Wand. «Weißt du, du mußt vorsichtig sein da drüben. Laß dich von ihnen nicht aushorchen. Besonders mit den Banderras sei vorsichtig. Es ist ein widerliches Pack. Sie haben die deutschen Okkupanten mit Blumen und Hurrageschrei empfangen und waren dann erstaunt, als man sie nach Deutschland deportierte. Daß man sie nur ausgenutzt hatte, merkten sie erst, als es zu spät war. Nun glauben sie, alles, was deutsch ist, hassen zu müssen. Sie sind falsch wie die Schlangen.» «Ich bin vorsichtig, Zhenja.»

Schweigend rauchen sie. Stepha fühlt Zhenjas Blick auf sich gerichtet. Zhenja lächelt. «Du fehlst uns. Die Alten sind ganz krank. Immer wieder sehen sie auf dein leeres Bett und jammern nach dir.» «Mir fehlen sie auch, aber ich kann sie nicht besuchen. Es ist doch streng verboten, in die offene Abteilung zu gehen. Es war eine lange und schöne Zeit, die ich mit euch verbrachte. Ihr habt mir viel geholfen. Aber jetzt möchte ich meine alten Freunde wiedersehen.» Zhenja blickt zu Boden. In ihrem Gesicht arbeitet es. Stockend beginnt sie dann zu sprechen. «Es hat keinen Zweck, drum herum zu reden. Du erfährst es ja ohnehin, und ich glaube, es ist besser, du bist darauf vorbereitet. Wir hatten beschlossen, es dir so lange wie möglich zu verschweigen.» «Aber was denn, um Gottes willen? Sind sie etwa nicht mehr hier?» «Doch, Stepha, doch. Betty geht es ausgezeichnet, auch wenn sie in der Krankenbaracke ist. Aber das soll sie dir selbst erzählen.» Sie hält einen Moment inne. «Es geht um Walja. Walja ist sehr krank und sieht sehr verändert aus. Sie hat Krebs. Niemand weiß, wie lange sie noch leben wird. Gesichtskrebs, verstehst du? Die eine Gesichtshälfte ist schon ganz zerfressen.» Stepha schluckt. Walja, ausgerechnet Walja. Dieser liebevolle, gute Mensch. Sie hat zwei Kinder zurückgelassen, und nun wird sie die Kinder nie wiedersehen. «In welcher Krankenbaracke ist sie, Zhenja? Ich will sofort hin, ich muß sie wiedersehen.» «Sei vernünftig, Stepha.» Zhenja faßt die Erregte bei der Hand. «Jetzt kannst du nicht. Überall ist noch Visite. Man würde dich nicht zu ihr lassen. Du mußt bis zum Nachmittag warten.»

Stepha drückt ihre Zigarette im Sand aus. Sie kämpft mit den Tränen, läuft in die Baracke zurück und weint vor Wut und Zorn, weil ausgerechnet Walja ein solches Schicksal erleiden muß. Weint, weil sie nicht versteht, daß man einen so todkranken Menschen nicht nach Hause läßt, warum Walja hier elend verrecken muß. Wie viele mögen hier schon gestorben sein?

Sie hat wirklich wie auf einer Insel gelebt. Ihr ist es gut gegangen, während die anderen sich gequält haben. Sybille, wie mag es Sybille gehen? Sie hat nicht einmal mehr an sie gedacht.

O Gott, wie bist du grausam und ungerecht. Warum strafst du die Ärmsten der Armen? Warum läßt du dieses Leid und Elend zu? Du Gott ohne Erbarmen, der sich von den Leidenden noch anbeten läßt. Wozu noch beten, wo doch alle Gebete in die Leere gehen, weil es für diese Trasse Taischett–Bratsk keinen Gott gibt.

Als die Ärztin und Taisa zur Visite kommen, schleicht Stepha sich in den Waschraum. Mit kühlem Wasser versucht sie, sich die Verzweiflung aus dem Gesicht zu waschen. Viel Zeit hat sie nicht. Gerade noch rechtzeitig erklimmt sie ihren Platz. Irina Antonowna sieht sie eindringlich, kritisch an. Stepha macht einen fiebrigen Eindruck. Das Lächeln, das sie sich abquält, täuscht die Ärztin nicht über ihren Zustand hinweg. Besorgnis und Teilnahme sind echt: «Was ist geschehen, was hast du?» «Ich habe erfahren, daß eine Freundin von mir erkrankt ist. Sie ist so krank, daß sie sterben wird. Sie hat Krebs. Ich bitte Sie, erlauben Sie mir, sie zu besuchen.» «Ich erlaube es dir. Aber erst nach der Mittagsruhe.» Die Mittagsruhe wird zur Geduldsprobe. Sie liegt auf ihrem Bett, denkt an Walja. Vielleicht gibt es ja für Walja doch noch Hoffnung.

Ohne auf die Raucher zu warten, verläßt sie sofort nach der Mittagsruhe die Baracke. Unschlüssig steht sie auf der Lagerstraße. Sie hat nicht gefragt, in welcher Krankenbaracke sie Walja finden kann. Zurückgehen? Auf keinen Fall. Sie fürchtet, aufgehalten zu werden. Plötzlich steht Irina Antonowna neben ihr. «Ich gehe mit dir. Es könnte sein, daß man dich nicht zu ihr läßt.»

Stepha steht vor Waljas Bett. Die linke Gesichtshälfte ist mit Mulltüchern abgedeckt. Zwei Hände strecken sich ihr entgegen. «Stepha, Milaja. Stephuschka, daß du wieder gesund bist.» Die Stimme klingt heiser. Die Hände sind feuchtkalt. Diese Hände, diese wunderschönen Hände. Stepha legt ihren Kopf an Waljas Brust.

«Laß dich ansehen, Stepha. Erzähl, wie ist es dir ergangen?» «Gut, Walja, gut. Alle waren gut zu mir. Aber man hat mir verschwiegen, daß du krank bist.» «Ich wollte es so, Stepha. Es ist gut, daß du es nicht früher erfahren hast.» «Aber warum denn, Walja, warum?» Da lächelt Walja ihr gütiges, feines Lächeln, das ihr auch jetzt, da nur eine Hälfte ihres Gesichtes sichtbar ist, doch geblieben ist.

«Ach, Stepha, weil ich dich Hitzkopf kenne. Du hättest nur Ärger gemacht, und du warst doch sehr krank. Deine Freunde haben mir immer Bericht erstattet. Galina war oft bei mir. Ich konnte für dich beten, Stepha. Jeden Tag habe ich um deine Gesundung gebetet.» «Oh, Walja, Walja, du kannst noch an Gott glauben!»

Waljas Auge schließt sich. Die sichtbare Gesichtshälfte ist fahl. Irina Antonowna, sich bisher im Hintergrund haltend, berührt Stepha am Arm. «Genug, Stepha, es ist genug. Es strengt Walja zu sehr an.» Stepha versteht. Sie führt Waljas Hände zu ihrem Mund. «Ich komme wieder, Walja. Ich komme jeden Tag.»

Wortlos geht Stepha neben Irina Antonowna zurück. Sie hat die Nähe des Todes, der Verwesung an Walja gerochen.

Mit zitternden Händen raucht sie eine von Zhenja gedrehte Zigarette. «Sag, Zhenja, sterben eigentlich viele hier bei uns im Krankenlager?»

Zhenja läßt sich mit der Antwort Zeit. Kneift die Augen zu

schmalen Schlitzen zusammen, als blende sie die Helle. «Viele? Die Menschen hier sind zusammengepfercht, krank vor Sehnsucht und Heimweh. Wenn dann noch eine körperliche Erkrankung hinzukommt... Ja, Stepha, es sind viele, die hier sterben. Die Leichenhalle drüben in der Arbeitszone ist immer belegt. Wir sind nun mal die Krankenkolonne. Bevor man sie begräbt – auf dem Friedhof hinter dem Krankenhaus –, werden sie noch seziert, und ihre Fingerabdrücke werden registriert.»

«Seziert, Zhenja? Wozu?»

«Eigentlich aus keinem anderen Grund als die Gewißheit zu haben, daß ein Toter das Lager verläßt. Aber es gibt natürlich auch interessante Fälle. Weißt du, für die Ärztin ist das eine interessante Studie.»

«O Gott, nicht einmal die Toten lassen sie in Ruhe. Ich finde das furchtbar.»

Jeden Tag macht Stepha sich auf den Weg zu Walja. Manchmal fühlt Walja sich so schlecht, daß sie nicht reden kann. Dann sieht nur das eine Auge liebevoll auf Stepha, und Stepha versucht, Waljas Hände in den ihren zu wärmen. Immer legt sie zur Begrüßung ihren Kopf auf Waljas Brust, hört das Herz stark und kräftig schlagen und kann nicht glauben, was doch so gewiß ist.

Sobald Stepha nur kann, streift sie durch das Lager. Hungrig auf Neuigkeiten. Sie will wissen, wie die anderen, die Gesunden leben. Wie sie diese Jahre überstanden haben. Sie stößt bei ihren Besuchen in den Arbeitsbaracken auf Ablehnung und Mißtrauen. Noch haftet ihr der Geruch der Tuberkulosenbaracke an. Sie wollen leben. Lieber schwer arbeiten, aber gesund bleiben. Gesund für den täglich herbeigesehnten Tag der Freiheit. Betty findet sie in der gynäkologischen Krankenbaracke. Sie hat, wie sie Stepha mit einem Augenzwinkern versichert, angegeben, eine nicht ausgeheilte Lues zu haben. Stepha ist entsetzt. Sie haben mit ihr gelebt. Nebeneinander gelegen. Aus einem Becher getrunken. Betty erkennt ihre Angst.

«Ich bin nicht krank, Stepha, glaub mir, du mußt dich nicht fürchten. Ich habe den Trick von einer Blatnaja erfahren. Einen halben Salzhering auf nüchternen Magen. Eine halbe Stunde vor der Blutabnahme, und der Wassermann ist positiv.» Stephas Augen werden groß. Dann versteht sie. Glucksend beginnt sie zu lachen, lacht, bis ihr die Tränen über die Wangen laufen. Sie umarmt Betty stürmisch.

«Oh, Betty, was bist du für eine Chuliganka.» Sie sitzen und rauchen. Stepha fragt ununterbrochen. Es gibt so viel, was sie wissen möchte. Die 028. Kolonne. Sind sie noch alle da? Regina, Elisabeth, Gerda und all die anderen? «Du brauchst dich nicht nach ihnen zu sehnen. Sie haben sich nicht geändert. Machen sich das Leben schwer, wo sie nur können. Ich glaube, sie wollen leiden. Ihr Haß gibt ihnen Kraft. Sie würden es sonst nicht durchstehen.» Nachdenklich sieht Stepha über das Lager hin. Betty hat es begriffen. Sie brauchen den Haß, um noch hoffen zu können. Sie leben von Tag zu Tag, von Woche zu Woche. Sie teilen den Schmerz in viele kleine Schmerzen auf, um an dem einen, dem großen nicht zu zerbrechen.

«Sind viele Deutsche hier, Betty?» «Nicht viele, aber Elendsgestalten. Sie sind für die schwere Arbeit auf den Kolonnen nicht mehr zu gebrauchen. Hier ist es leichter für sie. Sie müssen nur für die Krankenbaracke arbeiten. Hier gibt es keine Norm. Aber dennoch, selbst das fällt ihnen schwer. Sybille liegt in der psychiatrischen Abteilung. Sie kann weder gehen noch stehen, ist entsetzlich abgemagert, weil sie kaum etwas ißt. Manchmal spricht sie tagelang kein Wort. Wenn man sie besucht, dreht sie den Kopf zur Wand. Es sind die Nerven, sagt die Ärztin.»

Stepha ist ungeduldig. Sie will raus aus der Krankenbaracke, weg von den ständig Klagenden, Fiebernden. Raus aus dem Leben, in dem die Zeit so langsam tropft, ein Tag wie der andere verläuft. Sie sehnt sich nach Bewegung, neuen Eindrücken. Keine Visite, wo Stepha nicht fragt: «Bin ich noch nicht gesund genug? Kann ich nicht in die Arbeitsbaracke?» «Du bist eine Närrin, Stepha, das Leben in der Arbeitsbaracke ist schwer. Du bist noch nicht kräftig genug.» «Aber ich fühle mich stark.» «Ich sage dir, das Leben ist für dich zu schwer.» «Aber es bewegt sich», widerspricht Stepha mit hungrigen Augen.

Die Taiga im Sommer. Stepha ist überwältigt. Hüfthohes Gras. Blumen, die sie noch nie sah. Andere, vertraute aus den Sommerwiesen der Kindheit. Birken, unzählige Birken. Sie gehen wie unter einer grünen, lichtdurchlässigen Kuppel. Aber die Moschkis! Dieses aggressive Sirren. Der leichte Schmerz, wenn sie mit ihren winzigen Zangen zubeißen. Der unerträgliche Juckreiz. Sie sind dunkelgrau. Stepha hält eine zwischen Daumen und Zeigefinger. Mit mehr Kraft als nötig zerquetscht sie das Tier. Sieht mit tiefer Genugtuung auf die winzige Masse rotgrauen Kadavers auf ihrem Finger. Voll Abscheu und Ekel wischt sie es an ihrer Hose ab.

Stepha hat eiternde Stellen an Armen und Beinen. Die San Tschast ist überfüllt. Sie will durchhalten, nicht klein beigeben. Sie lernt, die meterlangen Holzklötze zu klaftern. Ein Axthieb, dann der Holzkeil. Mit wuchtigen Schlägen wird der Keil in das Holz getrieben, das sich nun mühelos scheinbar mit leisem Knirschen spaltet. Stepha liebt den Geruch, das seufzende Geräusch des Holzes. Ihre Hände werden hornig und hart, die Armmuskeln kräftig, die Schultern breit. Die schmerzenden Muskeln genießt sie mit dem Gefühl der Wollust. Sie lebt. Die Müdigkeit nach einem Arbeitstag ist wohltuend. Die Alten arbeiten gern mit ihr zusammen, sie greift zu, wo es zu schwer wird, zwingt die Schwächeren, sich hinzusetzen und auszuruhen.

Neue Deutsche sind angekommen. Hilflos und verstört. Keine Nachricht von der Tante. Viele seien in deutsche Gefängnisse gekommen, zum Beispiel nach Hoheneck. Die deutsche Gruppe ist verzweifelt. Die Ankunft der Neuen macht die Hoffnung auf eine baldige Heimkehr zunichte. Sie haben uns vergessen. Es kümmert sich niemand um uns. Es sind schwere Tage, verzweifelte Nächte. Stepha verbindet kaum etwas mit den Neuen. Was interessiert sie der 17. Juni?

Irene ist noch immer auf der 028. Kolonne. Es ist gut und richtig, denkt Stepha. Irene braucht ihren festen Kreis, in dem sie leben kann. Geblieben ist ihr Betty. Die verrückte, phantastische Betty.

Die ihren Schmerz um das langsame Sterben Waljas versteht. Immer seltener ist Walja ansprechbar. Immer stärkere Schmerzmittel bekommt sie. Selten ist das gütige, bezaubernde Lächeln geworden. Oft, wenn Stepha ihre Hände hält, nennt sie sie Mascha, Maschenka. Dann ist Stepha glücklich. Glaubt doch Walja in diesen gnädigen Momenten, ihr Töchterchen neben sich zu haben. Manchmal holt man Stepha. Wenn Walja unruhig ist, nach Mascha oder nach ihr, nach Stepha, verlangt. Dann ist Stephas Tag überschattet. Sie hadert mit Gott, und Haß steigt in ihr auf. Stepha ordnet sich keiner Gruppe zu. Der stille Schutz der Blatnajas läßt sie unabhängig sein. Sie verteilt Zuneigung und Zärtlichkeit nach allen Seiten, und sie bekommt sie hundertfach zurück. Es gibt niemanden im Lager, der nicht von diesem Brief Ljuba Burnassowas wüßte. Stepha genießt Narrenfreiheit. Mehr noch als die Blatnajas, denn wo man diese fürchtet, liebt man Stepha für Heiterkeit und Fröhlichkeit. Sie beschützen sie, segnen sie und beten für sie.

Hochsommer. Im Lager blühen vor den Baracken in liebevoll angelegten Beeten Blumen. Wäsche bleicht auf kleinen Rasenflecken, bewegt sich, auf Holzstangen zum Trocknen aufgehängt, leicht im Wind, bauschen sich Laken an den Stangen wie Segel. Der Lehmboden ist trocken, rissig. Seit Wochen ist der Himmel ohne ein Wölkchen. Träge sind die Menschen, das Lager ist ohne Schatten. Mittagspausen sind verlängert worden. Unmöglich, bei dieser Hitze zu arbeiten. Wunderbar aber sind die Abende. Glutrot verwandelt die Sonne den Horizont in ein Feuermeer. Aus der Taiga steigen die Bodennebel auf, verzaubern die Landschaft. Man schläft wenig in diesen von tausend Düften erfüllten Sommernächten. In den Baracken steht die Luft, hält sich die Wärme bis zum Morgen. Wunder werden erwartet. Gerüchte, von denen niemand weiß, wie sie entstanden sind, gehen von Mund zu Mund. Die Ausländer werden entlassen, heißt es. Sie glauben, hoffen, suchen nach Zeichen von Veränderungen. Die Posten sind lasch und träge, nachsichtig wie nie. Oft hört man sie noch spät in der Nacht singen, wenn im Lager längst alle Türen verschlossen sind. Sie singen die gleichen Lieder wie die Gefangenen. Die Nächte sind hell. Manchmal kommen die Kinder der Wachmannschaften ins Lager. Sie werden gestreichelt und geliebt von allen. Selten, daß sie ohne Geschenk zurückgehen. Die Frauen schnitzen Pferdchen, Puppenköpfe, nähen aus bunten Stoffresten Kleidchen. Auf geheimnisvolle Weise kommt alles ins Lager. Nur wenige Familien leben außerhalb des Zaunes in kleinen Häuschen. Einen Steinwurf von ihren Baracken entfernt. Das nächste Dorf ist viele Kilometer weit, Taischett oder Bratsk eine Tagesreise entfernt.

An einem dieser Hochsommertage geschieht das Wunder, das allen neue Hoffnung gibt, die den Mehltau der Resignation wegbläst und den Blick freigibt auf Vergangenes, Zurückgelassenes, Verdrängtes, es wieder nahe rückt wie am ersten Tag.

Es beginnt am frühen Nachmittag. In der Dienstbaracke der Dezhurnys ist ein außergewöhnliches Kommen und Gehen. Lagerärztin und Kommandant werden geholt. Der Politoffizier bewegt sich ganz gegen seine Gewohnheit im Laufschritt durchs Lager. Die Lagerposten umkreisen die Dienstbaracke und schauen wieder und wieder durch die Fenster. Gerüchte geistern durchs Lager. Der Gong ruft alle zur Prowerka. Im Laufschritt stürzen die Frauen zum Appellplatz, auf dem sich die gesamte Kommandantur, einschließlich der Lagerärztin, versammelt hat. Tiefe Stille liegt über den Reihen der Wartenden.

Der Politoffizier führt einen blondschopfigen, etwa zehn Jahre alten Knaben auf den Platz. Ernst und eindringlich mustert er die wartenden Frauen. Er ist barfüßig, sonnenverbrannt, Hemd und Hose sind verblichen. Die Frauen sehen auf dieses Kind wie auf eine Erscheinung. Auch wenn sich keine einzige Hand rührt, so spürt man doch, wie sich alle Hände nach diesem Kind ausstrecken.

Als der Politoffizier zu reden beginnt, ist seine Stimme brüchig. Er räuspert sich mehrfach, während tausend und mehr Augenpaare zwischen ihm und dem Knaben hin und her wandern.

«Ich möchte euch einen Helden vorstellen, einen tapferen, mutigen Jungen, der den weiten Weg von der Ukraine bis Sibirien zurückgelegt hat, um seine Mutter zu suchen. Seine Mutter, die vor Jahren von ihm gehen mußte, von der er nichts anderes besaß als ein paar Briefe und eine vage Adresse.»

Er muß eine Pause machen, um seine Stimme wieder zu festigen. Er schämt sich der Tränen nicht, die in seinen Augen stehen. «Ich beneide die Mutter um diesen Sohn. Ich beneide sie um Wanja, um den Helden, Iwan Antonowitsch Gabrilow.» Ein Schrei ertönt, wie man ihn so zuvor noch nicht gehört hat. Eine Frau stürzt aus den Reihen, torkelt blind vor Tränen in Richtung des Jungen. «Wanja, Wanjuschka moi rebjonok!» Und der Junge läuft auf sie zu, umschlingt sie mit seinen sonnenverbrannten, mageren Armen. Die Frauen stehen wie gebannt vor diesem Wiedersehen. Tränen laufen über alte und junge Gesichter. Schluchzend fallen sie sich in die Arme. Der Vorhang vor der Heimat, vor dem Zuhause zerreißt. Die Heimat ist zu ihnen gekommen.

Niemand gehorcht dem Kommando zum Wegtreten. Sie bleiben in Gruppen stehen, reden, lachen unter Tränen, und die Hoffnung breitet sich wie eine Welle unter ihnen aus. Längst sind die Uniformierten, Frau und Kind mit sich führend, in der Dienstbaracke verschwunden. Zögernd nur trennen sich die Frauen, als hätten sie Angst, dieses Ereignis könne wie eine Seifenblase platzen.

Drei Tage darf die Mutter mit ihrem Sohn außerhalb des Lagers zusammensein. Dann wird das Kind neu eingekleidet und von einem Offizier zurück in die Heimat gebracht. Strahlend vor Glück und Stolz kehrt Maria Gabrilowa ins Lager zurück. Sie ist glücklich, es sind ja nur noch drei Jahre, dann wird sie ihren Sohn für immer bei sich haben. Mit ihr sind Hunderte von neuer Hoffnung erfüllt. Wanja hat ihnen das Zuhause wieder nahegebracht, es unverlierbar gemacht. Drei Monate später wird Maria Gabrilowa auf Befehl des Obersten Sowjets nach Hause entlassen. Wanjas Mut und Einsatz ist bis hinter die Mauern des Kreml gedrungen.

Die Tage werden kürzer, der erste Schnee fällt. Noch leuchten die Bäume der Taiga in goldenen Farben, triumphieren über das glitzernde Weiß. «Der Schnee bleibt nicht liegen, solange sich die Blätter an den Bäumen halten», sagen die Alten. Es ist kalt. Der erste Frost in diesem Jahr. Frierend stehen die Frauen zur Zählung auf dem Lagerplatz, noch ist keine Winterkleidung ausgegeben. Feindselige Blicke treffen die Posten, die in langen Mänteln und Pelzmützen erscheinen. Murrende Stimmen werden laut: «Seht sie euch an! Sie sind auf die Kälte vorbereitet. Wir weigern uns, zur Arbeit zu gehen. Erst die Winterkleidung!» Von Reihe zu Reihe wird die Parole weitergegeben. In die Baracke zurückgekehrt, reden alle durcheinander. Die Brigadierin versucht zu beruhigen, zu beschwichtigen. Es ist ohnehin schon zu spät. Der Gong zum Arbeitsbeginn ertönt. Niemand ist fertig.

«Das gibt Ärger», prophezeit Sascha, eine der Blatnajas. «Man wird alle bestrafen.» Sie sieht sich suchend in der Baracke um, entdeckt Stepha, ergreift sie am Arm und zieht sie mit sich fort. «Los, fall um!» herrscht sie Stepha an. Stepha versteht nicht. «Was soll ich? Aber warum denn?» «Job twoju mat! Frag nicht so viel. Fall um, jetzt, sofort. Du hast einen Herzanfall.» Stepha begreift. Sie läßt sich fallen. Sascha schreit nach Wasser und dem Arzt, während sich zwei der Frauen um die scheinbar Bewußtlose bemühen. Jammernd und wehklagend umstehen die Alten Stepha. In diesem Moment betreten die Ärztin und ein aufgebrachter Dezhurny die Baracke. Irritiert blickt er sich um, während die Ärztin schon Stephas Puls fühlt. «Sobiraite jejo w santschast! Bringt sie ins Krankenrevier!» ordnet sie an, und eiligst laufen zwei los, um eine Trage zu holen.

Unterdessen hat sich Sascha an den Dezhurny herangepirscht. «Entschuldigen Sie, Bürger Dezhurny. Es sah aus, als sei es zu Ende mit ihr. Wir haben den Gong nicht gehört. Sie sehen ja, sie muß in die San Tschast.» Die Herumstehenden bekommen lange Ohren. «Sobiraites na rabotu! Fertig zur Arbeit!» schreit die Brigadierin. In rasender Eile werden Jacken und Schuhe übergezogen, Kopftücher gebunden. Stoßend und drängend poltern sie zur Tür hinaus, laufen zum Appellplatz. Viele fehlen, aber der größte Teil der Brigaden steht frierend zum Ausmarsch bereit. Die Dezhurnys laufen von Baracke zu Baracke, treiben die Frauen vor sich her, die, nur unzulänglich bekleidet, zum Appellplatz stolpern. Getrennt von den anderen müssen sie sich aufstellen. Getrennt werden sie gezählt; die Freiwilligen und die Herausgetriebenen. Der Lagerkommandant und der Politoffizier erscheinen, sprechen von Sabotage, von Strafe. Die Gruppe der Freiwilligen darf wegtreten. Zurück in die Baracken. Von Arbeit keine Rede.

«Wir haben Glück gehabt!» sagt jemand. Draußen müssen die Gefangenen einzeln vortreten. Die Nummer wird notiert. Eine nach der anderen. «Glück, sagst du? Nennst du Verstand Glück?» spöttelt Sascha. «Es war euer Glück, daß ich meinen Verstand zu gebrauchen wußte. Erinnert ihr euch nicht mehr, wie der Aufstand in Narilsk ausging? Wißt ihr noch, wie viele dort verblutet sind? Sie haben geschossen! Mitten hinein in den Haufen, der da etwas erzwingen wollte. Die Maschinenpistolen sind keine Attrappen! Sie sind geladen.»

Erst zu Mittag dürfen die Frauen draußen wieder wegtreten. Sie taumeln, torkeln auf die Baracken zu, fallen auf ihre Plätze, liegen Stunden, ohne sich zu erheben.

Nach diesem Vorfall herrscht Feindschaft in den Baracken, besonders dort, wo sie nicht einmütig gehandelt haben. Die Strafe für die Verweigerer ist hart. Drei Monate kein Einkauf. Das heißt, drei Monate keinen Machorka. Das heißt, bei anderen bitten und betteln müssen. Oder tauschen, Brot gegen Machorka, Hunger gegen den beruhigenden Genuß des Rauchens. Zu viert oder zu fünft rauchen sie an einer Zigarette, argwöhnisch jeden Zug zählend. Keiner traut dem anderen. Verrat wegen eines Päckchens Machorka ist keine Seltenheit. Manchmal läßt sich ein Posten erweichen, füllt Hände mit Machorka aus seinen tiefen Manteltaschen.

Stepha kommt aus der San Tschast zurück. Immerhin hat ihr dieser Herzanfall fast acht Tage Bettruhe eingebracht. Sie schimpft auf Sascha, die nur lacht: «Was willst du eigentlich? Du bist eben ein Naturtalent. Schrei nicht so laut, du weißt nicht, ob dir diese Komödie noch einmal von Nutzen sein wird.» Die Bestraften tun Stepha leid. Es sind auch Deutsche unter ihnen. Menschen, die ohnehin nichts haben. «Sie haben selbst schuld!» sagt Sascha kühl.

Als die Bäume der Taiga ihre letzten Blätter abwerfen, der Frost morgens die Pfützen mit einer Eisschicht bedeckt, erlischt Waljas Leben. Es war ein langes, qualvolles Sterben. Stepha darf nicht zu ihr. «Wenn sie aufgebahrt ist, drüben in der Morg, dann kannst du von ihr Abschied nehmen», weist die Krankenschwester sie zurück.

Stepha läßt sich nicht abweisen, es gelingt ihr, bis zur Ärztin vorzudringen. «Ich möchte sie so sehen, wie sie gestorben ist. Ich bin kein Kind, dem man den Anblick des Todes ersparen muß.» «Aber du bist noch jung. Du wirst es dein Leben lang nicht vergessen. Behalt sie in Erinnerung, wie du sie kanntest.» «Glauben Sie, ich vertrage weniger als Sie? Können Sie es denn vergessen? Ich will es sehen, damit ich nicht vergesse. Ich will es ein Leben lang vor Augen haben, wie weit die Erbarmungslosigkeit eines Gesetzes geht. Wie groß ein Vergehen ist, um auch den Sterbenden noch zu strafen.»

In den Augen der Ärztin leuchtet ein Funke des Verstehens auf. «Du hast recht, man soll den Dingen in die Augen sehen. Komm mit.» Nebeneinander betreten sie den Abstellraum. An den Wänden Regale mit Uringläsern und Petrischälchen, Klistierschläuche hängen über einem Haken, Gummischürzen, Bettpfannen sind übereinandergestapelt. Inmitten dieses Raumes steht die Trage. Behutsam hebt die Ärztin das Laken an, gibt Stepha den Blick auf das Gesicht der Toten frei. Ruhig, ohne Entsetzen sieht Stepha in dieses zerstörte, von der Krankheit zerfressene Gesicht. «Selbst mit diesem einen unzerstörten Auge hätte Walja ihr Kind, ihre Mutter noch einmal sehen können. Welch eines Verbrechens kann jemand schuldig sein, ihm dies zu verwehren? Wie können Gesetze sich gerecht nennen, die so unversöhnlich, so unmenschlich sind? Selbst einem Mörder, zum Tode verurteilt, wird ein letzter Wunsch gewährt. Was zählt ein Menschenleben in diesem Land?» Und wie sie es immer bei der Lebenden getan hat, kniet sie neben der Toten nieder, legt ihren Kopf auf die Brust, deren Herz nun still ist. Zu ihrer eigenen Verwunderung hat sie keine Tränen. Auch dann nicht, als Walja, von ihren Landsleuten angekleidet, aufgebahrt, das schrecklich verwüstete Gesicht mit einem Mulltuch bedeckt, verabschiedet wird. Die Gebete hört sie mit einer Art seltsamen Erstaunens, lauscht den Worten, als höre sie sie zum erstenmal, und bei der Anrufung: «Bozhe pomilui! Gospodin pomilui!» spürt sie ein großes Verwundern, daß sie es anhören kann, ohne dagegen anzuschreien, anzuschreien gegen diesen Gott, dem Erbarmen fremd ist.

Veränderungen in dem täglich Gewohnten, Vertrauten werden mit Mißtrauen aufgenommen. Selten bedeuten sie etwas Gutes. Sie haben sich daran gewöhnt, die Vorrechte der Blatnajas zu respektieren. Sie sind es, die sich in allen Rechten der Gefangenen auskennen. Sie sind mager, diese Rechte, aber immerhin ist es gut, sie zu kennen. Mit den Blatnajas läßt sich leben, sie sorgen für Spaß und Unterhaltung, sehr oft auf Kosten der Soldaten und Dezhurnys. Aber die Monaschki! Sie sind die Geisel jeder Baracke.

Fünf dieser Sektiererinnen stehen eines Morgens, vor dem Frühstück, in weite, bauschige Röcke gehüllt, mit Kopftüchern vermummt und ihrer umfangreichen Habe beladen, neben einem Dezhurny in der Baracke. «Bringt sie unter!» Der Dezhurny macht auf dem Absatz kehrt und verschwindet: Er kennt die Reaktion. Ein Inferno bricht aus. Alle schreien durcheinander, bestürmen die Barackenälteste, doch etwas gegen diesen Zugang zu unternehmen. «Wir haben schon drei davon, das reicht für eine Baracke.» Weder Schreien noch Toben ändert etwas. Sie wissen es alle. Doch ihrer Empörung müssen sie Luft machen.

Als sie vom Frühstück zurückkommen, sind die fünf schon untergebracht. In der äußersten Barackenecke, neben ihren drei Glaubensschwestern.

Ihre demonstrative Frömmigkeit ruft Aggressionen hervor, steht sie doch im Widerspruch zu ihrem sonstigen Verhalten. Nie zeigen sie Zuwendung zu anderen Menschen. Unter den drei- und vierfach übereinandergezogenen weiten Röcken und den tief ins Gesicht gezogenen Kopftüchern verbergen sich meist straffe, kräftige Körper, junge faltenlose Gesichter. Sie lehnen es ab, für die gottlose sowjetische Regierung zu arbeiten. Dies ist auch zumeist der Grund für ihre Verhaftung. Auch im Lager weigern sie sich, auch nur einen Handschlag zu tun. Selbst Vorhaltungen, daß es doch schließlich auch für sie selbst, für ihre Bedürfnisse sei, wenn es gilt, Wasser oder Holz in die Baracke zu tragen, vermögen sie nicht in Bewegung zu setzen. Ihr ständiges Beten, auch während der Nacht, führt bei den anderen Frauen zu Wutausbrüchen. Sie sprechen nur mit ihresgleichen, und auch das nur selten. Das Unerträglichste aber ist ihre körperliche Ausdünstung. Sie stinken. Sie stinken penetrant nach einer Mischung aus altem Schweiß, muffigen Kleidern, talgigen Haaren und Knoblauch. Sie schlafen immer in ihrer Kleidung, die Kopftücher tief ins Gesicht gezogen. Dieser Gestank umgibt sie wie eine Dunstglocke und treibt die neben ihnen Liegenden zur Verzweiflung, an manchen Tagen zur Raserei.

Man verweigert ihnen Trinkwasser, sie nehmen es hin, so wie sie auch Beschimpfungen und Flüche hinnehmen. Sie schleichen sich des Nachts heimlich an das Wasserfaß, füllen ihre Gefäße auf. Sie sind wohlgenährt, essen und trinken gut, erhalten Pakete mit Speck, Zucker, getrocknetem Brot und Knoblauch, und sie besitzen Tee, richtigen Tee. Niemals würde es ihnen einfallen, auch nur ein winziges Stück von ihrem Reichtum abzugeben. Beschwerden über den Gestank werden von der Lagerleitung mit einer Anweisung zur Zwangsreinigung beantwortet. Dann schleppen die Frauen die sich heftig wehrenden Monaschki mit Gewalt in die Banja. Mit roher Gewalt werden ihnen die Kleider heruntergerissen, werden sie geseift und gewaschen, ihre Kleider desinfiziert.

Die Szene in der Banja gleicht einem Inferno. Rücksichtslos wird zu heißes Wasser über die um sich schlagenden Monaschki gegossen, deren Haut sich krebsrot verfärbt. Schrille Schmerzensschreie durchdringen das Chaos. Obszöne Bemerkungen und die gegenseitigen Anfeuerungen der zu Peinigern gewordenen Frauen übertönen die Schreie. Dann werden die Haare gewaschen. Seifenlauge fließt in die Augen und in schreiende Münder und zwingt zum Erbrechen. Zöpfe, feucht von Wasserdampf und Schweiß, lösen sich auf, hängen in wirren Strähnen um die entstellten Gesichter. Am Rande dieses Tobens steht die aufsichtführende Dezhurnaja, und allein in ihren Augen erblickt Stepha manchmal Mitleid und Abscheu. Sie ist froh, daß man sie bei diesen Aktionen zur Seite schiebt, weil man ihrer Kraft nicht traut. Aber dennoch muß sie diesen Haßausbrüchen zuschauen, voller Scham über die Bereitschaft zu Grausamkeit und Erniedrigung, die sie bei den Frauen erkennt. Alle Versuche, mit den Frauen darüber zu reden, stoßen auf tiefe Verständnislosigkeit. Sie kann die Argumente über die Notwendigkeit, das zu tun, nicht entkräften. Es muß sein. Ja, es ist unerträglich, mit diesen stinkenden Geschöpfen zu leben. Aber muß es so sein? Sie verstehen Stepha nicht, können sie nicht verstehen, weil abgrundtiefe Scham Stepha daran hindert, dieses Bild von ihnen zu malen, ihre Gesichter nachzuzeichnen. Nur mit Zhenja, die sie oft besucht, kann sie darüber sprechen. Zhenja versteht sie. Aber Zhenja entschuldigt auch, versucht zu erklären.

«Es sind immer die Getretenen, die zurücktreten. Sie meinen ja eigentlich nicht die Monaschki. Sie wollen ihnen nichts Böses. Es bricht aus ihnen heraus wie eine Urgewalt. Sie sind nicht mehr sie selbst. Es ist ihre Angst, ihre eigene Not, die sie zu grausamen Bestien macht. Der Lagerkommandant weiß das, sie wissen es alle. Es gehört mit zur Strafe der Monaschki, die Frauen auf sie loszulassen. Sieh, Stepha, es wäre doch ein leichtes, sie alle zusammen in einer Baracke unterzubringen. Sie würden für sich sorgen, Holz und Wasser tragen, ja, sie würden sogar in den Wald gehen, um für sich ein oder zwei Bäume zu fällen. Verstehst du, Stepha? Es gehört zum System.»

Da weiß Stepha nichts mehr zu erwidern, denn alle Gedanken und Bilder, die dieses Wort, dieses eine Wort «System» in ihr auslösen, sind wie ein funkensprühendes Rad in ihrem Kopf, das Zerstörung in sich birgt, der sie nichts entgegenzusetzen hat. Und oft genug verwandeln sich die vertrauten, gutmütigen, freundlichen Gesichter der Frauen um sie herum in die von Furien. Dann wird Stepha von Angst, tiefer Angst befallen. Es ist die Zeit, da sie den Glauben daran verliert, jemals wieder diese Zäune hinter sich lassen zu können.

Der Winter ist so hart geworden, wie die Alten es vorausgesagt haben. Schneestürme schließen sie in den Baracken ein. Der Ausgang muß jeden Morgen mühsam freigeschaufelt werden. Nur an Seilen, die von Baracke zu Baracke, zur Toilette, zum Brunnen und zur Küche gespannt sind, kann die Wachmannschaft sie erreichen. Seit Tagen ist das Lager ohne Strom. Der Tag wird nur wenige Stunden alt, bringt in diesen Stunden kein Licht. Es ist die große Zeit der Geschichtenerzähler. Die Zeit des langen Schlafs, die Zeit der Alpträume. Wenn der Sturm für Stunden nachläßt, eilen Brigaden in die Arbeitszone. Tücher, vor Mund und Nase gebunden, schützen die Atemwege. Schlitten um Schlitten des im Sommer gespaltenen Holzes werden an die Baracken gefahren. Sie versorgen Küche und Krankenbaracken.

Es ist die Zeit, wo die Erde unter den Schneemassen metertief gefroren und in der Leichenhalle kaum noch Platz neben den gestapelten Särgen ist. Und es ist die Zeit, in der Polinnen und Deutsche die Adventszeit feiern, in Erinnerungen versinken und leise Weihnachtslieder singen. Auch wenn anstelle der Kerzen primitive Öllämpchen auf dem Tisch stehen, so zaubern sie doch die Stimmung der Adventszeit herbei. Es scheint, als gingen die Frauen in diesen Tagen leiser, behutsamer miteinander um.

Manchmal hören sie schon am frühen Abend das Heulen der Wölfe, die das Lager umstreichen. Auf den Wachtürmen lösen sich die Posten mit hell brennenden Fackeln ab. Die Wölfe, so sagen die Dezhurnys, kommen dicht an den Zaun. Oft erklingt ein Schuß, manchmal ein Aufheulen. Die Wölfe sind hungrig. Lange gab es nicht einen solchen Winter, sagen die Alten.

In der polnischen und deutschen Gruppe wird geheimnisvoll miteinander geflüstert, getuschelt. Tauschgeschäfte werden abgeschlossen. Gegen Brot und Zucker läßt sich fast alles eintauschen. Stepha sieht diesem Treiben distanziert zu. Sie hat keinen Anteil an diesem Geschehen, wird auch von niemandem ins Vertrauen gezogen. Deutlich wird ihr bewußt, wie fremd, wie unverständlich sie den anderen ist. Es tut ihr nicht weh. Es erstaunt sie nicht. Sie hat keine Bindung zu ihnen.

Da wird gestickt und genäht. Weihnachtsgeschenke werden angefertigt. Sogar Kerzen werden gegossen, deren Wachs auf geheimnisvolle Weise ins Lager gekommen ist. Je näher der Heilige Abend heranrückt, um so aufgeregter werden die Frauen. Aus Papier und Stroh werden Sterne gebastelt, und irgendwie gelangt ein Tannenbäumchen in die Baracke, füllt sie mit seinem Duft, obwohl er gut versteckt unter einer Pritsche liegt. Nicht schnell genug will der Tag vergehen. Und als der Dezhurny die Baracke endlich verlassen hat, beginnt emsiges Treiben. Aus einem Holzblock ist ein Christbaumständer entstanden. Mit viel Wichtigkeit wird das Bäumchen aufgestellt. Eifrige Hände behängen es mit Sternen, befestigen die Sterne mit Draht. «Frohe Weihnachten, frohe Weihnachten», wünschen sie sich gegenseitig, umarmen, küssen sich und überreichen sich gegenseitig ihre kleinen Geschenke. Mit leuchtenden Augen sehen sie auf die brennenden Kerzen. Und es werden immer mehr, die das Zauberbäumchen umstehen. Als die Weihnachtslieder erklingen, summen die russischen Frauen die Melodien mit. Stepha steht mitten unter ihnen, singt leise den Text der vertrauten Melodien. Und gegen ihren Willen ist ihr seltsam feierlich zumute.

Die Prowerka wird zu einer Katastrophe. Schon sind die Frauen am Ende der Zählung bereit, wieder in die Baracken zu laufen, da ertönt der Befehl zum Zählen erneut: Zähneknirschend stellen sie sich wieder in Reihen auf. Treten vier Schritte vor, bleiben stehen, erwarten voll Ungeduld den Ruf zum Wegtreten. Zwischen Dezhurny und Posten entsteht ein Wortgefecht. Sie rechnen nochmals nach, zucken die Schultern und laufen in Richtung Baracken. Erneute Zählung mit dem gleichen Ergebnis. Es fehlen fünf Personen.

Eine Flucht? Unmöglich. Wohin sollten sie in dieser Einsamkeit laufen zwischen Taischett und Bratsk? Zu zweit durchsuchen sie nach dreimaliger Zählung die Baracken. Werden endlich mit Hilfe der Barackenältesten fündig. Fünf Monaschki haben sich unter den Betten versteckt. Ihretwegen stehen die Frauen seit einer Dreiviertelstunde auf dem Appellplatz. Sie müssen die Sektiererinnen an den Füßen unter den Pritschen hervorziehen. Sie bleiben stur in ihrer Haltung liegen. Lassen sich wieder fallen, wenn man sie aufrichten will. Wütend macht der Posten Meldung. Der Dezhurny schreit zu den Frauen gewandt: «Ihr habt es gehört, sie verweigern die Prowerka. Nun, ich bin nicht bereit, sie so mitzuzählen.» Er kommandiert die ersten drei Reihen zur Baracke ab. «Los, bringt sie raus! Egal wie! Aber bringt sie hierher!» 24 wutentbrannte Frauen stürmen los. Sie stoßen und schlagen auf die am Boden Liegenden ein. Ziehen sie an Händen und Füßen aus der Baracke, schleifen sie wie Säcke durch den Schnee. Die auf dem Appellplatz Stehenden feuern sie durch Zurufe an. Eine Welle von Gewalt bricht über die Monaschki herein. Die Frauen bejubeln diese Szene von Maßlosigkeit und Unmenschlichkeit. Eine der fünf schleift man an den Haaren bis an die Füße des Dezhurnys, und auch diese Tat wird bejubelt. Dann liegen die fünf mit ungeordneter und zerrissener Kleidung, die Arme schützend über den Kopf geschlagen, mit dem Gesicht im Schnee.

Die Zählung ist vorbei. Aber Zorn und Wut sind noch nicht verraucht. Fußtritte und Hiebe treffen die im Schnee Liegenden, bis sie schließlich, vor Schmerzen aufheulend, auf Händen und Knien vorwärts robben, bis sie sich schließlich erheben und mit wehenden Röcken in der Baracke verschwinden. Es ist noch nicht das Ende ihres Martyriums. Zwei Posten kommen, um die Monaschki zu holen. Diesmal gehen sie ohne Widerstand, mit gesenkten Lidern, an den Frauen vorbei, den Soldaten nach.

Zwei Stunden stehen sie betend, in unzureichender Kleidung, auf dem Appellplatz. Das Geschehen wühlt alle auf. Viele nennen es eine Schande. Sie beschuldigen sich gegenseitig. «Wir sind schuld. Wir haben uns zu Unrecht verleiten lassen», klagt Stepha bei Sascha. «Nein, Stepha, sie waren im Unrecht, sie haben auf euch auch keine Rücksicht genommen. Auch ihr habt in der Kälte gestanden. Das, was alles Böse schafft, Stepha, ist die Macht des Menschen über den Menschen», sagt Zhenja.

Nachdenklich sieht Stepha vor sich hin. Zhenja hat ihre Stickerei, während sie sprach, nicht aus der Hand gelegt. Nun fügt sie wieder Stich um Stich zum Muster. Stepha sieht auf diese Hände. Unfaßbar, daß sie getötet haben. Sie denkt an die aggressive Meute der Frauen. Alles ist also möglich, alles.

«Weißt du, Stepha», und die Hände sticken Faden um Faden, «ich bin nicht sehr klug, ich habe nie eine Schule besucht, weder Lesen noch Schreiben gelernt. Mit Menschen aber habe ich immer zu tun gehabt. Es waren böse und gute darunter, und jeder für sich war prächtig, jeder konnte sich der Gemeinschaft einfügen oder sich ihr entziehen. Doch wenn man uns zusammenpfercht wie Tiere, dann reißt einer den anderen mit, frißt einer den anderen auf.» Stepha schweigt betroffen, erinnert sich des Geschehens in der Banja. Scham steigt in ihr auf, und sie denkt an die Worte in ihrem Poesiealbum, die ihr Großvater in großzügiger Handschrift hineingeschrieben hat: «Sapere aude.» Und der Zusatz: «Möge es dir immer zum richtigen Zeitpunkt gelingen.» Und während sie sich eine Zigarette dreht, nimmt sie sich vor, diese Worte über ihr Leben zu stellen.

Gott wird in unserem Land niemals sterben

Betty ist entlassen worden. Als sie plötzlich in der Baracke steht, ganz unverhofft, sorgt Stepha dafür, daß sie einen Platz in ihrer Nähe bekommt. «Es ist herrlich. Einfach phantastisch, dich wieder bei mir zu haben.» Betty, gerührt über diesen Empfang, diese Freude, sagt gewollt burschikos, um ihre Rührung nicht zu zeigen: «Na ja, es nimmt eben die schlimmste Krankheit einmal ein Ende. Ich konnte unsere gute Doktorin nicht immer wieder enttäuschen. Sie war schon ganz verzweifelt. Nicht einmal die stärkste Dosis schlug bei mir an. Und salzige Heringe gab's eben in der letzten Zeit auch nicht mehr regelmäßig.» Danach wird Betty ernst.

«Weißt du eigentlich, daß Berta Horn in der Krankenbaracke ist?» «Nein, wieso? – Ich habe dir doch schon oft gesagt, daß ich mich nicht viel um unsere Leute gekümmert habe. Es hat mir aber auch niemand von Berta erzählt.» «Sie ist krank, sehr krank, Stepha, so sehr, daß sie mit Sicherheit sterben wird. Sie ist aufgeschwemmt wie ein Kloß, hat Beine so dick wie ein Elefant. Wasser! Sie führen bei ihr jeden Tag sechs bis sieben Liter ab. Es drückt schon gegen den Magen. Sie kann kaum noch etwas essen.» Stepha ist bedrückt. Also auch die schüchterne, sanfte, zarte Berta wird nicht wieder nach Hause kommen. «Kann man sie besuchen?» «Sicher, können wir. Ich bin jeden Tag bei ihr gewesen. Man hat sie an das Fenster gerückt, damit sie hinaussehen kann.» Betty hat viele Neuigkeiten zu berichten. Stundenlang reden sie. Erst durch sie bemerkt Stepha, wie wenig sie sich um ihre Landsleute gekümmert hat.

«Sie sitzen immer auf gepackten Koffern», sagt Betty, «jeden Tag warten, hoffen sie, glauben den unglaublichsten Gerüchten. Lassen sich Karten legen und opfern ihre Brotrationen. Sie leben nur von der Hoffnung.» «Und du, Betty? Was glaubst du?» «Ich? Ach, Stepha, ich glaube nur, was ich sehe. Und ich sehe, daß Russinnen und Ukrainerinnen Jahr für Jahr ihre Strafe abbrummen und niemand von ihnen an eine Amnestie glaubt. Moskau ist weit. Sibirien ist groß. Wie leicht kann man da vergessen werden.»

Über Betty bekommt Stepha wieder Kontakt zur deutschen Gruppe. Sie arbeiten wieder zusammen in einer Brigade, ziehen wie einst in den Wald, schlagen nun schon geschickt Bäume, sind oft zu müde, zu erschöpft, um abends noch lange zu reden. Es sind ohnehin immer die gleichen Gespräche, die gleichen aus dem Nichts aufgestellten Vermutungen und Behauptungen. Von Tag zu Tag wird Stepha deprimierter. Während der Arbeitspausen raucht sie hastig. Arbeitet wild, manchmal über ihre Kräfte. Es überkommt sie wie ein Rausch, ihren Körper so zu erschöpfen, daß nichts sie mehr erreicht. Am Abend zieht sie sich unter dem Vorwand zurück, müde zu sein, hockt erleichtert bei Sascha und ihren Freunden, hört dem Gitarrenspiel, dem leisen Singen zu. Dann wird sie ruhiger, zufriedener, nimmt dieses Leben wieder an, vorbehaltlos.

«Sapere aude! Sapere aude!» Sie spricht es immer wieder vor sich hin. Es wird ihr Morgen- und Abendgebet. Wird zum Stoßgebet während des Tages. Es ist die Zauberformel, die sie unerreichbar, unverletzlich macht. Ihre deutschen Landsleute bemerken die ständigen Ausflüchte. Und sie reden darüber: «Die ist doch viel lieber mit den Russen zusammen. Bei uns ist sie immer müde. Wenn wir in die Baracke kommen, dann hängt sie bei den Blatnajas herum. Sie sucht eben nur ihre Vorteile, oder sie hat Angst, wir könnten sie um Tabak bitten.»

Betty berichtet ihr davon. Es grämt sie, wenn so über Stepha gesprochen wird. Stepha reagiert zornig: «Ach, laß mich doch mit denen zufrieden. Es ist mir, verdammt noch mal, egal, was sie sagen. Ich habe bisher auch ohne sie auskommen können. Und das sogar sehr gut.» «Das sollte es aber nicht, Stepha. Wir werden auch wieder zusammen nach Hause fahren – so wie wir gekommen sind.» «O Gott! Jetzt fang du auch noch an!» «Ja, Stepha, ja. Irgend jemand muß es dir doch sagen. Es wird auch darüber geredet, daß du noch immer in die Tuberkulosebaracke gehst. Hast du denn nicht Angst, dir wieder etwas aufzuladen?» Empört sieht Stepha Betty an. «Das wagst du mir zu sagen? Du, ausgerechnet du? Hast du selbst keine Antwort für sie gewußt? Glaubst du wirklich, über deine Lues reden die nicht? Meine Freunde suche ich mir selbst aus, und wage nicht, etwas gegen sie zu sagen.» Noch während sie spricht, bemerkt sie, wie Betty zusammenzuckt. Sie läßt sie ohne ein Wort der Entschuldigung gehen. Sie schämt sich, aber sie kann ihr nicht nachgehen.

Als Betty zurückkommt, ist alles gut. Betty, die immer großzügige, großmütige Betty hat ihr vergeben. Zu Berta Horn gehen sie gemeinsam. Sie wird sterben. Immer ist es nur ein Aufschub, wenn Berta sich besser fühlt. Sie durchleben mit ihr Hoffnung und Resignation; jeden Tag gefaßt auf die Mitteilung ihres jähen Todes, atmen sie auf, wenn sie ihnen entgegenlächelt. Bertas tapferes Sterben wird für Stepha zu einem erschütternden Erlebnis. In ihr ist eine seltsame Spannung, die sie jeden Blick, jede Gebärde Bertas aufnehmen und seelisch nacherleben läßt. Erstaunt registriert sie Bertas sichere Gewißheit anzukommen, die Sicherheit, daß ihr nichts mehr geschehen, sie nichts mehr verletzen kann. In dieser Zeit denkt Stepha viel und oft über den Tod nach, liegt auf dem Hügel hinter der Isolierbaracke im Gras, schaut in den Himmel, bis sie spürt, wie sie leicht und schwebend wird. Dann erscheint es ihr wunderbar, zu sterben, sich jedem Zugriff entziehen zu können.

Es ist einer jener seltsamen Tage, die ohne Wunsch und Hoffnung sind. Ein Tag, an dem kein tröstlicher Gedanke eine Flucht aus der Wirklichkeit erlaubt. Die Baracken sind seit dem Schneesturm noch immer ohne Licht. Die muffige Luft, die nur diffuses Licht gebenden Öllämpchen tragen nicht gerade zur Verbesserung der Stimmung bei.

Stepha ist besonders schweigsam. Wortlos richtet sie ihr Bett, wartet schweigend auf Betty. Ihr Gesicht bleibt finster. Unnahbares geht von ihr aus, lähmt Bettys Zunge. Und es bleibt so auch noch, als sie ins Stolowaja gehen.

Bevor sie zum Zählappell antreten müssen, fragt Stepha, während sie in ihre Wattejacke schlüpft, fast beiläufig: «Sag, Betty, glaubst du wirklich daran, daß wir jemals wieder nach Hause kommen?» Betty sieht sie hilflos an. «Ich weiß nicht, Stepha. Aber wir hoffen doch alle, davon leben wir doch. Wir können nicht an diese 25 Jahre glauben. Es wird uns doch auch immer wieder gesagt, daß es weniger sein werden.» Stepha lacht, ein ironisches, unfrohes Lachen. «Eben, wir hoffen wie die Narren. Dabei übersehen wir, daß es nicht mehr 25, sondern nur noch zwanzig sind. Immerhin, wir haben doch die ersten fünf ganz gut hinter uns gebracht.» Mit diesen Worten geht sie Betty voran, hinaus in den kalten, grauen Februarmorgen.

Arbeitsbeginn. Die metallenen Schläge durchdringen das Lager. Alles ist wie immer. Die gleichen Abläufe, die gleichen Bewegungen. Selbst die Worte, die Sätze, die sie untereinander wechseln, gleichen sich.

Sie brauchen keine Kommandos mehr. Warnschilder, Feuer, Axtschläge. Irgendwo singt eine Säge.

Mit den Posten kommt man längst zurecht, hat sich aneinander gewöhnt. Gutmütige Burschen, die hin und wieder mit ihnen scherzen, ihren Machorka mit ihnen teilen. Eine Hand wäscht die andere. Hier ist ein spitzenumhäkeltes Taschentuch für Freundin oder Braut, dort eine gewendete Uniformmütze, die – von der Sonne verblichen – dann wieder strahlendes Rot zeigt. Die Währung: Speck, ein paar Eier, Machorka. Die Maschinenpistolen stehen aneinandergelehnt. Die Posten trinken heimlich aus einer kleinen, versteckten Flasche, jeder für sich. Nur einen gibt es, den die Frauen nicht mögen. Einen mürrischen Alten, der die Gefangenen kaum beachtet, nicht mit ihnen spricht, sie bei einer längeren Pause immer vom Feuer vertreibt. Kein überflüssiges Wort kommt je aus seinem Mund, kein Lächeln verzieht je sein Gesicht.

Der Schrei läßt alle erstarren. Zorniges Brüllen der «Konwois», hilfloses Entsetzen der Frauen. Angstvoll starren sie der davonhetzenden Gestalt nach. Die Konwois rennen wie aufgescheuchte Schafe durcheinander, greifen nach ihren Maschinenpistolen, schreien immer wieder ihr «Postoi! Postoi!» hinter der Flüchtenden her. Sie müßten schießen; aber eine Gestalt im langen Uniformmantel setzt der sich mühsam durch den knietiefen Schnee Quälenden nach. Häufig verbirgt ein Baum das Geschehen. Dann horchen sie angespannt. Jetzt nähert sich der Uniformierte der kleinen Gestalt. «Er wird schießen! Er wird schießen!» jammert eine Ältere. «Aber das will sie ja», sagt Betty tonlos.

Jetzt hat er sie eingeholt. Er reißt sie am Arm herum, wirft sie in den Schnee, prügelt in sinnloser Wut auf sie ein, hebt sie hoch, um sie auf die Beine zu stellen, doch sie sackt wieder zusammen. Schließlich wirft er sie sich über die Schulter und stapft mühsam mit seiner Last den Weg zurück. Ein Posten läuft ihm entgegen, hebt Mantel und Maschinenpistole auf, die der Alte bei seiner Verfolgung von sich geworfen hat, und trägt, neben dem Alten hergehend, die Sachen zurück. «Er hatte die Maschinenpistole weggeworfen! Er wollte nicht schießen», stammelt jemand erschüttert. Schweigend sehen sie ihnen entgegen. Er trägt seine Last bis zum Feuer, läßt sie behutsam von seinen Schultern gleiten. «Bringt Zweige herbei!» herrscht er die Umstehenden an.

Die Frauen betten Stepha auf die Zweige neben dem Feuer. Er wirft seinen Mantel über sie. «Kümmert euch!» Er wendet sich ab und geht zu seinen Kameraden. Eindringlich redet er auf sie ein. Sie diskutieren eifrig, schütteln anfangs ablehnend die Köpfe, doch er gibt nicht nach, bis er sie überzeugt hat. Die Konwois kommen in Bewegung, treiben die Frauen an. Sie sammeln die Werkzeuge ein, beladen den Schlitten mit Reisig und betten Stepha darauf. Der Alte steht neben dem Schlitten, schaut in Stephas bleiches Gesicht. Eine der Frauen tritt auf ihn zu, und ehe er es verhindern kann, ergreift sie seine Hand, führt sie an ihre Lippen. Er entzieht sie unwirsch. «Wy ne boltaite! Laßt den Unsinn!» murmelt er und geht einige Schritte zur Seite. Sein sonst so mürrisches Gesicht ist weich.

Freiwillig spannen sich die deutschen Frauen vor den Schlitten. Die kurzen Rastminuten lassen sie ungeduldig über sich ergehen.

Bei jedem Halt tritt der Alte an den Schlitten, sieht besorgt in Stephas glanzlose Augen. Einer nach dem anderen geben die Soldaten dem Alten ihren Pelz zum Aufwärmen.

Das Ereignis bleibt nicht ohne Folgen. Der Alte muß einen Bericht über das Geschehen machen, ebenso die Ärztin, die Stepha nach dem Schock betreut. Nach einigen Tagen wird Stepha zum Politoffizier befohlen. Der Politoffizier ist ein in der Lagerhierarchie gefürchteter Mann. Sogar die Blatnajas und das gesamte Lagerpersonal haben vor ihm Respekt. Über seinen Tisch gehen sämtliche Dienstakten, die der Offiziere und Soldaten ebenso wie die der Gefangenen. Es gibt nichts, was er nicht wüßte.

So ganz wohl in ihrer Haut ist ihr nicht, als Stepha sich zu ihm auf den Weg macht. Sie ist sich ihrer Schuld bewußt, eine Verletzung der Lagerordnung begangen zu haben, wenn man es ihr nicht sogar als Fluchtversuch anrechnet. Kann mir doch egal sein, denkt sie trotzig, dann krieg ich eben noch ein paar Jahre dazu. Sie nimmt sich aber vor, ihn milde zu stimmen, sich von ihrer besten Seite zu zeigen. So schreitet sie beherzt zu seinem Zimmer, klopft fest und energisch an und begrüßt ihn – nach seiner Aufforderung einzutreten – mit einem freundlichen «Dobroje utro, grazhdanin Pinok!» Sein Gesicht, das eben bei ihrem Eintreten noch wohlwollend gelächelt hat, verzerrt sich. Er schreit, seine Stimme überschlägt sich. Er stößt Schimpfworte hervor, von denen «Du verdammte Deutsche!» noch eines der zärtlichsten ist. Stepha ist gelähmt vor Angst, ihr Verstand ist blockiert. Sie versteht nicht ein Wort von dem, was er flucht und fragt. Sie starrt nur entsetzt auf sein hochrotes Gesicht.

Er reißt die Tür auf und brüllt nach dem Dezhurny. «Bring sie in den Karzer!» schreit der Politoffizier. Der Dezhurny blickt bestürzt von einem zum anderen. «Poschli!» sagt er, geht eine Weile schweigend neben ihr, sie von der Seite betrachtend. Er kennt Stepha gut. Seine Aufgabe bedrückt ihn. «Warum schickt er dich in den Karzer?» Jetzt schießen Stepha die Tränen in die Augen. Sie fürchtet den Karzer. Alle fürchten ihn. Ein drei Meter tiefes, zellenartiges Loch, abgedeckt mit Brettern und aufgeschütteter Erde. Eine enge Röhre als Luftzufuhr und eine Spalte in der Brettertür. Fünf in die

Erde gegrabene Stufen führen zur Tür. Einmal pro Tag gibt es Wasser und ein Stück Brot. Im Karzer steht eine Holzpritsche und ein Kübel. Sonst nur Kälte und Dunkelheit. «Nichts habe ich gemacht!» sagt Stepha aufschluchzend. «Nichts, absolut nichts!» Erzürnt erwidert der Dezhurny: «Du lügst. Der Major steckt niemanden umsonst in den Karzer, der bestimmt nicht!» «Doch, mich», heult Stepha jetzt in panischer Angst. «Ich habe nichts getan!» Am Karzer zögert er, die Tür hinter Stepha abzuschließen. Stepha sieht es, spürt es, hält die Hand gegen die Tür, sieht ihn bittend an. «Frag du ihn, warum, frag, was ich getan haben soll!» Sie schluchzt. Er sieht sie prüfend an. «Erzähl, was war! Aber genau», fordert er. Da erzählt Stepha, schildert die Situation. Erzählt, daß er sie noch angelächelt habe, bis zu dem Moment, als sie sagte: «Dobroje utro, grazhdanin Pinok!» Der Dezhurny sieht sie entgeistert an. «Pinok hast du gesagt! Grazhdanin Pinok?» fragt er entsetzt. Stepha nickt. «Was hätte ich denn sonst sagen sollen? Er heißt doch so. Sie nennen ihn alle so.» Der Dezhurny flucht leise. «Verdammt», knirscht er dann, «weißt du nicht, daß Pinok ein Schimpfwort ist?» Stepha sieht ihn fassungslos an. «Ein Schimpfwort, aber wieso denn?» «Pinok oder Pinije heißt soviel wie Stumpf oder Baumstumpf», erklärt der Dezhurny. «Man benutzt es aber gleichzeitig als Schimpfwort für den Juden. Verstehst du, wegen des Beschneidens.» Stepha starrt ihn an. «Das wußte ich nicht! Bitte, erklär ihm das. Ich wollte ihn nicht beleidigen!» Der Dezhurny schiebt sie plötzlich entschlossen von der Tür zurück und zieht sie zu. «Ladno», sagt er, die Schultern anhebend, «ich will's versuchen.»

Die Zeit in diesem kalten, finsteren Loch scheint nur tropfenweise zu vergehen. Minuten werden zur Ewigkeit. Wie ein gefangenes Tier läuft sie die wenigen Schritte von der Tür zur Wand. Ihre Augen haben sich bald an die Dunkelheit gewöhnt. Quälend das Bedürfnis nach einer Zigarette. Sie hat Tabak und Papier in der Tasche, aber kein Streichholz. Der dumpfe Geruch in diesem Erdloch erinnert sie an einen Schulausflug, den sie einst gemacht hat, die Besichtigung einer Grabkammer. Angst schnürt ihr die

Kehle zu, sie kann weder rufen noch schreien. Ihre Fäuste hämmern im Stakkato gegen die Tür. Panik steigt in ihr auf.

Raus, nur raus hier, denkt sie, während sie noch immer mit schon schmerzenden Fäusten gegen die Tür hämmert.

Als der Dezhurny die Tür öffnet, fällt sie ihm taumelnd entgegen. Neben dem Dezhurny steht der Major. «Tut mir leid», murmelt er und hilft dem Dezhurny, Stepha die Stufen hinaufzubringen. Tief atmet sie durch. Licht! Das Lager liegt im Sonnenschein. Wie schön, wie vertraut der Anblick der Baracken. Stepha sieht in das Gesicht des Majors. Sie kann schon wieder lächeln. Scheu, mit noch heiserer, krächzender Stimme bittet sie: «Können Sie mir Feuer geben, Grazhdanin Major?» Der Major steht geduldig wartend, bis sie mit zitternden Fingern ihre Zigarette gedreht hat. «Geh jetzt in deine Baracke, wärm dich auf. Wir werden morgen vormittag miteinander reden.» Von schwerem Druck befreit, stürmt Stepha davon.

«Was wollte er von dir?» fragt Betty neugierig, nachdem Stepha ihr Erlebnis geschildert hat. «Ich weiß es nicht. Ich weiß es wirklich nicht!» beteuert sie, als sie Bettys zweifelnde Miene sieht. «Ich war froh, daß ich davonlaufen konnte. Ich erfahre es morgen vormittag, wenn er mich wieder holen läßt.»

Als sie ihre Betten für die Nacht richten, sagt Betty unvermutet: «Weißt du wirklich nicht, was er von dir wollte?» «Nein, das sagte ich dir schon. Warum sollte ich es dir verschweigen?» Betty sieht sie merkwürdig an. «Vielleicht hat er dir verboten, darüber zu sprechen. Auf der 020. Kolonne war es genauso. Dort wurden auch zwei Deutsche zum ‹Politischen› bestellt. Wenige Tage später gingen sie auf Transport. Sie fuhren Richtung Heimat. Das heißt, sie wurden entlassen.» «War eine dieser beiden Regina?» fragt Stepha schnell. «Richtig, aber wie kommst du auf Regina?» «Ich dachte nur so», erwidert Stepha verlegen.

Sie spürt, daß Betty ihr nicht glaubt. Sie ist kühl und abweisend. Ehrlich, wie in allem, was sie tut. Stepha nimmt es nicht so ernst. Morgen wird sie alles erzählen können.

Auch am Morgen ist Betty noch verstimmt. Stepha versucht, den gewohnten, freundschaftlichen Ton beizubehalten, aber sie läuft gegen eine Wand.

Als die Brigaden zur Arbeit ziehen, bleibt sie zurück. Unruhig erwartet sie den Dezhurny. Der Major bietet ihr eine Papyrossi an. Stepha bedankt sich, raucht nervös und hastig. «Du hast sehr gut Russisch gelernt», sagt er anerkennend, die deutsche Sprache benutzend. «Es war das einzige, was mir zu lernen blieb. Ich wollte die Zeit nützen, wollte die Menschen, mit denen ich lebe, verstehen.» Er nickt bedächtig, sieht sie wohlwollend, prüfend an. «Das ist gut! Was würdest du sagen, wenn du Gelegenheit hättest, noch mehr zu lernen?» «Ganz einfach: ja und lernen.» Er lacht, schlägt sich sichtlich erheitert auf die Schenkel. «Würde Medizin dich interessieren?» «Ja, sehr. Ich wollte einmal Kinderärztin werden.» «Würdest du auch in der Morg arbeiten? Ich meine, würdest du auch Sezieren lernen wollen? Menschen sezieren?» Er sieht sie unverwandt an, sieht, wie ihre Pupillen sich erweitern, wieder zusammenziehen. Sie schluckt. «Ja, sicher, warum nicht?» Er nickt zufrieden. «Doktor Nelge braucht dringend eine Assistentin. Wenn du nach Hause kommst, hast du einen Beruf. Die Zeit war nicht umsonst.»

Als sie sein Zimmer verläßt, ist ihr leicht zumute. Das Leben wird weitergehen.

Es ist wieder eine Zeit, in der niemand mehr zu rauchen hat und alle auf das kleine Magazin, auf den Kaufmann mit seinem mageren Angebot warten. Der harte Winter in diesem Jahr hat ihn wohl abgehalten. Es gibt kaum noch Tabak, kein Zeitungspapier, keine Streichhölzer. Wer noch was hat, raucht heimlich. Stepha teilt mit Betty, dreht immer zwei Zigaretten. Betty raucht bei der deutschen Gruppe, teilt mit ihnen. Zu fünft rauchen sie an einer Zigarette. Stepha gibt mehr, doch es ist nur ein Tropfen auf den heißen Stein.

Sascha, aber auch Zhenja machen Stepha Vorwürfe.

«Bist du verrückt? Wir können nicht für alle sorgen!»

Stepha nickt resignierend. «Ihr habt ja recht. Aber Betty und sie – es sind meine Landsleute. Es ist schwer, nicht zu teilen.»

«Sollen sie doch tauschen. Brot gegen Machorka. Die anderen tun es ja auch.»

«Aber Zhenja, sie haben doch nichts. Sie bekommen kein Paket von zu Hause. Das Brot brauchen sie. Sonst müssen sie hungern.»

«Du mußt das lernen. Glaubst du, sie würden dir etwas geben? Wir mußten manchmal hungern, um rauchen zu können.»

Stepha berichtet Betty von dem, was Zhenja gesagt hat.

«Ich verstehe, Stepha. Aber ich mag nicht rauchen, wenn die anderen mir zusehen. Es schmeckt mir einfach nicht.»

Die Mannschaftsunterkünfte draußen vor dem Zaun müssen renoviert werden. Es ist schwere Arbeit. Kräftige Frauen werden dafür gesucht. Betty meldet sich freiwillig und kommt am Abend verdreckt und kalkbespritzt zurück. Ihre Hände sind rot und wund. Sie arbeiten mit ungelöschtem Kalk. In der Hosentasche hat sie Zeitungspapier und Machorka. «Kann ich das unseren Frauen geben?» fragt sie Stepha bittend. «Gib nur, für uns zwei reicht mein Machorka immer.»

Stepha ist froh, das Problem so gelöst zu haben. Es vergeht kein Tag, an dem Betty keinen Machorka bringt. Manchmal ein Ei, ein kleines Stück Zucker oder Speck. Die Lebensmittel sind für Sybille und Berta. Berta sieht elend aus. Sie freut sich sehr über die Mitbringsel, auch wenn sie kaum noch etwas essen kann.

«Sie lebt von diesen Besuchen», sagt die Ärztin, «und von der Hoffnung.» «Sie wird sterben?» fragt Stepha, und die Ärztin nickt bestätigend. «Es gibt keine Rettung mehr. Die Nieren schaffen es nicht. Es wird nicht mehr lange dauern. Sie wird ins Koma fallen. Wir erwarten es jeden Tag. Nur das Warten auf eure Besuche hält sie noch aufrecht.» «Wäre es nicht besser, wenn wir nicht mehr kämen? Es würde ihr Leiden ersparen.» «Nein, Kind, nein. Jede Stunde Leben zählt. Es ist ein Unterschied, ob sie glücklich oder verlassen ins Koma fällt. Ein glücklicher Tod ist auch ein glückliches Auferstehen.» Stepha sieht sie neugierig an. Die Ärztin ist noch jung. Bestimmt war sie einmal Komsomolzin, früher, bevor sie dieses Schicksal traf. Und nun diese Gläubigkeit. Wie paßt das zusammen? Die Ärztin lächelt, weil sie Stephas Gedanken errät.

«Du wunderst dich? Über meine Worte? Ich glaube, es gibt niemanden in unserem Volk, der nicht den Glauben an Gott mit der Muttermilch eingesogen hat. Wie viele tragen unter dem Komsomolabzeichen auf der Kleidung das Kreuz auf der nackten Haut. Wie viele Parteifunktionäre sind von der Mutter oder Babuschka heimlich zum Popen getragen worden, damit sie getauft werden. Gott wird in unserem Land niemals sterben.»

Nachdenklich geht Stepha zur Baracke zurück. Aus welchen Quellen schöpfen solche Menschen wie die Ärztin eigentlich dieses unerschütterliche Vertrauen zu Gott, das von Generation zu Generation weitergegeben wird und durch keine politische Erziehung erschüttert werden konnte?

Als Betty und sie zum Rauchen gehen, merkt Stepha, daß Betty etwas sagen oder fragen möchte. Sie druckst schon die ganze Zeit herum. Endlich faßt sich Betty ein Herz. «Also, worum ich dich bitten wollte, Stepha, es mag dir ja blöd und unverständlich vorkommen, aber es ist wichtig. Na ja, und ich habe meine Gründe...» «Red doch nicht so viel drum herum. Ich verstehe kein Wort. Sag endlich, was du willst», unterbricht Stepha die diffuse Rede Bettys. Betty sieht sie dankbar an, ist aber schrecklich verlegen, als sie ihre Frage formuliert. «Also, ich wollte dich fragen, ob du mir deine Sommerhose leihen kannst. Du weißt ja, ich habe noch keine, weil wir sie erst im Frühjahr bekommen.» «Ja, natürlich, warum sollte ich sie dir nicht leihen? Aber um Himmels willen, wozu brauchst du bei diesem Wetter eine Sommerhose? Es ist doch viel zu kalt dazu.» «Weil es mit einer Wattehose viel zu umständlich ist!»

Betty sieht an Stepha vorbei. Stepha hat die Antwort nicht verstanden. «Was ist mit einer Wattehose zu umständlich, Betty?» «Frag doch nicht so blöd. Du tust, als wärst du frisch von der Mädchenschule gekommen.»

Stepha wird blutrot. Jetzt versteht sie. Aber sie kann es nicht glauben, hofft, Betty mißverstanden zu haben. Doch mit dem nächsten Satz stellt Betty unmißverständlich klar: «Im Leben ist nichts umsonst, Stepha. Glaubst du wirklich, die gäben mir um meiner schönen Augen willen Machorka oder Speck und Zucker?» «Aber das darf doch nicht wahr sein, Betty! Wir haben doch genug zum Rauchen», stammelt Stepha. Blöderweise steigen ihr nun noch Tränen in die Augen. Sie wischt sie mit einer wilden Bewegung fort.

«Ja, Stepha, für mich warst du immer ein guter Freund. Natürlich hatte ich immer zu rauchen. Aber die anderen, Stepha! Sie tauschen Brot gegen Machorka. Sie hungern, um rauchen zu können. Wie sollen sie dann noch arbeiten?» «Gut, Betty, reden wir nicht mehr davon. Es steht mir nicht zu, dir Moral zu predigen. Natürlich kannst du die Hose haben. Ich schenke sie dir. Ich könnte sie danach ohnehin nicht mehr anziehen.»

Als Betty die Hose entgegennimmt, sieht Stepha sie traurig an. Sie kann Betty nicht verstehen. Trotzig nimmt Betty die Hose entgegen.

Als sie am nächsten Tag zur Krankenbaracke kommen, ist Berta gerade gestorben. Auf ihrem Gesicht liegen noch Spuren der Erwartung, die ihr Gesicht immer ausdrückte, wenn sie auf Stepha und Betty wartete. Stumm gehen die zwei zurück. Noch immer ohne ein Wort zu sprechen, legt sich Stepha auf ihren Platz. Ihr ist, als habe sie mit Berta nun den letzten Menschen verloren, der noch eine Verbindung zur Heimat darstellte. Nur Fremde umgeben sie noch. Es sind zwar Deutsche, aber außer der Sprache verbindet sie nichts miteinander. Betty hat sie auch verloren, Betty, die sich aus falsch verstandener Fürsorge wieder zu dem macht, was sie einmal gewesen ist. Sie möchte so viel dazu sagen, aber sie will Bettys Bedürfnis nach Zusammengehörigkeit mit den anderen nicht stören, auch wenn sie es Betty nicht danken werden. Unglücklich sieht sie ihr am nächsten Morgen nach, als Betty lachend und scherzend mit den anderen Frauen aus der Baracke geht. Sie wendet sich nicht einmal nach ihr um.

Zhenja versucht, sie zu trösten. «Es ist nicht an dir, über die Tugendhaftigkeit deiner Freundin zu wachen. Du wirst es ihr ohnehin nicht klarmachen können. Was sie tut, ist gefährlich und verboten. Wenn sie erwischt wird, dann wird man sie mit Karzer bestrafen. Ich glaube, sie weiß das. Sie geht das Risiko freiwillig ein. Nun gut, wenn die anderen ihr so wichtig sind, dann ist es in Ordnung. Sie ist ein dummer, aber ein guter Mensch. Die haben es immer schwer.»

Als sie zur Morg, zur Leichenhalle, kommt, ist die Ärztin schon da. Die Tür zu dem kleinen Haus ist weit geöffnet. Stepha sieht Berta auf dem mit Zinkblech beschlagenen Tisch liegen. Über das Gesicht hat die Ärztin ein Tuch gebreitet.

Die Ärztin sieht Stepha gespannt an. Ruhig erwidert Stepha ihren Blick.

«Natschinajemsja? Fangen wir an?»

«Da, ja gatowa. Ja, ich bin bereit.»

Stepha ergreift leicht die kalte, starre Hand Bertas, preßt die Finger sorgfältig auf das Schwärzekissen, nimmt das Formular – Name, Vorname, Geburtstag und -ort, Staatsangehörigkeit, Todestag und -stunde. Alles hat seine Ordnung. Sie preßt die kalten Finger Bertas fest auf das Blatt, damit es saubere Abdrücke gibt, legt die Hand dann liebevoll zurück und reicht der Ärztin das Blatt zur Unterschrift.

«Schto nuzhno delat? Was ist zu tun?»

Sie fragt es mit ruhiger Stimme, so wie sie es immer fragte nach dem ersten Mal.

«Nitschewo osobenno. Tolko otkrywat nado. Nichts Besonderes. Nur öffnen.»

Stepha nimmt von einem Beistelltischchen eine Flasche, pinselt sich die Hände bis an die Handgelenke mit Brillantgrün ein – der einzige Desinfektionsschutz, den sie haben –, greift nach dem Skalpell, hebt mit der freien Hand das Tuch über dem Gesicht an, sieht noch einmal in Bertas Gesicht.

«Es muß sein», flüstert sie leise, setzt das Messer, so wie sie es gelernt hat, ein Stück unter dem Kehlkopf an, macht einen sauberen geraden Schnitt bis zum Nabel. Ihre Hände sind ruhig. Konzentriert tut sie, was zu tun ist. Sie sieht auf den weißen Schnitt blutleerer Haut, trennt und durchschneidet dann mit einem größeren Messer die Knorpelmasse an den Rippen. Mit zusammengebissenen Zähnen hört sie das knirschende Geräusch, als sie, das Sternum ergreifend, den Brustraum öffnet.

«Serdze! Herz!» befiehlt die Ärztin kurz. Stepha hält es in der Hand. Bertas ängstliches Herz, das sie sich nicht so groß vorgestellt hat.

«Choroscho, sakrywai! Es ist gut. Schließen!»

Die Ärztin wendet sich ab, geht vor die Tür, raucht. Stepha legt behutsam das unverletzte Herz zurück an seinen Platz, schließt, vernäht die Öffnung. Nimmt dann das Tuch vom Gesicht, legt es über die Narbe.

Noch immer ruhig, wäscht sie sich die Hände, trocknet sie. Tritt neben die Ärztin, greift nach der Papyrossa, die sie ihr reicht. Sie lehnt sich gegen das Holz der Tür, aufatmend, jetzt dem Zittern nachgebend, das in ihr ist, das vom Magen ausgehend den ganzen Körper erfaßt. Minuten nur, dann ist es vorbei. Alles ist wie immer.

In der Banja übergießt sie sich mit heißem Wasser, versucht, die innere Kälte zu bezwingen. Scheuert die Hände, von denen sich das Brillantgrün schon nicht mehr entfernen läßt, sich in Nagelbett und Fingernägeln sozusagen eingefressen hat. Sie hat sich daran gewöhnt, daß die Alten, ob Russinnen oder Ukrainerinnen, auf ihre Hände sehend sich bekreuzigen, ihr scheu ausweichen. Ihr fällt auf, daß sie nichts von Berta weiß. Keine Adresse, an die sie die Nachricht ihres Sterbens übermitteln könnte. Ein Sterben, um das niemand geweint hat.

Das Leben geht weiter. Nur wenige kannten Berta, und so vermißte sie auch niemand. Seit es die gemeinsamen Besuche bei Berta nicht mehr gibt, verbindet sie nichts mehr mit Betty. Betty ist von morgens bis abends draußen vor dem Zaun beschäftigt. Angst scheint sie nicht zu kennen, und das Glück begünstigt sie augenscheinlich. Sie schleppt herbei, was sie raffen kann, behält nichts für sich, liefert alles bei den deutschen Freundinnen ab. Nie sieht Stepha sie ein Stück Zucker oder Speck essen. Auch von dem Tabak behält sie nur wenig für sich. Sie ist äußerst sparsam. Sie wohnen, schlafen nebeneinander, aber es gibt Tage, an denen sie außer ‹Guten Morgen› und

‹Gute Nacht› nichts miteinander sprechen. Es hat sich einfach so ergeben. Stepha ist noch immer zornig darüber, von sich aus weder zu einer Aussprache noch zur Versöhnung bereit.

Einzig Sybille erzählt sie manchmal von ihrem Kummer. Sie sind sich nahegekommen. Stepha kann Sybilles Flucht in die Krankheit verstehen. Es war ihre Art zu überleben. Sie könnte das Leben im Lager gar nicht anders bewältigen, sie, die in ihren Träumen die großen Rollen spielt, in die Haut der Jungfrau von Orleans schlüpft oder sich in Shakespeares Sonetten verliert. Stepha liebt es, ihr zuzuhören, bewundert die Verwandlung in Sybilles Gesicht. Die Ärztin hat ihr Sybilles Krankheit erklärt. «Sie wird wieder stehen und gehen lernen, aber erst dann, wenn sie ihre Umgebung wieder annimmt. Verstehst du, Stepha, in einer Traumwelt sind Füße nur hinderlich. Um träumen zu können, braucht man einen sicheren Platz.»

Sie lächelt in Stephas erstauntes Gesicht hinein. «Sie ist wirklich krank, Stepha. Aber ihre Krankheit wird von ihrer Seele diktiert. Die Seele des Menschen hat mehr Macht über den Körper als jede Macht, die von außen kommt. Hier kann der Arzt nur noch Beschützer sein, kaum noch Helfer.»

Es kam unverhofft, wie ein Sommergewitter, selbst den Optimistischsten unter ihnen überraschend, und es zog wie ein Meteor Wünsche und Erwartungen hinter sich her.

Als an diesem Morgen das Lager erwachte, war es wie an jedem anderen Tag. Die Posten, die Dezhurnys, Zählung, Frühstück, Arbeitsbeginn. Die mürrischen, unausgeschlafenen müden Gesichter. Doch als mittags die Brigaden hereinströmen, sind die Uniformierten aufgeregt, stehen beieinander, reden, palavern. Es scheint, als sei die Zählung unwichtig, Kommandos überflüssig. Die Gefangenen sind irritiert, stehen unschlüssig in Gruppen zusammen, entfernen sich langsam Richtung Baracken, jederzeit eines Kommandorufes gewärtig. Doch es bleibt still. Das Lager liegt seltsam verlassen in der frühen Märzsonne, als die Frauen in den Stolowaja gehen. Sie kommen zurück, stehen wie immer rauchend im Vorraum.

Einige Sonnenhungrige sitzen auf dem Barackenumlauf, freuen sich über die vereinzelten Tropfen, die von den winzigen, eben erst gebildeten Eiszapfen vom Dach auf ihre Hände fallen. Bald wird Frühling sein. Ihre innere Uhr erinnert sie an den metallenen Klang zum Arbeitsbeginn. Es geschieht nichts. Die Zeit verstreicht – ungewohnt die Unterbrechung des normalen Tagesrhythmus. Die Gefangenen, die mit dieser unerwarteten Freizeit nichts anzufangen wissen, werden nervös, unruhig.

Dann auf einmal erklingt der Hammer hell über das Lager. Die Töne klingen anders als sonst, langsamer, sie kommen langsamer, klingen aus, bevor der nächste Ton angeschlagen wird, lassen das Echo – sonst nur undeutlich hörbar – antworten. Vor der Dezhurnybaracke ist die gesamte Lagerleitung versammelt. Die in der Reihe stehenden Frauen sind unruhig, seltsam erwartungsvoll. Fragen werden laut, Vermutungen ausgetauscht. «Was soll schon sein? – Eine Kommisowka wird kommen!»

Die Vermutung wird weitergegeben. Die deutsche Gruppe nimmt sie begierig auf, macht sie, von Mund zu Mund weitergebend, zur Tatsache. «Eine Kommission ist da. Eine ‹Schweizer Delegation› vom Roten Kreuz ist dabei!» Hälse recken sich, Kopftücher werden unbewußt gefälliger gebunden. Gesichter straffen sich, müde Augen bekommen Glanz. «Wie jung sie aussehen!» flüstert Stepha, berauscht von dieser Verwandlung. «Und wie hübsch!»

Zum erstenmal nach langer Zeit lächelt Betty ihr vertraut wie früher zu, und Stepha lächelt ebenso zurück, glücklich über diesen Moment, der alles Fremde wegnimmt.

Die Nationalhymne erklingt. Der Pulk von Offizieren setzt sich in Bewegung, schreitet auf die Wartenden zu.

Die Frauen stehen starr. Kein Gespräch mehr, keine Hinwendung zum anderen, jeder in seiner erwartungsvollen Erregung allein.

Der Politoffizier beginnt zu sprechen, gibt sich Mühe, einen tragischen Ton spürbar werden zu lassen: «Sewodnja, pjatowo marta pjatdesjattretjewo goda, pomer otez naschei Respubliki, Towarischtsch... Stalin... Heute, am 5. März 1953, starb der Vater unserer Nationen, Genosse... Stalin...»

Die Erregung der Frauen bricht ab, sie fallen wieder in sich zusammen. Sie sind wieder eins, eine Ansammlung blauer Gestalten, fröstelnd trotz der wärmenden Märzsonne. Sie lassen die Trauerrede über sich ergehen, stehen, ohne sich zu rühren.

Der Politoffizier redet und redet, und Stepha betet, daß er aufhören, die Qual beenden möge. Zum erstenmal hat Gott ein Einsehen.

Die Hymne klingt wieder auf, laut, verzerrt, klirrend in dem provisorisch aufgestellten Lautsprecher. Die Offiziere und Soldaten singen – die Hand an den Mützenrand gelegt – die Strophen der Nationalhymne mit. Wissend, daß dieser Gott kein zweites Mal helfend einspringen wird, läßt sich Stepha fallen. Fällt, und sie weiß selbst nicht, ob gewollt, hört aufgeregte Stimmen, spürt ihr Herz wild schlagen. Sie hört die Worte: «Krow, krow! Seht doch, sie blutet!»

Sie wundert sich, fragt sich, woher Blut kommen soll, spürt Hände an ihrem Körper, wird aufgehoben, abgelegt und dann davongetragen. Die Musik bricht ab. Frauen laufen neben der Trage her. Worte, deutsche Worte. Bettys Stimme.

«Slawa Bogu», denkt sie. Es ist überstanden.

Nach diesem 5. März 1953 scheint die alte Ruhe, die stille Gleichförmigkeit des Lageralltages nicht wieder einkehren zu wollen. Ein Gerücht jagt das andere. Vermutungen, Erwartungen werden an Stalins Tod geknüpft.

Das Stück einer Zeitung, bisher im Lager, wie alles Gedruckte, streng verboten, macht die Runde von Baracke zu Baracke, wird mit geheimnisvoller Miene weitergereicht. Der Name Berija ist in aller Munde. Berija, einst Marschall der Sowjetunion, Mitglied des Politbüros, Chef, Volkskommissar des NKWD, des sowjetischen Geheimdienstes. Treuer Vasall Stalins.

Der «Starez», der einzige männliche Gefangene des Lagers, Chef der Elektrostation, der in einem winzigen Zimmer in der Arbeitszone lebt, prophezeit: «Jetzt werden viele Stühle im Kreml wakkeln! Das wird Berija den Kopf kosten!» Keiner weiß, wie alt der «Starez» und wer er wirklich ist.

Ein prominenter Gefangener auf jeden Fall. Zu gefährlich, um in einem Männerlager zu sein. Ein ehemaliger Kampfgenosse Lenins, von niemand Geringerem als Stalin und Berija unschädlich gemacht. Ein seltsamer Kauz, von Soldaten und Dezhurnys fast ehrerbietig behandelt, steht er oft, wenn sie in der Arbeitszone zu tun haben, in seinem ölverschmierten Drillichanzug vor der Elektrostation, schaut ihnen zu, wie ein müder alter Greis, die hellen klugen Augen unter den buschigen Augenbrauen traurig auf sie gerichtet. Weder Scherz noch Zuruf kommt über seine Lippen.

Im Sommer aber, wenn er mit freiem Oberkörper, sonnenverbrannt, neben seiner Hütte steht, sieht man die breite Brust, den straffen Körper, die muskulösen Arme, den breiten, starken Nacken. Dann verliert er das Legendenhafte. Sein Anblick erweckt dann bei vielen Frauen Sehnsüchte, löst unbewußt ein kapriziöses Verhalten der Frauen aus. Die Gehilfin an seiner Seite, eine wird ihm immer zur Verfügung gestellt, weckt Neidgefühle.

Jetzt, nach dem Tod Stalins, wird er zur Interpretationsautorität, seine Worte werden wie ein Evangelium weitergetragen. Selbst wenn man Wunsch und Phantasie der Zwischenträger abzieht, bleibt ein ansehnlicher Rest, der zu Erwartungen anregt.

«Berija ist gestürzt!» «Eine Neuzusammensetzung der Justizbehörden findet statt!» «Eine Überprüfung aller Urteile ist geplant.»

Ein Gerücht nach dem anderen. Die Unruhe unter den Gefangenen nimmt zu.

Die Bewacher verhalten sich anders als früher, sie suchen nach Gesprächen, die Disziplin schleift. Bei der morgendlichen Prowerka wird ihnen eines Tages beiläufig mitgeteilt, daß mit dem heutigen Tag die Baracken des Nachts nicht mehr verschlossen und Otboi dem Ermessen der Gefangenen überlassen wird.

Die Deutschen schließen sich noch enger zusammen. Kassiber gehen von Lager zu Lager. «In Deutschland hat man Listen aller verschleppten Personen zusammengestellt!» steht auf einem Kassiber aus dem Männerlager. Stepha findet ihn in der Hand von einem toten chinesischen Koch. Alle Toten aus dem Männerlager, dessen Lichterkette man vom Hügel hinter der Isolierbaracke sehen kann, werden zur «042» gebracht. Die Ärztin sieht weg, als Stepha den Kassiber in die Hosentasche steckt.

Am Abend gibt Stepha den Kassiber preis. Jubel. Sie umarmen sich. Helene küßt den Kassiber, zerreißt ihn dann in winzige Fetzen und pustet ihn von der Handfläche.

Monate später sagt Doktor Nelge, die Ärztin, zu Stepha: «Bald werdet ihr nach Hause schreiben können.»

«Was können wir? Ist das wahr?»

Die Ärztin bestätigt ihre Worte durch nachdrückliches Nicken. «Es ist wahr. Die Karten vom Roten Kreuz. Sie liegen schon beim Kommandanten. Gestern wurden sie gebracht.»

Heiße Freude steigt in Stepha auf, nimmt ihr den Atem. Rauh fragt sie: «Das ist wirklich wahr? Sie wissen tatsächlich, wo wir sind?»

«Wirklich und wahrhaftig.»

«Darf ich es erzählen?»

«Mußt du das?»

Stepha sieht zu dem Zaun, als könne sie ihn mit ihren Blicken durchdringen. «Ich werde nichts sagen. Sie sollen es als Überraschung erleben!»

«Danke, Stepha.»

Die Karten werden verteilt. Unglaube, Tränen und Jubel. Sie pressen sie an sich, diese graubraunen, schmucklosen, nur wenig Raum für Mitteilung lassenden Karten, sie tanzen und umarmen sich. Dezhurny und Offizier sehen mit unbewegten Gesichtern stumm zu.

Platz wie auf einer normalen Postkarte. Wenig für wertvolle Herzen. Morgen, schon morgen sollen die Karten auf die Reise gehen.

Wem? Den Eltern? Den Geschwistern? Wen erreichen sie am sichersten? Sind sie noch am Leben? Stimmt die Adresse noch? Fragen, Probleme. Erste schreiben schon. In winzigen Buchstaben die Anrede. Und dann? Ich lebe, mir geht es gut. Eine Zeile. Was nun? Was kann, was darf man schreiben? So einfach, so unverfänglich wie möglich. Besteht die Gefahr einer Zensur?

Endlich die Unterschrift. Der Absender. Sie mühen sich mit den russischen Buchstaben. Stepha hilft, schreibt vor. Schließlich ist auch die letzte Karte geschrieben, ruht sorgfältig, zwischen Papier gelegt, unter der Matratze. Die Erregung läßt sie kaum schlafen. Sie rechnen. Wann könnte eine Antwort kommen? Wird es Wochen, Monate dauern?

Stepha entflieht diesem Treiben. Sie kann es nicht mehr ertragen. Diese Ängste, diese Verzweiflungen. Sie findet Ruhe bei Tosja und Zhenja. Klare vernüftige Worte und Gedanken. «Man wird sehen, was kommt. Es wird seine Zeit dauern. Noch sind wir hier.»

Es naht ein seltsamer Sommer, voll Spannung und Erregung. Die Natur steht den menschlichen Gefühlen nicht nach. Heiße Tage, schwüle Nächte. Gewitter ziehen auf, toben sich aus, um dann der Sonne wieder Raum zu geben, die Erde dampfen zu lassen.

Stepha hat ihre Anatomiestudien abgeschlossen. Sie arbeitet nun in der Krankenbaracke, lernt Spritzen aufziehen, sterilisieren, Nadeln auf einem Stein zu schleifen, sauber und scharf. Material ist knapp. Von der Bestelliste werden 60 bis 80 Prozent gestrichen. Doktor Nelge lebt in einem ständigen Kampf mit dem Rajon-Krankenhaus. Auch die Medikamente sind knapp. Die Auswahl beschränkt sich auf das Allernötigste.

Stepha lernt schnell. Sie helfen ihr. Irina Antonowna, kräftig, gesund, optimistisch. Eine Sonnenblume, sagt Stepha. Allein ihr Anblick ist heilend. Und Taisa, jetzt Freundin und Kameradin. Aufgeregt verteilt sie zum erstenmal Medikamente. Wäscht und versorgt Kranke. Die Tage erscheinen kurz.

Noch wohnt sie neben Betty. Sie hat darum gebeten, will diese Gemeinschaft nicht einfach aufgeben, eintauschen gegen etwas Unbekanntes. Betty, die niemand hatte, an den sie schreiben konnte. Betty, deren Freude für die anderen so ehrlich war. Die ihre Karte den anderen anbot, den Glücklicheren. Sie leidet, hofft mit den anderen, versucht Neuigkeiten zu erfahren. Sie hat noch ihre Beziehungen von damals, als sie Stephas Sommerhose brauchte. Es scheint, als wüßten die Soldaten um die Kameradschaft und Hilfsbereitschaft, die hinter Bettys Tun gestanden hat. Keiner, der ihr nicht mit Freundlichkeit und geheimer Achtung begegnet.

Stepha hat in ihrer Arbeit Ruhe und Sicherheit gefunden. Ihr heiteres Wesen kommt wieder zum Vorschein. All die Aufregungen, die wie Sturzwellen über die Kameradinnen hinwegbranden, erreichen sie nur am Rande. Alles Positive kommt in ihr hervor, teilt sich den Kranken, den Verzweifelten mit. Sie ist glücklich über die erwartungsvollen Augen, die ihr entgegensehen, fühlt die Hitze einer fieberkranken Hand, die die ihre sucht, wie einen Kraftstrom durch sich hindurchfließen, errät den Durst, erspürt ein drückendes, verschwitztes Kopfkissen.

Sie begegnet Tamara Alexandrowa, begnadete Chirurgin, eine Frau, der man diese Fähigkeiten weder zutraut noch ansieht. Schwer, mit muskulösem, vierschrötigem Körper, überlangen, sehnigen Armen, an kräftigen Handgelenken schmale, sensible Hände. Stepha fürchtet sie. Die dunkle, schwere Stimme, voll Spott und Zynismus, macht sie unsicher und verlegen. Tamara Alexandrowa fordert Stepha immer wieder zur Betreuung Frischoperierter oder Sterbender an.

Irina Antonowna protestiert bei der freien Ärztin. «Stepha ist zu jung, zu unerfahren für diese schwere seelische Belastung», sagt sie und sieht Tamara Alexandrowa vorwurfsvoll an. Doktor Nelge nickt, sieht fragend von einer zur anderen.

«Papperlapapp! Sie hat große Kraftreserven. Sie will lernen. Soll sie das Leiden kennenlernen, um zu wissen, wofür sie sich entschieden hat. Meine Kranken brauchen sie, das allein ist wichtig.»

Doktor Nelge nickt. «Aber verlangen Sie nicht zuviel!»

«Uns allen wird hier das Letzte abverlangt. Sie wissen das.»

«Aber wir haben noch andere, ältere», gibt Irina Antonowna zu bedenken. «Soll sie sich anstecken? Sich Hepatitis oder Typhus holen? Was würde ihr am besten bekommen? Und sie hat keine Angst!»

«Eben», erwidert Tamara Alexandrowa.

«Stepha küßt die Hände der Kranken, ihr Trost ist ohne Maß.»

«Soll sie bei ihnen lernen.»

Doktor Nelge entscheidet für Tamara Alexandrowa.

Tote Seelen

Irgendwann kommen sie und bleiben. Eigenwillig, wie sie sind, wählen sie selbst eine Baracke, in der sie bleiben, und in dieser einen ganz bestimmten Lagerplatz und einen ganz bestimmten Menschen, dem sie sich zugehörig fühlen wollen. Sie werden angenommen, gehätschelt und geliebt, bekommen ihren Anteil an Fisch, manchmal nehmen sie auch ein wenig Kascha. So ist jede Baracke irgendwann zu einer, manchmal auch zu zwei und drei Katzen gekommen. Sie gehören dazu.

Auf diese Weise ist auch Sascha zu einer Katze gekommen. Sei es nun die Ofennähe – ein von Katzen bevorzugter Platz – oder Saschas Persönlichkeit, die die Katze angezogen hat, sie hat gut gewählt. Sascha liebt das Tier zärtlich, trägt es auf ihrer Schulter spazieren, oder die Katze liegt eingerollt und vor Behagen schnurrend auf ihrem Schoß. Sie bekommt den wunderschönen Namen Iphigenie, wird aber, mit der üblichen Abkürzung, Zhenja oder zärtlich Zhenjuschka gerufen.

Irgendwann erfüllt Zhenjuschka ihre Bestimmung als «Kätzin». Überschwenglich, wie in ihrer Anhänglichkeit und Liebe, ist sie auch im Geschenk ihres Nachwuchses. Neun entzückende, dreifarbige Kätzchen leckt sie nacheinander blank. Mit aufmerksamen, bernsteinfarbenen Augen verfolgt sie die Hände, die ihren Nachwuchs sanft streicheln. Den nötigen Karton für dieses Familienglück zu besorgen ist nicht leicht, noch größer jedoch ist die Sorge der Futterbeschaffung für das Muttertier.

Der lange, harte Winter und der darauffolgende Sommer, heiß

wie noch nie, haben die ohnehin immer unzulängliche Versorgung des Lagers mit Lebensmitteln völlig zum Erliegen gebracht. Seit Wochen gibt es nur Hafer. Hafer zum Frühstück, zum Mittagessen und zum Abendbrot. Das Küchenpersonal gibt sich die größte Mühe, die Gerichte des Haferküchenfahrplans abwechslungsreich zu gestalten. Doch Hafer bleibt Hafer! – Hafer als Kissel, leicht säuerlich, auf eine nie zu ergründende Weise hergestellt, Haferbuletten gebraten, als Mittagsmahlzeit, Haferbrei am Abend. Das schlimmste sind die Spelzen, die man beim besten Willen nicht herunterschlucken kann. Der Boden des Stolowaja ist voll von ihnen.

Seit Wochen gibt es weder Fisch noch Kohl. Die Frauen protestieren. Der Natschalnik vertröstet. Doch dann wird selbst die Menge des Hafers noch reduziert. Essen ist das Dauerthema. Nicht selten gehen einer von den Frauen die Nerven durch, fliegt eine Schüssel mit Haferbrei durch den Stolowaja. Grau und unansehnlich in der Schüssel, zwingen nur Hunger und Vernunft den Brei noch in den Mund. Die Katzen leiden. Für sie fällt von den Portionen kaum noch etwas ab. Sie betteln und umschmeicheln die Frauen. Vergebens, sie magern ab. Auch Saschas Möglichkeiten sind erschöpft. Es gibt nichts mehr zu tauschen oder zu organisieren. Alle heimlichen Quellen im Lager sind inzwischen versiegt.

«Es sind zu viele. Womit soll man sie ernähren?»

«Drei Katzen, und nun noch neun dazu!»

«Wo soll man hin mit ihnen?»

«Es wird auch wieder besser werden», versucht irgend jemand zu trösten. Doch die Alten schütteln die Köpfe.

Die Katzen aber sind da, wachsen heran. Zhenjuschka ist eine vorbildliche Mutter. Aber sie magert zusehends ab. Die Jungen werden nicht mehr satt. Sie stürzten sich auf die Mutter. Sie flieht vor ihren eigenen Jungen. Es ist grauenhaft. Maunzend und wimmernd verfolgen die Kleinen die flüchtende Kätzin, die sich zitternd in Saschas Schoß verbirgt. Es klingt wie Kinderweinen. Die Frauen können es kaum noch ertragen. Eine Leningraderin läuft, mit den Händen die Ohren zuhaltend, hysterisch schreiend aus der Baracke. «Bringt sie um! Tötet sie! Wollt ihr sie langsam verrecken lassen?»

Aus ihrem Mund fließt Speichel, die Augen sind unnatürlich weit aufgerissen. Fassungslos sieht Stepha ihr nach.

«Was ist mit ihr? Ist sie verrückt geworden?»

«Sie war in Leningrad während der Blockade!»

Stepha sieht die Alte, die ihr das erklärt, voll Unverständnis an. «Aber was hat das mit ihrem Schreien zu tun?»

«Wie wenig wißt ihr doch!» Die Alte wiegt den Kopf hin und her. «Diese Blockade, Töchterchen, dauerte neunhundert Tage. Am schlimmsten aber war der Winter von '42 auf '43. Es gab nichts, gar nichts. Kein Brot, kein Kaschakörnchen. Sie haben Ratten gejagt und gegessen, solange sie dazu noch die Kraft hatten. Überall lagen die Toten. Manche verschwanden über Nacht. Irgendwo wurden sie dann zerstückelt wieder aufgefunden, verstehst du? Ihr selbst sind zwei Kinder verhungert. Vor ihren Augen. Eins in ihren Armen, das Kleine. Es hat gewimmert, das andere geweint und gebettelt. Es verstand nichts. Verstehst du nun, Totschenka? Sie kann es nicht hören!»

Stepha schluckt, in ihr krampft sich alles zusammen.

«Die Jungen müssen weg!» fordert die Alte. «Sie werden verhungern.»

Doch wohin Stepha auch blickt, senken sich die Köpfe. Sie versuchen, die Jungen mit Hafer zu füttern, es gelingt nicht. Sie sind schon völlig entkräftet. Stepha hält ein Junges auf dem Schoß, das kraftlos – leise wimmernd – an ihrem Finger saugt. Tränen fließen über ihr Gesicht.

«Wir müssen sie töten!»

«Du nicht. Ich werde es tun!» Erwartungsvoll sehen alle auf Betty. Es wird totenstill. Sie klettert nach unten, zieht den Karton aus der Ecke, sammelt die suchend krabbelnden, wimmernden Kätzchen ein.

«Eins muß sie behalten», sagt sie, als Stepha ihr das letzte Kätzchen zureicht. Erleichtert nimmt Stepha die Hand mit dem Tier zurück. Eins, denkt sie, eins von neunen. Aber sie darf wenigstens dieses eine behalten. Die Mutter aus Leningrad durfte keins behalten.

Sie möchte nach draußen laufen. Die Stille macht sie verrückt. Tränenüberströmt kommt Betty mit den Kätzchen zurück. «Ich kann es nicht! Nein, das nicht!»

Sie stellt den Karton auf den Tisch, setzt sich und verbirgt das Gesicht in den Armen.

Da ist es wieder, dieses nervenzerreißende Wimmern. Die Kätzin auf Saschas Schoß zuckt zusammen, es sieht aus, als schrumpfe sie ein. Riesengroß die Augen, schwarz, nur ein schmaler, bernsteinfarbener Rand.

Stepha hatte Betty trösten wollen, doch diese Tieraugen zwingen sie, den Karton zu ergreifen. Mit steifen Schritten geht sie aus der Baracke. Geht ein Stück von der Tür weg, stellt den Karton auf die Erde. Entschlossen ergreift sie eines der Tiere, die ihrer Hand suchend entgegenstreben, hält das weiche, warme Leben in den Händen, tastet nach der kleinen, zarten Kehle und drückt wild zu. Alle Kraft ihres Körpers und ihrer Verzweiflung legt sie in den Druck ihrer Hände. Sie fühlt den sekundenlangen Widerstand des Tieres, dann das Erschlaffen. Ohne sich zu besinnen, greift sie nach dem zweiten Tier, das andere zu ihren Füßen niederfallen lassend. Sie fühlt nichts – gar nichts. Ihr ist, als sehe sie sich selbst zu. Noch sechs, noch fünf, noch vier, noch drei, noch zwei, und das letzte.

Und während Tierchen auf Tierchen zu ihren Füßen niederfällt, fließen ihr Tränen salzig in die Mundwinkel, und sie denkt, daß sie niemals wieder wird weinen können. Sie lehnt sich gegen die Barackenwand, starrt gegen den Himmel, und Haß und Verachtung erwächst in ihr gegen all jene, die einer Ideologie wegen Menschen ihrer Freiheit, ihrer Würde, ihrer Menschlichkeit berauben. So findet Sascha sie, die ihr nachgegangen ist. Sie erschrickt vor diesem verhärteten, alt erscheinenden Gesicht, zieht Stepha an sich, hält sie eng umschlungen, als könne sie durch die Wärme ihres Körpers die Verhärtung lösen.

Sorgfältig überzeugen sie sich vom Tod jedes Tieres, ehe sie sie zusammen mit dem Karton zur Abfallhalde bringen. Sie haben keine Schaufel, um sie in die Erde einzugraben.

Scheue Blicke treffen Stepha, als sie mit Sascha in die Baracke zurückkehrt. Lange liegt sie wach, horcht in die Nacht, als sei das Wimmern noch zu hören. Voll Verzweiflung fühlt sie ihre Hände – sie sind kalt wie Eis.

Pakete sind angekommen. Pakete aus Deutschland. Sie stehen in der Dezhurnybaracke gestapelt. Die Frauen fallen einander in die Arme, küssen sich. Am Morgen haben sie die Nachricht erhalten. Bis zum Abend läßt man sie warten. Stunden voller Ungeduld. Wer werden die Glücklichen sein? Die Spannung erfaßt alle: Russinnen, Ukrainerinnen und Polinnen, alle erwarten die Ausgabe voller Ungeduld. Sie sind nicht mehr vergessen, man denkt an sie, weiß, wo sie sind.

Endlich, der Dezhurny mit einer Liste. Drei Namen nur aus ihrer Baracke: Inge, Helene und Martha. Sie gehen mit zitternden Beinen und zusammengekrampftem Magen hinter dem Dezhurny her, schweigend. Pakete von daheim. Die drei kommen langsam, tragen nicht nur die Last der Pakete. Betretene Mienen, erloschene Augen, wo doch jubelnde Freude erwartet wird. Es wird still.

«Sie sind nicht von zu Hause», sagt Martha tonlos, «kein Gruß, keine Nachricht! Sie sind vom Roten Kreuz.» Helene sitzt still auf der Bank am Tisch, blickt abwesend auf das Paket. Inge packt aus, stellt geöffnete Dosen auf den Tisch, Fleisch, Wurst, Butter. «Es wurde alles geöffnet – hält sich bei dieser Hitze keine zwei Tage», klagt sie bitter, als sie ihre Schätze ausbreitet. Tee, Kaffee, Zigaretten, Dosen mit Keksen. Zahnpasta, Zahnbürsten, Seife und Handtücher. Schätze, seit Jahren nicht mehr gesehen. Die Verpackung, bunt, aufwendig, aus unbekanntem Material. Die Seife geht von Hand zu Hand. «Lux», welch ein Duft! Handtücher, farbig, weich, zaghafte Hände berühren den Stoff. Martha verteilt Kekse. Nescafé! Bewundernd kosten sie das Pulver mit den Fingerspitzen. Helene packt ein, legt Seife, Zahnbürste und Zahnpasta auf das Bett, breitet ein Handtuch aus.

«Ich gehe mich waschen!» Sie schiebt ihr Paket unter das Bett, sieht mißtrauisch in die Runde. «Paß ein bißchen auf!» fordert sie Inge auf.

Einige folgen Helene in den Waschraum. Ziehen den Duft der Seife ein, bewundern den weißen, köstlichen Schaum. Eine erwischt das achtlos zur Seite gelegte Seifenpapier. Neidische Blicke folgen ihr, als sie es sorgfältig zusammenlegt und in ihrer Tasche verstaut. Sie riecht an ihren Fingerspitzen, verdreht entzückt die Augen.

Als Stepha in die Baracke kommt, sitzt Betty seltsam verloren auf ihrem Platz.

«Was ist mit dir?»

«Nichts, nichts Besonderes. Warum fragst du?»

«Ach, eigentlich nur so. Ich wundere mich nur, daß du so allein auf deinem Platz sitzt.»

«Sie haben Pakete bekommen, weißt du, ich möchte mich da nicht aufdrängen.»

«Klar, verstehe ich. Ich habe es schon gehört. Hast du Lust, eine zu rauchen?»

Betty lacht herzlich: «Du entfleuchst also auch?»

«Natürlich, sie werden schon zeigen, was sie haben – ich meine, wem sie wollen. Die nächsten Pakete werden nicht lange auf sich warten lassen, das Rote Kreuz wird schon keinen vergessen.»

«Mich vielleicht doch, Stepha. Wer sollte mich schon vermissen? Wer sollte mich dort gemeldet haben?»

«Das ist Blödsinn, Betty. Wenn die Namen beim Roten Kreuz sind, dann sind die Listen auch vollständig!»

Helene, Inge und Martha kommen zusammen nach draußen. Eine unangenehme Wichtigkeit geht von ihnen aus.

«Hast du Streichhölzer, Stepha?»

Stepha hält Helene die brennende Zigarette entgegen.

«Nein, nein, ich sagte Streichhölzer. Man verdirbt sich ja den Geschmack, wenn man die guten Zigaretten am Machorka anraucht.» Sie hält Stepha die Schachtel entgegen: «Bitte, probier mal eine.»

Zögernd greift Stepha nach einer Zigarette, sieht, wie die Schachtel an Betty weitergereicht wird. Sie drückt ihre Machorkazigarette aus, legt den Rest auf den Fensterrahmen. Dann reicht sie Helene die Streichholzschachtel, sieht, wie Helene die Augen schließt, den

Rauch tief und genußvoll inhaliert. Sie hustet, stößt den Rauch heftig aus, hustet wieder, nimmt einen zweiten Zug.

«Welch lang entbehrter Genuß! Was sagst du, Inge?»

Inge scheint vor Genießen sprachlos. «Welch ein Gefühl, wieder eine Zigarette in der Hand zu halten. Die Glätte des Papiers, die zarte Form.»

Betty sieht angestrengt durch die Scheiben. Sie zieht zu kräftig, ein langes Glutstück steht an ihrer Zigarette.

Stepha dreht die ihr schmal, dünn und ungewohnt erscheinende Zigarette zwischen den Fingern. Sie sieht auf die schmucklosen, ausgeblichenen Blusen und Röcke, die sie anhaben, auf denen kaum noch erkennbar die Nummer aufgenäht ist. Sieht auf die plumpen, ungeputzten Lagerschuhe. Die Gesichter wirken fremd und aufgesetzt, wie der Tonfall, in dem sie reden.

Martha drückt ihre Zigarette energisch aus. «Hast du etwas Machorka für mich, Stepha? Ich muß was Vernünftiges rauchen.»

Stepha lacht befreit, zwinkert Betty zu, zieht ihren Beutel aus der Tasche, wirft ihn gekonnt in Marthas Hände. «Du sprichst mir aus der Seele, Martha. War ein hübscher Spaß, aber unser Geschmack ist wohl verdorben.»

Nach dem ersten Zug sagt Martha: «Bleibt zu überlegen, gegen was ich meine Zigaretten tauschen kann. Sie schmecken mir wirklich nicht.»

«Da findet sich schon was. Es gibt sicher noch einige Feinschmecker.»

«Du bist wirklich häßlich, Stepha. Warum mußt du spotten? Bist du etwa neidisch, weil du kein Paket erhalten hast?»

«Nein, so war es doch nicht gemeint. Sei bloß nicht so empfindlich, Helene.»

Helene macht ein indigniertes Gesicht. Inge schweigt beharrlich. Die Stimmung ist ungemütlich.

«Ich lade euch zum Abendessen ein. Es gibt Wurst, Fleisch, Käse; sogar Butter. Nur das Brot müßt ihr mitbringen», unterbricht Martha das unbehagliche Schweigen.

«Da kommen wir bestimmt!»

Aus dem gemütlichen Abendessen wird nicht viel. Martha hat es hübsch gemacht. Kleine Schälchen aus Papier gefaltet. Blankgeriebene Konservendeckel ersetzen die Untersetzer. Kaum sitzen sie, da stürzt Rosemarie aufgeregt auf sie zu: «Stellt euch vor, Sybille wird morgen aus der Krankenstation entlassen. Aber sie braucht einen Platz unten. Sie kann doch nicht nach oben steigen.» Dabei steht sie vor Marthas Platz, auf dem es sich die Tafelnden, nach Lagerart auf Fersen hockend oder im Schneidersitz, bequem gemacht haben. Die vier sehen sich betreten an. «Woher sollen wir den nehmen? Du weißt doch, daß wir nur obere Plätze haben.»

Zu fünft rücken sie bei Helene und Inge an. Durch einen Zufall haben die beiden zwei untere Plätze, günstige Plätze sozusagen, durch einen Gang getrennt, mit kleinem Schränkchen dazwischen. Stockend bringt Rosemarie ihr Anliegen vor. Schweigend sehen Helene und Inge auf die Delegation.

«Nun, was sagt ihr dazu?» beendet Annelise beherzt die Schweigeminute.

Helene zieht die Augenbrauen hoch, Inge sieht auf ihre Hände.

«Wieso eigentlich wir? Warum kommt ihr zu uns?» fragt Helene spitz, sieht Inge an.

«Ja, wieso eigentlich wir?» echot Inge im gleichen Tonfall.

Sie passen zusammen, denkt Stepha, sind sich unglaublich ähnlich. Unverheiratet beide, selbstverständlich aus besten Familien. Helene tut sich viel darauf zugute, der Familie zuzugehören, deren eines weibliches Mitglied einst einen großen deutschen Dichter inspirierte, sozusagen seine Muse war.

«Weil ihr die einzigen seid, die unten einen Platz haben», sagt Betty scharf.

«Die einzigen?» wiederholt Helene fragend diese zwei Worte. Köstlich, wie sie erstaunt die Augenbrauen hebt. «Die einzigen?» wiederholt sie, sieht fragend in die Runde.

«Ja, natürlich. Ihr habt doch immer nur Deutsche gezählt. Mehr Deutsche haben wir nicht in der Baracke!»

Stepha sieht sie lächelnd an. Helene macht eine verloren wirkende Geste des Bedauerns.

«Natürlich, Stepha, natürlich. Rosemarie muß es eben in einer anderen Baracke versuchen, verstehst du, bei einem Einzelplatz. Es gibt doch in jeder Baracke Deutsche. Auch drüben bei den Invaliden. Das wäre ohnehin das beste.»

«Nein, nein, das geht nicht. Sybille braucht Hilfe, sie braucht mich, sie muß bei mir sein. Sie kann sich doch mit ihren Krücken nicht alleine helfen.» Rosemarie weint fast vor Hilflosigkeit.

«Wir müssen ihr doch helfen!»

«Sicher, ganz gewiß sollte man das», stimmt Inge zu. «Du kannst ja mit umziehen, Rosemarie. Sieh einmal, der Sybille kann es doch egal sein. Sie kennt uns doch kaum. Und außerdem wäre sie in der Invalidenbaracke besser aufgehoben.»

Rosemarie laufen Tränen über das Gesicht, sie wischt sie mit dem Handrücken ab, zieht laut durch die Nase hoch. Angewidert verzieht Inge das Gesicht.

Stepha verliert die Beherrschung: «Wie wäre es, wenn ihr in eine andere Baracke gehen würdet? Ihr legt keinen Wert auf uns. Nun, wir werden euch gewiß nicht vermissen.» Drohend macht sie einen Schritt auf die beiden zu.

Annelise hält sie fest. «Nicht so laut, Stepha, du mußt dich beherrschen. Sieh doch, sie sehen schon alle her. Was sollen sie bloß von uns denken?»

«Das ist mir scheißegal», schreit Stepha unbeherrscht, «sollen sie doch die Wahrheit sehen und hören. Verdammte scheißdeutsche Kameradschaft. Weder bei den Polinnen noch bei den anderen wäre das ein Problem. Die halten wirklich zusammen.»

«Stepha hat recht», bemerkt Betty, «es ist eine Schande!»

Helene lacht impertinent. «Natürlich, gleich und gleich gesellt sich gern. Die eine hat ihre Manieren von der Straße, die andere von den Blatnajas, mit denen sie umgeht wie mit ihresgleichen.» Sie sagt es kalt und gehässig zu Inge gewandt.

Betty wird blaß, tritt einen Schritt zur Seite. Die Frauen in der Baracke sind neugierig nähergekommen, umstehen sie in weitem Kreis. Sascha hat sich in Stephas Nähe geschoben, steht, die Arme über der Brust gekreuzt, mit finsterem Gesicht daneben. Stepha wird plötzlich ruhig. «Das wagst du zu sagen, Helene! Du wagst, einem Menschen eine Vergangenheit vorzuwerfen, die durch all diese Zeit bedeutungslos geworden ist, einem Menschen, der kameradschaftlicher war als jede einzelne von uns. Ihr habt doch dafür gesorgt, daß Betty ihrer Vergangenheit nicht entkommen konnte.»

«Sie tut gerade so, als hätten wir schuld! Als hätten wir schuld, daß ‹die Dame› ihr Erlerntes auch noch hier im Lager angewandt hat.» Inge spricht nur zu Helene, als seien die anderen gar nicht vorhanden.

«Du infame, widerliche Person!» Stepha zerrt die Überraschte nach vorn. «Ich sollte dich verprügeln und hinauswerfen. Habt ihr nicht von Betty gelebt in dieser Zeit? Eure Klagen, euer Jammern haben sie auf diese Idee gebracht. Ihr wart die Zuhälter, die von ihr profitiert haben. Ihr wußtet doch, daß sie den Machorka nicht umsonst bekam. Habt ihr den Versuch gemacht, sie zurückzuhalten?» Stepha schüttelt Helene hin und her, stößt sie plötzlich so heftig zurück, daß sie zu Boden stürzt. «Ihr seid so mies, daß man vor euch nur ausspucken kann!»

Stepha tritt schwer atmend neben die zurückgewichenen Kameradinnen. «Kommt bloß weg!»

«Aber Sybille, was wird mit Sybille?» jammert Rosemarie weinerlich. «Wir müssen doch den Platz haben!»

Sascha legt ihre Hand auf Rosemaries Arm. «Nu dowolno plakat. Mesto budet, ne boisja. Nun ist genug geweint. Es wird einen Platz geben, hab keine Angst.»

«Was hat sie gesagt?» fragt Rosemarie.

Stepha übersetzt. Die Frauen sehen Sascha fragend an.

«Ladno! Abwarten!» sagt sie und lächelt.

Sascha spricht mit der Barackenältesten. Gleich neben der Eingangstür werden zwei obere Plätze geräumt. Die schlechtesten der Baracke, zugig, ungemütlich. Die Frauen werden irgendwo untergebracht. Dann erscheint die Barackenälteste bei Inge und Helene. «Sobiraites! Wot tam waschi nowije mesta. Macht euch fertig. Dort ist euer neuer Platz.» Sie weist auf die Plätze neben der Tür. Nach zwanzig Minuten ist alles geregelt. Rosemarie sitzt auf Helenes früherem Platz. Daneben der Platz für Sybille.

Sybille lebt sich schnell in der Baracke ein. Rosemarie ist glücklich. Ihr Leben hat einen Sinn, einen festen Rhythmus, und es ist, als seien damit alle ihre eigenen Probleme verschwunden. Manchmal scheint es, als fürchte sie fast Sybilles zunehmende Selbständigkeit. Dann flattert sie wie eine aufgeregte Glucke um Sybille herum, bis auf deren Gesicht der Ausdruck eines gequälten Unmuts erscheint.

«Laß das doch, Rosemarie, das kann ich nun wirklich schon selbst.» Ihre Ungeduld läßt Rosemarie wie von einem kalten Wind getroffen erschauern. Dann sitzt sie, die Hände im Schoß, wie eine Bettlerin auf dem Bett.

«Manchmal macht mich diese Ergebenheit ganz krank», sagt Sybille eines Tages zu Stepha, als sie Rosemarie weggeschickt hat. Stepha sieht Sybille nachdenklich an. «Aber sie liebt dich wie eine Tochter. Sie würde alles für dich tun.»

«Ja, ja, ich weiß», erwidert Sybille fast unwirsch, «aber sie mischt sich in alles ein. Sie hat auch verhindert, daß ich mich mit Helene und Inge ausspreche. Sie hat alles nur noch schlimmer gemacht.»

Rosemaries Rückkehr setzt dem Gespräch ein Ende. Sybille schweigt verstimmt. Unglücklich sieht Rosemarie sie an. «Habe ich etwas falsch gemacht, Sybille?»

«Nein, nein», wehrt Sybille unfreundlich ab, «ich denke nur über etwas nach.»

«Bis nachher, ihr zwei. Ich muß noch etwas erledigen.» Stepha ist froh, dieser bedrückten Stimmung zu entkommen.

«Sie müßte mit Rosemarie sprechen. Ihr klarmachen, daß sie auch mit anderen einmal allein reden möchte, etwas allein entscheiden will», sagt Stepha am Abend zu Betty.

«Glaubst du, daß Rosemarie das verstehen würde?»

«Aber sicher! So dumm ist sie nun auch wieder nicht!»

Betty lächelt und sieht Stepha liebevoll an. «Rosemarie will keine Wahrheit wissen. Sybilles Abhängigkeit ist ihr Lebenszweck. Sie will daran glauben. Lieber leidet sie hin und wieder unter Sybilles Launen.»

Die Tage sind wieder kurz geworden, die Abende kalt und unfreundlich. Aber noch hängen fahle Blätter in den windzerzausten Bäumen der Taiga, und noch immer durchdringt die Sonne wärmend, zärtlich den frühen Nebel. In dieser Zeit, als schon niemand mehr zu hoffen wagt, kommen sie: die ersten «Rückantwortkarten». Mit zitternden Händen werden die graubraunen Karten in Empfang genommen. Enttäuschung bei jenen, die leer ausgehen, Seligkeit bei den Empfangenden. Im Überschwang des Glückes entfliehen sie den Kameradinnen, den Freundinnen, wollen es für sich allein. Doch nicht wenige treibt das Entsetzen über die empfangenen Nachrichten wieder in den Kreis der Freundinnen zurück. Da sind Verstorbene zu betrauern, Vermißte zu beklagen, Karten mit fremden, kühlen Worten geschrieben. Ehemänner haben wieder geheiratet, sagen sich los. Kinder wachsen in Heimen auf. Wo sie Hoffnung und Trost erwarteten, erwachsen ihnen Enttäuschung, Leid und Trauer.

«Jetzt sind sie noch unglücklicher. Ich wollte, sie hätten nie schreiben dürfen.»

«Es ist viel Zeit vergangen, Betty. Sie hätten damit rechnen müssen. Wir sind für die Daheimgebliebenen verschollen, sie haben uns abgeschrieben. Hinzu kommt noch, daß Trennung und Verlust für uns alle verklärt hat, was zurückblieb. Dort draußen aber ging das Leben weiter. Sie mußten sich arrangieren. Vielleicht lebten sie nicht leichter als wir.»

Allein kam Hildegard von einer Kolonne in das Krankenlager. Keine Unbekannte für Tamara Alexandrowa, diese «Nemka». Sie hatte sie schon sechsmal operiert. Breite, rote Narben am Oberbauch wiesen sie aus. Sechs Narben, sechs Operationen. Sechs geschluckte Löffel. Stepha hatte schon von ihr gehört.

«Eine Psychopatka!» schimpft Tamara Alexandrowa.

Hildegard hat hohes Fieber. Freiwillig meldet sich Stepha als Nachtwache. Sie ist noch so jung, diese Hildegard. Kaum 26. Hübsch mit ihren dunklen, jetzt fiebrig glänzenden Augen, dem schulterlangen Haar.

«Warum tust du so etwas?»

Ein verzerrtes Lächeln, eine heisere Stimme. «Auf mich wartet niemand mehr.»

«Man wird dich operieren. Du wirst es überleben.»

«Ich habe den Stiel vorher scharf geschliffen!» ist die fast triumphierende Antwort. Stepha beobachtet sie ständig. Gegen Mitternacht verschlechtert sich der Zustand. Hildegard schreit vor Schmerzen, beginnt zu erbrechen. Stepha weckt die diensthabende Sanitäterin.

«Ein Durchbruch. Wir müssen Tamara Alexandrowa wecken.»

Im Operationszimmer bereitet die Sanitäterin alles zur Operation vor.

«Sumasschedschaja! Verrückte!» knirscht Tamara Alexandrowa. Als sie Hildegards Leib berührt, schreit Hildegard laut auf. Ein kurzer, unwilliger Blick der Ärztin streift das verzerrte Gesicht, doch die Hände werden behutsamer. Fertig. – Operation!

Stepha sieht in das ernste, angespannte Gesicht der Ärztin. 25 sich endlos dehnende Minuten.

«Sieben Zentimeter verbrannter Darm. Hohe Infektionsgefahr. Wir brauchen Penicillin, oder sie stirbt.»

Die freie Ärztin, Doktor Nelge, schüttelt bedauernd den Kopf. «Ich habe kein Penicillin. Wir könnten es über den schwarzen Markt besorgen. Dazu brauche ich zwei Tage Zeit und Geld.»

Am Morgen eilt Stepha von Baracke zu Baracke. «Wir müssen helfen! Sie stirbt sonst», fordert sie eindringlich, macht mit ihrer Forderung aus jeder Baracke einen orientalischen Basar. Alle verkaufen. Geben Geld. Inge und Helene zögern, machen Einwände. Unwillig verkaufen sie von ihren Sachen. «Und wenn sie stirbt? Wer gibt uns dann das Geld zurück?» fragt Inge tückisch. Empörte Ausrufe, wütende Blicke. Sybille wirft Stepha ihren Pelzmantel zu. «Da, Stepha, nimm und verkauf. Wir brauchen ihr Geld nicht.»

Zufrieden übergeben Stepha und Rosemarie das Geld der freien Ärztin. Nach genau zwei Tagen erhält Hildegard die erste Penicillininjektion.

«Ich kann noch nichts sagen», wehrt Tamara Alexandrowa die

Fragenden ab, «nach drei Tagen wissen wir mehr. Betet für sie, wenn ihr könnt!»

Und sie beten und hoffen. Nie waren sie sich so nah wie in dieser gemeinsamen Sorge. Endlich kann Stepha die erlösende Nachricht bringen. «Sie wird leben!»

Als Hildegard in die Baracke entlassen wird, fällt der erste Schnee. «Ich konnte nicht mehr», antwortet sie auf Stephas Frage nach dem Warum. «Es war wirklich ernst diesmal. Ihr habt ja keine Ahnung, wie schwer die Frauen auf den Arbeitskolonnen schuften müssen. Sie sind so müde und verzweifelt. Besonders die Älteren. So viel haben sie von diesem Jahr erwartet, sie sprachen schon vom Nachhausefahren. Dann kamen ein paar Neue, aus Deutschland. Aus der Deutschen Demokratischen Republik, wie Ostdeutschland jetzt heißt. Am 17. Juni war in Berlin ein Volksaufstand. Er wurde niedergeknüppelt. Die Teilnehmer wurden verhaftet, im Blitzverfahren verurteilt. Die Deutsche Demokratische Republik ist linientreu, moskauhörig. Wir sind Staatsfeinde. Wer weiß, was uns blüht, wenn wir tatsächlich zurückkommen. Sie jedenfalls, die vom 17. Juni, waren ganz erstaunt, als sie auf uns trafen. Keine Ahnung haben die bei uns.»

«Und die im Westen? Tun sie nichts für uns?»

Hildegard lächelt schief. «Warum sollten sie? Die leben in Saus und Braus. Wen sollten wir schon interessieren?»

Der Pessimismus, den sie verbreitet, macht sie unbeliebt. Niemand will glauben, was sie sagt, und doch scheint die Zeit ihr recht zu geben.

Hereinbrechende Kälte zwingt sie wieder in die Baracken. Monotone Gespräche, wie immer im Winter. Die gleiche aufkommende Gereiztheit, Unduldsamkeit. Streit und böse Worte sind an der Tagesordnung. Im Verlauf der Wochen haben sich die Deutschen in zwei Gruppen aufgeteilt. Barackenfremde halten sich häufig bei Helene und Inge auf, erscheinen anteilnehmend bei Sybille und Rosemarie. Betty und Stepha ziehen sich öfter ratlos zurück, wenn Sybilles Platz umlagert ist. «Die ‹Domestiken› sind auf der Jagd nach fetten Pfründen», sagt Annelise halb resignierend, halb ärgerlich und macht eine ungewollte Gebärde des Abscheus, als sie wieder einmal vor Sybilles hoffnungslos umlagertem Platz stehen. Fragend sieht Stepha sie an. Betty lacht bitter. «Sie versteht dich nicht, Annelise. Unser Närrchen ist zu harmlos, um zu begreifen.»

«Nein, ich begreife wirklich nicht, was ihr meint.»

Stepha ist verärgert und wendet sich ab. Betty ergreift ihren Arm und zieht sie mit sich fort.

«Komm, gehen wir rauchen. Ich erkläre es dir, wenn wir draußen sind. – Vielleicht ist dir schon aufgefallen, daß längst nicht alle von uns Pakete erhalten.»

«Weiß ich doch.»

«Na siehst du, es sind auf das Lager verteilt doch viele. Es ist keine sehr schöne Entwicklung, Stepha, aber man gibt nur noch ab, wenn man dafür eine Gegenleistung erhält. Das heißt, man läßt die anderen für sich arbeiten.»

«Jetzt verstehe ich. Ich habe mich schon gewundert, warum immer die gleichen Wasser und Holz zu uns bringen und abends auch noch die Kübel entleeren. Aber so etwas kann man doch nicht machen! Was sagt denn die Barackenälteste dazu?»

«Was sagt denn die Barackenälteste zu den Blatnajas?»

«Na, hör mal, das ist ja wohl ein Unterschied!»

«Eben nicht, Stepha. Von den einen wie von den anderen haben die Barackenältesten ihre Vorteile. Von den einen Schutz, von den unsrigen fällt eben etwas von den Paketen ab.»

Aufbrausend sagt Stepha: «Aber das ist eine Schweinerei. Man müßte es dem Natschalnik melden. Sehen denn die Dezhurnys das nicht?»

«Ach, Stepha, bei einer Perlonbluse wird auch ein Dezhurny blind!»

«Entschuldige, Betty, jetzt verstehe ich. Ich bin tatsächlich ein ausgewachsener Narr. Aber wie konnte ich das auch ahnen, wo in unserer Baracke fast alle Pakete bekommen? Es ist ja ein Witz, selbst hier gibt es noch Arme und Reiche. Vielleicht haben die Kommunisten doch recht. Alles müßte geteilt werden, aufgeteilt werden zwischen allen.»

«Und wer, bitte, sollte das tun, Stepha? Wer würde sich nicht wiederum daran bereichern? Möchtest du wirklich mit allen teilen?»

Stepha sieht Betty forschend an. Will Betty sie auf den Arm nehmen? Als sie den Schalk in Bettys Augen sieht, lacht sie hell auf. «Nee, Betty, nee. Du hast recht, wie immer. Nein, ich möchte auch nicht mit allen teilen. Ich verstehe schon, was ihr meint, aber wenn ich an all das Gerede von Kameradschaft denke, dann wird mir übel. Gut, daß wir niemanden für uns arbeiten lassen müssen.»

Betty wird rot. Verlegen scharrt sie mit den Fußspitzen.

«Du hast doch nicht etwa, Betty?»

Da nickt Betty trotzig. «Doch, ich habe. Ich habe einfach nicht eingesehen, daß wir ständig von unserem Machorka abgeben sollen. Ich meine, einfach so – umsonst! Für ein Paket Machorka habe ich auch schon für mich die Baracke scheuern lassen oder Wäsche waschen lassen, denn schließlich habe ich...»

«Ja, denn schließlich hast du! Aber darüber laß uns nicht mehr reden. Es gibt dir, wenn ich es recht bedenke, allen anderen gegenüber die Berechtigung, so und nicht anders zu handeln.» Eine boshafte Freude erfüllt Stepha. Endlich kann Betty es einigen heimzahlen. Noch immer lachend, umarmt sie Betty. «Recht so, Betty, wie gut, daß du endlich klug geworden bist!»

An den Wochenenden wird der Stolowaja zum Kino oder Theater. Musik- und Tanzgruppen haben sich gebildet. Eine Theatergruppe studiert Theaterstücke ein. Phantasie und geschickte Hände vollbringen Wunder. Es gibt Farben und Pinsel, Nähzeug, Leim – Dinge, die ihnen bisher noch nie zugestanden worden waren. Und Bücher, Bücher. Stepha stürzt sich wie eine Verhungernde auf sie. Natürlich, es gibt nur wenige, und es ist schwer, an eines heranzukommen. Doch für ein Stück Seife, eine Tube Zahnpasta kann sie die Lesewütigsten davon überzeugen, daß sie dieses oder jenes Buch unbedingt zuerst lesen muß. Betty mault manchmal. «Ich habe jetzt überhaupt nichts mehr von dir. Ständig steckst du die Nase in ein Buch.»

«Hör zu, Betty! Das muß ich dir vorlesen.»

Und Betty hört sich Gedichte von Lermontov oder Puschkin an, von denen sie nur die Hälfte versteht. Aber Stepha übersetzt ihr den Inhalt.

«Schön, sehr schön, Stepha. Es klingt fast, als sei es für uns geschrieben. Ich habe noch nie Gedichte gelesen, aber ich finde sie schön.»

Filme werden gezeigt, die die Sowjetunion verherrlichen, aber es gibt auch zauberhafte Märchenfilme, über die sie noch tagelang begeistert reden. Weit weniger beliebt sind die politischen Vorträge, die jetzt ebenfalls im Stolowaja gehalten werden. Zögernd nur, aber immer in der Hoffnung, auch etwas über ihr Schicksal zu erfahren, nehmen auch Deutsche daran teil. Sie erfahren viel von der jungen Deutschen Demokratischen Republik, von ihrem Aufbau- und Friedenswillen, ihrem Kampf gegen den Imperialismus. Die «kapitalistische Welt» ist die drohende Gefahr.

«Sie reden noch in den gleichen Worten wie vor Jahren. Das alles kenne ich nur zu gut. Ich war damals begeistert, Betty. Es klang auch alles so gut und richtig. Ich wollte mithelfen, mitarbeiten, überzeugen. Dann machte ich einen winzigen Fehler. Ich wußte nicht einmal, daß es einer war, und sie ließen mich fallen. Und all die anderen hier. Was haben wir getan, das diese Strafe rechtfertigt? Wer von uns ist denn wirklich ein ‹Klassenfeind›, wie sie uns zu nennen belieben? Aber damals lernte ich auch, ‹wer nicht für uns ist, ist gegen uns›. Das haben sie nur allzu wörtlich genommen. Haben denn nicht auch die, die weder ‹dafür› noch ‹dagegen› sind, eine Lebensberechtigung? Ich werde nie wieder ‹dafür› oder ‹dagegen› sein. Es gibt keine eindeutige Wahrheit.»

«Aber das Leben verlangt immer eine Entscheidung, Stepha. Wenn du im Rudel bist, dann mußt du mitheulen!»

«Nein, nein, man kann auch schweigen!» ruft Stepha erregt.

«Und dem Unrecht zusehen, Stepha? – Weißt du, ich habe mich nie für Politik interessiert, nie über solche Dinge nachgedacht. Aber kannst du dich an den Lokomotivführer, an die Männer erinnern, die uns das Holz in den Wagen warfen? Es waren Deutsche. Sie sahen, was mit uns geschah, und sie schwiegen. Nicht anders als vor '45. Ich denke, auch wer schweigt, ist schuldig. Irgendwann, glaube ich, muß man sich entscheiden, wie man leben will. Und da kommt es wiederum darauf an, wo man lebt. Aber Unrecht, Stepha, das gibt es überall auf der Welt. Das wird sich niemals ändern.»

«Aber irgendwo muß es doch so etwas wie Freiheit geben? Ich will dort leben, wo ich ein Maximum an persönlicher Freiheit habe. Wo ich leben kann, wie ich leben will. Helfen oder vorbeigehen, verstehst du? Wie ich will.»

«Dann ist dies hier die optimale Freiheit, Stepha?» fragt Betty leise. Und darauf weiß Stepha nichts zu erwidern. Nur ein großes Verwundern über diese Worte und daß sie sie ohne Widerspruch entgegennimmt, ist in ihr.

Tamara Alexandrowa ist mit Stepha zufrieden. Aber noch immer fürchtet Stepha diese herbe Frau mit den dunklen klugen Augen. Sie haßt mich, denkt sie, als sie erfährt, daß Tamara Alexandrowa der Meinung ist, ihre Kenntnisse seien gut und ausreichend, aber sie müsse nun noch einige Monate in der psychiatrischen Krankenabteilung arbeiten.

«Bei den Verrückten?» fragt Stepha entsetzt, als sie es von Doktor Nelge erfährt. Doktor Nelge nickt, bestürzt über dieses Entsetzen.

«Aber Stepha, es sind Kranke. Doktor Tamara Alexandrowa ist klug, sie weiß, was sie tut. Es gehört mit zur medizinischen Ausbildung.»

Finster schweigt Stepha. Sie haßt mich. Sie haßt mich, weil ich eine Deutsche bin. Immer gab sie mir die schwersten Aufgaben. Nie lacht sie mit mir wie mit den anderen. Sie scheint immer nur auf einen Fehler zu warten, den ich mache. Ihre Angehörigen sind im Konzentrationslager umgekommen, sie selbst war in den Kellern der Gestapo. Aber ich? Ich war doch noch ein Kind. Wie kann sie mich dafür so hassen? Aber mit zusammengebissenen Zähnen geht sie neben Doktor Nelge auf die mit einem hohen Zaun umgebene Baracke zu. Ich muß es schaffen, nimmt sie sich vor. Ich werde nicht klein beigeben. Sie soll ihren Triumph nicht haben. Mit diesen Gedanken betritt Stepha die Hölle der 042. Kolonne. Die Gefangenen nennen sie nicht nur so. Es ist eine Hölle. Stumpfe Augen starren ihr entgegen. An Händen und Beinen auf den Betten festgezurrt, bäumen sich unruhige Körper auf. Eine lacht. Mit wirren Haaren, die sie sich büschelweise vom Kopf reißt, bedeckt sie ihre Decke.

«Wir werden sie scheren müssen», entscheidet Tamara Alexandrowa ruhig, gibt einer Sanitäterin entsprechende Anweisungen. Entsetzt sieht Stepha sich um. Ich werde mich daran gewöhnen, denkt sie. Es sind Kranke. Sie brauchen unsere Hilfe. Doch dann beginnt eine zu singen. Singt mit hellem, klarem Sopran ein Wiegenlied. In dem verstörten Gesicht ist ein nach innen gerichtetes Lauschen. In den Armen wiegt sie eine zusammengeknüllte Decke. Da schlägt Stepha die Hände vor das Gesicht und stürzt hinaus in den Flur. Gegen die Wand gelehnt, weint sie lautlos, mit weit aufgerissenen Augen.

Tätig lernt sie es ertragen. Sie wäscht, frisiert und füttert die Kranken. Verwundert über ihre eigene unendliche Geduld, spricht sie mit beruhigender Stimme auf sie ein. Lieber als von jeder anderen lassen die Kranken sich von Stepha versorgen. Ihr armer, wirrer Geist, ganz auf sich selbst zurückgezogen, vermag kaum auf seine Umgebung zu reagieren. Nur körperlich Angenehmes oder Unangenehmes vermögen sie noch zu unterscheiden. Doch oft schlagen und treten sie auch nach ihr. Ihre Arme und Hände weisen oft tiefe, nur schwer heilende Kratzspuren auf. Dann ist Stepha verzweifelt. Aber keine Klage kommt über ihre Lippen.

Mit zunehmender Sorge beobachtet Betty Stephas Zustand, ihre Erschöpfung. Sie weckt die Schlafende, wenn sie sich, von Alpträumen geplagt, unruhig hin und her wirft, manchmal Worte, halbe Sätze des Entsetzens vor sich hin murmelt.

«Du gefällst mir nicht, Stepha. Was bedrückt dich? Ist die Arbeit zu schwer?»

«Es ist nichts, Betty, wirklich. Mach dir keine Sorgen. Natürlich ist die Arbeit nicht einfach. Aber es liegt an mir. Nur an mir.»

Sie schweigt minutenlang. Geduldig wartet Betty. Sie will sie nicht drängen. Dann spricht Stepha weiter, leise: «Solange ich dort bin, geht es, man kann etwas für sie tun. Aber danach, dann kommen die Bilder. Viele, die meisten, sind noch so jung. Man hat sie gemordet. Sie leben zwar, atmen, aber ihre Seelen sind tot. Larissa zum Beispiel, o Betty, wenn du sie einmal sehen könntest. Sie kann die Trennung von ihrem Kind nicht verwinden. Diese Decke, die sie wiegt, für die sie die Brust entblößt, um sie anzulegen, für die sie singt. Und manchmal, Betty, manchmal, da begreift sie. Dieser Schmerz dann in den Augen, diese Schreie, wenn sie die Decke von sich schleudert, um sie Minuten später wieder an sich zu reißen. Vielleicht wäre sie zu heilen, wenn sie ihr Kind zurückbekäme. Oder die, die sich die Köpfe an den Wänden blutig schlagen, daß wir sie anbinden müssen, um ihr Leben zu schützen. Aber welch ein Leben! Wäre es nicht besser, sie wären tot?»

Die Zahnschmerzen, die Stepha kurz darauf bekommt, sind teuflisch, unangenehm. Ein Weisheitszahn, lächerlich, zuwenig, um krank zu sein. Mit der Zunge saugt sie am Zahnfleisch. Es erleichtert für Minuten. Der plötzliche Blutgeschmack ekelt sie, ihr wird schlecht. Wild versucht sie, das geschluckte Blut herauszuhusten. Sie verschluckt sich, glaubt, ersticken zu müssen. Blut und Schleim kleben an ihren Händen, ihr Gesicht ist schweißbedeckt.

Aufgeregt holt eine Sanitäterin die Ärztin. Man bettet sie auf der Liege im Arztzimmer. Geschäftige Hände bedecken sie mit nassen, kalten Tüchern. Sie fröstelt, und dennoch, nie gekannte, wohlige Mattigkeit überkommt sie, als man sie auf eine Trage bettet, sie zum Tuberkulosenkorpus bringt. Die Besorgnis der sie Umgebenden tut ihr wohl, und fast wollüstig läßt sie die Untersuchungen über sich ergehen.

«Hast du dich gebissen?» Stepha verneint. «War dir übel?» Stepha nickt. Die Ärztin Irena Antonowna hört die Herztöne ab, sieht Stepha besorgt an.

«Du hattest das schon einmal. Vor Monaten. Ist dir öfter so?»

«Übel ja, aber nicht mit Blut.»

Sorgfältig untersucht die Ärztin Mund- und Rachenhöhle. «Alles in Ordnung. Du bleibst vorläufig hier. Morgen Bettruhe, dann sehen wir weiter.»

Befriedigt saugt Stepha an dem Zahn. Der Geschmack ist wieder da. Am nächsten Tag darf sie am Nachmittag aufstehen. Mit einer Spiegelscherbe untersucht sie ihre Mundhöhle. Es kommt nicht vom Weisheitszahn. Mit einer aufgebogenen Sicherheitsnadel bohrt sie zwischen den Backenzähnen. Es schmerzt kaum. Dann saugt sie wieder, fühlt, wie sich die Mundhöhle mit Blut füllt.

Triumph erfaßt sie, als sie, nachdem sie das Blut ausgespuckt hat, die Stelle im Spiegel begutachtet. Nichts ist zu sehen, absolut nichts. Es muß ein Äderchen sein. Das ist die Rettung. Krank wird sie werden, und Tamara Alexandrowa wird nicht die Genugtuung haben, sie als Schwächling zu sehen.

Nach drei Tagen ist sie wieder arbeitsfähig. Ich muß einen Tag überstehen, nur den einen Tag. Ich muß durchhalten, wenigstens bis zum Abend. Schweiß bricht ihr aus allen Poren, trocknet an ihrem Körper, bis sie sich bei einem neuerlichen Schweißausbruch das Gesicht mit Zellstoff abtrocknet. Ihr Kopf schmerzt, die Kranken sind heute unerträglich unruhig. Sie kann das Schreien kaum noch ertragen. Während sie eine Patientin reinigt, die in einem unbeobachteten Augenblick sich selbst, die Wand und ihre Nachbarin mit Kot beschmiert hat, glaubt sie, sich übergeben zu müssen. Brechreiz überfällt sie, als die Kranke lustvoll an ihren Fingern saugt. Gerade noch kann sie der Sanitäterin bedeuten, die Kranke zu übernehmen. Sie stürzt in den Waschraum und übergibt sich, scheint nicht mehr aufhören zu können. Ich kann nicht mehr, ich kann nicht mehr, hämmert es hinter ihren Schläfen. Heute abend, heute abend tue ich es, nimmt sie sich vor. Ohne zu überlegen, verbirgt sie ein kleines Fläschchen an ihrem Körper. Ich halte es nicht länger aus. Vielleicht bin ich ja wirklich krank?

Recht hatte Ljuba. Man geht vor die Hunde. Überleben ist alles. Ich werde nicht mehr mittun. Jetzt spiele ich mein Spiel. Auch der längste, der entsetzlichste Tag geht einmal vorüber.

Betty sieht die Erschöpfte voll Sorge an. «Du bist blaß, siehst erbärmlich aus.»

Stepha winkt ab. Gut so, denkt sie, sehr gut. Um so glaubwürdiger wird es nachher sein. Unter irgendeinem Vorwand geht sie noch einmal in den Waschraum. Vorsichtig bohrt sie tief mit der Nadel ins Zahnfleisch hinein, spuckt das ausgesaugte Blut in das Fläschchen. Zwei-, dreimal wiederholt sie das Ganze. Es muß viel sein, viel. Das Fläschchen verbirgt sie wieder am Körper. Körperwärme muß es haben, es darf nicht klumpen. Dann läuft sie zur Toilettenbaracke, schüttet den Inhalt des Fläschchens in den Mund, zieht ihn, mit Speichel vermischend, durch die Zähne, bis er schaumig die Mundhöhle füllt. Sie geht zur Baracke zurück. Öffnet die Tür, taumelt hinein, dreht sich, läßt sich fallen. Bunte Kreise tanzen vor ihren Augen. Wie durch Watte hört sie die Schreie, die aufgeregten Stimmen. Fühlt sich, von starken Armen hochgerissen, an einen Körper gepreßt getragen. Über sich wieder das Sternenbild des Großen Bären, dunkler samtiger Himmel. Weitausgreifende, wiegende Schritte, hastiges Atmen des Körpers, der sie trägt. Sie spürt kalte Kompressen, ihre Hände von Händen gehalten und immer wieder ihr Name.

«Stepha, Stephuschka, moja milaja.»

Die Stimme. Wie gut sie sie kennt. Sie schlägt die Augen auf. Und die Augen, in die sie nun sieht, sind nicht mehr finster. Nicht mehr zum Fürchten, sondern voll Angst und Liebe. Ich habe mich geirrt, denkt sie voll Verwunderung. Sie haßt mich nicht.

«Uzhe choroscho. Es geht mir wieder gut.»

Sie versucht, den Kopf zu heben, wird von sanften Händen zurückgehalten. «Lieg still, Stephuschka, lieg still!»

Sie gehorcht der weichen Stimme, schließt wieder die Augen, möchte dieses Gefühl der Geborgenheit genießen, kann es doch in der nächsten halben Stunde schon vorbei sein. Ihr Herz klopft wieder ruhig und gleichmäßig. Müde ist sie, unendlich müde, und nur allzu willig folgt sie der ärztlichen Stimme: «Spi, malutka, spi. Schlaf, Kleines, schlaf.»

Kaum schlägt sie die Augen auf, eilt die Sanitäterin zu Tamara Alexandrowa. «Du wirst nicht mehr arbeiten. Es ist genug. Du mußt dich jetzt erholen.»

«Aber ich möchte in die Baracke zurück.»

«Gut, aber drei Tage bleibst du hier.»

«Was ist mit mir?» fragt Stepha, unwillkürlich den Atem anhaltend.

«Ich weiß es nicht, Stepha, noch nicht. Wir müssen es beobachten. Wir haben keinen Röntgenapparat. Deine Lungen sind in Ordnung. Keine Geräusche, keine Tuberkeln. Ein nervöses Herz, ein niedriger Blutdruck. Du bist zu mager. Du hast doch gut zu essen, oder?»

«Habe ich, ich bekomme ja Pakete.»

«Die Arbeit ist zu anstrengend für dich. Wir hätten dich längst ablösen müssen.»

«Ich glaubte, Sie hassen mich!»

Tamara Alexandrowa schweigt, sieht gegen die Wand. In ihrem Gesicht arbeitet es. «Nein, ich habe dich nie gehaßt. Nur mich selbst vor einer Unbesonnenheit bewahrt.»

Sie spricht jetzt deutsch, und Stepha scheint es, als wolle sie sich damit verständlicher machen. Zögernd nähert sich Tamara Alexandrowas Hand ihrem Gesicht, um mit leichten Fingern dessen Linien nachzuziehen. «Ich habe dich, seit wir uns kennenlernten, geliebt, Stepha. Aber ich bin gegen dich ein alter, manchmal schon sehr müder Mensch. Du hast noch ein Leben vor dir.»

«Ja, und noch neunzehn Jahre Lager. Ich bin auch älter geworden, werde bald 21.»

Nach einer Pause setzt Stepha leise hinzu: «Und ich habe mich vor Ihnen gefürchtet.»

«Das wußte ich nicht. Ich glaubte, dachte, du gingest mir aus dem Weg, weil du von mir und Taisa wußtest. Sie sprechen doch darüber, denke ich.»

Das Gesicht von Tamara Alexandrowa ist weich, schonungslos offen, verletzlich. Taisa und Tamara Alexandrowa. Selbst in ihren Gedanken bleibt ihr, auch nach diesem Geständnis, nur die Höflichkeitsform der Anrede. Zu hoch, zu groß schätzt sie die Ärztin ein. Ja, das paßte: Taisa und Tamara Alexandrowa waren ebenbürtig. Wieso war sie nicht selbst darauf gekommen? Jetzt erinnert sie Situationen, Worte, Blicke, die ihr hätten auffallen müssen.

«Und Taisa?» fragt Stepha, denn sie kann sich nicht einordnen, nicht begreifen, daß neben Taisa ihr auch nur ein Gedanke gelten könnte.

«Taisa weiß es. Wir sind zu gute, zu lange Freunde, als daß ich es hätte verbergen wollen.»

Und als sie das unglaubliche Verwundern in Stephas Augen erkennt, lächelt sie ein Lächeln, das wie ein Schmerz über ihr Gesicht zuckt, und setzt hinzu: «Taisa versteht mich. Sie mag dich sehr. Konnte sie denn nicht großzügig sein, Stepha, wissend, daß ihr all dein Gefühl galt.»

Stepha wird rot. Sie merkt es, senkt verlegen die Lider. Will antworten, erklären, hebt zu sprechen an, um dann doch verlegen zu schweigen.

«Siehst du, Stepha, so konnte ich nur das tun, was ich bisher getan habe, um die Zeit für dich nicht sinnlos werden zu lassen. Es gibt nichts Schlimmeres als die Angst um vorbeieilende Zeit. Angst um Wochen und Monate des ‹Nichtlebenkönnens›. In unserer Situation ist jeder erlebte, jeder gelebte Tag ein Geschenk. Verloren sind nur die dumpfen Tage des Dahinvegetierens, des Wartens.»

Stepha lauscht der Stimme. Die Worte fallen in sie hinein. Ihre Bereitschaft, sie anzunehmen, ist grenzenlos.

«Gilt das, was Sie sagen, auch für Ihre Zeit bei der Gestapo? War es dort nicht hoffnungsloser, als es jetzt für uns ist?»

«Hoffnungsloser? Nein, wir hatten doch berechtigte Erwartungen – ein Ende war abzusehen. Sie konnten uns nur das Leben nehmen. Die Angst war eng, Stepha, eingegrenzt, nur auf den Tag bezogen, eventuell noch auf den nächsten. Animalisch war sie, diese Angst. Aber hier, wo man nicht einmal hassen kann, hier geht die schleichende Angst um. Sie stumpft ab, läßt resignieren. Das Leben läuft davon. Die Unsicherheit zermürbt.»

«Haben Sie je gehaßt, Tamara Alexandrowa?»

Einen Moment schweigt die Gefragte, als horche sie in sich hinein, als müßte sie die richtige Antwort abwägen.

«Für kurze Zeit wohl, aber dann nur das System oder speziell den einen oder anderen unserer Peiniger. Aber soviel Kraft hatten wir nicht. Jede Reserve wurde zum Überleben gebraucht.»

«Und Taisa? Sie spricht nie Deutsch mit mir, obwohl ich weiß, daß sie mich versteht. Ist sie frei von Haß?»

Tamara Alexandrowas Hand löst sich aus ihrem Haar. Stepha ist es, als entzöge man ihr etwas, was sie halten möchte. Dann fühlt sie weiche Fingerspitzen an ihrem Mund, die behutsam dem Schwung der Lippen folgen. Befriedigt sinkt sie in das Kissen zurück. Die Beantwortung dieser Frage ist nicht wichtig, nur diese Geborgenheit ist es.

«Sie ist nicht wie du, Stepha. Du bist frei von Haß. Du wirst zornig, ärgerlich, aber im nächsten Moment kannst du dich doch dem Leben wieder hingeben. Das ist es, was dich für uns so unwiderstehlich macht. Für uns, die das nicht mehr können. Ich glaube nicht, daß Taisa haßt. Aber sie ist zerbrochen. Nicht im Gestapokeller, sondern an dem, was dann kam. Weil sie Deutsch sprach, dolmetschte sie für die Verlorenen. Aber sie hat sie nicht retten können. Jetzt spricht sie sich für ein Versagen schuldig, das keines war, sucht Schuld, wo keine ist.»

«Und Sie, Tamara Alexandrowa, warum wollten Sie nach Israel? Lieben Sie Rußland nicht? Ist es nicht ihre Heimat? Man sagt, Russen könnten nur in ihrer Heimat leben. Viele sind zurückgekommen, obwohl sie wußten, was sie erwartete.»

«Wenn man wählen kann zwischen Liebe und Ertragen, dann wählt man Liebe, Stepha. Nur dem Egoisten ist sein eigenes Gefühl so von Nutzen, wie du glaubst, Stepha. Wir anderen, die wir uns nicht so wichtig nehmen, brauchen Anerkennung und Liebe. Wir brauchen sie wie die Luft, um atmen zu können. Es ist nicht so unwichtig, wie du glaubst, zu erfahren, zu wissen, von wem man geliebt wurde. Es ist nötig, wenn man sich selbst erkennen will.»

Tamara Alexandrowa erhebt sich. Die vorhin so zärtliche Hand macht die gewohnheitsmäßige Geste des Pulsfühlens. Sie sieht auf die Uhr, lächelt Stepha zu. «Molodez, du bist schon fast wieder gesund.»

Sie steht einen Moment unschlüssig, als warte sie auf etwas, dann schließt sich die Tür hinter ihr.

Das Gefühl von etwas Versäumtem übermannt Stepha. Sie hebt die Arme, zu spät, um festzuhalten, was ihr für eine Stunde geschenkt war.

Bis der Wind sie davonträgt

Eigentlich wußte niemand, auch sie selbst nicht, das wievielte Frühjahr es war, daß sie diese Arbeit verrichtete. Diese Arbeit, zu der die Lagerleitung niemanden zwingen, niemanden bestimmen konnte. Es kann sich auch niemand daran erinnern, daß es jemals andere getan hätten. Und weil allen klar war, daß sich nie eine andere melden würde, steht es auch für alle fest, daß Stepha es diesmal, wie in jedem Jahr, tun würde.

Dennoch, in jedem Frühjahr zelebriert die Lagerleitung die gleiche Zeremonie. Von Baracke zu Baracke geht die Delegation der Lagerleitung. Vom Major über den Politoffizier bis zu der freien Ärztin und den Dezhurnys sucht man nach einer Freiwilligen.

Sie treten in die Baracke. Voll Besorgnis und Unbehagen sehen die Frauen auf die Gruppe Uniformierter, die sich in der Barackenmitte versammelt hat. Die Lagerärztin ergreift das Wort:

«Ihr wißt, daß, wie in jedem Jahr um diese Zeit, das Trinkwasser knapp wird. Ihr kennt die Gründe. Der Brunnen ist auch in diesem Jahr so vereist, daß kaum noch ein Eimer durch die enge, freigebliebene Öffnung paßt.»

Sie macht eine Pause, sieht die Reihen der aufgestellten Frauen entlang. Alle stehen da mit gesenktem Kopf. «Das wenige Wasser, was wir haben, brauche ich für die Krankenstation. Und ihr wißt, es ist nicht ungefährlich, mit getautem Schnee zu kochen. Auf der 28. Kolonne gibt es schon Gelbsucht.»

Der Lagerkommandant ergänzt: «Der Brunnen ist vom Brunnenrand her circa sechs Meter vereist. Es ist jetzt schon abzusehen, wann der Eimer nicht mehr durch das Loch paßt. Die Vereisung schreitet täglich fort.» Er schweigt. Sein Blick wandert wieder an den aufgereihten Frauen entlang, verweilt auf diesem oder jenem Gesicht, doch man weicht seinem Blick aus.

Er sagt es langsam, betont: «Wir brauchen eine Freiwillige.»

Es bleibt still nach seinen Worten. Die Frauen scheinen leiser zu atmen. Stepha, am Ofen stehend, bewegt sich, schiebt sich langsam zum Tisch in den Lichtkreis der Lampe. Die Augen des Kommandanten meiden diese Richtung bewußt. Er spricht in das Halbdunkel der Baracke, in die weißschimmernden Gesichter hinein.

«Die Arbeit ist unangenehm, nicht ungefährlich. Wir wissen es. Wir können niemanden dazu zwingen.»

Er macht eine Pause, als müsse er seine nächsten Worte in Gedanken formulieren. Die tieflastende Stille irritiert ihn.

«Es ist doch für euch selbst!» schreit er plötzlich. Er zwingt sich, ruhig zu bleiben, verspricht: «Jeden Tag höchstens drei Stunden Arbeit. Danach vierzehn Tage Arbeitsbefreiung. Sonderration!»

Die Menschenreihe rechts und links steht schweigend, unbeweglich. «Sutschksi!» preßt er zwischen den Zähnen hervor, bevor sein Blick zum Tisch springt und Stephas zierliche Gestalt erfaßt. Sein Blick hält ihren Augen stand, und Stepha geht, als habe sie auf eben diesen Blick gewartet, auf die Gruppe der Uniformen zu. Das allgemeine Aufatmen ist deutlich zu spüren.

«Ich hätte gewettet, sie tut es diesmal nicht!» sagt jemand.

«Dachte ich auch», erwidert eine andere.

«Besonders, wo sie es nicht mehr nötig hätte. Sie arbeitet nicht, bekommt Pakete.»

«Du bist verrückt, Stepha. Im vorigen Jahr hast du geschworen, es nie wieder zu tun. Du wirst wieder nächtelang davon träumen.»

Stepha zuckt mit den Schultern. «Was soll man machen? Man braucht dafür einen kleinen, leichten Menschen. Sieh mich an. Ich bin beides.»

«Aber es gibt noch andere», erwidert Betty heftig. Stepha lächelt geringschätzig. «Aber sie tun es nicht, sie haben Angst.»

«Du etwa nicht?»

«Doch, Betty, ich auch. Natürlich habe ich Angst.»

Mit diesen Worten dreht sie sich um und geht Betty voran, vorbei an dem langen Tisch mit den Holzbänken. Die scheuen Blicke der Frauen begleiten sie auf diesem Weg.

«Nun hör doch mal, Stepha.» Auf ihrem Platz angekommen, versucht Betty noch einmal mit Stepha zu sprechen. Aber Stepha sieht sie nur finster an.

«Bitte, Betty, bitte. Laß uns nicht mehr darüber reden.»

Da schweigt Betty schweren Herzens und sieht nun nicht weniger finster drein als Stepha.

Stepha läßt sich Zeit. Sie hat es nicht eilig, in die Speisebaracke zu kommen. Als Betty drängt, sagt sie nur ungeduldig: «Geh schon voraus, Betty. Ich muß ein wenig allein sein.»

Sie trödelt beim Aufräumen ihres Schlafplatzes, nimmt dieses und jenes zur Hand, versucht das schnelle Pochen ihres Herzens zu überhören. Was ist schon dabei, denkt sie, drei kurze Stunden. Es kann mir gar nichts passieren. Es würde, wie in den Jahren zuvor, eine doppelte Mannschaft an den Winden sein.

Sie schlendert über die menschenleeren Lagerstraßen. Unwiderstehlich zieht es sie zum Brunnenhaus. Der Raum erscheint ihr, aus der blendenden Helle kommend, dunkel, sogar drohend. Sie atmet tief die feuchte, schweißdurchtränkte Luft ein, hört das regelmäßige Knarren der Winde, das Rasseln der Kette, die sich beim Emporwinden des Eimers um den Stamm legt. Die Frauen arbeiten gleichmäßig und ruhig. Nur wenn der Eimer pendelnd gegen das Eis poltert, verharren sie, warten geduldig, bis die heftig schwingende Kette wieder ruhig hängt. Langsam, bedächtig stemmen sie dann die Arme gegen die Kurbel und ziehen den Eimer vorsichtig durch die schmale Öffnung.

«Wieder nur halb voll», murmelt eine unwillig. «Wir brauchen diesmal dreimal soviel Zeit, um das Faß zu füllen», sagt sie, hebt geringschätzig den leichten Holzbottich, um ihn auszuschütten.

Stepha, jetzt an das Dämmerlicht gewöhnt, kann alles klar erkennen: die meterhohe, viereckige Holzbrüstung des Brunnens, aus dicken Baumstämmen gefügt, von überschwappendem Wasser eisverkrustet; die grobe Halterung der Winde, wie ein Galgen, aus dicken Stämmen, mit großen Eisenkrampen zusammengefügt, schon verwittert; die Winde, vom ständigen Scheuern der Kette in der Mitte schon abgenutzt. Mißtrauisch sieht Stepha auf den starken Haken der Kette, an der jetzt noch der Bottich schaukelt.

Die Frauen stampfen mit den Füßen, reiben die Hände aneinander. Die Handschuhe sind steif gefroren und wärmen nicht mehr. Sie schützen nur noch vor dem Wasser und der Eisenkurbel. Das Holzhaus, die dicken Stämme halten nur vor Wind und Schnee ab. Kälte hockt in jeder Ritze zwischen den Stämmen. Die winzigen Fenster lassen nur ein Minimum an Tageslicht herein. Aus dem Brunnen steigt ein eisiger Hauch. Die Frauen nehmen keine Notiz von Stepha. Sie haben genug zu tun, um das riesige Wasserfaß draußen auf dem Schlitten zu füllen. Stepha geht wieder. Nein, sie will nicht vorher in die Tiefe sehen. Sie hat sie oft genug erlebt. Auch in ihren Angstträumen, hilflos eingeklemmt, über sich die schwere, blinkende Kette, durch ein winziges Loch von Licht geführt.

Als der Dezhurny sie holen kommt, hat sie alle Angst schon durchlebt. Sie geht neben ihm her, als ginge sie zu irgendeiner beliebigen Arbeit, trägt dicke Filzstiefel, warme Wattehosen. Sie wird sie brauchen. Es wird kalt und eisig sein.

Der Dezhurny sieht sie von der Seite an: «Angst?» fragt er. Stepha schüttelt den Kopf. «Nein, jetzt nicht mehr.»

Er nickt ihr aufmunternd zu. Als sie die Tür zum Brunnenhaus öffnen, schlägt ihnen warme Luft entgegen. Die Frauen haben die Tücher abgelegt, die Wattejacken offen. Ein Kohlebecken ist aufgestellt, die Glut leuchtet rot, belebt die Gesichter, macht sie heiter, freundlich.

Der Haken an der Kette ist leer. Auf dem Brunnenrand liegt ein kurzes, starkes Brett. Durch vier Löcher sind dicke Seile gezogen, untereinander mit Metallösen verbunden. Der Dezhurny hängt die Metallöse selbst an den Haken, gibt dem Brett einen Stoß, läßt es schwingen. Sein Blick hängt an der Öse, die sich am Haken reibt. «Choroscho, das hält», sagt er, tief durchatmend, und sieht Stepha fragend an. Stepha nickt, ihr Mund ist plötzlich trocken.

«Ich bin bereit», sagt sie und schickt sich an, auf den Brunnenrand zu steigen. Da fühlt sie sich von kräftigen Armen emporgehoben. Sie holt sich das Brett heran, umklammert mit beiden Händen die Seile und setzt einen Fuß auf das Brett, belastet es dann mit ihrem vollen Körpergewicht und stößt sich ab. Jetzt pendelt sie leicht über dem Brunnenloch. Vor Aufregung keuchend, stemmen sich die Frauen gegen die Kurbel. Stepha löst die Hände von den Seilen, nickt den Frauen zu. Langsam drehen sie die Kurbel. Zentimeter um Zentimeter bewegt sich die Kurbel. Angespannt sehen sie auf Stepha. Bis zu den Hüften in dem engen Loch, gibt Stepha ein Zeichen. Jetzt kann sie mit der Arbeit beginnen. Man reicht ihr einen Eispickel. Mit der linken Hand am Seil, schlägt sie mit der freien rechten den Pickel in das blauschimmernde Eis, schlägt Brokken los, deren Aufklatschen auf dem Wasser erst lange nach dem Fall zu hören ist. Sie arbeitet rasch und systematisch. Aus dem Brunnenschacht steigt Eiseskälte herauf, dringt durch Filzstiefel und Wattehosen, zieht den Rücken hinauf.

Als sie das Brett, auf dem sie sitzt, nicht mehr spürt, gibt sie das Zeichen, sie hinaufzuziehen. Mühsam, steifbeinig, steigt sie vom Brett. Hilfreiche Hände strecken sich ihr entgegen. Sie zittert vor Kälte, Anstrengung und Angst.

Ja, sie hat Angst. Mehr als in den Jahren zuvor. Oder scheint ihr das nur so? Ist es nicht immer so gewesen? Hatte sie nicht immer mit vibrierenden Nerven, bei jedem Brocken, den sie losschlug, auf das Aufklatschen im Wasser gewartet?

Ich kann es nicht noch einmal. Ich kann nicht mehr hinunter. Ich gebe auf, denkt sie, während sie ihre zitternden Hände über dem Holzkohlefeuer reibt. Der Brunnen ist 28 Meter tief. Aber es ist noch nie jemand abgestürzt, beruhigt sie sich selbst. Es ist nur die Enge. Das enge Loch macht das Arbeiten so anstrengend. Und die Kälte, die heraufsteigt, die die Glieder steif und ungeschickt macht.

Eine alte Frau tritt auf sie zu. Alte, gütige Augen in einem zerfurchten Gesicht sehen sie an. «Spasibo, dotschenka, spasibo! Danke, Töchterchen, danke.»

Welke Greisenhände berühren Stirn und Wangen, segnen sie.

Wärme steigt in ihr auf wie eine warme Woge. Verflogen ist die Angst. Sie ist ganz ruhig, zittert nicht mehr. Dank und Segen. Ihr kann nichts passieren.

«Machen wir weiter», sagt sie und steigt wieder auf das Brett.

So war es immer, das Ende des Winters, wenn Stepha «Brunnenferien» hatte, wie sie selbst es nannte. Immer waren es irgendwie besondere Tage. Tage, an denen sie sich gut fühlte. Verdiente Tage. Diesmal ist es nicht so, denkt sie. Doch es liegt wohl daran, daß freie Tage für mich nichts Besonderes mehr sind. Eigentlich müßte ich mich gut fühlen, großartig sogar. Ich habe der Angst ohne Aussicht auf Belohnung getrotzt.

Aber sie weiß, daß das so nicht stimmt. Das Drumherum ist es, die Szene selbst, die ihre Eitelkeit befriedigt, ihr das Gefühl der Überlegenheit gibt. Warum hat sich dieses Gefühl in diesem Jahr nicht einstellen wollen? Die Frauen haben kaum Notiz von mir genommen, mir die Bewunderung versagt. Es ist keine Sensation mehr. Ich habe es zu oft getan. Zuviel Neues ist geschehen, das die Gemüter beschäftigt.

Ich habe mich immer so verhalten, wie sie mich wünschten. Bin die Jahre hindurch immer das Kind geblieben, das sie in mir sehen wollten. Es war bequem und vorteilhaft für mich, die Verantwortung anderen zuzuschieben. Würde ich entlassen, wäre ich dann überhaupt lebensfähig? In der Freiheit da draußen würde es wohl schwerlich jemanden geben, der die Verantwortung für mich übernähme. Welche Chance gäbe es für mich bei meiner Rückkehr? Es gibt niemanden, der mich erwartet. Ich habe weder eine abgeschlossene Schulausbildung noch einen Beruf. Wie werde ich als politisch Vorbestrafte leben können? Welche Möglichkeiten wird man mir geben?

Das Resultat ihrer Fragen und Überlegungen macht sie unsicher, fast ängstlich. Hilflos hört sie den Plänen und Hoffnungen der anderen Frauen zu. Woher nehmen sie bloß die Sicherheit und den Mut?

«Es tut sich was!» sagt Martha, die schon seit drei Tagen in einer eilig zusammengestellten Invalidenbrigade ist.

«Wir arbeiten wie die Verrückten. Manche Arbeit machen wir zwei- oder dreimal. Wir putzen und scheuern, harken jeden Tag die Wege, ziehen jedes Kräuterchen Unkraut heraus. Der Fußboden wird kaum noch trocken, so oft scheuern wir.»

«Wir auch. Wir haben im Labor geweißt, die Regale mit Seifenlauge überschwemmt, sie blank gespült. Jetzt trocknen sie in der Sonne», berichtet Helene. Auch sie ist zur Arbeit eingeteilt. Zum erstenmal ist sie fast froh darüber.

«Wenn sie uns noch zur Arbeit einteilen, rechnen sie uns noch nicht zu den ganz Invaliden. Viele haben sie nicht zur Arbeit genommen.» Befriedigung klingt aus ihren Worten, und obwohl Stepha zu denen gehört, die nicht eingeteilt wurden, sagt sie doch: «Na siehst du, Helene. Es ist immer umsonst, sich vorher Sorgen zu machen. Ich bin sicher, die haben genug zu tun, ihre eigenen Invaliden unterzubringen. Die wollen nicht auch noch deutsche Invaliden versorgen. Ist doch eigentlich logisch.»

«Mit dieser Logik würde ich nicht so sehr rechnen», gibt Sybille zweifelnd zu bedenken.

«Auch auf dem Hertransport ist weder Logik noch Methode erkennbar gewesen. Wie viele von denen, die mit uns im Gefängnis waren, haben wir nie wiedergesehen, nie wieder etwas von ihnen gehört.»

«Ich schätze, sie bringen uns in ein Sammellager. Wir werden doch gewiß nicht in kleinen Gruppen fahren.»

«Wieso denn nicht? Wir sind ja auch in kleinen Gruppen angekommen.»

«Aber dann wüßten wir ja gar nichts mehr voneinander.»

«Das ist doch egal, Sibylle. Irgendwann werden wir uns ohnehin trennen müssen. Jeder von uns will doch nichts als nach Hause. Wenn du morgen fahren könntest, würdest du auch nicht sagen, nein, ich fahre nur mit meinen Kameradinnen.»

«Natürlich nicht, Annelise, aber wir würden doch danach wieder miteinander in Verbindung treten.»

«Du bist vielleicht naiv, Sybille. Daran kannst du doch nicht ernsthaft glauben. Das kenne ich vom Arbeitsdienst. Wir haben alle unsere Adressen getauscht, und geschrieben hat man sich dann mit einer oder höchstens zweien. Und nach ein, zwei Jahren konnte man sich schon nicht mehr an die Gesichter erinnern.»

«Daß du so denkst, hätte ich wirklich nicht gedacht, Helene. Das ist doch etwas ganz anderes hier! Was haben wir gemeinsam durchgemacht! Das kann man doch nicht vergessen!»

«Das wohl nicht, Sybille, aber ich glaube kaum, daß ich den Wunsch verspüren werde, diese oder jene wiederzusehen. Es wird so viel Neues auf uns zukommen, und ich denke, daß wir alle unsere Probleme damit haben werden, nicht wahr, Stepha?»

Stepha, auf diese Frage nicht gefaßt, wird verlegen. Sie hat diesem Gespräch, wie so oft, nur mit halbem Ohr zugehört. Seltsam, denkt sie. Warum fragt Helene ausgerechnet mich? Ich habe mich doch nie sehr stark in der Gruppe engagiert. Stockend beginnt sie nach Worten zu suchen: «Es ist sehr schwer für mich, darauf zu antworten. Ich verstehe auch nicht, warum Helene ausgerechnet mich fragt. Denn es ist doch so, daß ich zwar zeitweilig, aber nicht ständig mit euch zusammen bin. Es ist für mich deshalb besonders schwer, mich dazu zu äußern. Aber meine ehrliche Meinung ist, daß Helene recht hat. Ich glaube auch nicht, daß es später noch etwas geben wird, was uns miteinander verbindet.»

Betroffen sieht Sybille Stepha an. In Bettys Augen steht dunkle Trauer, die ein Würgen in Stephas Kehle hervorruft. Wie konnte ich nur, denkt sie. Ich bin nicht besser als die anderen. Hier war Betty für mich gut genug, aber danach will ich nichts mehr von ihr wissen.

Die allgemeine Bestürzung hat alle still gemacht. Jede hängt ihren eigenen Gedanken nach, und am liebsten würde Stepha jetzt gehen. Aber das Wissen, daß sie Betty mit dieser Traurigkeit nicht zurücklassen kann, hält sie fest. Um die Sache hinter sich zu bringen, faßt sie Mut, beißt sich verlegen auf die Lippen, verstummt, um dann, wie nebenbei, hinzuwerfen: «Das übrigens gilt nicht für alle, denn daß mich mit Betty mehr verbindet, das sieht wohl jeder. Und mit Sybille möchte ich wohl auch in Verbindung bleiben.»

Über Helenes Gesicht fliegt ein schiefes Lächeln. Amüsiert betrachtet sie Betty und Sybille. Die Mundwinkel mokant nach oben gezogen, sagt sie leichthin: «Es ist wohl nicht so einfach, darüber Prognosen abzugeben. Aber wahrscheinlich sind wir einander mehr verbunden, als wir es selbst wahrhaben wollen. Das beste ist, wir warten ab.»

Erleichtert schlendert Stepha von dannen, ohne bestimmtes Ziel wandert sie durch das Lager zum Brunnen, krault dem Goldbraunen vor dem Wasserfaß die Mähne, blickt bewundernd in die sanften Tieraugen, die golden umwimpert ihr Bild spiegeln. Stepha lehnt den Kopf gegen den Hals des Pferdes, atmet voll Behagen den Dunst des Tieres ein. Wieviel Ruhe von ihm ausgeht! Und als sie seinen Körper spürt, denkt sie, daß es doch nicht im Bereich des Unmöglichen wäre, wenn sie in der Wolnaja Ssylka verbliebe. Es scheint ihr bei allem, was ihr bevorsteht, noch das kleinere Übel zu sein. An eine Rückkehr in die Deutsche Demokratische Republik ist ihr nicht gelegen. Als politisch Vorbestrafte dürfte sie dort wohl auch kaum eine Chance haben. Gewiß wird man ihr die Möglichkeit geben, ihr Brot zu verdienen, aber darüber hinaus dürfte kaum etwas zu erwarten sein. Die Arbeit in einer Fabrik mag sie sich nicht vorstellen. Die Monotonie eines solchen Lebens flößt ihr nur Abscheu und Angst ein. Sie fürchtet die Fragen und Repressalien, denkt mit Grauen an die Lebensläufe, die sie schreiben müßte, an prüfende Blicke irgendwelcher Parteikader. Wenn sie an den verbiesterten Eifer zurückdenkt, mit dem sie damals Zweifelnde von dem neuen Weg zu überzeugen versuchte, muß sie über sich selbst lächeln. Für sich will sie weder Gemeinschaft noch Partei. Sie braucht weder Idole noch Ideale, um leben zu können. Ein Leben in dieser Einsamkeit hier wäre ihr recht. Auch hier gibt es Krankenhäuser, ich werde arbeiten können, irgendwann heiraten und Kinder bekommen. Jetzt ist die richtige Zeit dafür, mit 24 Jahren. Das gemächliche Kauen des Pferdes gibt ihr das Gefühl von Behaglichkeit.

Olga, die Sanitäterin, muß sie zweimal ansprechen, bis Stepha auf sie aufmerksam wird. «Tamara Alexandrowa schickt mich. Sie will dich sprechen.»

Stepha nickt bereitwillig, tätschelt den Hals des Pferdes und geht Olga voran.

Es ist angenehm kühl in dem kleinen Operationszimmer, die Fenster liegen nach Westen. Tamara Alexandrowa steht mit dem Rücken zum Fenster. Stepha, noch geblendet vom gleißenden Sonnenlicht, erkennt nur die Umrisse der groben Figur, den kantigen Schädel mit dem kurzgeschnittenen Haar. Tamara Alexandrowa sieht sie prüfend an, fragt nach dem Befinden. Stepha versichert, es ginge ihr gut, und tritt etwas zur Seite, um das im Schatten liegende Gesicht zu sehen. Sie haben sich selten gesehen, gehen wie immer scheu miteinander um, die Worte behutsam wägend.

Es sei heute nicht genug Zeit für lange Erklärungen, beginnt Tamara Alexandrowa, doch Stepha müsse wissen, es sei die einzige Chance für Taisa, entlassen zu werden. Eine Chance, die vielleicht nie wieder käme, denn man wüßte nicht, wie sich alles weiterentwickeln würde. Immerhin habe Taisa das ungeheuerliche Strafmaß von fünfzehn Jahren und somit noch sechs Jahre Lager vor sich.

«Du bist die einzige, der ich rückhaltlos vertraue.»

Sie tritt einen Schritt näher an Stepha heran, senkt die Stimme bis zum Flüstern: «Wir wollen deutsch miteinander sprechen, denn die Wände haben in diesen Tagen Augen und Ohren.»

«Ich verstehe.»

«Gut. Nun höre, du hast von mir gelernt, mit dem Katheter umzugehen. Du weißt, wie ein Katheter gut und ohne Schmerzen in die Harnröhre eingeführt wird.»

«Ja, das weiß ich.»

«Du sollst keinen Urin abnehmen, sondern in den Harnleiter eine winzige Spur Blut einführen.»

Stepha sieht sie mit fragendem Erstaunen an.

«Nun, Taisa hat eine Krankengeschichte. Taisa gilt als nierenkrank. Ich habe die Krankengeschichte seit Jahren gefälscht, um Taisa zu schützen. Du weißt, daß die Lagerleitung gern das medizinische Personal auswechselt. Taisa aber ist zu keiner anderen Arbeit fähig.»

Ihr Gesicht verfinstert sich, ihr Blick hängt mit besonderer Eindringlichkeit an Stephas Gesicht, kehrt sich ab auf die eigenen Hände, sie murmelt abwesend: «Nie hätte ich gedacht, daß ich jemals im Leben wieder einem deutschen Menschen vertrauen könnte.» Sie bricht ab und sieht Stepha fest in die Augen: «Man weiß nicht, ob sie nicht doch einen Katheterurin verlangen. Vielleicht ließe sich die Laborantin bestechen, aber das ist eine unsichere Sache. Man weiß nicht, wie die Kommisowka arbeitet, auch Doktor Nelge weiß nichts. Man kann sozusagen nichts vorbereiten, und sie kommen schon morgen.»

«Morgen schon?»

«Ja, morgen. Aber kein Wort zu irgend jemand, hörst du, kein Wort. Du wirst mit Taisa in die Arbeitszone zur Apotheke gehen. Die Morg ist leer. Dort machst du es.»

«In der Morg, der Leichenhalle?»

«Ja, warum nicht? Es ist der sicherste Platz im Lager. Kein Soldat, kein Dezhurny geht dort freiwillig hin.»

«Aber Taisa, weiß sie, daß ich...? Vertraut Sie mir?»

Tamara Alexandrowa streckt beide Hände aus, zieht Stepha dicht an sich heran, hält sie mit verzweifelter Kraft umschlungen. Dann küßt sie Stepha auf die Stirn. «Mehr als mir!»

Frühmorgens, bei der Prowerka, wird es bekanntgegeben. Heute beginnt die Ärztekommission zu arbeiten. Die Invaliden haben sich auf Abruf in den Baracken aufzuhalten, die Arbeitsbrigade bleibt in der Arbeitszone.

Aufgeregten Hühnern gleich flattern die Alten von einer zur anderen, Röcke schwingen, plustern sich bei den eiligen Schritten, Kopftücher geraten in Unordnung. Ihr ‹Ai, ai, ai› und ‹Bozhe moi› übertönt alle anderen Gespräche. Nein, so überraschend, so plötzlich, die Alten wissen sich nicht zu fassen. Sie reden und reden, stehen eifrig gestikulierend, mit den Köpfen nickend auf den Lagerstraßen, setzen ihre Versammlung auch in den Baracken fort, stehen auf einem Haufen, ihre Stimmen jaulen wie die der Klageweiber.

«Wie wird man leben können in der Wolnaja Ssylka, krank und alt?»

«O Bozhe moi! O Bozhe moi! Mein Gott!»

Die Barackenälteste setzt dem Zetern ein Ende, scheucht sie auf ihre Plätze, von denen sie nach kurzer Zeit heimlich entfliehen, um im Waschraum, von dessen Fenster man die Kommandantenbaracke übersehen kann, auszuharren. Zeit ist ihnen schon lange bedeutungslos, sie vergeht immer, und so stehen sie, bis zwei Stunden später eine Gruppe Uniformierter, unter ihnen Doktor Nelge, den Weg zur Ärztebaracke geht. Nichts konnten sie erkennen, nicht einmal die Personenzahl, aber hoch befriedigt stürmen sie in die Baracke: «Sie sind da! Sie sind da!»

Sybille sitzt bleich auf ihrem Platz. Rosemarie wuselt nervös um sie herum. Helene und Inge sitzen in ihrer Nähe am Tisch. «Gib Ruhe, Röschen, du machst mich nervös. Setz dich hin.» Rosemarie gehorcht, springt jedoch gleich wieder auf, läuft zur Tür, um dort mit den Frauen zu sprechen. Aufgeregt kommt sie zurück, die Wangen hochrot.

«Also, sie sagen, die Aktirowka betrifft nicht die Ausländer, denn was sollten wir schon in der Wolnaja Ssylka? Arbeiten können wir ohnehin nicht. Und sie haben schon Mühe, alle anderen unterzubringen. Und...»

«Hör auf, so weit können wir auch denken, die Weiberchen wissen ebensoviel wie wir, nämlich nichts!»

Sybille unterbricht sie schroff, und Rosemarie setzt ihr verbissenes Altweibergesicht auf. Beleidigt, den Mund zu einem geknitterten Strich gezogen, setzt sie sich, pflückt ein paar Fussel von ihrem Rock, legt die Hände übereinander und flüstert zischend:

«Ich habe es ja nur gut gemeint.»

«Wo ist Stepha?» fragt Sybille ungeduldig und sieht, kurzsichtig blinzelnd, zu Betty hinauf, die, als berühre sie das alles nicht, mit einer Näharbeit beschäftigt ist.

«Sie ist mit Taisa zur Apotheke gegangen. Sie wird wohl bald zurückkommen.» Betty gibt gelassen Auskunft, hebt aber häufiger als vorher den Blick, um durch das große Fenster auf die leere, heute so stille Lagerstraße zu spähen. Dann sieht sie Stepha kommen. Langsam schlendernd, den Kopf gesenkt. Manchmal bleibt sie stehen, als bewegten sie schwere Gedanken, zieht mit der Fußspitze Striche in den Sand. Arme und Schultern sonnenverbrannt, im verblichenen, einst hellblauen Trägerhemd, die Hosen bis zum Knie hochgekrempelt. Als spüre sie Bettys Blick, sieht Stepha auf, hebt die Hand, um die Sonne abzuschirmen, erkennt Betty, winkt, beginnt zu traben.

«Die Kommisowka ist schon eifrig bei der Arbeit. Die Sanitäterin holt immer zehn zusammen. Sie warten dann im Vorraum», berichtet sie. Die Frauen sehen sie erwartungsvoll an.

«Holen sie auch Deutsche?»

«Ich weiß nicht, ich habe keine gesehen. Aber was besagt das schon?»

«Magst du einen Becher Tee?»

«Fein, Sybille, gern. Das ist jetzt genau das richtige, ich bin völlig aufgeweicht. Eine Hitze ist das heute!»

Sybille rückt zur Seite. Stepha setzt sich neben sie, streicht das verschwitzte Haar aus dem Gesicht.

«Ich bin froh, wenn das alles vorbei ist. Ich finde es scheußlich. Alle sind nervös und aufgeregt. Die Posten auf den Türmen lösen jede zweite Stunde ab. Die Hitze ist nicht zu ertragen.» Stepha schlürft ihren Tee, das Stück Zucker zwischen den Zähnen. Sie hört die Stimmen an ihren Ohren vorbeirauschen, erfaßt weder Worte noch Sinn.

Sie steht wie zwischen den Zeiten. Das Geschehen vorhin ist schon Vergangenheit, aber sie lebt noch in ihm, hat es vor Augen. Taisa und sie auf den Stufen der Morg, rauchend. Es war so einfach gewesen. «Und Tamara Alexandrowa?» hatte sie Taisa gefragt. «Was wird aus ihr?»

«Sie hat noch vier Jahre. Vielleicht ein Gnadenerlaß, wer weiß. Aber sie wird nicht annehmen. Sie will nach Israel, sie gibt nicht auf.»

«Und du, Taisa, und du, du bist doch auch Jüdin?»

«Ich bin Russin, Stepha. Ich liebe mein Land. Aber natürlich bleibe ich für sie eine Jüdin.»

Taisa war aufgestanden, hatte mit heftiger Bewegung die Zigarette ausgedrückt. Schweigend war Stepha neben Taisa einhergegangen, die Hand am Henkel des Korbes. «Du bist nicht sehr unterhaltsam», hatte Taisa zum Abschied gesagt, die kühlen Fingerspitzen an ihrer Wange.

Und sie hatte hilflos gelächelt, den Blick verlegen zu Boden gesenkt, aber was hätte sie auch sagen sollen?

Die Kommisowka arbeitet gewissenhaft nach strengen Vorschriften. Es gibt Tränen und Wutausbrüche. Manche, die seit Jahren ein bequemes Leben als Invaliden führen, werden als beschränkt arbeitsfähig eingestuft. Entwischt der Zipfel der Freiheit, den sie schon in der Hand glaubten? Sie sind zanksüchtig und bösartig, manchmal geht der Streit bis zu Handgreiflichkeiten, und die Barackenälteste hat Mühe, die Ruhe und Ordnung wiederherzustellen.

Aber schon gibt es ein neues Ereignis: Ein Fotograf hat sich im Stolowaja niedergelassen. Lampen, eine Leinwand, ein Stuhl sind sein Fotoatelier. Anhand einer langen Liste werden Frauen, die fotografiert werden sollen, zusammengeholt.

«Es sind die Bilder für den Propusk, für den Ausweis!» sagen die Frauen untereinander, und es scheint ihnen geradezu ungeheuerlich, daß sie nach all diesen Jahren wieder einen Ausweis haben werden wie jeder andere Bürger auch.

«Aber es ist nur ein beschränkter Propusk, er gilt nur für die Wolnaja Ssylka», sagen die weniger Glücklichen. Nichts ist ihnen mehr geblieben, was sie die Freude der anderen teilen ließe. Das Lager hat sie hart und egoistisch gemacht.

Ständig ist der Fotograf von Frauen umlagert, ein junger netter Bursche mit einem braunen Lockenschopf. Scherzworte werden gerufen. Er genießt die Rolle, die er unter den vielen Frauen spielt, und wirft feurige Blicke um sich. Eitel sind sie, die fotografiert werden sollen. Da wird frisiert, ein Lächeln einstudiert, eine Stirnlocke angefeuchtet, mit abgebrannten Streichhölzern Augenbrauen nachgezogen, um Wimperntusche gebettelt.

Mühsam ist es, diese Tusche herzustellen, fast ein Geheimnis. Ein Stück Gummi gehört dazu, das verbrannt werden muß, ein bißchen Glyzerin muß man erstehen.

Lippen werden zusammengepreßt und mit den Zähnen darauf herumgebissen, bis sie die Farbe von Granatäpfeln haben. Eine Spiegelscherbe geht von Hand zu Hand. Und dann die Sonderwünsche: «Bitte von dieser Seite, da bin ich hübscher!»

Bedauerndes Lächeln des Fotografen: «Ne rasrescheno! Nicht erlaubt!»

Nun, wo die Kopftücher gefallen sind, kommen Schönheiten darunter hervor. Zart geschwungene Augenbrauen, Haut wie Pfirsiche. Sie lächeln, schäkern, wiegen sich in den Hüften. Die Gespräche sind heiter. Zukunftspläne werden gemacht. Sie sprechen von den Schweinchen und von den Hühnerchen, die sie sich halten werden, kichern über die Aussicht, einen Kavalier zu finden. Wenn der Daheimgebliebene inzwischen Ersatz gefunden hat, nun, dann ließe sich wohl auch hier etwas finden. So plappern sie und lachen, sind rücksichtslos und egoistisch in ihrer Freude. Nur die Jüngeren sind voll Wehmut. Die Heimat möchten sie gern wiedersehen, ihre Kinder, die inzwischen herangewachsen und schon echte Pioniere sind. Der Ehemann, er war noch jung, zehn Jahre sind zehn Jahre, und Frauen gab's genug damals nach dem großen Krieg.

«Ist vielleicht ein Glück für uns, daß man uns nicht nach Hause läßt. Wäre dort vielleicht schlimmer oder überhaupt nicht zu ertragen, wenn alles, was einst war, nun verändert ist», sagt die schöne schlanke Olga, die schon zweimal im Tuberkulosenkorpus war. «Was soll er noch mit mir? Ich bin ein kranker Mensch, die Kinder sind schon groß, was sollten sie hier in Sibirien? Ich kann sie doch nicht aus der Heimat herausreißen.»

Da gibt es dann auch bei den Deutschen nachdenkliche Gesichter, denn auch daheim ist die Zeit weitergegangen. Was würde sie nach ihrer Heimfahrt wohl erwarten?

Niemand hat es vorausgewußt, kein Gerücht hat es angekündigt. Morgens, nach der Prowerka, ergeht der Befehl: «Alle Deutschen, Österreicherinnen und Ungarinnen gehen nicht mit den Brigaden hinaus. Alle halten sich in ihrer Baracke auf!» Überschäumender Jubel. Sie fallen sich um den Hals. Weinen und Lachen zur gleichen

Zeit. Sie tanzen den Weg in die Baracken zurück. Nach dem ersten Jubel macht sich Ungeduld breit. Immer wieder läuft eine von ihnen zur Tür, um nachzusehen, ob denn noch niemand auf dem Weg zu ihnen sei. Manchmal gibt es eine Fehlmeldung, eine kaum zu ertragende Enttäuschung. Nach all diesen Jahren scheinen ihnen die Stunden, die Minuten zu lang.

In ihrer Freude geben sie selbst die Vorbehalte gegen die Österreicherinnen auf. Es ist plötzlich nicht mehr wichtig, daß sie sich all die Jahre standhaft geweigert haben, als Deutsche zu gelten. Jetzt ist man großzügig, und überhaupt, in dieser Freude zählt keine persönliche Abneigung mehr.

So sind Stunden vergangen, es geht schon auf Mittag zu, als sie beinahe unauffällig die Baracke betreten. Augenblicklich ist Stille. Die Frauen sind aufgestanden, der Dezhurny winkt ab, aber niemand setzt sich. Zu groß ist die Spannung.

Der Politoffizier zwingt ein wohlwollendes Lächeln in sein Gesicht, macht einen Scherz über ihre disziplinierte Haltung, hüstelt, räuspert sich. Dann beginnt er zu sprechen, von der Großmut des sowjetischen Staates, von Vernunft und Geduld, versichert den ungeduldig Lauschenden, daß alle Ausländer in absehbarer Zeit in ihre Heimat zurückkehren werden.

Dann verschwindet sein Lächeln, macht einem strengen, dienstlichen Ausdruck Platz. Er nickt dem Dezhurny zu. Der Dezhurny zieht die Ränder des DIN-A 4-Blattes zwischen Daumen und Zeigefinger, als müsse er es glätten, räuspert sich nun ebenfalls, beginnt endlich zu lesen. Klar und deutlich liest er die Namen, langsam, viel zu langsam für die ungeduldig Wartenden. Sieben Familiennamen, sieben Vornamen. Dann nichts mehr. –

«Weiter!» fordert eine heisere Stimme. Er hebt die Handflächen nach oben. Das Blatt knistert in seiner Hand, als er es demonstrativ zusammenfaltet.

Die Frauen bedrängen die zwei, bestürmen sie mit Fragen. Hände strecken sich ihnen entgegen.

«Warum nur? Warum nicht alle?»

«Wohin bringt man uns?»

Er wehrt ab, zieht sich zur Tür zurück.

«Die Genannten zum Transport fertigmachen, ihr werdet abgeholt!»

Mit raschen Schritten geht er dem Dezhurny voran. Fassungslos bleiben die Frauen zurück.

«Sieben von zwanzig Ausländern aus unserer Baracke!»

«Nur drei Deutsche!»

«Wie soll man das verstehen?»

Sybille sieht mit ratlosen Augen um sich. Helene und Inge sind verstört. Nur Helene ist aufgerufen. Inge schluchzt verzweifelt, hilflos versucht Helene zu trösten. Annelise und Hildegard reißen fahrig an ihren Sachen, halten inne, sitzen vor sich hin starrend auf ihrem Platz. Rosemarie schluchzt laut in ihren vor das Gesicht geschlagenen Rock. Hildegard fragt fassungslos: «Wieso denn ich? Warum denn gerade ich? Bei mir zu Hause ist doch alles kaputt, ich komme noch früh genug zum Trümmerräumen.»

Trotz der Aufregung stehen bald vor sieben Betten gepackte Sachen.

«Wißt ihr noch, wie wir angekommen sind? Und nun seht euch diese Massen an. Was hat sich da alles angesammelt! Und nichts ist entbehrlich. Wir werden ganz schön zu schleppen haben.»

Als der Dezhurny sie holen kommt, bleibt nur noch Zeit für einen kurzen Abschied, halbe Sätze, Versprechen. Sie gehen nach draußen, um ihnen nachzusehen. Aus allen Baracken kommen schwerbeladene Gestalten, sammeln sich vor dem Tor. Da winkt noch eine Hand den Zurückgebliebenen, aber ihre Augen sind schon auf das Tor geheftet, das sich ihnen gleich öffnen wird. Als sie hinausströmen, hängen die zum Abschiedsgruß erhobenen Arme sinnlos in der Luft, denn kein Gesicht wendet sich zurück. Es ist nicht nur der bloße Abstand, den sie jetzt zu den Freunden von gestern haben, sondern auch die tief innewohnende Furcht, die beim Verlassen des Hades verbietet, den Kopf zu wenden, um ihm nicht aufs neue zu verfallen.

Die leeren Plätze machen die Frauen still. Man unterhält sich nur leise, als könnte es jemand stören.

Inge ist auf Annelises frei gewordenen Platz gezogen. Sie kann es nicht ertragen, den leeren Platz neben sich zu haben. Jetzt leben sie dicht beeinander, die fünf Übriggebliebenen.

«Rosemarie, komm, laß uns sehen, was die Karten sagen», bittet Sybille. Mit flinken Fingern mischt Rosemarie die Karten, legt sie vor Sybille hin. Sybille hebt ab, legt drei Häufchen hintereinander. «So, nun zieh drei. Aus jedem Haufen eine.»

Gebannt sieht Sybille auf die drei Häufchen, zieht dann rasch hintereinander drei Karten.

Rosemarie schlägt die Karten auf. Herz acht, Karo acht, Kreuz zehn. «Oh, das ist gut, Sybille, gut, sehr gut. Herz acht ist die Freude, der Tanz um das Feuer, Karo acht der lange erfolgreiche Weg, und Kreuz zehn ist die sichere, die weite beschwerliche Reise. Gleich zweimal wird auf die Reise hingewiesen.»

«Herrlich, das spricht doch für einen baldigen Transport.»

Rosemarie rafft die Karten zusammen, verbirgt sie wieder in ihrem Beutelchen auf der Brust. Inges Wangen röten sich vor Freude.

«Stepha, Betty, hört doch mal. Sybille hat heute wieder so gute Karten gezogen. Wißt ihr noch, so wie vor dem letzten Transport.»

«Was für Karten waren's denn?»

Betty legt sich auf den Bauch und sieht über den Rand der Pritsche nach unten.

«Herz acht, Karo acht und Kreuz zehn.»

«Hm, das sieht ja wirklich gut aus. Wenn das stimmt, können wir anfangen zu packen.»

Stepha kichert. «Verstehst du denn was vom Kartenlegen, Betty?»

«Genauso viel wie Rosemarie», flüstert Betty zurück. «Aber es vertreibt die Zeit, gibt ihnen Auftrieb, und irgendwann stimmt es vielleicht einmal.»

«Aber du glaubst nicht daran?»

«Das kann ich nicht genau sagen. So halb und halb. Weißt du, früher, ich meine, damals in Berlin, als ich noch auf den Strich ging, da haben wir uns vor der Arbeit immer die Karten gelegt.

Wir hatten eine, die konnte das wirklich gut, sie hatte es von einer Zigeunerin gelernt. Manche von uns schworen darauf, die gingen nicht raus, wenn sie schlechte Karten hatten.»

«Betty, was wirst du tun, wenn du wieder nach Hause kommst?»

Über Bettys Gesicht legt sich ein Schatten; sie starrt aus dem Fenster. Schweigend verharrt Stepha neben ihr. Es tut ihr leid, diese Frage gestellt zu haben. Bettys Gesicht ist jetzt so trostlos. Verdammt, was bin ich für ein Idiot, so taktlos hätten auch Inge oder Rosemarie fragen können, denkt sie.

Dann beginnt Betty zu reden. Ihre Stimme ist brüchig. «Ich habe mich immer geweigert, darüber nachzudenken, was nach diesem Leben hier kommt. Es schien auch noch so viel Zeit zu sein. Ich bin zwar auch unter unseren Frauen immer ein Außenseiter gewesen, doch immerhin hat man mich nicht ausgeschlossen. Ich habe mich wohl gefühlt. Dich habe ich gern, du hast mich allen anderen vorgezogen, aber ich weiß auch, daß dies so eine Art Demonstration gegen die anderen war, und...»

«Nein, das stimmt nicht, Betty! Ich habe zu dir gehalten, weil du die Anständigste der ganzen Truppe warst und bist. Glaub nur nicht, daß ich nicht wüßte, wer für unsere Alten drüben Holz und Wasser geholt, Nadeln und Garn besorgt hat. Du hast es nicht nötig, Betty, daß irgend jemand für dich Dazugehörigkeit demonstriert.»

«Du brauchst dich nicht zu erregen, Stepha. Glaub mir, ich habe die Schranke zwischen mir und den anderen immer gespürt. Sie war und ist da, trotz der vielen Jahre, und jetzt, Stepha, wo es an die Heimreise geht, jetzt wird sie sozusagen neu gestrichen.»

«Das bildest du dir nur ein, Betty!»

«Nein, nein, Stepha. Glaubst du, daß Inge und Helene mich jemals einladen werden? Wir werden in einer Stadt leben, aber keine von ihnen hat mir ihre Adresse gegeben. Sie werden von mir erzählen, sicher. Ich werde sogar eine Attraktion in ihren Erzählungen sein, und die Zuhörer werden sagen, ach, ihr Ärmsten, wie schrecklich, mit so einer Frau! Und dann werden sie möglicherweise antworten, aber sie war trotzdem ein feiner Kerl, sie hat sogar Machorka für uns besorgt, und man wird mit den Köpfen schütteln und ts, ts, ts machen.»

«Aber du kannst doch ein ganz neues Leben anfangen, irgendwo, wo dich niemand kennt. Du bist klug, gut und liebenswürdig.»

Da werden Bettys Augen feucht, füllen sich bis zum Rand, und Träne auf Träne läuft über das trostlose Gesicht. Kein Laut, kein Schluchzen, und Stepha glaubt, ihre Hände wie eine Schale darunter halten zu müssen, um diese Tränen aufzufangen. Sie begreift Bettys Schmerz. Niemand hat es vergessen, was Betty einmal war. Vor allem Betty selbst kann es nicht vergessen. Es wäre damals doch so leicht gewesen, es zu verschweigen. Wie viele hatten sich zu etwas gemacht, was sie niemals gewesen waren. Betty greift nach Stephas Händen, die ihr schon oft wohlgetan haben, hält sie minutenlang, und als habe der Tränenstrom Alter und Trostlosigkeit hinweggespült, bricht ein Lächeln hervor, so strahlend, daß Stepha es wie ein Wunder empfindet.

«Es war gut, einmal so weinen zu können und seine Tränen so getrocknet zu bekommen. Mir scheint, Stepha, daß dieser Augenblick eine Gnade war. Eine Gnade, die nicht jedem Menschen widerfährt. Wir müssen alle zurück in das, was vorher war, und wer kann schon sagen, wie das sein wird. Meine Heimat ist Berlin, Stepha, ich könnte nirgendwo anders leben als in Berlin. Dort ist mir alles vertraut. Meine Stammkneipe, der Alex, die U-Bahn. Besonders wenn man niemanden mehr hat, keine Familie, keine Verwandten, dann sind die Häuserfassaden schon Vertraute. Man muß eine Wurzel haben, Stepha, sonst kann man nicht leben. Das Milieu zieht unsereinen immer wieder an. Da kennt jeder jeden, und sosehr man es auch manchmal verflucht hat und anders hätte leben wollen, es zieht einen doch immer wieder zurück. Es war schön, mit dir, mit euch zu leben. Aber wenn wir wirklich heimkommen, dann sieht alles doch ganz anders aus.»

«Es mag richtig sein, was du sagst, Betty, aber ich bin stolz darauf, neben dir gelebt zu haben. Ich brauche keine Entschuldigung für dich, die mit ‹aber sie war› beginnt. Mir bist du lieb, so wie du warst und bist, von Lichterfelde bis Taischett, und unsere Berta hätte ebenso gedacht und Irene und Hildegard auch.»

Wie ein Lauffeuer geht es durchs Lager. Alle Ausländer sammeln, fertigmachen zum Transport. Und sie kommen gelaufen, stürzen in die Baracken, keiner hat Zeit für den anderen. Jede greift, rafft zusammen, war ihr gehört. Schüsseln und Löffel fallen scheppernd zu Boden.

«O Gott, meine Wäsche! Meine Wäsche ist naß!» jammert eine Stimme.

«Hat jemand mal eine Nadel? Himmel noch mal, ich brauche eine Nähnadel. Ich gebe sie doch zurück.»

«Wer hat ein Stück Bindfaden? Nur ein kleines Stück!»

Bettlaken werden in Streifen gerissen, dienen zum Verschnüren von Decken und Beuteln. Bündel liegen auf der Erde, behindern die anderen. Zwischendurch noch Tauschgeschäfte. Angebrochene Dosen gegen Machorka. Die Situation ist ungünstig. Die Zurückbleibenden wollen nur wenig geben. Es fehlt an Beuteln und Säcken. Sie knoten es in Decken, unförmige Bündel, kaum zu tragen.

«Du bist doch verrückt, was willst du mit den Filzstiefeln?»

«Und wenn wir noch nicht nach Hause kommen?»

«Verdammte Scheiße, wenn die Alten doch von ihren Plätzen gehen würden, damit man Platz zum Einpacken hat.»

Sie sitzen, die Alten, rühren sich nicht vom Fleck. Mit gierigen wachsamen Augen bewachen sie ihre Habe. Manches wird gestohlen, aber es ist keine Zeit, die Diebe zu stellen. Die Aufregung ist infernalisch.

Sybille sitzt verzweifelt zwischen ihren Sachen. Rosemarie ist zu aufgeregt, um vernünftig zu packen. «So helft mir doch, ich kann es doch nicht selbst!» stöhnt sie verzweifelt.

Niemand hat Zeit. Jede ist mit sich selbst beschäftigt. Die Barackenälteste versucht, mit Flüchen und Pfiffen Ruhe zu schaffen. «Verdammt! Hört doch endlich mal zu. Ich lese jetzt die Namen vor!»

«Scheiße, wozu denn? Es wurde gesagt, alle Ausländer!» brüllt eine der Österreicherinnen, die sich im Lager von den Deutschen abgesondert hatten.

Endlich tritt Ruhe ein. Die Barackenälteste hat einfach zu lesen begonnen. Name auf Name. Erst die Österreicherinnen, alle. Jubelnd fallen sie sich in die Arme. Vier deutsche Namen, und sie faltet das Papier zusammen, verwahrt es unter ihrem Kopfkissen.

Betty sieht Stepha entsetzt an.

«Stepha! Dein Name! Du bist nicht aufgerufen worden!»

«Ich hab's bemerkt.»

«Aber das ist doch verrückt! Das ist ein Irrtum! Sie hat ihn einfach übersehen! Warte, ich bin gleich zurück!»

Betty kämpft sich rücksichtslos durch den Trubel, redet auf die Barackenälteste ein, die den Kopf schüttelt, sich schließlich überreden läßt und die Liste noch einmal hervorholt. Eifrig beugt sich Betty über die Liste, fährt mit dem Finger Namen um Namen nach, denn vielleicht steht Stephas Name mit unter denen der Österreicherinnen. Blaß und verstört kommt sie zurück, packt die in ihrer scheinbaren Ruhe so aufreizend wirkende Stepha bei den Schultern, schüttelt sie heftig, fährt sie an:

«Verdammt noch mal, das kann dir doch nicht so egal sein! Du mußt zum Politoffizier gehen! Das kann doch nur ein Irrtum sein!»

«Nein, Betty, das ist kein Irrtum. Wie lange bist du nun schon hier? Glaubst du immer noch, es könnte einen Irrtum geben? Seit die Gefängnistür hinter uns zuschlug, gab es keinen Irrtum mehr. Ich werde nicht die einzige sein, die zurückbleibt. Wir kommen bestimmt später nach. Die Kranken sind auch noch in den Krankenbaracken.»

«Ich würde viel lieber noch hierbleiben, um mit dir zurückzufahren. Es wird sehr einsam sein ohne dich.»

«Ohne dich auch, Betty. Aber wir treffen uns bestimmt in irgendeinem Sammellager wieder. Mach dir keine Sorgen, sieh lieber zu, daß du mit dem Packen fertig wirst. Und nimm dir genug Machorka mit. Ich treibe hier schon wieder welchen auf. Und auch Kaffee, Betty, ich mag ihn sowieso nicht.»

Still geht Stepha aus der Baracke, setzt sich draußen abseits der anderen, die gleich ihr aus diesem Lärm entflohen sind. Sie sieht über das Lager hin. Sascha kommt mit ihrer Gitarre nach draußen, hockt sich neben Stepha, beginnt leise Melodien anzuspielen, eine nach der anderen, verhält bei der einen, wiederholt das Thema, greift stärker in die Saiten und beginnt zu singen. Die erste Zeile des Liedes allein mit ihrer dunklen, warmen Stimme. Bei der zweiten Zeile fallen andere Stimmen ein, die immer weiter über das Lager tragen. Vor den anderen Baracken nehmen sie das Lied auf, all ihre Sehnsucht und ihr Heimweh durchströmt die schwermütigen Melodien. Die Posten auf den Türmen stehen lauschend, lehnen sich über die Brüstung. Aus den Büschen steigt Nebel auf, der Himmel zeigt die kräftigen Farben des Hochsommers. Levkojen und Nachtveilchen duften, und unendlicher Friede liegt über allem.

Es wird ein schneller Abschied. Alle packen mit an, tragen die unförmigen Bündel zum Tor. Worte, bedeutungslose, denn alles ist schon gesagt. Blicke, Händedruck und Umarmungen. Tränen zwischen Lachen und Weinen. Die Motoren der Lastwagen laufen schon. Das vertraute «Dawai, dawai», dazwischen die Flüche der Posten, die die schweren Bündel auf die Wagen schmeißen. Jetzt sind sie getrennt, nur durch wenige Schritte, denn das Tor steht noch offen. Worte fliegen noch hin und her, aber man kann nichts verstehen, denn die Motoren dröhnen. Bettys Gesicht, Stepha zugewandt, traurig. Sybille auf ihren Krücken so hilflos, zerbrechlich. Die Soldaten schließen das Tor.

Abschied von Ljuba

Stepha geht neben Sascha zurück. Schweigend, gedankenverloren. Aus den Wäldern steigt die Nacht herauf, wirft blaue, tiefe Schatten. Die Wolkenränder haben ihr Gold verloren. Der Abendwind trägt die starken Düfte des Waldes herbei, und irgendwo da draußen müssen Kornfelder sein, denn der Duft sonnenwarmen Korns breitet sich im Lager aus.

Wohlige Ruhe entsteht in Stepha. Sie lehnt den Kopf gegen das sonnenwarme Holz der Baracke, genießt Düfte und Stille. Jetzt sind sie die einzigen draußen, Sascha und sie. Drinnen räumen wohl die Frauen, breiten sich mit ihrer Habe aus, haben sich sicher um Sybilles und Rosemaries untere Plätze gestritten, die nun schon in die Nacht hineinfahren, glücklich in dem Bewußtsein, sich der Heimat zu nähern. Was mögen sie dort vorfinden? Wird es noch das Zuhause sein, das sie einst verlassen haben?

Wie ein weiches Tuch legt sich die Dämmerung über das Lager. Zwei Gestalten kommen gelaufen, seltsam schwebend in der Dämmerung, die sie konturenlos macht. Als sie dicht vor ihnen sind, erkennt Stepha sie. Zwei Deutsche. Sie hat schon mit ihnen gesprochen. Sie sind erregt, völlig aufgelöst, beginnen zu weinen, bevor sie noch ein Wort gesprochen haben.

«Nun, nun, was gibt es denn? Was regt ihr euch so auf? Seht, ich bin ja auch noch da.»

«Ja, aber wir sind die einzigen! Wirklich, Stepha. Alle Österreicherinnen, Ungarinnen und auch alle Deutschen sind auf Transport.»

«Ja gut, wir sind eben beim nächstenmal dran.»

«Stepha, du kannst doch russisch schreiben. Schreib eine Sajawlenie, vielleicht ist's doch wirklich ein Irrtum.»

«O Gott! Es gibt keinen Irrtum. Wann werdet ihr das begreifen? Oder habt ihr schon mal einen Irrtum erlebt? Schließlich sind wir doch auch nicht alle zusammen hier angekommen, oder?»

«Können wir dann nicht wenigstens in deine Baracke ziehen, damit wir alle zusammen sind?»

«Aber ihr seid doch zwei. Wißt ihr, ich habe hier meine Freunde, ich möchte da nichts mehr ändern. Macht euch doch nicht verrückt, beim nächsten Transport seid ihr gewiß mit dabei.»

Stepha bemüht sich, ihren Unmut nicht deutlich werden zu lassen. Wenn sie doch gehen würden, worüber soll ich denn mit ihnen reden! Es war so schön, so still. Dieses Reden, nur um zu reden. Sie bietet ihnen zu rauchen an, gibt einsilbige Antworten und verspricht: «Ich werde mit der Barackenältesten reden, heute abend noch. Vielleicht könnt ihr dann morgen bei uns einziehen. Platz ist genug. Jetzt aber muß ich rein, meinen Platz aufräumen, damit ich wenigstens zur Nacht schlafen kann.» Sie erträgt die stürmische Dankbarkeit, läßt sich umarmen, steif wie ein Hölzchen. Sie mag es nicht, wenn man sie berührt. Sie sieht in die traurigen Augen, hält sekundenlang eine vogelleichte Hand in der ihren.

«Gute Nacht.»

«Dann bis morgen.»

«Ja, bis morgen.»

Dann gehen die zwei, sich ständig umschauend, winkend, wie alte vertraute Freunde. Stepha läßt die Hand sinken, wundert sich. Warum habe ich das versprochen? Ich kenne sie kaum. Sie sind mir gleichgültig, was soll ich mit ihnen?

Sascha hat sich erhoben, steht neben Stepha, sieht ihnen gleichfalls nach. «Sie haben es schwer, deine Deutschen. Furchtbar, diese Ungewißheit. Die Angst vor dem, was sie erwartet, wenn sie heimkommen. Es ist immer schwer, nach langer Zeit heimzukommen. Bei uns sind nach dem Krieg viele nach Hause gekommen, die gar nicht mehr erwartet wurden.»

«Ja», sagt Stepha, «sie haben es schwer. Es sind so viele. Sie wissen nicht wohin, denn es gibt zwei Deutschlands. Sie wissen nicht, zu welchem sie gehören, und wie kann man das eine lieben und das andere nicht? Kann man überhaupt ein Vaterland lieben? Hat euch das eure und uns das unsere nicht betrogen? Wo ist denn Heimatland? Wo man die Kindheit erlebte? Das ist lange her, und mir blieb nichts, was ich ‹mein› nennen könnte. Wie vielen wird es ähnlich ergehen.»

Leer erscheint ihnen die Baracke. 27 freie Plätze. Stepha sieht auf den leeren Platz neben sich; sie muß schlucken. Sie geht zu Saschas Platz, lehnt sich gegen den Ofen und bittet:

«Spiel und sing für mich, Sascha.»

Bereitwillig greift Sascha zur Gitarre, greift die Akkorde, spielt und beginnt zu singen:

«‹Do lutschich dnei!› pered proschtschaniem, Pozhaw mne ruku, ty skasal, i dolgo eti dni ja zhdal, No byl obmanut ozhidaniem. ‹Auf beßre Tage!› sagtest du beim Abschied, deine Hand fest in der meinen. Und lange wartet' ich auf diese Tage, doch meine Hoffnung ward betrogen.»

Aus allen Ecken schleicht die Dunkelheit. Stepha sieht Saschas Silhouette gegen das noch milchig schimmernde Fenster, das in der tiefen Dämmerung liegt, wie das Auge eines Blinden, und sie denkt, wie das sein muß, all dies nicht mehr zu haben, diese Abendstunden, die schwermütigen Lieder, die klaren Stimmen, das murmelnde Eingehülltwerden von den Betenden. Sie denkt an zu Hause, an das, was einst ihr Zuhause war, von dem nichts geblieben ist, denn wer hätte es hüten sollen? Der Vater, schon gesichtslos fast, nur Tage zwischen Ankunft und Abschied im Kriege hat sie ihn gesehen. Gefallen für Volk und Vaterland, im Westen irgendwo, noch in den letzten Tagen des Krieges. Die Trümmer, die die Gebeine von Mutter und Nachbarn zerschlugen und bedeckten, die, irgendwann aufgesammelt, irgendwo verblieben. Die Freunde von einst, Freunde im Glauben an das «Neue», verbunden im Schwur des «Nie wieder», wie fremd waren sie ihr jetzt – ihr, der «Wissenden».

Wie kann sie noch je wieder irgendeiner Gerechtigkeit vertrauen, denn die Gerechtigkeit ist immer nur irgendeine. Es gibt sie nicht, *die* Gerechtigkeit. Irgendwo zahlen immer Menschen für die Freiheit der anderen.

Nur ein kleines Leben wird es sein können, was sie in Zukunft haben wird. Söhne will sie haben. Sie wird sie zu guten Menschen erziehen, zu Gerechten. Wird sie vor denen warnen, die Fahnen vor sich hertragen, mit denen sie ihren Sieg verkünden, den Sieg, der die Unmenschlichkeit gegen die Besiegten schon in sich trägt. Aber in ihr ist schon der Widerspruch. Du Närrin, alle Mütter wollen gute Söhne, und doch gibt es Herrschende und Unterdrückte. Die Posten hier, die Dezhurnys, bis hin zum Kommandanten, sind sie nicht gute Söhne guter Mütter?

Ihr ist, als begreife sie erst jetzt, in diesen Minuten, was ihnen allen Ungeheuerliches geschehen ist. Sie haben es ertragen und erduldet, dabei noch eine Art Leben geführt, ein scheinbares. Sie haben Demütigungen, Heimweh, Sehnsucht durchlitten und sich in dumpfer Ergebenheit vor dieser durch nichts zu rechtfertigenden Unmenschlichkeit gebeugt.

180 Zentimeter lang und 90 Zentimeter breit ist der Platz, der jedem gehört, der, dicht bei dicht, keinen Rückzug vor den anderen ermöglicht, keine Keuschheit, keine Scham. Intimstes ist allen Augen preisgegeben. Eng, Körper an Körper, den Dunst fremden Fleisches atmend. Die Würde der Alten, dem Spott der Jüngeren preisgegeben, die mit straffen Körpern vor dem faltigen, welken Fleisch protzen. Tugend und Scheu der Jungen, lange schon verloren, zerfetzt von höhnenden Worten. Liebe, ihres Zaubers entblößt, durch lüstern weitergegebene Erfahrung, daneben dieses Sehnen nach zärtlicher Nähe und Wärme, erstickt unter glitzernden, hämischen Augen, zerrissen von zotigen Worten.

Sie sieht die Gesichter, die sich auf so seltsame Art gleichen, die Mimik, Bewegungen und Gesten. Der tägliche verzweifelte Mut, der Monotonie dieser Tausenden von Tagen etwas abzuringen, was über das bloße Existieren hinausgeht, um den hauchdünnen Spinnwebfaden zur Vergangenheit nicht zu zerreißen, ihn hinüberzuretten in die ungewisse Zukunft. Und so sticken sie für ihre Kinder, für ihre Enkelkinder, die sie noch nie gesehen haben, und in jedem Stich ist Liebe und Verzweiflung – und Angst, daß Tausende von Kilometern doch unüberbrückbar bleiben. Nur dies bleibt ihnen und ihr Gott, an dem weder Elend noch Not sie haben zweifeln lassen. Dieser Glaube gegen jede Vernunft, er macht sie so ähnlich, er befähigt sie, der Gegenwart jeden einzelnen Tag abzuringen, um ihn hinüberzuretten in die nicht mehr allzuferne Zukunft. Sie wollen vergessen, was man ihnen angetan hat, denn anders wäre es ihnen nicht möglich anzunehmen, was man ihnen noch an Lebensmöglichkeit bietet.

Stepha verbirgt ihr Gesicht in den Händen, und die Angst springt sie wie ein Tier an, denn sie hat nichts von dem, was ihnen das Leben möglich macht. Sie würgt den Schrei, der in der Kehle sitzt, hinunter. Tränen ändern nichts, denkt sie, und lösen nichts. Sie sind nichts als Schwäche. In dieser Nacht liegt sie wach, lauscht dem Atmen und Schnarchen der Schlafenden. Irgendwo murmelt eine Stimme, jemand stöhnt, eine andere seufzt. Eine Alte klettert mühsam nach unten. Krampfhaft hält sie sich am Balken der Pritsche fest und tappt dann mühsam an den Schlafenden vorbei, vorsichtig Fuß vor Fuß setzend. Auch ihre Augen sind schlecht, denkt Stepha, denn sie selbst sieht alles klar im Licht, das die Lampen des Zaunes durch die Fenster wirft. Sie ist alt, vielleicht sind es ihre letzten Jahre. Und irgendwo warten Kinder und Enkel.

Wie soll ich zurückkehren, dorthin, woher ich kam! Ist das noch meine Heimat? Wie kann ich schweigend unter ihnen leben, ohne aufzubegehren? Wie unter dieser Fahne atmen, die sich ebenso gleichgültig und mächtig im Wind bläht, wie es Fahnen neben und vor ihr taten?

Am Morgen ist sie hohläugig, verschlossen.

Nach der Prowerka werden die Namen für den nächsten Invalidentransport in die Wolnaja Ssylka verlesen. Nur sieben, unter ihnen Taisa. Wieder ein Abschied. Wie viele wird sie noch ertragen müssen? Es ist so schwer zurückzubleiben. Stumm sieht sie dem Wagen nach, der einen Gestalt, die all die anderen gesichtslos macht. Und es ist ihr, als entzöge sich ihr damit alles, jedes Gefühl der Geborgenheit.

Und sie fürchtet das Land, in dem sie geboren ist, das sich ihr jetzt gefahrvoll nähert; dort erwartet sie nichts außer dem, was ihr noch in Erinnerung geblieben ist.

Sie denkt an Fragebogen und Lebensläufe, die ihre Zukunft bestimmen werden: Name und Vorname? Geboren am und wo? Beruf des Vaters und der Mutter? Zugehörigkeit zur nationalsozialistischen Partei? Eigene Parteizugehörigkeit? Mitglied des FDGB? Mitglied der FDJ? Politische Schulungen? Parteipolitischer Werdegang?

Man würde überlegen. Das Für und Wider gegeneinander abwägen. Sie würde sich der Kritik und Selbstkritik zu stellen haben. Sie sieht sie sitzen am Tisch, mit den Wasserkaraffen und Gläsern, sie, die Überzeugten, die Sicheren, für die sie ein Monstrum, ein Klassenfeind ist, dem man eventuell in einem Betrieb, selbstverständlich unter besonderer Kontrolle, eine Chance geben könnte. Sie umerziehen zu einem nützlichen Mitglied der sozialistischen Gesellschaft; natürlich ein langer, schwieriger Prozeß. Sie sieht sie die Köpfe wiegen, flüsternd beraten. Erschwerend natürlich ihre einstige positive Einstellung, die sie die Konsequenzen hätte voraussehen lassen müssen. Vielleicht wäre die Patenschaft eines linientreuen Genossen angebracht.

Sie sitzt bei den alten Freunden vor der Tuberkulosenbaracke, und die Gespräche tropfen schwerfällig, denn nicht eine der Blatnajas wurde von der Kommisowka zur Freiheit bestimmt. Und sie hatten gehofft. Trotzdem. Wie konnte sie vor ihnen von ihrer Angst vor der Freiheit reden.

Die Tage sind lang, scheinen sich endlos zu dehnen. Herbstregen peitscht gegen Wände und Scheiben. Schon werden die Baracken winterfest gemacht, die Fensterrahmen verklebt wie in jedem Jahr, um Sturm und feines Schneegestöber draußen zu halten. Stapel der vorher so ersehnten Zeitungen werden angeschleppt, und nur weil Margot und Brunhild sie bestürmen, liest sie, was ihnen interessant erscheinen mag, und erfährt, daß Deutschland nun endgültig geteilt ist, daß es eine Deutsche Demokratische Republik und eine Bundesrepublik und einen Mann namens Adenauer gibt, der mit der Sowjetunion über die Rückführung der Kriegsgefangenen verhandelt.

Ächzend schiebt sie mit den Frauen die hochrädrigen Karren, beladen mit Holz, aus der Arbeitszone zu den Krankenbaracken und zu den Wohnbaracken. Feuer flackert wieder in dem Riesenmaul des hohen, weißgetünchten Ofens, knackt und sprüht, wenn am frühen Morgen, lange vor Poidjom, die Barackenälteste den Ofen anheizt. Dann liegt Stepha bäuchlings, starrt in das Feuer, wünscht, die Zeit, die wohlige Behaglichkeit, möge nicht vergehen, bleiben, mit den huschenden Schatten der Frauen, den am Morgen leiser, gedämpfter klingenden Stimmen, dem Dunst der atmenden Körper und der kalten klaren Luft, die durch die Barackentür zieht, wenn sie zum Lüften geöffnet wird.

Sie zieht freiwillig mit der Brigade in die Arbeitszone, spaltet mit Wucht die eineinhalb bis zwei Meter dicken Holzklötze, genau einen Meter hoch, sie genießt den Schlag, den Keil in dem Spalt, der das Holz auseinandertreibt. Scheit für Scheit, Klafter für Klafter. Sie arbeitet wild, es ist Genuß, die schmerzenden Muskeln zu spüren. Sie atmet den harzigen Geruch des Holzes, das die Waldbrigaden draußen in den endlosen Wäldern geschlagen haben, und sie sehnt sich nach den singenden Sägen, den hallenden Axtschlägen, den helleuchtenden Feuern, an denen sie sich wärmten. Sehnt sich nach dem fallenden Laub, das unter den schlurfenden Füßen raschelt, in stillen Sekunden mit dem Wind wispert.

Diese Freiheit ist die einzige, die ihr nun erstrebenswert erscheint, die sie herauslöst aus der Angst vor dem Kommenden, dem ihr nun so Fremden, Unheimlichen. Hier in der Wolnaja Ssylka gibt es weder Fragebogen noch Lebensläufe, hier gilt es, die Natur zu bezwingen, sich zum Freund zu machen.

Die seltenen Träume von bekannten Straßen, das Quietschen der Straßenbahn in einer bestimmten Kurve, ihr Schulweg, die alte Backsteinschule, ihr Platz in der vierten Bank rechts neben der Tür. Längst haben andere ihn eingenommen und wieder verlassen, anderen Platz gemacht. Sie versucht, sich an Gesichter zu erinnern, doch die Erinnerungen bleiben leer.

Dann schlendert sie durch die Baracken, steht sinnend vor den Plätzen derer, die jetzt schon irgendwo sind – vielleicht schon in

Deutschland, aber in welchem, da es doch zwei gibt. Wird es ihnen Heimat werden? Deutschland, das Wort, das für sie nur angefüllt ist mit Erinnerungen an Gewalt und Tod, an Krieg und Tränen. Und an Menschen, die neue Hoffnung gaben und die sie fallenließen, ohne nach ihr zu fragen. Das Deutschland, das sie ausstieß.

Sybille, zarte, sensible Sybille, wird jemand dein Leiden verstehen? Wird man sie auffangen, sie ihre Träume verwirlichen lassen? Wird Rosemarie ihre Familie finden? Und Betty? Wird sie die Kälte des Alleinseins ertragen, oder ist sie in die «Wärme» des alten Lebens zurückgekehrt?

In der wenigen Zeit, die sie hat, bestürmen sie Margot und Brunhild: «Man hat uns vergessen, Stepha. Es sind Wochen vergangen. Bitte, du mußt etwas tun! Wir wollen nach Hause!»

Sie nickt nur voll Erbarmen mit der stillen, grauäugigen Brunhild, die sich fast ebenso wie Stepha das Reden abgewöhnt hat, immer an ihre drei Kinder denkend, die auf sie warten, irgendwo im Thüringischen. Stepha macht sich auf den Weg zum Politoffizier.

Er steht auf, kommt ihr entgegen. Es wundert sie nicht, daß er aufsteht, so vieles hat sich geändert. «Sadis! Setz dich!» Auch das ist neu, ungewöhnlich. Gefangene hatten früher zu stehen. Die dunklen Augen unter den schweren Lidern sind ihr aufmerksam zugewandt, als sie zu reden beginnt: «Sie fürchten, man habe sie vergessen. Es sind nur noch eine Handvoll Deutscher zurückgeblieben. Vor Wochen schon ging der letzte Ausländertransport.»

Er greift nach einer Liste, legt sie wieder ab, hebt die Handflächen nach oben. Geste des Bedauerns. «Ja ne winowat! Ich bin nicht schuld! Es ist die Organisation, verstehst du?» Er fährt, einmal begonnen, in deutscher Sprache fort: «Wir erwarten einen Transport, eigentlich mehrere, man zieht sie zusammen, die Kurzstrafigen, um Lager freizubekommen.» Er schweigt einen Moment, sieht auf den hellen Fleck an der Wand neben dem Porträt Lenins. «Fünf Soldaten und ein Dezhurny von diesen Transporten sollen die restlichen Deutschen bis Moskau begleiten. Sie sind überfällig, wir warten täglich. Vielleicht das Wetter? Die Schneestürme? Da gibt es schon Verzögerungen.»

«Das darf ich ihnen sagen, den Deutschen?»

«Kannst du. Nur...» Er zwirbelt an seinen Schnurrbartenden, seine Lider verdecken die Augen bis zu einem schmalen Spalt. «Da gibt es ein Problem. Es ist so, du bist nicht auf dieser Liste.»

Stepha sieht ihn nur fragend an, reibt ihre Handflächen, die feucht geworden sind, an den Hosen. Gedanken, Gefühle jagen sich, lassen sich nicht halten, nicht formen. Sie fühlt das Entsetzen nicht, das ihr Gesicht fahl, die Augen groß und dunkel macht.

«Die Kommisowka hat dich aktiert, du bist ein freier Bürger. Aber der Tschunski-raion hat deine Akte aus Moskau angefordert. Du brauchtest schließlich einen Propusk, nicht wahr? Dann kam der Befehl aus Moskau. Alle Ausländer zurück in ihre Heimatländer und die Listen. Deine Akte ist im Tschunski-raion. Also Brief zum Tschunski-raion, Brief nach Moskau. Nun muß Moskau deine Akte anfordern und dich.»

Ihre Handflächen werden trocken. Die Hände ruhen nun, mit den Handflächen nach oben, auf den Schenkeln. Sein aufmerksamer Blick, der vom Gesicht zu den Händen und zurück zum Gesicht gleitet, vermag nicht das geringste Zittern der Finger zu bemerken. Dies fehlende Syndrom, es gehört zu seiner jahrelangen Erfahrung, läßt ihn staunen. Er blickt auf seine Hände und sieht dann, wie sich in ihren Augen das Lachen ausbreitet, das ganze Gesicht erfaßt, um glucksend aus ihrer Kehle aufzusteigen.

«Schto ty smejoschsja? Eto serjosnoje delo. Was lachst du? Es ist eine ernste Sache», mahnt er streng, doch seine Augen können das Funkeln nicht verbergen.

«Ponimaju, konetschno. Ne prijatno takoje delo, nu kogda ne bud... Ich verstehe natürlich, es ist nicht angenehm, eine solche Sache, aber irgendwie...»

«Udiwitelnaja dewotschka. Erstaunliches Mädchen.»

«Ich sag es den Deutschen. Sie warten auf mich, denn sie fürchten sich sehr.»

Er erhebt sich schwer von seinem Stuhl, macht einige kurze Schritte, bleibt an der Längskante des Schreibtisches stehen.

«Sie gehen mit Haß im Herzen!»

«Vielleicht? Vielleicht nicht? Was haben Sie erwartet?»

«Nichts anderes!»

Er starrt auf den Schreibtisch, sein Gesicht ist müde.

«Ich hatte eine Tochter, vielleicht wäre sie geworden wie du. Wir lebten in Gomel. Der Krieg...»

Er spricht es nicht aus. Sein Gesicht ist wie immer, als er sie wieder ansieht. «Nun geh, laß sie nicht warten!»

Er hat sich umgedreht, steht zum Fenster gewandt. Leise schließt Stepha die Tür.

«Oh, diese Idioten, nein, solche Idioten», jubelt Margot, als Stepha die Nachricht bringt. «So etwas kann nur hier passieren. Man denke, sie haben niemanden, der uns begleitet!» Die Worte schwächen den Jubel nicht ab, der durch sie hindurchklingt. Stepha wird umarmt, emporgerissen, durch die Baracke gewirbelt. Margot ist vor Freude wie von Sinnen.

«Am liebsten würde ich auf dem Tisch tanzen!»

«Dann tu es doch!» ruft Sascha und greift zur Gitarre.

Und Margot tanzt, sie tanzt wirklich auf dem Tisch. Alle klatschen den Takt, singen das Lied von der Troika, und draußen wirbelt der stärker gewordene Wind die ersten Flocken gegen das Fenster.

Man legt sie zusammen. Alle Deutschen in eine Baracke. Auch die Kranken. Sie drängten, aus den Krankenbaracken entlassen zu werden. Jetzt sind sie sieben. Eine Glückszahl, behauptet Margot.

Immer sitzt Brunhild im Kreis der Kameradinnen, hört ihren Zukunftsplänen zu; in ihrem Gesicht ist ständig so etwas wie ein Staunen über die Sicherheit, die Zuversicht der anderen. Meist lächelt sie zustimmend, aber häufig fliegt doch ein Schatten von Trauer über ihr Gesicht, der lange in den Augen haften bleibt.

«Meine Kleider sind bestimmt unmodern geworden. Möchte mal wissen, was man jetzt trägt?»

«Na, ob du da noch reinpaßt? Bist ja schließlich jetzt keine 25 mehr. Und dann der Bauch, den mußt du dir erst noch abhungern.»

«Na und du? Bei dir hat die Kascha auch ganz schön angesetzt.»

«Das ist Wasser. Ich habe Wasser in allen Gliedern und Rheumatismus. Ich muß mich erst mal richtig behandeln lassen.»

«Dann wird's wohl nichts mit der ersten Nacht nach dem Wiedersehen. Die wirst du dann wohl keusch verbringen.»

«Also, so ist mein Mann nicht. Dem ist's gleich, wie ich aussehe, Hauptsache, ich bin wieder da.»

«Bei meinem bin ich da nicht so ganz sicher. Der hat schon früher nichts anbrennen lassen. Aber gutmütig ist er. Doch, das ist er wirklich. Er konnte eben nie nein sagen.»

Sie lachen und verlieren sich in Erinnerungen, und ihre Zweideutigkeiten rufen schallendes Gelächter und nun wieder befangenes Lächeln der Jungen hervor, die noch ihre Träume und Erwartungen haben und sicher sind, daß es bei ihnen anders, ganz anders sein wird.

Keinem fällt auf, daß Brunhild aufsteht und nach draußen geht. Nur Stepha folgt ihr. Trifft sie rauchend, durch die Scheiben in das Schneegestöber sehend. Sie stellt sich neben sie, sieht gleich ihr hinaus, dreht die Zigarette sorgfältig, als gälte ihre ganze Aufmerksamkeit nur ihr. Sie betrachtet sie eingehend, bevor sie sie – welche Verschwendung, da doch Brunhild neben ihr raucht – bedächtig mit einem Streichholz anraucht.

«Der Schnee kommt in diesem Jahr früh.» Sie stößt den Rauch aus, sieht jetzt erst Brunhild an.

«Hast du auch Angst vor der Heimkehr?»

Brunhild sieht weiter aus dem Fenster, ihre Stimme ist so leise wie alles an ihr. Auch die Angst, die hinter der Frage steht, in ihren Worten schwingt.

«Ja», sagt Stepha einfach. Brunhilds Gesicht entspannt sich, wendet sich ihr zu, weich, wie das eines Kindes.

«Es ist alles so lange her, Stepha. Werden wir uns mit den Unsrigen und mit denen, die wir einst kannten, noch verständigen können? Meine Kinder, sie sind ‹Junge Pioniere›, sie schrieben es mir so stolz, und mein Mann, er ist ‹Aktivist›, es geht ihnen gut. Die Kinder sind klug, lernen gut. Die Jüngste ist jetzt sieben. Sie war eineinhalb, ein Baby noch. Aber sie schrieben nichts von Heimkommen, nichts von Wiedersehen. Die Schrift war so sauber, so ordentlich. Was soll ich ihnen sagen? Was erzählen?»

«Vielleicht findest du hinein in ihre Welt. Sie denken an dich, schreiben von ihren Erfolgen, um dich zu erfreuen, dich sorglos, es dir leichtzumachen.»

«Aber werde ich ihnen nicht schaden? Vielleicht durch meine Rückkehr alles zerstören? Wenn die Nachbarn, die Arbeitskollegen, die Klassenkameraden erfahren, woher ich komme?»

«Es wird sich verschweigen lassen!»

«Und selbst wenn? – Könntest du es denn verschweigen, Stepha, all dies hier? Die Ungerechtigkeit, all das Quälende? Werden wir nicht an unserem Schweigen ersticken?»

«Denk an die Freude, Brunhild. Die lachenden Augen deiner Kinder. Wir werden es vergessen. Es wird Neues geben. Gutes, Schönes.»

«Aber werden es denn noch meine Kinder sein, Stepha? Wer hat sie erzogen, geformt? Vielleicht gibt es da eine Frau?»

Auf diesen stillen Aufschrei kann Stepha nicht antworten. Was soll sie auch sagen? Kamen nicht nach dem Krieg Väter heim, die nie wieder Väter wurden? Fremd und feindlich standen sie gegen sie – die Kinder und die Mütter.

«Ich habe eigentlich nur Angst um mich. Wie werde ich mich in dieses Leben einfinden? Wie wird das sein, plötzlich allein?» Stepha sagt es vor dieser großen Angst bescheiden und hilflos. Aber es macht die ihrige nicht kleiner, läßt sie eher noch ins Endlose wachsen, denn wem soll sie vertrauen, wenn Mütter an ihren Kindern zweifeln? Es gibt nichts mehr zu sagen, und so starren sie wieder durch die jetzt schon beschlagene, sich mit dünner Eisschicht in bizarren Mustern formende, zunehmend weniger durchsichtig werdende Scheibe. Nur ihr Atem läßt an zwei Stellen die Kristalle konturenloser, wäßriger erscheinen. Sie rauchen – die wievielte schon –, als man sie lärmend aufstöbert, wieder hineinzieht in den Kreis der Glücklichen, Erwartungsfrohen.

Eines Tages kommen sie, die Transporte. Massen vermummter Gestalten. Alte Lagernizy, man erkennt es an der Sprache, spürt es am Verhalten. Lärmend strömen sie in die zugewiesenen Baracken, belegen Plätze, richten sich ein, halten Ausschau nach bekannten Gesichtern. Bei der Frage nach dem Woher kommt die Antwort «Norilsk». Sekundenlanges, bebendes Schweigen. Wer kennt es nicht, dieses Schreckenswort? Die Legende vom blutig niedergeschlagenen Aufstand der Gefangenen. Anfang der fünfziger Jahre. Die Kunde eilte von Lager zu Lager. Lager im ewigen Eis. Arbeit in der Tiefe, der Dunkelheit des Berges. Aus Workuta kommen sie, aus Mogadan. Erschöpfte, ausgemergelte Gestalten.

Sie sind anders, diese Norilsker, diese Workutaner, Mogadaner, härter sind sie, wortkarger.

«Deutsche?»

«Ja, hat es auch gegeben. Einzelne. Es war nicht wichtig, wer man war. Viele sind krank geworden. Gestorben. Es gab viele Krankheiten. Viele waren zu schwach.» Sie antworten ungern.

Drei Tage schon, daß die Transporte angekommen sind. Eine Ewigkeit jede Stunde. Sie wagen kaum, die Baracke zu verlassen. Nach zwei weiteren Tagen klarer blauer Himmel, strahlende Sonne. Brigaden werden eingeteilt. Arbeitskolonnen raus zum Wegeschaufeln. Die Norilsker sind stumpf, finster, haßerfüllt. Es ist kaum mit ihnen zu reden, sie arbeiten verbissen, ohne aufzusehen. Kein Scherzwort, kein Lachen. Selbst die Flüche leise, gleichsam nach innen. Beim Heimmarsch fragt eine: «Ihr dürft reden? Wir durften es nie.»

Und sie stapft weiter, den Kopf gesenkt, die Blicke an den Füßen des Vordermannes.

Einmal abends singen sie. Leise, verhalten. Düstere Bilder beschwören die Lieder herauf, bedrückend. Finsteres Schweigen folgt den Liedern. Die Stimmung bleibt trübe. Die Gespräche leise. Der feuchte Dunst der noch nicht getrockneten Bündel der Fremden liegt schwer über der Baracke.

Dann kommt er doch, der Augenblick. Trotz des immerwährenden Wartens darauf überraschend. Die Liste. Sechs Namen. Fahrige Hände zerren die Bündel unter den Pritschen hervor.

Der Schnee fällt wieder wie eine Wand, gibt die Sicht nur knapp einen halben Meter frei. Die Brigaden räumen die Wege. Nutzloses Bemühen, denn schon wenige Schritte nach ihnen bedecken sie sich aufs neue mit wattigem, dichtem Weiß. Unbeachtet gehen sie, verschluckt vom Schnee. Selbst wenn es ihn nicht gäbe, hinterließen sie keine Lücke. Ihre Plätze sind schon wieder belegt, kaum daß sie die Baracke verlassen haben. Was zählen schon sechs unter hundert und aberhundert namenlosen, finsteren Fremdlingen.

Unbemerkt ist Stepha gegangen. Nur Brunhild hat sie wortlos die Hand gegeben. «Du fährst nicht mit uns?» Stumm schüttelt Stepha den Kopf. Sie will weder Fragen noch Abschied. In der dunklen, warmen Suschilka hockt sie auf den Fersen, den Kopf auf die Knie gelegt. Hier sitzen bleiben können. Allein in dieser Stille. Nicht zurück müssen, in die Baracke zu den anderen. Nicht reden müssen. Nie mehr. Sie denkt nichts, fühlt nichts. Es wäre gut, so sterben zu können – so unbemerkt, ungestört, in dieser Stille. Aber sie hört das Schlagen ihres Herzens, das so sicher, so ruhig ist. Das sich nicht befehlen läßt, still zu sein.

Erleichtert seufzt sie auf, als Sascha durch einen schmalen Spalt der Tür schlüpft. In schweigendem Einverständnis drehen sie Zigaretten. Das Papier knistert laut, sekundenlang blendet das aufflammende Streichholz die Augen, dann glühen nur noch die Zigaretten, heben das eine oder andere Gesicht aus der Dunkelheit hervor. Dumpf dringt das Heulen der Lokomotive in den stillen Raum.

«Jetzt fahren sie.»

«Ja, jetzt fahren sie.»

Alles ist wie sonst. Essen, Gespräche, die Drängelei am Kipjatok. Der Abend vergeht, und die insgeheim gefürchtete Nacht ist eine gnädige, die Stepha tief und traumlos schlafen läßt.

Sie haben Ljuba mit sich gebracht, die Norilsker. Die Krankenbaracken sind überfüllt. Viele kamen krank an. Und diese eine schon sterbend. Ljuba Burnassowa. In all den Jahren haben sie auf sie gewartet. «Sie wird kommen», sagten die Blatnajas. Bei jedem Transport hatte man sie erwartet. Sie war zur Legende geworden.

Sie haben ihr Kissen untergelegt, damit sie hoch liegt. Es erleichtert das Atmen. Die Arme schlaff neben dem Körper. Die matten Augen, der rasselnde, schwere Atem. Der Mund halb geöffnet, als wolle er das Leben noch einsaugen. Eng liegt das Haar an dem schmalen Schädel, dicht, noch immer tiefschwarz. Wie feines, geknittertes Pergament umspannt Haut Wangenknochen und eingesunkene Schläfen, zartes Netz blaßblauer Adern.

«Sie erkennt mich nicht. Hat mich längst vergessen.»

«Sie stirbt, Stepha!»

Doch Stepha geht jeden Tag den Weg zur Tuberkulosenbaracke, steht Minuten oder Viertelstunden an diesem Bett, sieht in dieses Gesicht, das schon allem entrückt, voll Hoheit und Würde ist. «Sie hat keine Schmerzen. Aber ihr Herz ist kräftig.» Die Ärztin kennt Ljuba noch von früher. «Es war immer stolz und mutig, ihr Herz!» «Sie haben sie zerbrochen, zerschunden!» Zhenja sagt es voll abgrundtiefen Hasses. «Und sie haben es bewußt getan, sie fürchteten sie. Nur Norilsk konnte sie bezwingen. Sie ist aus altem Bojarengeschlecht. Frei und stolz. Nie hätte sie sich gebeugt.»

Tamara Alexandrowa hat Stepha zu sich bestellt. Stepha ahnt den Grund. Andere haben sie auch schon darauf angesprochen, gewarnt. «Du kannst dich anstecken, Stepha. In der Endphase ist Tuberkulose besonders gefährlich. Sie hat doch nichts davon, sie erkennt niemanden.»

Trotzig sieht Stepha in die besorgten Augen, ihr Gesicht ist verschlossen.

«Ich will es aber. Sind Sie so sicher, daß sie nichts mehr spürt?»

«Ljuba müßte eigentlich völlig isoliert sein. Wir haben keinen Platz.»

«Das ist keine Antwort auf meine Frage.»

«Natürlich fühlt sie noch.»

«Na also. Dann ist es doch gleichgültig, ob sie mich erkennt oder nicht. Es geht doch nicht um mich.»

Tamara Alexandrowa sieht sie lange, eindringlich an. Sie lächelt, noch immer trägt Stepha keine Kopfbedeckung innerhalb des Lagers. Die getauten Schneeflocken liegen wie Perlen auf ihrem Haar, das die Feuchtigkeit um Stirn und Wangen ringelt.

«Taisa hat geschrieben.» Sie greift nach dem Brief auf dem Schreibtisch, reicht ihn Stepha.

«Ich darf ihn lesen?»

Als Tamara Alexandrowa nickt, entfaltet sie hastig den Brief. Die vertraute Schrift, vertraut von Krankengeschichten und Fieberkurven. Und nun ein Brief. Taisa ist frei. Es geht ihr gut.

«Oktjaberskoje, wo ist das? Ist es weit von hier?»

«Nein, Stepha, nur wenige Werst entfernt. Noch in unserem Raion. Sieh nur den Absender.»

«Sie denkt an uns. Sie läßt mich grüßen. Ob ich ihr wohl schreiben kann? Tschunski-Raion. Dort liegen meine Akten, oder sie haben dort gelegen. Dann wäre ich ja mit Taisa in die Wolnaja Ssylka gekommen. Nun aber muß ich nach Deutschland. Irgendwann, wenn meine Akten an der richtigen Stelle angekommen sind. Der Politoffizier hat es mir so erklärt», beendet sie den Satz, als Tamara Alexandrowa sie erstaunt ansieht.

«Also auch du wirst nun bald gehen, Stepha.»

«Es werden andere kommen, die Sie brauchen, Tamara Alexandrowa. Aber was werden Sie tun, wenn Ihre Zeit um ist?»

«Einen neuen Ausreiseantrag stellen, Stepha.»

«Und wenn man Sie nicht gehen läßt? Sie wieder bestraft? Noch einmal zehn Jahre wegen Vaterlandsverrat.»

«Mein Heimatland ist Israel. Ich bin Jüdin.»

«Sind das die anderen nicht auch? Hat man nicht auch sie wegen Vaterlandsverrat zu zehn Jahren verurteilt, ihr Eigentum konfisziert, ihnen alles genommen, nur weil sie nach Israel wollten? Sie sind müde geworden. Froh, noch ein Stückchen Leben in der Wolnaja Ssylka zu finden. Sind sie nicht auch Juden? Zum Beispiel Taisa. Ist es denn so wichtig, Jüdin zu sein?»

«Nach all diesen Opfern ja, Stepha. Ich bin zwar als Jüdin geboren, aber wirklich bewußt zur Jüdin bin ich geworden, als man uns verfolgt, gejagt, gedemütigt hat. Jetzt lebe ich streng nach meinem Glauben.»

«Dann sind alle die anderen feige?»

«Nein, Stepha, so einfach ist das nicht. Sie sind verwirrt und auch mit tausend Fäden an dieses Land hier gebunden.»

«Ich sah nie einen Unterschied.»

«Es gibt ihn, Stepha. Er liegt im Glauben.»

«Ihr glaubt nicht an die Vergebung der Sünden durch Christus. Gut und Böse, glaubt ihr, ist die Entscheidung des Menschen, ihr haltet also den Menschen für fähig, so stark zu sein.»

«Im Grundsätzlichen ja. Ist es nicht sehr einfach zu leben, wenn man der Vergebung in jedem Fall gewiß ist?»

Stepha sieht nachdenklich vor sich hin. Wie ist es aber dann mit der Reue, fragt sie sich. Was geschieht mit den wahrhaft tief und ehrlich Bereuenden? Wie können sie weiterleben mit dem Wissen, keine Vergebung zu finden? Es sind so viele Fragen, auf die sie keine Antwort weiß. Wie viele Gläubige hatte sie hier kennengelernt. Fanatiker und Sektiererinnen. Sie alle hielten ihren Glauben für den einzig wahren.

Die sieben Sterne des Großen Bären

M*it einem Ruck* wird die Tür aufgerissen, Stepha mitten im Satz unterbrochen. Ein Dezhurny mit wütendem Gesicht brüllt: «Dich sucht man im ganzen Lager. Dawai, dawai idi w twoju baraku. Sobirai weschtschi twoi. Beeil dich, geh in deine Baracke. Hol deine Sachen.»

Ohne ein weiteres Wort eilt er, die Tür hinter sich offen lassend, davon. Stepha steht erstarrt. Nur das Kinn sinkt auf die Brust. Aus Tamara Alexandrowas Gesicht ist die Farbe gewichen. Hölzernen Schrittes geht sie auf Stepha zu, umschlingt sie, preßt sie an sich. Stepha hebt den Kopf, legt ihn auf ihre Schulter.

«Alles ist immer wieder Abschied, Tamara.»

Zum ersten, einzigen Mal nennt sie den Vornamen. Zhenja räuspert sich leise, steht verlegen, eine lange Schuba über dem Arm, in der offenen Tür.

«Sascha hat deine Sachen gepackt, sie wartet am Tor. Und hier – für dich», sie streckt ihr die Schuba entgegen.

«Es ist Ljubas. Wir alle dachten, sie braucht sie nicht mehr. Nimm sie, es ist bestimmt in ihrem Sinne.»

Hilflos steht Stepha da mit dem Pelz überm Arm. Angstvoll sieht sie Tamara an.

«Ich begleite dich nicht zum Tor. Das kann ich nicht. Ich sage dir hier Lebewohl.»

Tamara küßt Stepha auf Mund und Wangen. Mit vor Tränen blinden Augen stolpert Stepha, die Schuba über den Schultern, zur Tür hinaus, den schon ungeduldig am Tor Winkenden zu.

Schnelle, kurze Umarmungen. Sascha steckt ihr noch ein Päckchen zu.

«Ich habe noch Machorka für dich eingetauscht. Die offenen Dosen habe ich behalten.»

«Prima, Sascha, ich danke dir. Ich begreife nicht, wie alles so schnell gehen muß.»

«Hast du hier jemals etwas begriffen?»

Ihr Bündel liegt schon auf dem niedrigen Schlitten. Sie sind nur zu dritt. In der Tür ihres Hauses steht Doktor Nelge. Sie winkt, ruft etwas, was Stepha nicht mehr versteht.

Schnell entschwinden die Winkenden, das Lagertor, nur die Türme sind noch eine Strecke weit zu sehen. Erst als auch sie entschwinden, kuschelt sich Stepha dichter in das den Schlitten bedekkende Stroh. Der Wind fährt den Frauen ins Gesicht, bedeckt sie mit stiebendem Schnee, und sie verbergen die Gesichter in Tüchern und Kragen.

Irgendwann unterwegs beginnt es zu dunkeln. Zwischen Wolkenfetzen schwimmt der Mond, noch nicht rund und voll, aber schon übergießt er das Land mit weichem Licht, läßt die Spuren der vor ihnen fahrenden Schlitten wie zwei matt schimmernde Bänder sichtbar werden. Der Weg ist hügelig, und irgendwo leuchtet die Lichterkette am Zaun eines Lagers auf, nah genug, um noch bedrohlich zu erscheinen. Stepha hat sich nach hinten gelehnt, ihre Augen schweifen über Land und Himmel, der zusehends klarer wird, nun auch die Sterne freigibt. Sie ist froh, daß die Frauen schweigen, daß die Stille nur vom Schnauben des Pferdes, dem Knirschen und Ächzen des Lederzeuges vom Pferdegeschirr und dem Knistern des Strohs begleitet wird. Diese Fahrt ist ihr Abschied. Sie weiß, daß sie niemals vergessen wird. Der Posten pfeift vor sich hin, schiebt dann die bisher verwegen auf dem Hinterkopf getragene Schapka nach vorn bis in die Stirn und läßt die Peitsche niedersausen, daß der Knall wie ein Schuß über das Land fegt.

Schneller, als Stepha vermutet, haben sie die leuchtenden Fenster der Baracke, die über dem Schnee zwischen Himmel und Erde zu schweben schien, erreicht. Beim Näherkommen erst sieht sie den niedrigen Zaun, das weit offene Tor, durch das sie nun fahren. Es sind zwei Baracken. Die hintere liegt dunkel, unbewohnt. Die Tür öffnet sich dort, wo der Lichtschein aus den Fenstern dringt. Eine Gestalt in Uniform, die eine einladende Handbewegung macht.

In der Baracke ist es warm. Vier Frauen sehen ihnen neugierig entgegen. Stepha legt ihr Bündel auf ein leer stehendes Bett. Der Strohsack ist prall gefüllt, knistert behaglich. In einer Nische im Ofen summt ein Teekessel. Sie schlürfen den Tee, das Zuckerstückchen zwischen den Zähnen haltend, zufrieden. Zwischen dem genüßlichen Schlürfen erzählen sie, erklären die schon zwei Tage hier Anwesenden die Situation.

«Diese Station hier ist schon die Wolnaja Ssylka. Kein Lager, keine Soldaten. Nur dieser Sergeant. Er ist Kommandant dieser Station. Zwei, drei Tage Aufenthalt hier zum Einkleiden. Alles neu», beteuern sie wichtig, «dann empfangt ihr den Propusk, einige Rubelchen für die erste Zeit, und ab in die Freiheit. Für Wohnung und leichte Arbeit ist dann schon gesorgt.»

«Man wird sehen. Wird es nehmen, wie es kommt.»

«Wird sich einrichten, Nachbarn haben.»

«Vielleicht ein Gärtchen am Haus, Bohnen, Tomaten, Gurken ziehen.»

«Der Boden ist gut hier.»

«Ein Zicklein wird man sich halten können, Hühnerchen, Enten.»

Stepha sitzt zwischen ihnen, lauscht, sieht in die zuversichtlichen Gesichter, beneidet sie um ihre Wünsche und Träume. Wie verschieden von den ihren wird ihr eigenes Leben sein. Was soll sie tun? Was überhaupt wird sie tun können? 23 Jahre bin ich, überlegt sie, wie kann ich da noch einen Schulabschluß machen? Eine Fabrik, jeden Tag tausendmal den gleichen Handgriff, ein Wochenende in irgendeinem Tanzlokal mit den Kolleginnen. Wie sehen Männer ohne Uniform aus? Sie kann es sich nicht vorstellen. Vater, auch nur eine Erinnerung an eine Uniform. Der Großvater, alt, mit weißem Haar. Wie alt war er eigentlich, als er verunglückte? Sie rechnet. 65, das ist nicht alt. Es schien ihr wohl nur als junger Mensch so, damals. Eine imposante Erscheinung ist er gewesen. Die glänzenden Schuhe, die weißen Manschetten mit den goldenen Manschettenknöpfen. Er war eigen, die Maniküre kam jede Woche. Sie sieht seine kleinen, gepflegten Hände vor sich, hört seine Stimme: «An den Schuhen, an den Haaren und an den Fingernägeln erkennst du einen Menschen.»

Gut kann sich Stepha an seinen Schneider erinnern. Die helle Schneiderstube mit dem großen Tisch, die Stoffballen in den Regalen. Das Bild des Kronprinzen, einjährig, in seiner ersten Uniform, mit persönlicher Widmung des letzten sächsischen Königs, schwungvoll die Unterschrift «Friedrich August».

«Ja, ja, die Zeiten haben sich geändert. Ich habe nicht mehr so viele generöse Kunden wie Sie.»

Dann hatte ihm Großvater auf die Schulter geklopft: «Ist vielleicht mein Glück. Wenn Sie heute noch Hofschneider wären, hätte ich kaum Aussicht, von Ihnen meinen Anzug gebaut zu bekommen.»

Wie oft hatte sie einer solchen Szene beigewohnt, das kurze Gespräch gehört. Immer erstaunt darüber, daß der Meister – trotz der Stecknadeln zwischen den Lippen – reden konnte.

Stepha lächelt vor sich hin. Auch das ist schon lange Vergangenheit. Nach Großvaters Tod – im Oktober '45 – trug der Kolonialwarenhändler aus dem kleinen Eckladen Großvaters Anzüge. Großmutter hatte sie gegen Lebensmittel eingetauscht. Stepha öffnet die Augen, um diese Bilder zu verscheuchen. Nicht von der Vergangenheit träumen, sie paßt nicht in die Zukunftsbilder, die grau in grau, unscharf sind. Ob sie ihre Rückkehr vielleicht gar nicht zur Kenntnis nehmen würden? Sie in Ruhe ließen? Aber da war schon die Gewerkschaft. Sie würde Mitglied sein müssen, wenn sie arbeiten wollte. Fragebogen, Fragebogen!

Sie schläft unruhig, schreckt mitten in der Nacht auf. Das Holz knackt. Es ist ungewohnt, mit so wenigen Menschen zusammen zu schlafen. Leise schleicht sie in den Korridor, um zu rauchen. Es ist kalt, am Morgen sind die Fenster dicht mit Eis bedeckt. Milchig füllt das Licht den Raum. Es ist spät, sie haben lange geschlafen. Die

Baracke ist ausgekühlt. Schon macht sich eine am Ofen zu schaffen. «Es muß jemand Holz hereinholen!»

Stepha schlüpft in die Filzstiefel und ihren Pelz, geht nach draußen, sieht staunend, ungläubig auf das weit offenstehende Tor. Klarer, blauer Himmel, hell wie ein Aquamarin. Golden die Sonne am Horizont. Die Luft ist klar, eisig. Man kann sie schmecken.

Vom Holzstapel neben der Baracke packt sie sich Scheite auf. Hoch bis zur Schulter, kaum daß sie darüber hinwegsehen kann. Krachend läßt sie sie auf den Boden fallen. Die Alte murmelt etwas Unverständliches, es hat ihr wohl zu lange gedauert. Längst hat Stepha gelernt, über solches Murmeln hinwegzuhören. Sie weiß, es ist selten böse gemeint. Sorgfältig klopft sie sich den Raureif vom Ärmel, es bleibt eine feuchte Spur. Geschickt wählt die Alte die unteren, trockenen Scheite. Hell prasselt das Feuer auf, ein Sprühregen von Funken stiebt den Schornstein hinauf, schön, der warme Schein auf dem Gesicht der Frau, den Händen, die jetzt sorgfältig Scheit auf Scheit schichten. Zischend verdampft die Feuchtigkeit. Die Luft erwärmt sich, der Teekessel beginnt zu summen. Jetzt kriecht auch die Letzte aus ihren Decken, kommt mit ihrem Becher zum Tisch, an dem sie alle sitzen, die Hände um den Becher gelegt, zwischen kleinen vorsichtigen Schlucken Sucharkis kauend. Es ist ungewohnt, niemand scheint sich um sie kümmern zu wollen. Hilflos sind sie, unsicher. Spät kommt der Sergeant. Die Uniformbluse offen, verschlafen noch, verkatert. Die Frauen haben ihn und den Soldaten noch bis spät in die Nacht hinein reden und lachen gehört.

In der einen Hand hält er einen Becher, auf dem ein ansehnliches Stück Speck liegt, unter dem Arm hat er ein Brot. Aus dem Stiefelschaft zieht er ein Messer, schneidet mächtige Stücke Brot und Speck. Sie sitzen schweigend, verlegen mit ihm zusammen am Tisch, essen bedächtig, langsam kauend. Kochen müßten sie selbst, erklärt er, weist auf die Tür. Da wäre die Kochstelle; Grütze, Salz, na, eben alles, was nötig sei, läge im Regal.

Behutsam zieht er die Tür hinter sich zu. Die Frauen sehen einander an. Überraschend die Situation, aber nicht unangenehm.

«Komische Sache hier. Lager und doch kein Lager.»

«Na gut, kochen wir eben. Haben es wohl nicht verlernt.»

Beherzt öffnet eine von ihnen die bezeichnete Tür. «Nicht schlecht, alles da.»

Neugierig drängen die Frauen nach, inspizieren den kleinen Raum. Stepha hält sich zurück. Sie reißt sich nicht darum zu kochen. Mögen die Altchen in Ruhe ihren Spaß haben. Den Pelz, Ljubas Pelz, lässig über die Schultern gehängt, geht sie hinaus. Das offenstehende Tor zieht sie magisch an. Jeden Moment gewärtig, ein «Halt, postoi!» zu hören, geht sie durch das Tor, geht den von Schlitten ausgefahrenen Weg, bleibt stehen, blickt um sich. Wie schön, wie atemberaubend schön. Tief atmet sie ein. Diese Weite! Die Unberührtheit der Schneedecke, der Wald! Geblendet vom Schnee, kneift sie die Augen zusammen. Von fern das Aufheulen einer Lokomotive, der Ton, vom Wald aufgehalten, langgezogen. Kalt wird ihr. Sie schlüpft in die Ärmel des Pelzes, stellt den großen Kragen hoch und stapft, um sich warm zu laufen, mit langen Schritten zurück. Hände, Gesicht und Ohren kribbeln und glühen, als sie am Tisch sitzt und den heißen, von den Frauen gekochten Brei löffelt.

Drei Tage schon dieses Glücksgefühl. Sie wird nicht müde, hinauszugehen, die Augen schweifen zu lassen. Schlitten kommen an, bringen Proviant, Post. Einer holt zwei der Frauen ab. Ein graubärtiger Alter, buschige Brauen, steile Falte zwischen der Nasenwurzel, helle, wache, aufmerksame Augen. Ein Strahlenkranz von Lachfältchen. Schmunzelnd sieht er den Aufgeregten beim Packen zu, sieht prüfend zu Stepha. Sein Blick wird wohlwollend. «Nu Krasawiza, a ty kowo ozhidajesch? Nun, du Hübsche, auf wen wartest du?» fragt er, baut sich vor Stepha auf, funkelt sie mit seinen hellen Augen an.

«Ne kowo net. Ja Nemka, ja dolzhna jechat w Potmu. Auf niemand. Ich bin Deutsche. Ich muß nach Potma fahren.»

«Ach, du deutsch. Ich gewesen Deutschland, zwei Jahr. Alles eng, klein. Sibirien groß, schön. Du besser bleiben.»

«Recht hast du. Sibirien ist schön.»

Die Frauen verladen ihre Bündel auf dem niedrigen, buntbemalten Kastenschlitten. Ein letzter bedauernder Blick auf Stepha, elastisch springt er auf den Schlitten, die Peitsche knallt, und das leichte Gefährt saust davon.

Sehnsüchtig sieht Stepha ihm nach.

Diesmal gilt es ihr. Sie weiß es, weiß es so genau, als hätte man es ihr vorher gesagt. Lange vorher schon sieht sie den dunklen Punkt heranjagen, von Minute zu Minute größer werden, bis sie Pferd und Schlitten deutlich erkennen kann. Dann verschwimmt alles vor ihren Augen, mühsam kämpft sie gegen die Tränen an. Abrupt wendet sie sich ab, geht hinter die Baracke. Einfach lächerlich, jetzt noch zu heulen. Heftig preßt sie die Handrücken gegen die Augen. Sie hört das Knirschen der Kufen, als der Schlitten das Tor schwungvoll durchfährt, das Schnauben des Pferdes. Sie kommt um die Barackenecke, als der Soldat vom Schlitten springt, das Gesicht vom Fahrtwind gerötet, den Rausch des Dahinjagens noch im Blick. Er schiebt die Schapka zurück – feucht ringelt sich das Haar an der Schläfe –, öffnet den Pelz. Schlank, hochgewachsen, rasche, schöne Bewegungen, wie er die Decke ergreift, über den Pferderücken legt, den Hals des Tieres klopft. Er sieht Stepha an, fragt:

«Gde Domochosjain? Wo ist der Hausherr?»

Stepha weist mit der Hand auf die Barackentür. Er lächelt, ein Gebiß wie ein Raubtier, er spürt ihre Bewunderung. Die pelzgefütterten Handschuhe legt er akkurat aufeinander auf den Sitz.

«Goworit nie mozhesch? Sprechen kannst du wohl nicht?»

«Mogu! Kann ich!»

Stepha wird rot, geht raschen Schrittes vor ihm in die Baracke. Ihr Kopf schmerzt zum Zerspringen, einfach so. Sie spürt das heftige Schlagen ihres Herzens, den Krampf im Magen. Sie setzt sich auf ihr Bett, vergräbt das Gesicht in den Händen. So also ist Abschied, Abschied von allem Vertrauten, Gewohnten. Noch ist alles ganz nah, Taisa nur wenige Kilometer entfernt, die vertrauten Gesichter, der Schutz des Lagers. In wenigen Minuten wird sie dem Neuen, dem Unbekannten ausgeliefert sein. Sie verharrt in starrem

Erwarten, ihren Namen genannt zu hören. Ich sollte schon zusammenpacken, denkt sie flüchtig. Doch nichts in ihr reagiert auf diesen Gedanken.

Sie hört sehr wohl, wie die Tür geöffnet wird, hebt aber den Kopf erst, als der Sergeant ihren Namen ruft. Sie räumt die wenigen Sachen zusammen, verstaut sie ruhig, drückt Hände, ohne Gesichter zu sehen, empfängt, vielleicht zum letztenmal, den Segen der Alten.

Raschen Schrittes, ohne sich umzusehen, folgt sie dem Sergeanten. Da steht er wieder, der schlanke, schöne Soldat, die Pelzmütze in der Hand. Man sieht, es ist eine Gewohnheit, die rasche, kurze Bewegung der Hand, die die Stirnlocke zurückstreicht. Die Schuba noch offen, auf dem straffgezogenen Uniformkittel leuchtet Rot und Gold, das Komsomolzenabzeichen. Er steht selbstsicher, den einen Fuß auf der Kufe des Schlittens, sieht ihr geduldig abwartend entgegen.

Stepha setzt sich mit dem Rücken zur Fahrtrichtung auf den Schlitten, sieht zu den Frauen, die neugierig in der Barackentür stehen. Der Braungelockte stülpt die Pelzmütze über das Haar, fährt in die Handschuhe, ergreift die Zügel und springt mit leichtem Satz auf den Schlitten. Er braucht die Peitsche nicht, die wippend im Stroh steckt. Ein Zungenschnalzen, ein fast zärtliches «He! He!», und das Pferd galoppiert an. Manchmal wendet sich Stepha nach vorn, dann spürt sie seinen Blick, sie aber hebt die Augen nicht. Sie will keine Frage, kein Wort in ihre Verschlossenheit eindringen lassen. Dann pfeift oder singt er vor sich hin, bringt mit leichtem Zungenschnalzen das Pferd, das seine Abgewandtheit spürt und in Trab gefallen ist, wieder zum Galoppieren.

Lange vor der Zeit fahren sie vor der kleinen Bahnstation vor. Stepha stellt ihr Bündel in gemessenem Abstand von den Schienen nieder, spürt den starken Sog der Maschine, die bald darauf bremsend an ihr vorüberrollt. Eine Abteiltür öffnet sich, noch bevor der Zug zum Stehen kommt. Ein Soldat auf dem Trittbrett winkt. Stepha ergreift ihre Sachen und geht schnellen Schrittes zu der offenen Waggontür. Der Soldat hebt sie mitsamt ihrem Gepäck über das Trittbrett, schwingt sich nach und zieht die Tür hinter sich zu. Da fährt der Zug auch schon an, der Ruck drängt Stepha gegen die Waggonwand, der Soldat stützt sich mit den Händen ab. Dicht vor ihr sein Gesicht. Freundliche, dunkle, schräggestellte Augen, hohe Wangenknochen, blendendweiße Zähne, vom Lächeln freigegeben. Er schiebt sie, ihr das größere, hinderliche Bündel abnehmend, in den Gang. Für Sekunden stockt sie entsetzt, als sie die Gitter vor den Abteilen sieht. Vor einem leeren Abteil schiebt er die Gittertür zurück, wirft ihren Beutel auf die Bank. Mit steifen Schritten betritt Stepha das Abteil. Närrin, schilt sie sich selbst, was habe ich erwartet? Wie schnell kann man sich doch an Freiheit, an ein Minimum von Freiheit, gewöhnen! Der Schock des Gitters ist stärker als beim erstenmal. Sie steht mit dem Rücken zur Tür, erwartet klopfenden Herzens das schurrende Geräusch der sich hinter ihr schließenden Gittertür, wendet, Erstaunen im Blick, den Kopf über die Schulter, sieht ihn lächeln.

«Mach es dir bequem», er lächelt noch breiter. Die Tür bleibt offen. Sie atmet befreit auf. Wirft den Pelz ab, streift die Filzstiefel von den Füßen. Leicht wiegt der Waggon hin und her.

Stunde um Stunde, Tag um Tag Räderrollen. Neben ihr in den Abteilen Gefangene. Männer und Frauen, unterwegs von einem Lager zum anderen. Stationen, Bahnhöfe. Krasnojarsk, Nowosibirsk, Omsk. Gefangene werden verladen. Befehle, das «Dawai, dawai», das sie nun nichts mehr angeht. Ljuba, sie streicht über den Pelz. Hat sie ihr Leiden schon überstanden? Sie sieht den Hügel hinter dem Lager vor sich, den Friedhof. Dort ruhen sie, die sich entzogen haben, über die niemand mehr Macht hat.

Es ist ihr lieb, allein in dem Abteil zu sein. Tausend und mehr Gedanken drängen sich auf, wollen geordnet sein. Erinnerungsbilder, seltsam farbig, tauchen auf. Gesichter, Gestalten, Situationen. Vergessen geglaubte Worte werden wieder lebendig. Vergangenes mischt sich mit Zukünftigem, läßt das Herz schneller schlagen, den Atem manchmal angstvoll anhalten. Leicht ist der Schlaf, Traumbilder lassen sie erschreckt hochfahren.

Swerdlowsk. Noch mehr Gefangene kommen hinzu. Angestrengt lauscht sie, hofft, deutsche Stimmen zu hören. Unmöglich, daß sie die einzige, die letzte ist. Hin und wieder ein Schwätzchen mit einem der Soldaten. Die Verpflegung ist gut, reichlich. Sie verspürt wenig Lust zum Essen.

«In Kasan machen wir Rast. Die Peressylka ist gut. Dort wirst du auf Deutsche treffen.»

«Wie lange fahren wir noch bis Kasan?»

Der Soldat rechnet: «Ungefähr 38 Stunden.»

Stepha legt sich zurück. Noch eine Nacht. Noch einen Tag und noch einmal eine Nacht.

Als der Zug hält, hört sie die Stimmen der Gleisarbeiter, hört das Abkoppeln, das Wiederanfahren des Zuges, der ihren Waggon, wie immer, auf einem Nebengleis außerhalb des Bahnhofes abgestellt hat.

«Jetzt Kasan», sagt der Posten im Vorübergehen, kehrt noch einmal zurück, erklärt: «Erst alle anderen. Du kommen zuletzt. Verstehst du?»

Stepha nickt, dankbar für die Erklärung, die ihr Unruhe, unnötiges ängstliches Warten erspart. Entspannt lehnt sie sich zurück, sie weiß, sie hat Zeit, es wird seine Zeit brauchen, bis alle Abteile entladen sind. Gittertüren werden aufgeschoben, Stimmengewirr, dazwischen lautes Fluchen. Sie hört das dumpfe Aufprallen in den Schnee springender Menschen, die Befehle der Posten, die sie zusammendrängen. Die Geräusche kommen näher, Abteil um Abteil entlassen drängende, schiebende Leiber. Nun steht er breit lächelnd vor ihr. «Gotowa? Fertig?» fragt er unnötigerweise, denn sie hat die Hände schon an ihren Bündeln. Er greift wieder nach dem größeren, geht ihr voran, den langen Gang – in dem die Luft muffig, schwer von Machorkadunst durchzogen hängt – entlang. Vorbei an den nun leeren Abteilen zur Tür. Er springt mit einem leichten Satz hinab, wendet sich um, greift nach ihr, hebt sie – eine Sekunde länger als nötig haltend – und stellt sie behutsam abseits von den anderen in den Schnee.

«Schade», sagt er, «schade. Du bist etwas, das man festhalten möchte, etwas, wovon man lange noch träumt. Es ist gut, solchen Träumen zu begegnen.»

Sein Gesicht ist ernst, der Blick warm und zärtlich. Stepha steht auf dem Schnee wie auf einer Wolke, die sie emporhebt. Freude durchflutet sie. Sekunden Blick in Blick, unvergeßlich, unverlierbar. Wundersame Station Kasan.

Die Gefangenen stehen, hocken dicht gedrängt. Sie fühlt sich – abseits stehend – verloren, wäre gern näher bei ihnen, die sie jetzt mißtrauisch, abschätzend ansehen. Es ist ihr unbehaglich, macht sie befangen und löst in ihr unerklärliche Traurigkeit aus. Sie atmet auf, als die Lastwagen in Sicht kommen. In die Gefangenen kommt Bewegung. Zigaretten werden ausgedrückt, Schnee von den Gepäckstücken geklopft.

Schiebend und stoßend erklimmen sie die hochgelegenen Ladeflächen. Es ist gut, unter den ersten zu sein. Der Aufbau der Fahrerkabine bietet Schutz vor dem Fahrtwind, dem Rücken Halt bei der oft halsbrecherischen Fahrt. Stepha sitzt eng gedrängt zwischen den Soldaten in der Fahrerkabine, hört ihren Witzen, ihrem Gelächter zu, lächelt manchmal, sagt ein paar Worte.

Endlich, vor ihnen liegt Kasan, die Hauptstadt der Tatarischen ASSR mit den Türmen ihrer alten Moscheen und der die Stadt überragenden Festung mit rundbogigen Fenstern und Toren. Die Gitter an den Fenstern lassen keinen Zweifel an dem Verwendungszweck der alten Festung. Die Wagen halten eng nebeneinander. Aus den Toren kommen Soldaten. Die Klappen werden heruntergelassen, die Gefangenen versammeln sich auf dem Vorplatz.

«Wie niedrig die Tore sind», wundert sich Stepha. Der Fahrer lacht: «Wir Tataren sind ein kleinwüchsiges Volk, schnell wie der Wind und stark wie der Bär. Mutig und zäh. Die Festung stammt noch aus dem 13. Jahrhundert. Damals war Kasan Hauptstadt des Fürstentums. Erst 1525 eroberte Iwan der IV. die Festung und schloß sie an Rußland an. Heute ist sie Hauptstadt der Tatarischen Republik. Wir haben Universitäten, Museen, Kulturzentren, Theater und eine Philharmonie.»

Sein Gesicht leuchtet vor Stolz und Eifer, und sicher hätte er noch mehr von seiner Stadt berichtet, wenn die Soldaten draußen nicht ungeduldig winken würden. Seufzend öffnet er die Tür, steigt steifbeinig aus dem Wagen, reckt sich, streckt Stepha die Hand entgegen, um ihr bei Aussteigen behilflich zu sein. Ihre Hand noch in der seinen, sagt sie still: «Es ist sehr schade, doch ich kenne von allen bedeutenden Städten eures Landes nur die Gefängnisse.»

Da drückt er ihre Hand den Bruchteil eines Augenblicks so fest, daß sie vor Schmerz beinahe aufgeschrien hätte. Sein Gesicht ist ernst, und er sieht ihr mit traurigem Blick nach, als sie zu den schon ungeduldig wartenden Soldaten geht.

Dann ist alles, wie es immer war. Banja, Sachen zur Desinfektion. Sie stehen wartend, diesmal Stepha unter ihnen und doch allein, denn um sie herum ist es wie ein Vakuum, das sie kaum atmen läßt, ein unsichtbarer Abstand; Mißtrauen und Ablehnung. Sie gehört nicht mehr zu ihnen.

Zwei Soldaten und ein weiblicher Dezhurny erscheinen, verlesen die Namenliste, sie werden in Gruppen eingeteilt, abgeführt, in die Zellen eingewiesen. Schließlich steht nur sie, Stepha, noch allein in dem Raum. Die Dezhurnaja, einige Schritte von ihr entfernt, mustert sie nicht eben freundlich. Ihre Augen hängen in fragendem Erstaunen an dem Pelz, den Stepha, um die Bündel leichter greifen zu können, wieder über den Schultern trägt.

«Bitte kommen Sie!» Trotz der Höflichkeit ein Gehorsam fordernder Befehl. Stepha folgt beklommen.

Eine Tür wird aufgeschlossen, die Zelle, verhältnismäßig geräumig, weiß gekalkt. Vier Betten. Zwei Fenster, vergittert, rundbogig, nicht eben hoch, mit breiten, gemauerten Fenstersimsen, die die Stärke der Mauern ermessen lassen. Zwei Betten sind belegt, Decken, Kleidung. Die Frauen sitzen am Tisch unter einem Fenster. Stepha tritt an eines der freien Betten, legt ihre Sachen ab, sagt:

«Guten Tag. Ich bin Stepha.»

Und plötzlich ist ihr, als gehöre dieser Name nun nicht mehr zu ihr, als könnten diese fremden Menschen, die doch ihre Landsleute sind, ihn nicht verstehen, und sie fügt hinzu: «Eigentlich heiße ich Stefanie.»

«Finde ich auch viel hübscher. Ich bin Brigitte.»

Und sie reicht Stefanie die Hand, zeigt auf ihr Gegenüber. «Das ist Gisela, die Mutige, die Optimistische. Sie tröstet mich immer dann, wenn ich beginne, ungeduldig zu werden.»

«Sie übertreibt. Eigentlich haben wir uns gegenseitig getröstet. Wir glaubten schon, die hätten uns hier vergessen. Seit drei Wochen hocken wir hier herum.»

Stefanie reicht auch ihr die Hand, eine kühle Geste, wenn man jahrelang die Umarmung gewohnt war. Etwas hilflos bleibt sie vor dem Tisch stehen. Man müßte etwas sagen, denkt sie, etwas Nettes.

«Wo kommst du her?»

Dankbar für diese Frage gibt Stefanie Auskunft, stellt gleichfalls Fragen, erfährt von Lagern, deren Namen sie nie gehört hat, von Menschen, die sie nicht kennt. Sie ist müde von der Fahrt, vom Bad. Müde der Fragen und Antworten. Es lohnt nicht, sich niederzulegen. Am Stand der Sonne sieht sie, daß es gleich Mittag sein wird. Sie sieht aus dem Fenster. Ein Innenhof, schmucklos grau, ein Quadrat, Fenster an Fenster, an Gitter gepreßte Gesichter, laute Unterhaltungen von Fenster zu Fenster.

Die Unterhaltung tropft zäh dahin, jede bewegen eigene Gedanken, sie drängen sich auf, unaufhaltsam. Worte oder Sätze vermögen sie kaum zu unterbrechen. Das Mittagessen ist nicht schlecht. Stepha merkt erst jetzt, wie hungrig sie ist. Sie tauschen Erinnerungen aus. An den Transport damals, vor Jahren. 1951 sind sie erst gekommen, Gisela und Brigitte und mit ihnen viele andere. Also selbst da noch, denkt Stepha, selbst als die ehemalige Ostzone schon Deutsche Demokratische Republik war.

«Ihr seid also von einem deutschen Gericht verurteilt worden?»

«Nein, Stefanie, nein. Wir haben von der Verhaftung bis zur Verurteilung mit deutschen Behörden nichts zu tun gehabt. Wir sind von einem sowjetischen Militärtribunal verurteilt worden. Ohne Verteidiger, nur aufgrund irgendwelcher Denunziationen, von denen wir nie erfuhren, woher sie kamen.»

«Aber wenn ihr einen eigenen Staat hattet, gab es da nicht auch ein deutsches Gericht?»

Die zwei lachen höhnisch.

«Ach, man merkt, wie lange du nicht im Lande warst. Es war sogar noch 1953 nichts anderes als ein Affentheater. Wir haben einige von den Aufständischen vom 16. und 17. Juni bei uns im Lager gehabt. Von Jahr zu Jahr war es schlimmer geworden. Die Arbeiter streikten und demonstrierten in Berlin, Magdeburg, Gera, Halle, Leipzig, Dresden. Sogar in Frankfurt an der Oder. Sie forderten den Rücktritt der Regierung, freie Wahlen, bessere Lebensbedingungen. Mit Panzern sind sie gegen sie losgegangen. Tote und Verhaftete gab es. Anständige Funktionäre, die sich ebenfalls gegen die Regierung stellten, wurden ihrer Ämter enthoben. Hast du schon mal was von Hilde Benjamin gehört? Sie ist einer der schärfsten Hunde der Justiz. Wer ihr in die Hände fiel, hatte keine Gnade zu erwarten. Sie hat Hunderte auf dem Gewissen. Sie schonte nicht einmal alte Genossen aus der Widerstandszeit.»

«Und dahin müssen wir jetzt zurück.»

Der Satz hängt im Raum, scheint sich auszubreiten. Er macht die Luft dünn und das Atmen schwer. Sie starren sich an, als würden sie sich erst jetzt ihrer selbst bewußt.

«Nein», schreit Gisela, schlägt mit geballten Fäusten gegen die Wand, «das können sie uns nicht antun! Wir wollen in den Westen. Das Rote Kreuz weiß doch, wo wir sind. Sie müssen sich für uns einsetzen. Wir können nicht in die DDR zurück. Es gibt dort kein Leben mehr für uns. Ich hänge mich im Zug noch auf, wenn ich erfahre, daß ich denen wieder ausgeliefert werde.»

Angst ist in der Zelle eingekehrt, macht sich breit. Einmal ausgesprochen, füllt sie den Raum bis unter die Decke, kriecht wie eine schleimige Masse an den Frauen hinauf, dringt bis zum Herzen.

Zurück in das Land mit seinen gewaltigen und lieblichen Bildern. Zurück zu Schnee und Eis, zurück unter den gewaltigen Himmel, wo jede Furcht sich verflüchtigt. Zurück zu den jähzornigen, mit wilden Flüchen um sich werfenden Menschen, deren Güte, Sanftheit und Zuneigung die Wärme schenkt, unter der die Seele aufblühen und leuchten kann, wie die gewaltigen Felder roten, blühenden Mohnes oder die der leuchtenden Sonnenblumen. So wünscht Stepha, und der Wunsch ist wie eine Beschwörung, die diese Bilder in ihrer Seele aufleuchten läßt, stark genug, um den Ring der Angst, der sie zusammenschnürt, zu bannen. Sie legt sich auf ihr Bett, läßt die anderen mit ihrer Angst allein, denn sie fände ohnehin nichts, sie ihnen zu nehmen.

Zu ungewöhnlicher Zeit wird die Zellentür geöffnet. Noch immer ist das Geräusch der Schlüssel und der Riegel wie ein Stromstoß, der durch Herz und Nieren geht. Da vermag weder Verstand noch Zeit etwas auszurichten, diese Geräusche sind mit Schrecken und Furcht gekoppelt und der Seele eingebrannt. Stefanie ist von ihrem Bett gesprungen. Die Dezhurnaja, die Augen kühl, erscheint und fordert sie auf, sich fertigzumachen.

Innerhalb einer knappen Stunde stehen sie irgendwo außerhalb des Bahnhofes, warten wieder zwischen sich kreuzenden, ins Unendliche verlaufenden Schienensträngen. Zwischen den Gleisen taut schon der Schnee, sie haben ihre Jacken geöffnet, die Soldaten haben den Ohrenschutz ihrer Schapkas hochgeklappt, sie wippen bei jeder Bewegung des Kopfes.

«So was Blödes. Zwei Soldaten für drei Frauen. Als ob jemand von uns noch Lust zum Davonlaufen verspüren würde», nörgelt Gisela, sieht ungeduldig in die Richtung, aus welcher ihrer Meinung nach der Zug kommen müßte.

«Es ist doch immer das gleiche. Erst ‹Dawai, dawai›. Da kann nichts schnell genug gehen, und dann steht man stundenlang und wartet.»

«Ist doch egal. Was nörgelst du eigentlich? Es geht los, jetzt oder in einer halben Stunde, was macht das schon?» Brigitte spricht gelassen, blinzelt in die Sonne und knotet ihr Kopftuch auf.

«Seht euch mein Haar an. Ich habe es im Lager immer ganz kurz getragen. Es war einfacher. Seit wir hörten, daß es heimwärts geht, lasse ich es wachsen. Nun seht», sie hebt mit beiden Händen das Haar an, das schon schulterlang, bis über den Kragen hängt. «Also bitte schön, was ist schon Zeit? Mein Mann liebt nur langes Haar. Es war mein Haar, in das er sich zuerst verliebt hat.»

«Vielleicht hat er jetzt einen anderen Geschmack.»

«Also wirklich, du bist ein Ekel heute, Gisela. Was ist bloß in dich gefahren? Was sagst du dazu, Stefanie?»

Stefanie hört dem Klang ihres Namens nach. Wie fremd, wie ungewohnt er klingt. Wann hat man sie zum letztenmal so genannt? Ein Leben liegt dazwischen, ein ganzes Leben. Ihre Lehrerin, Frau Doktor Perlwitz, konnte ihn so bedeutungsschwer sagen, so ganz besonders klang es: «Stefanie!» Vater hatte sie nur Steffi gerufen. Zum Ärger von Großmutter. «Das Kind hat seinen Namen bekommen, damit man ihn auch ausspricht», pflegte sie immer zu rügen. Dann hatte Vater immer lustig gezwinkert und gesagt: «Wenn man wie du, Mutter, Marie Luise heißt, dann ist das schon etwas Besonderes. Etwas, was man nicht abkürzen darf. Aber Stefanie!»

Langsam schiebt sich der Zug heran, wenige Meter vor ihnen hält der Waggon mit den von außen weiß gestrichenen Scheiben, auf dem Trittbrett ein Mensch in Uniform.

«Sjuda! Dawai, dawai, sjuda! Hierher, schnell, hierher!»

Er winkt heftig mit dem Arm. Ungeheure Wichtigkeit geht von ihm aus. Die Frauen setzen sich in Trab, helfen, schieben sich gegenseitig die hohen Stufen hinauf ins Waggoninnere. Ein leeres Abteil, fahl von dem durch die gestrichenen Scheiben fallenden Licht. Gitter, in den Nebenabteilen Stimmen.

«Sind Deutsche hier?» ruft Brigitte mutig, laut.

«Nemzy? – Oni dawno pojechali damoi! Deutsche? – Die sind lange schon nach Hause gefahren!» antwortet eine Stimme. Wieder Gelächter. Man macht Witze über sie, «die Vergessenen».

«Idioten!» sagt Gisela.

«Laß sie doch. Es sind doch arme Schweine, laß sie wenigstens lachen.» Brigitte sagt es gleichgültig, während sie es sich in einer Bankecke bequem macht.

«Wenn auch in Etappen, aber es geht Richtung Heimat. Wie lange es auch dauern mag, wir werden ankommen.»

Stefanie ist nach oben gestiegen. Liegt lang auf der Bank ausgestreckt, denkt an Betty, Berta Horn, Elisabeth und all die anderen, mit denen sie damals die Fahrt ins Ungewisse antrat. Und es ist nicht anders jetzt, im Gegenteil, sie ist allein. Und wieder fährt sie ins

Ungewisse, die Beklemmung ist noch stärker, denn mit den anderen verbindet sie nichts, und das Wort Heimat hat Klang und Bild eingebüßt: Was blieb, ist nur noch Erinnerung. Und die Ideale von einst, was von ihnen blieb, ist nur die Gewißheit, von ihnen betrogen worden zu sein oder, noch schlimmer, sich selbst betrogen zu haben.

Das gleichförmige Wiegen des Zuges lullt sie ein, läßt sie gnädig in Halbschlaf fallen, daß sie die Tränen, die unter den geschlossenen Lidern hervorquellen, über die Wangen ins Haar laufen, nicht spürt. Das dumpfe Heulen der Lokomotive ertönt, die einer anderen in der Ferne antwortet, es schreckt Stefanie nicht, denn es gehört zu den vergangenen Jahren, dieses Geräusch, und es läßt sie nur tiefer aus dieser Gegenwart, die für sie voll Unsicherheit und Schrecken ist, fallen und zaubert die noch nahe Vergangenheit wieder herbei.

Erst die fremden Geräusche schlurfender Füße, der Klang deutscher Männerstimmen läßt sie auffahren. Brigitte und Gisela stehen dicht an das Gitter gepreßt, stellen Fragen, antworten auf Fragen, und es klingt wie Schluchzen aus ihren Stimmen.

Sie halten irgendwo, es scheint Abend oder schon Nacht zu sein, denn in den Abteilen und auf dem Gang brennen die trüben Birnen. Die Soldaten streiten, der Dezhurny schreit. Immer wieder erklingt das Wort «Organisatsije». Der Trupp der zugestiegenen Männer, es mögen acht oder neun sein, staut sich vor dem Abteil der deutschen Frauen, denn der Dezhurny hindert sie, weiterzugehen.

Die Tür wird geöffnet, die Männer hineingetrieben. Es ist Platz genug für alle.

Aus den Nebenkabinen kommen anstößige, zotige Bemerkungen, die an Deutlichkeit nichts zu wünschen übriglassen. Die Soldaten schlagen mit den Schlüsseln gegen die Türen, gebieten Ruhe.

Befangen setzen sich die Männer, senken die Lider unter den Blikken der sie musternden Frauen. Einst geschorenes Haar ist wild nachgewachsen. Hohläugig, magere Hände, schmutzig. Dürftige Bündel, gerollte, graue Decken, mit schmutzigen Bändern zusammengehalten. Magere Hälse aus kragenlosen, verwaschenen Hemden, häufig zusammengeflickt. Erste, zaghafte Fragen. Namen bekannter Lager. Seit Wochen sind sie unterwegs, die Männer, haben die Hoffnung schon fast verloren. Alt oder jung, man kann sie nicht unterscheiden. Nur die Stimmen, wenn auch noch rauh, brüchig vor Erregung, lassen die Jungen erahnen. «Workuta», ein Name, doch in ihm ist alles Entsetzen der Welt. Stefanie reißt Papier, verteilt Machorka in zitternde Hände. Gebannt sehen die Männer auf diese kleine Hand. Einer ergreift sie sanft, legt sie mit wildem Aufschluchzen an seine Wange. Sie entzieht sie ihm nicht, überläßt sie ihm mit wortlosem, tief erschrockenem Staunen. Das Licht des Streichholzes hebt Augen aus dem Dunkel, blaue, graue, braune Augen. Verstörte, verschreckte, und manchmal eines, in dem noch ein fernes Lächeln glimmt. Sie sitzen, rauchen und sagen schon Hermann, Claus und Dieter, und sie lachen zusammen, wenn Bernd immer wieder mit Peter verwechselt wird. Nur der, der neben Stefanie sitzt, schweigt, und seine Jungenaugen suchen nur heimlich ihr Gesicht, und er senkt die Lider, sobald sein Blick dem ihren begegnet.

Die Zeit vergeht, und die Stimmen werden sicherer, bedeutender, je länger sie reden, und einmal klingt auch ein Scherz auf, der Gisela und Brigitte kichern läßt und verlegen macht.

«Wie alt bist du?» fragt Stefanie den Schweigenden, als es ihr für Augenblicke gelingt, seinen Blick festzuhalten. Er setzt zum Sprechen an, seine Stimme ist tonlos, er räuspert sich verlegen, sagt dann, und die Augen sind schon wieder von den Lidern bedeckt: «27 bin ich. Mit 17 wurden wir eingezogen. Wir waren viele – zwei Gymnasialklassen vor dem Abitur –, es sind nur wenige übriggeblieben. Gefallen, oder sie haben das Lager nicht geschafft.»

Er schweigt wieder, als sei damit alles gesagt, knetet unaufhörlich seine Hände, läßt die Fingergelenke knacken, eines nach dem anderen. Ein Geräusch, das Stefanie unter die Haut geht, sie nervös macht. Sie erträgt es lange Zeit, legt dann ihre Hand über seine unruhigen Hände. Er versteht, sieht sie einen Augenblick schuldbewußt an, hält seine Hände ganz still, um die ihre, die leichte, nicht zu vertreiben.

Der Zug verringert das Tempo. Bremsen quietschen. Kupplungen scheuern aneinander.

Das Gespräch bricht ab. Sie tasten nach ihren Bündeln. Angerauchte Zigaretten werden hastig aufgeraucht, Reste auf dem Boden ausgetreten. Jeder zieht sich wieder in sich selbst zurück. Halbe Sätze nur, situationsbezogen, werden noch gesprochen. Die Vertrautheit, die Nähe ist weggewischt, als habe es sie nie gegeben. Der Zwang, den Vorteil zu suchen, ihn zu erreichen, erwacht bei ihnen wie ein animalischer Instinkt. Der Dezhurny erscheint, tritt dicht an das Gitter. Die Stimme befehlsgewohnt, sicher. Geübt im Umgang mit Gefangenen.

«Ruhe jetzt! Herhören! Wir steigen jetzt aus. Die Männer vorweg. Draußen, in entsprechender Entfernung vom Zug, aufstellen. Gepäckstücke auf einen Haufen legen. Sie werden auf einem Wagen transportiert. Wir gehen die wenigen Kilometer zu Fuß.»

Er öffnet die Gittertür, schiebt die herausdrängenden Männer zurück.

«Einzeln, keine Panik, es ist genug Zeit.»

Einer nach dem anderen verläßt das Abteil, Decke und Beutel fest an sich gepreßt. Draußen ertönen Flüche. Es scheint Schwierigkeiten zu geben.

«So, und nun ihr drei. Langsam, vorsichtig aussteigen!»

Ungewohnte Besorgnis. Sein Deutsch ist brillant, ohne Akzent. Das Verhalten korrekt, höflich. Die Namenliste ist schnell verlesen; acht Männer, drei Frauen. Zwei Männer verladen die Bündel auf einen kleinen Pritschenwagen, der, verschrammt und verbeult, seine zwei Jahrzehnte nicht verleugnen kann. Es sind nicht viele Bündel. Nicht alle Männer haben ihre Bündel abgeworfen.

Auch Stefanie zögert einen Moment. Der Beutel mit den kleinen Kostbarkeiten, die gestickte Mappe von Sybille – ein Geburtstagsgeschenk, die gezeichneten Karten zu Neujahr. Das Büchlein, selbstgebunden, handgearbeitet, vollgeschrieben mit Gedichten von Lermontov, Blok. Die Stickereien, die wunderschöne Bluse. Entschlossen wirft sie ihn auf den Wagen. Er wird nicht verlorengehen, der Beutel.

«Frauen voraus! In Dreierreihen! Vorwärts!»

Sie gehen die ersten Schritte auf den geräumten, schon schneefreien Straßen, locker, leicht. Es ist schön, so dahinzugehen, nach dem langen Sitzen und Liegen. In Sibirien liegt der Schnee jetzt noch hoch, erinnert sich Stefanie, es ist erst März. Ich habe meinen Geburtstag vergessen, komisch, ich weiß nicht, der wievielte heute ist.

Links von ihnen eine Ansiedlung, Häuser, eine Kirche sogar. Eine Kleinstadt. Manchmal begegnet ihnen auf ihrem Weg ein Mensch, tritt zur Seite, läßt sie vorübergehen, sieht ihnen eine Weile nach. Hinter sich die schlurfenden, schwerfälligen Schritte der Männer, manchmal ein Stöhnen, schweres Atmen. Dann gehen sie langsamer, werfen einen Blick zurück auf die zerquälten, schweißnassen, erschöpften Gesichter. Das Lager, von weitem erkennbar. Ein riesiges Tor, der Holzzaun. Umsonst halten sie nach Wachtürmen Ausschau.

«Es ist nicht mehr weit!»

Brigitte tröstet nach hinten, aber Schritt reiht sich an Schritt, zehn, zwanzig, hundert, und noch immer sind sie nicht am Tor. Die Entfernungen täuschen in diesen Weiten. Der Soldat läßt halten.

Die Männer lassen ihre Bündel fallen, hocken sich auf sie, strekken die Beine lang aus. Einer sitzt einfach auf der bloßen Erde.

«Mensch, sind die fertig, die kommen ja kaum noch vorwärts.» Gisela sieht mit ungläubigem Erstaunen auf die Erschöpften. Stefanie steht still abseits. Denkt an die dereinst stramm Marschierenden, Singenden, Siegreichen. An die leuchtenden Gesichter über den feldgrauen Uniformen, das glänzende Koppelzeug. Ein Kind war sie damals, und dennoch hatte sie überlegt, wie viele von ihnen wohl sterben würden. Dies hier hatte sie nicht denken können, das überstieg wohl die Vorstellungskraft aller, die es nicht selbst erlebten. Mißbraucht, verraten, gedemütigt, aus den Schützengräben in die Bergwerke Workutas. Erschöpft und voll kreatürlicher Angst.

Sie erheben sich ächzend – gewohnt zu gehorchen –, als der Befehl zum Weitergehen gegeben wird. Neben ihnen die jungen, russischen Soldaten, federnd ausschreitend, lässig die schwere Maschinenpistole über der Schulter. Aber noch Jahre weiter zurück, denkt

Stefanie, schlurften die Väter oder älteren Brüder dieser federnden Jungen, nach zwölfstündigem Arbeitstag auf deutschen Straßen, in deutsche Lager, bettelten um einen Kanten Brot, den man nicht einmal geben durfte.

So ziehen sie, elend und erschöpft, endlich durch das weit geöffnete Lagertor, empfangen von jubelnden, rufenden Menschen, die die Lagerstraße säumen. Während die drei Frauen die Köpfe hin und her wenden, den Rufenden zuwinken, gehen die Männer mit gesenkten Köpfen und ungläubigen, verstörten Augen. Irgendwie werden sie in Baracken verteilt, bekommen ihre Schlafplätze zugewiesen, auf denen sie sich niederlassen, die Hände zwischen die zusammengepreßten Knie gedrückt. Unruhig blicken sie um sich, sehen ungläubig auf den jungen Deutschen, der da sagt: «Kommt, Kameraden, die Banja ist vorgeheizt. Rasierzeug ist auch vorhanden.» Der kameradschaftlich heitere Ton verwirrt sie. Kein Soldat, keine Uniform, kein Dawai, dawai. Zögernd, sich dicht beeinander haltend, folgen sie, mit ängstlichen Blicken immer wieder den anderen, den Vertrauten suchend.

Leichter finden sich die Frauen zurecht. Die kleinste Baracke erscheint noch wie ein Palast an Raum und Helligkeit. Stefanie legt sich auf ihr Bett, faltet die Hände im Nacken. Ausspannen, nur ein bißchen Ruhe haben. Nicht gleich wieder so viele, neue, fremde Menschen. Sie wird sie noch früh genug kennenlernen. Die Augen fallen von selbst zu, ihre Atemzüge werden tief und gleichmäßig. Sie schläft erschöpft, knurrt unwillig, als Gisela sie zum Essen holen will. «Nein, ich will nichts, gar nichts, nur schlafen.»

Am Abend, die Lampen brennen schon – helle Birnen, mit selbstgefertigten, hellen Schirmen aus gefaltetem Papier –, erwacht sie, sieht voll Erstaunen um sich. Sie ist allein in der Baracke. Ein nie erlebtes Gefühl von Einsamkeit und Alleinsein beschleicht sie. Kein Hüsteln, Wispern, keine knarrenden Bretter, keine knisternden Strohsäcke. Sie stützt den Kopf in die Hand, lauscht in die Stille. Von draußen lachende Stimmen. Ob man hier in der Baracke rauchen darf? Es ist niemand da, den sie fragen oder der es verbieten könnte. Sie raucht bedächtigt, denkt an nichts, sie bemerkt es mit

Verwunderung. Fühlt, trotz der bedrückenden Einsamkeit, weder Neugier noch den Wunsch nachzusehen, wo die anderen Frauen geblieben sind, was sie tun und mit wem sie reden.

Als die Frauen aufgeräumt zurückkommen, erfüllt von Gesprächen, dem Zusammensein mit Männern, ihren Schmeicheleien und Komplimenten, stellt sie sich schlafend.

Die Frauen, aufgewühlt vom Neuen, können lange nicht aufhören zu reden.

«Du hast ja ganz schön geflirtet, Brigitte.»

«Na und? Du doch auch. Ich fand es einfach herrlich. Wie nett und höflich sie doch alle sind.»

«Ja, es ist wirklich schwer, sich für einen zu entscheiden. Sie sind alle nett, und manche sehen wirklich verdammt gut aus. Ich will mich an keinen binden. Das bißchen Sex macht's auch nicht. Mir gefällt es mehr, wenn sie mich umwerben.»

«Wieso muß man sich denn für einen entscheiden? Ich denke doch, die meisten haben Familie zu Hause. Die denken doch an nichts anderes als daran, nach Hause zu kommen.»

«Natürlich muß man nicht. Aber irgendwie möchten sie es alle doch recht gerne. Sieh sie dir doch mal an. Es ist ja auch weiter nichts dabei. Glaubst du wirklich, die zu Hause haben züchtig wie Nonnen oder Mönche gelebt? Da wird so mancher eine Überraschung erleben. Aber, c'est la vie!»

Stefanie hört, wie sie sich auskleiden, noch leise miteinander reden. Jemand löscht das Licht. Durch das Fenster kommt nur der ferne Schein der großen Bogenlampe am Tor. Es ist weniger hell als in den früheren Baracken. Die Stille draußen. – Es fehlt das Rufen der Posten auf den Türmen, die Schnarchtöne der Alten, die wispernden Betenden. Lange liegt Stefanie wach. Kein Wunder, denkt sie, ich habe den ganzen Nachmittag verschlafen, aber sie spürt auch, es ist das Fremde, das Ungewohnte, das Nicht-mehr-bewacht-Sein, das sie nicht schlafen läßt.

Wochen sind vergangen. Sie leben, so scheint es, vergnüglich in den Tag hinein. Es gibt keine anderen Verpflichtungen, als für die eigenen Bedürfnisse zu sorgen. Die Verpflegung ist gut, die Ungarn sind vorzügliche Köche. Die sanitären Einrichtungen lassen nichts zu wünschen übrig. Hinter der Banja und Küche sind riesige Holzstapel aufgeschichtet. Selten einmal läßt sich jemand in Uniform sehen und fragt dann auch nur nach Wünschen und Bedürfnissen. In den ersten Tagen nach ihrer Ankunft sucht Stefanie noch nach den «Workutanern», mit denen sie zusammen ankamen, aber abgelenkt durch neue Bekanntschaften, gibt sie es bald auf. Sie durchstreift das Lager mit wachen, offenen Augen. Fragt, hört aufmerksam, geduldig zu, wenn erzählt wird. Wie unterschiedlich haben sie alle gelebt, die hier zusammengetroffen sind! Da sind die Männer aus den regulären Kriegsgefangenenlagern, die schon immer in einer Art Selbstverwaltung – natürlich unter russischer Oberherrschaft – ihr Lager geführt haben. Sie haben sich die Zeit mit Fußballspielen, Schach, Kartenspielen, Malereien und Schnitzereien vertrieben. Manche waren zu wahren Meistern in der Anfertigung irgendwelcher Gebrauchsgegenstände geworden; bevorzugte, beliebte Tauschobjekte gegen Machorka, Speck und Eier.

«Aber warum kamen die anderen nach Workuta?» fragt Stefanie ihre Gesprächspartner.

«Vielleicht hatten sie irgend etwas angestellt, sind im Lager noch einmal verurteilt worden. Das kam in der ersten Zeit sehr häufig vor.»

Bei einer solchen Antwort braust Stefanie auf, denn sie denkt an die unruhigen Hände des Jungen im Abteil.

«Was kann ein Siebzehnjähriger schon getan haben, um dieses Schicksal zu verdienen.»

Ein älterer ehemaliger Unteroffizier nimmt sie eines Tages beiseite, macht mit ihr einen langen Spaziergang, erzählt ihr von ausgerotteten Dörfern, von erschossenen Geiseln, geschändeten Mädchen und Frauen. «Krieg ist immer eine schlechte, eine böse Sache, Stefanie. Es ist nicht leicht, dabei Mensch zu bleiben und trotzdem ein guter Soldat zu sein. Aber manche haben die Macht, die ihnen die Uniform gab, mißbraucht, haben alles Böse, das in ihnen schlummerte, hervorkommen lassen. Und wieder andere wurden dazu mißbraucht, Befehle auszuführen, die ihnen zeit ihres Lebens nicht mehr aus dem Gedächtnis gehen werden. Und von vielen, Stefanie, haben die Gequälten die Namen erfahren und sich gemerkt. Sie haben ihre Peiniger suchen lassen in den Kriegsgefangenenlagern, haben sie angeklagt und verurteilt. Ich kannte einen Jungen, der war grad neunzehn, aber so voller Haß und Verachtung, daß er fähig war, Menschen mit den bloßen Händen umzubringen. Er war in der besetzten Stadt gefürchtet wie der Teufel selbst. Wir können nach allem, was geschehen ist, nicht mehr richten wollen.»

Nach diesem Spaziergang fragt Stefanie nichts mehr. Sie will keinen Unterschied mehr kennen, auch keine Anklagen mehr hören. Aber sie gewöhnt sich daran, in Gesichtern zu lesen, auf Hände zu sehen. Sie lernt die fürchten, die vom Krieg noch als der großen Sache reden und von Erinnerungen zehren.

Ein wunderbarer Frühling mit hellen, lichten Tagen, strahlender Sonne und langen, warmen Abenden, das ist Potma. Die Männer graben vor den Baracken Beete um, legen Samen für den Sommer, und überall sprießt das Gras. Nur die Wege halten sie frei, säubern sie von Unkraut und harken sie, als pflegten sie ihre Gärten daheim.

Stefanie spürt die Angst, die hinter dieser Geschäftigkeit steht, eine Geschäftigkeit, die sich auch beim Säubern der Baracken, der Banja oder bei der Vorbereitung von Festen im großen Speisesaal zeigt. Sie schreiben und zeichnen Einladungskarten, schreiben Noten für das Orchester, das unermüdlich übt und seine Instrumente hegt und pflegt wie Neugeborene. Niemand scheint das angesichts der bevorstehenden Heimreise für unsinnig oder dumm zu halten, ja es scheint fast, als sei der Grund ihres Aufenthaltes hier in Vergessenheit geraten.

In den Abendstunden schluchzen die Geigen vor der Frauenbaracke, und man stellt eine Kerze ins Fenster zum Zeichen, daß sie willkommen sind. In Ungarn ist das noch immer so Brauch. Und der erste Geiger ist ein echter Zigeunerprimas, er legt Wert auf alte Bräuche.

Die exaltierte Fröhlichkeit der Feste, bei denen Ungarn, Rumänen, Jugoslawen und Deutsche um die originellsten Ideen für die Ausgestaltung des Festsaales wetteifern, läßt sie vergessen, wo sie sind. Bei einem Ball erlernt Stefanie den Csárdás, den sie spät in der Nacht alle auf den Tischen tanzen. Ein Transport Österreicherinnen, die meisten heitere, lebenslustige und lebenshungrige Wienerinnen, belebt die Szene. Der ungarische Professor, hier in Potma als Arzt eingesetzt, bekommt gewaltigen Zulauf. Impotenz wird zum Schreckgespenst, versetzt viele in Angst und Sorge, wird zum Hauptthema. Mit der Geduld und Weisheit des Alters führt der Professor viele Gespräche.

Stefanie zieht es zu den Älteren. Sie will aus ihren Erfahrungen lernen, will verstehen, was ihnen allen geschah und warum es so sein mußte. Sie gerät an die Männer aus dem Generalslager. Bekannte, bedeutende Namen, Deutsche und Ungarn aus alten Adelsgeschlechtern. Neben ihnen sitzt sie, wenn sie ihre Bridgepartien spielen, kocht den Tee und bewirtet sie, hört aufmerksam ihren Gesprächen zu, aber auch bei ihnen findet sie nicht «die Wahrheit», die sie sucht.

Ihre besondere Liebe gilt dem einen, dem Hochgewachsenen mit dem dichten silberweißen Haar, den blauen und klugen Augen. «Mein Zögling» nennt er sie zärtlich, und in seinen Augen ist die Trauer um ihre verlorene Jugend. Sie aber nennt ihn «mein Erzieher», und darin ist alle Verehrung und Bewunderung enthalten.

Dem Frühling folgt ein wunderbarer Sommer, als wolle das Land sie für alles Schwere entschädigen, sie nun genießen lassen, was es an Schönheit besitzt.

Schon früh am Morgen liegen sie in der Sonne. Redend oder schweigend. Liegen im hohen Gras und sehen den Spatzen zu, die ihre Jungen atzen. Sie spazieren auf den Lagerstraßen, befangen in ernsten Gesprächen.

Die Angst und Not der Männer. Die Furcht, nach Hause zu kommen und nicht mehr willkommen zu sein. Zu viele Winter und Sommer sind vergangen, seit sie Frau und Kinder verließen. Zu viele Frühlinge, die Sehnsucht nach Liebe erweckten. Sie reichen verblaßte Fotografien herum mit jungen, lächelnden Frauen, schüchtern, manchmal ängstlich dreinsehenden kleinen Mädchen und Jungen. Das Kostbarste, was ihnen von ihrem Leben geblieben ist.

Stefanie sieht die Bilder an, die ihr aus einer fernen, fremden Welt zu sein scheinen, und sie betrachtet den einfachen Schmuck, den die Männer im Lager für ihre Frauen gefertigt haben, und die Spielzeuge für die Kinder. Schätze, die ihnen jetzt selbst beginnen fragwürdig zu werden.

«Was soll er jetzt noch mit diesem Holzpferd? Er wird schon sechzehn!»

Stefanie hält es in der Hand, fährt mit den Fingerkuppen den sauber geglätteten Linien nach, betrachtet voll Entzücken die schöne Malerei auf dem Pferd. Sie reicht es liebevoll zurück. «Ich glaube, es wird eines seiner kostbarsten Geschenke werden, die er jemals bekommen hat. Ich besitze nichts mehr von meinem Vater, nicht einmal ein Bild.»

Da lächelt er glücklich und wickelt das Pferdchen wieder sorgsam in das Tuch, aus dem er es genommen hatte, sieht Stefanie dabei dankbar und strahlend an.

Dazwischen wieder Abschied. In kleinen Gruppen, nie mehr als zehn, gehen sie auf ihre letzte Reise, die sie direkt nach Hause führen wird. Sie erfahren es immer erst am Vortag.

Sie gehen – und sind am nächsten Tag vergessen. Niemals war der Augenblick, das «eben jetzt» so wichtig wie hier in Potma.

Schlimm ist die drohende Entlassung für die Männer aus dem Banat. Sie wollen nach Deutschland, nach Westdeutschland. Sie fürchten Repressalien der rumänischen Bevölkerung, Enteignungen.

Einmal in der Woche kommt der Politoffizier ins Lager. Dann stehen lange Schlangen vor seiner Tür, geduldig wartend, bis sie an der Reihe sind. Viele, sehr viele kommen enttäuscht und verzweifelt zurück.

«Jeder wird dorthin entlassen, wo er vor Ausbruch des Krieges gelebt hat. Einzige Ausnahme ist, wenn die Angehörigen bereits in Westdeutschland ansässig sind.»

Mit verstörten, verschreckten Gesichtern sitzen sie zusammen. Sie waren jung gewesen. Hatten an das Großdeutsche Reich geglaubt, sich als Deutsche gefühlt, waren begeistert gewesen. Hatten sich der Herrenrasse zugehörig gefühlt. Wie sollten sie dort jetzt wieder leben können? Sie halten sich dicht beieinander, als könnten sie damit Angst und Ungewißheit besiegen.

Roman, ebenfalls zu ihnen gehörend, geht stundenlang grübelnd allein die Lagerstraßen auf und ab. Er ist es, der Stefanie eines Tages anspricht:

«Hast du Verwandte in Westdeutschland?»

«Nein, soviel ich weiß, nicht. Ich bin selbst aus Ostdeutschland gekommen. Aber warum fragst du?»

«Vielleicht hättest du mir helfen können. Angenommen, wir wären verheiratet, dann könnte ich mit dir nach Deutschland fahren.»

«Wir sind es aber nicht. Und ich bin außerdem aus Ostdeutschland.»

Sie gehen gemächlich den Weg unter den jungen Birken entlang, die irgendwann hier ausgesamt und gewachsen waren. Nun schon groß genug, um Schatten zu spenden.

Nur wenn er erregt war, nahm Roman seine Pfeife aus dem Mund, barg den Pfeifenkopf in seiner mächtigen Hand und unterstrich mit dem Pfeifenstiel den Takt seiner Worte.

Er stammte aus einer deutschstämmigen, begüterten Familie, die schon 1717 aus Schwaben in das Banat siedelte, fleißige Bauern, die ihren Hof vergrößerten und erweiterten. Ihn, den jungen Hoferben, hatten schon 1938 die Fanfaren des Deutschen Reiches in einen Taumel der Begeisterung versetzt.

«Du kannst es dir nicht vorstellen, wie es ist, als Minderheit in einem fremden Land zu leben, umgeben von fremder Sprache, fremden Bräuchen. Mit ansehen zu müssen, wie das Deutsche langsam versandet, ja manche kaum noch richtig Deutsch sprechen konnten, rumänische Mädchen heirateten, das deutsche Blut vermischten. Es dachten viele wie ich. War es da verwunderlich, daß wir uns der ‹Eisernen Garde› anschlossen?»

«Was war das, die ‹Eiserne Garde›?»

«Die ‹Eiserne Garde›, so wurden die Deutschen genannt. 1940 traten wir an der Seite der Deutschen in den Krieg.»

«Als rumänischer Soldat?»

«Ja, ich war schließlich rumänischer Staatsbürger. Aber das war in diesem Moment gleichgültig. Die ‹Eiserne Garde› vertrat die gleichen Interessen wie Deutschland.»

«Wirklich, Roman, das verstehe ich nicht. Wenn du dich so sehr als Deutscher fühltest, warum bist du dann nicht ins ‹Reich› gekommen?»

«Sollte ich denen alles überlassen? Besitz und Ländereien, die meine Ahnen mit ihrem Schweiß getränkt hatten?»

Stefanie bleibt stehen, umfaßt mit der einen Hand eine Birke, zeichnet mit der anderen die feinen Linien des seidigen Stammes nach.

«Warum hast du solche besondere Angst, nach Rumänien zurückzugehen? Du warst rumänischer Soldat. Aber das waren viele, und sie alle standen auf deutscher Seite. Dafür wart ihr in Kriegsgefangenschaft.»

«So einfach ist das nicht. Wir von der ‹Eisernen Garde› hatten bestimmte Vorrechte. Auch damals schon, in Rumänien.»

«Aha, also so eine Art SS.»

«Wenn du so willst, ja, so ähnlich. Und ich war Offizier. Glaub mir, ich muß nach Westdeutschland. Sie werden mich in Rumänien sofort wieder verhaften und verurteilen.»

Furchtbar ist es für Stefanie, die Angst in seinen Augen zu sehen und die zitternde Hand mit dem Pfeifenstiel, der nun nicht mehr beschwörend erhoben, sondern wie eine Verlängerung des schlaffen, nach unten hängenden Armes wirkt. Diese Angst scheint ihr nicht wie die Angst eines Leidenden, sondern sie spürt die Angst eines Feiglings. Eines solchen, der nun den Fluch seiner bösen Taten fürchtet. Sie weicht seinen Augen aus, beobachtet die flirrenden, huschenden Schatten der Birkenblätter auf dem Boden, denn die

Sonne steht hoch, und es wird gleich Mittag sein. Erleichtert berührt sie mit zögernden Fingern seinen Arm.

«Ich muß los. Es ist gleich Mittagszeit. Ich muß heute das Essen mit austeilen.»

In kürzeren Abständen gehen jetzt die Transporte. Die Baracken werden leerer. Weniger Menschen sind im Speisesaal und auf den Lagerstraßen. Es bleibt nicht mehr viel Zeit für die einzelnen. Die Endgültigkeit der Heimreise, qualvoll ersehnt über Monate und Jahre, steht bevor.

Am anderen Tag geht ein Transport der Rumänen in die Heimat. Romans Name steht auch mit auf dieser Liste.

«Es ist nur ein Aufschub für ihn», sagt der Professor zu Stefanie, «die Russen können nichts für ihn tun, selbst wenn sie es wollten. Die rumänische Regierung verlangt seine Auslieferung.»

«Das ist nicht gerecht! Er hat gebüßt.»

Er nickt, streicht ihr über das Haar.

«Vielleicht denken auch Menschen dort in seiner Heimat wie du.»

Stefanie sollte Roman nicht wiedersehen. Zwei Tage später wird auch sie aufgerufen. Ein Transport nach Deutschland. Sie sind sieben. Sechs Männer und Stefanie.

Ein überfüllter, normaler Eisenbahnwaggon. Stefanie will sich nicht von ihrer Schuba trennen. Mit rotglühendem Kopf schleppt sie sie durch den von der Augusthitze aufgeladenen Waggon. Ihr russischer Begleiter hat Mühe, niemanden zu verlieren. «Achtung! In Bikowa steigen wir alle aus. Aufpassen! Station Bikowa!»

Wenige Schritte nur zu einem Kiefernwäldchen. Rundum entzückende Sommerhäuschen mit geschnitzten Giebeln, sogenannte Datschas. Vor einem machen sie halt.

«Hier werden wir ein paar Tage bleiben», sagt der sie begleitende Offizier.

«Hier lebte und arbeitete einmal Generalfeldmarschall Paulus.

Mit seiner Kapitulation in Stalingrad hat er Tausenden von Soldaten das Leben gerettet. Seit 1944 gehörte er zu dem Nationalkomitee ‹Freies Deutschland›. Er hat viel für sein Land getan.»

Einzelteile seiner ehemaligen Einrichtung sind noch vorhanden. Eine Anrichte mit Wurzelholzmaserung. Zart streicht Stefanie mit den Fingerspitzen darüber. Es erinnert an ein Zuhause, das sie nicht mehr vorfinden wird.

Radiomusik, ein altes Rundfunkgerät. Ein Kiefernwäldchen. Ausflüge nach Moskau sind erlaubt.

Freiheit! Unglaublich, erdrückend. Die letzte Nacht. Niemand schläft. Letzter Austausch von Adressen. Man klammert sich an jeden Strohhalm, wenn es um die Zukunft geht. Moskau – kein Nebengleis. Normale Reisende sind sie, wie alle anderen. Blauer Expreß. Moskau–Berlin. Sie reisen komfortabel. Ihre Schlafwagenplätze sind vorbestellt.

Und während der Zug aus dem Bahnhof rollt, die gewaltige Lomonossow-Universität sich in ihrer ganzen Größe darbietet, laufen Stefanie Tränen über die Wangen, die sie mit dem Handrücken auffängt. Abschied, endgültiger Abschied. Die Gesichter der Freunde im fernen Sibirien tauchen vor ihren Augen auf. Abschied, schmerzlicher als je einer zuvor. Sie steht am geöffneten Fenster, der Fahrtwind reißt ihr das Haar aus dem Gesicht, trocknet die Tränen, deren salziger Geschmack noch lange an ihren Lippen haftet.

Irgendwo unterwegs begegnet ihnen ein Zug, steht ihnen für Minuten haltend gegenüber. Transparente, junge, leuchtende Gesichter über blauen Hemden. Embleme der «Freien Deutschen Jugend».

Es ist ein Sonderzug aus der Deutschen Demokratischen Republik nach Moskau zum Fußballweltmeisterschaftsspiel Bundesrepublik Deutschland – Sowjetunion. Es ist der 28. August 1955.